全国司法职业教育“十二五”规划教材

监狱安全防范

（第三版）

全国司法职业教育教学指导委员会 审定

主　编　王金仙
副主编　焦宁亚
撰稿人　（以撰写单元先后为序）
王金仙　焦宁亚　贾旭红　腰明亮
贾秋海　张晋峰　张　弘　陈　青
张绪梁

中国政法大学出版社
2019・北京

出版说明

世纪之交，我国高等职业教育进入了一个以内涵发展为主要特征的新的发展时期。1999年1月，随着教育部和国家发展计划委员会《试行按新的管理模式和运行机制举办高等职业技术教育的实施意见》的颁布，各地成人政法院校纷纷开展高等法律职业教育。随后，全国大部分司法警官学校，或单独升格，或与司法学校、政法管理干部学院等院校合并组建法律类高等职业院校举办高等法律职业教育，一些普通本科院校、非法律类高等职业院校也纷纷开设高职法律类专业，高等法律职业教育蓬勃兴起。2004年10月，教育部颁布《普通高等学校高职高专教育指导性专业目录（试行）》，将法律类专业作为一大独立的专业门类，正式确立了高等法律职业教育在我国高等职业教育中的重要地位。2005年12月，受教育部委托，司法部组建了全国高职高专教育法律类专业教学指导委员会。2012年12月，全国高职高专教育法律类专业教学指导委员会经教育部调整为全国司法职业教育教学指导委员会，积极指导并大力推进高等法律职业教育的发展。

截至2007年11月，全国开设高职高专法律类专业的院校有400多所，2008年全国各类高校共上报目录内法律类专业点数达到700多个。为了进一步推动和深化高等法律职业教育教学的改革，促进我国高等法律职业教育的质量提升和协调发展，原全国高职高专教育法律类专业教学指导委员会（现全国司法职业教育教学指导委员会）于2007年10月，启动了高等法律职业教育规划教材编写工作。该批教材积极响应各专业人才培养模式改革要求，紧密联系课程教学模式改革需要，以工作过程为导向，对课程教学内容进行了整合，并重新设计相关学习情景、安排相应教学进程，突出培养学生一线职业岗位所必需的职业能力及相关职业技能，体现高职教育职业性特点。教材的编写力求吸收高职教育课程开发理论研究新成果和一线实务部门工作新经验，邀请相关行业专家和业务骨干参与编写，着力使本规划教材课程真正反映当前我国高职高专教育法律类专业人才培养模式及教学模式改革的新趋势，成为我国高等法律职业教育的精品、示范教材。

全国司法职业教育教学指导委员会
2013 年 6 月

第三版说明

《监狱安全防范》是全国司法职业教育规划教材。该课程教材编写组依据监狱管理专业人才培养目标和课程标准，遵循高职高专教育规律，紧密联系监狱系统工作实践，以基层监狱民警职业岗位（群）的相关安全防范工作过程和工作任务分析为基础，以培养职业能力为主线，选取和序化教材内容、设计学习单元，突出教材内容的职业性、教学活动的实践性和教学效果的针对性。

本教材内容包括监狱安全防范的基本理论、监狱安全防范的基本制度和监狱安全防范实务三部分。监狱安全防范的基本理论简要介绍监狱安全防范的概念和目的、指导思想和基本原则、组织体系和责任目标、工作机制和法律法规；监狱安全防范的基本制度主要介绍狱情研判与狱情分析制度、安全排查制度、违禁品防控与重点防控制度以及联防制度，为学习者明确将来的工作性质并做好相关实务工作奠定基础；监狱安全防范实务以基层监狱安全防范工作重点部位为载体，围绕基层监狱安全防范工作处理实务及技巧，提炼典型工作任务，设计相关学习情境，明确监狱安全防范的具体方法和措施，训练相应的基层安全事故预防与处置能力，体现本课程学习的理论必需性、职业针对性，实现培养学生基层监狱安全防范工作实际能力的目标。本教材中所涉及的内容包含学习单元 13 个、学习任务 20 个、训练任务 24 个、讨论案例 25 个、讨论材料 22 个、训练案例 36 个、训练情境 34 个、实训项目 8 个、拓展学习 8 个、拓展训练 5 个。本教材也适用于高职高专法律类相关专业选用，同时还适用于在职干警业务培训。

本教材由主编王金仙拟定编写提纲和编写计划，副主编焦宁亚参与了编写体例的商讨、确定，主编王金仙和编写人员贾秋海统稿并统一修改、定稿，湖南司法警官职业学院许伟生老师为教材的修订提供了宝贵的意见和建议。

本书编写人员撰写分工如下（以撰写单元先后为序）：

王金仙（山西警官职业学院） 学习单元1学习任务1、2，学习单元4，6，7，8；

焦宁亚（山西省戒毒管理局） 学习单元1学习任务3、4；

贾旭红（山西省监狱管理局） 学习单元2；

腰明亮（浙江警官职业学院） 学习单元3；

贾秋海（山西省太原第一监狱） 学习单元5，9，10；

张晋峰（山西省太原第一监狱） 学习单元6～11技防部分；

张　弘（山西省新康监狱） 学习单元11；

陈　青（福建警官职业学院） 学习单元12；

张绪梁（浙江警官职业学院） 学习单元13；

本书的编写参考和借鉴了大量的教材、学术著作和网络媒体资讯，并吸收和借鉴了学者、专家的研究成果，对此谨向原作者致以衷心的感谢。鉴于本书由各地多所警官院校的多名老师及基层实务部门的同志合作编创，写作风格上不尽一致在所难免。同时，也限于编写者的理论水平和监狱工作实践经验有限，书中出现疏漏甚至错误在所难免，敬请读者谅解和指正。

编　者

2018年9月

第二版说明

《监狱安全防范》是全国司法职业教育规划教材。该课程教材编写组依据监狱管理专业人才培养目标和课程标准，遵循高职高专教育规律，紧密联系监狱系统工作实践，以基层监狱民警职业岗位（群）的相关安全防范工作过程和工作任务分析为基础，以培养职业能力为主线，选取和序化教材内容、设计学习单元，突出教材内容的职业性、教学活动的实践性和教学效果的针对性。

本教材内容包括监狱安全防范的基本理论、监狱安全防范的基本制度和监狱安全防范实务三部分。监狱安全防范的基本理论简要介绍监狱安全防范的概念和目的、指导思想和基本原则、组织体系和责任目标、工作机制和法律法规；监狱安全防范的基本制度主要介绍狱情研判与狱情分析制度、安全排查制度、违禁品防控与重点防控制度以及联防制度，为学习者明确将来的工作性质并做好相关实务工作奠定基础；监狱安全防范实务以基层监狱安全防范工作重点部位为载体，围绕基层监狱安全防范工作处理实务及技巧，提炼典型工作任务，设计相关学习情境，明确监狱安全防范的具体方法和措施，训练相应的基层安全事故预防与处置能力，体现本课程学习的理论必需性、职业针对性，实现培养学生基层监狱安全防范工作实际能力的目标。本教材中所涉及的内容包含学习单元 13 个、学习任务 20 个、训练任务 24 个、讨论案例 25 个、讨论材料 22 个、训练案例 36 个、训练情境 34 个、实训项目 8 个、拓展学习 6 个、拓展训练 7 个。本教材也适用于高职高专法律类相关专业选用，同时还适用于在职干警业务培训。

本教材由主编王金仙拟定编写提纲和编写计划，副主编焦宁亚参与了编写体例的商讨、确定，主编王金仙和编写人员贾秋海统稿并统一修改、定稿，湖南司法警官职业学院许伟生老师为教材的修订提供了宝贵的意见和建议。

本书编写人员撰写分工如下（以撰写单元先后为序）：

王金仙（山西警官职业学院）　　学习单元1学习任务1、2，学习单元4，6，7，8；

焦宁亚（山西省太原第一监狱）　学习单元1学习任务3、4；

贾旭红（山西省平遥监狱）　　　学习单元2；

腰明亮（浙江警官职业学院）　　学习单元3；

贾秋海（山西省太原第一监狱）　学习单元5，9，10，11；

陈　青（福建警官职业学院）　　学习单元12；

张绪梁（浙江警官职业学院）　　学习单元13；

本书的编写参考和借鉴了大量的教材、学术著作和网络媒体资讯，并吸收和借鉴了学者、专家的研究成果，对此谨向原作者致以衷心的感谢。鉴于本书由各地多所警官院校的多名老师及基层实务部门的同志合作编创，写作风格上不尽一致在所难免。同时，也限于编写者的理论水平和监狱工作实践经验有限，书中出现疏漏甚至错误在所难免，敬请读者谅解和指正。

编　者

2013年11月20日

编写说明

《监狱安全防范》是全国政法干警招录培养体制改革试点专业“监狱管理专业”的专业核心课程。该课程教材编写组依据监狱管理专业人才培养目标和课程标准，遵循高职高专教育规律，紧密联系监狱系统工作实践，以基层监狱民警职业岗位（群）的相关安全防范工作过程和工作任务分析为基础，以培养职业能力为主线，选取和序化教材内容、设计学习单元，突出教材内容的职业性、教学活动的实践性和教学效果的针对性。

本教材内容包括引论和实务两部分。引论部分简要介绍监狱安全防范的内容和目的、指导思想和基本原则、组织体系和责任目标、工作机制和法律法规，以及监狱安全防范的基本制度，为学习者明确将来的工作性质并做好相关实务工作奠定基础；实务部分以常见的基层监狱安全防范工作为载体，围绕基层监狱安全防范工作处理实务及技巧，提炼典型工作任务，设计相关学习情境，明确监狱安全防范的具体方法和措施，训练相应的基层安全事故预防与处置能力，体现本课程学习的理论必需性、职业针对性，实现培养学生基层监狱安全防范工作实际能力的目标。本教材中所涉及的内容包含学习单元13个、学习任务20个、训练任务30个、讨论案例25个、讨论材料22个、训练案例35个、训练情境54个、实例6个、拓展学习5个、拓展训练8个。本教材也适用于高职高专法律类相关专业选用，同时还适用于在职干警业务培训。

本教材由主编王金仙拟定编写提纲和编写计划，副主编焦宁亚参与了编写体例的商讨、确定，主编王金仙和编写人员贾秋海统稿并统一修改、定稿。

本书编写人员撰写分工如下（按编写单元次序）：

王金仙（山西警官职业学院）　学习单元1学习任务1、2，学习单元4，6，7，8；

焦宁亚（山西省太原第一监狱）　学习单元1学习任务3、4；

贾旭红（山西省太原第一监狱）　学习单元2；

腰明亮（浙江警官职业学院）　学习单元3；

贾秋海（山西省太原第一监狱）　学习单元5、9、10、11；

陈　青（福建警官职业学院）　　学习单元12；

张绪梁（浙江警官职业学院）　　学习单元13；

本书的编写参考和借鉴了大量的教材、学术著作和网络媒体资讯，并吸收和借鉴了学者、专家的研究成果，对此谨向原作者致以衷心的感谢。鉴于本书由各地多所警官院校的多名老师及基层实务部门的同志合作编创，写作风格上不尽一致在所难免，同时，也限于编写者的理论水平和监狱工作实践经验，书中出现疏漏甚至错误在所难免，敬请读者谅解和指正。

编　者

2010年6月6日

目录 CONTENTS

学习单元1 监狱安全防范概述 ▶ 1
学习任务1 监狱安全防范的概念和目的 / 1
学习任务2 监狱安全防范的指导思想和基本原则 / 3
学习任务3 监狱安全防范的组织体系和责任目标 / 7
学习任务4 监狱安全防范的工作机制和法律法规 / 15

学习单元2 狱情研判与狱情分析 ▶ 33
学习任务5 狱情研判和狱情分析机制与要求 / 33
学习任务6 狱情分析工作流程 / 44
学习任务7 狱情研判工作流程 / 52
学习任务8 狱内耳目的物色、布建与管理 / 59

学习单元3 安全排查 ▶ 68
学习任务9 监管安全隐患排查 / 68
学习任务10 生产安全隐患排查 / 81
学习任务11 公共卫生事件隐患排查 / 88
学习任务12 安全责任排查 / 94

学习单元4 违禁品防控与重点防控 ▶ 102
学习任务13 违禁品的防控 / 102
学习任务14 重点人员的防控 / 110
学习任务15 重点部位的防控 / 114
学习任务16 重点时段的防控 / 119
学习任务17 重点环节的防控 / 124

学习单元 5 **联　防** ▶ 130
学习任务 18　监狱与武警联防　/ 130
学习任务 19　监狱与社区（村镇）联防　/ 136
学习任务 20　监狱与相关部门联防　/ 140
学习单元 6 **监门安全防控** ▶ 146
训练任务 1　监门安全隐患分析　/ 151
训练任务 2　监门安全防控实务　/ 153
学习单元 7 **监狱围墙安全防控** ▶ 160
训练任务 3　监狱围墙安全隐患分析　/ 164
训练任务 4　监狱围墙安全防控实务　/ 167
学习单元 8 **监舍楼安全防控** ▶ 175
训练任务 5　监舍楼安全隐患分析　/ 178
训练任务 6　监舍楼安全防控实务　/ 182
学习单元 9 **禁闭室安全防控** ▶ 192
训练任务 7　禁闭室安全隐患分析　/ 194
训练任务 8　禁闭室安全防控实务　/ 196
学习单元 10 **会见室安全防控** ▶ 204
训练任务 9　会见室安全隐患分析　/ 205
训练任务 10　会见室安全防控实务　/ 208
学习单元 11 **生产场所安全防控** ▶ 215
训练任务 11　生产场所安全隐患分析　/ 218
训练任务 12　生产场所安全防控实务　/ 221
学习单元 12 **狱内又犯罪预防** ▶ 232
训练任务 13　狱内脱逃案件的预防　/ 236
训练任务 14　狱内暴力袭警案件的预防　/ 241
训练任务 15　狱内故意杀人和伤害案件的预防　/ 245
训练任务 16　狱内其他案件的预防　/ 249
学习单元 13 **监狱突发事件应急处置** ▶ 254
训练任务 17　罪犯脱逃事件应急处置　/ 259
训练任务 18　罪犯暴狱、哄监闹事事件应急处置　/ 262
训练任务 19　劫狱、围攻或冲击监狱事件应急处置　/ 265

训练任务 20 行凶杀人、劫持人质事件应急处置 / 268
训练任务 21 罪犯自杀应急处置 / 271
训练任务 22 重大传染病流行疫情应急处置 / 273
训练任务 23 地震、风暴、洪水等自然灾害应急处置 / 276
训练任务 24 监狱舆情危机中的媒体应对 / 279
参考文献 ▶ 288

学习单元1 监狱安全防范概述

学习目标

● 明确监狱安全防范的概念、目的、手段、基本原则，理解监狱安全工作机制及法律法规，领会监狱安全防范的指导思想。

学习重点

● 监狱安全防范的概念、目的、手段、指导思想，监狱安全工作机制。

学习任务1 监狱安全防范的概念和目的

一、监狱安全防范的概念

根据现代汉语词典的解释，所谓安全，就是没有危险、不受侵害、不出事故；所谓防范，就是防备、戒备，而防备是指做好准备以应付攻击或避免受害，戒备是指防备和保护。

安全防范，是指做好准备和保护，以应付攻击或者避免受害，从而使被保护对象处于没有危险、不受侵害、不出现事故的安全状态。显而易见，安全是目的，防范是手段，通过防范的手段达到或实现安全的目的，就是安全防范的基本内涵。

监狱安全防范，亦即监狱的安全防范工作，是指监狱为确保监管场所及其监管改造秩序的安全与稳定，从制定完善的监狱安全管理制度入手，通过人防、物防、技防等安全防范手段的综合运用，对监狱安全事故隐患进行有效预防、控制，并对突发事件进行应急处置的一项基础性工作。

这一概念的要素是：

1. 监狱安全防范的实施主体——监狱及其监狱民警。

2. 监狱安全防范的宗旨、目的——保证监管场所处于没有危险、不受侵害、不出现事故的安全状态。

3. 监狱安全防范的核心内容——预防、控制和处置安全事件，即对监狱安全风险、事故隐患或事件的探测、延迟与反应。探测（Detection）是指感知显性和隐性安全风险或事件的发生，并发出报警；延迟（Delay）是指延长和推延安全风险或事件发生的进程；反应（Response）是指组织力量为制止和处置安全风险或事件的发生所采取的快速行动。

4. 监狱安全防范的基本手段——人力防范、实体防范、和技术防范。人力防范，是监狱安全防范最核心、最根本的手段。主要是利用人们自身的传感器（眼、耳等）进行探测，发现妨害或破坏监狱安全的目标，作出反应；用声音警告、恐吓、设障、武器还击等手段来延迟或阻止危险的发生，在自身力量不足时还要发出求援信号，以期待作出进一步的反应，制止危险的发生或处理已发生的危险。实体防范，是监狱安全防范最基础、最关键的物质屏障。主要作用在于推迟危险的发生，为“反应”提供足够的时间。现代监狱的实体防范，已不是单纯物质屏障的被动防范，而是越来越多地采用高科技手段，一方面使实体屏障被破坏的可能性变小，增长延迟时间；另一方面也使实体屏障本身增加探测和反应的功能。技术防范，则是对人力防范手段和实体防范手段功能的延伸和加强，是对人力防范和实体防范在技术手段上的补充和加强。它既能够融入人力防范和实体防范之中，不断增加人力防范和实体防范的高科技含量，切实提高监狱安全防范的科学探测能力、有效延迟能力和快速反应能力，又能够促进监狱人防、物防、技防和联防相结合的“四防一体化”建设，真正发挥监狱安全防范体系的整体功能和作用，达到预期的目的。只有人防，没有物防、技防，防不胜防；只有物防、技防，没有人防，等于空忙；人防 + 物防 + 技防 = 铁壁铜墙。

5. 监狱安全防范是监狱的一项系统性和基础性工作。监狱安全防范工作是监狱各部门相互配合、相互协作的一项系统性工作，也是监狱各部门常抓不懈的一项基础性工作。

二、监狱安全防范的目的

监狱安全防范的目的，在于确保监管场所与监管秩序的安全与稳定。以改造人为宗旨，减少重新犯罪率。

从狭义上讲，监狱安全防范的目的，就是要达到司法部提出的无罪犯脱逃、无狱内重大案件、无重大安全生产事故、无重大疫情发生的“四无”目标，确保监狱人员（在押罪犯、民警及职工）的安全、监狱财产的安全、监管场所的安全和监管秩序的稳定。

从广义上讲，监狱安全防范的目的，包括监狱政治安全、经济安全、队伍安全、生产安全、交通安全、通讯安全、信息安全、消防安全、建筑施工安全、社区治安稳定以及人体防护、医疗救助等诸多大安全内容。

这里需要特别指出，随着物防、技防设施的不断改善，罪犯脱逃的难度越来越大，改造与反改造矛盾越来越集中到监狱民警与在押罪犯之间。维护和保障监狱民警人身安全的形势越来越严峻，要求越来越突出，因此，提高监狱民警自我安全防范意识与自我防范能力，增强监狱民警的单警装备水平和安全保障设施，确保监狱民警人身安全已经成为监狱安全防范的一项突出的重要任务。

刑事政策调整，给监狱安全带来了深刻影响。首先，监狱在押罪犯绝对数量增加，罪犯构成日趋复杂，挑战监狱的关押能力；其次，严格限制减刑、增加终身监禁，重刑犯将会缓慢增加，老年犯会逐渐增多，部分罪犯服刑周期明显延长，思想压力增大；最后，增加超短刑罪犯。监狱安全面临巨大压力，监狱安全形势更加严峻，努力提高监狱安全稳定的相应能力尤其紧迫和重要。

监狱改革发展，对监狱安全提出了更高要求。2010 年建设部、发改委发布，司法部编制高度戒备监狱（监区）建设标准，防暴狱、防脱逃、防劫狱 ，限减9类、顽危犯及危害国家安全罪犯、评估有明显危险性罪犯，关押在高度戒备监狱(或高度戒备监区)。特别是2017 年司法部治本安全观的提出，监狱安全要在底线安全的基础上实现治本安全，监狱安全管理任重道远。

由于国际国内形势不断变化，防止恐怖主义、分裂矛盾以及国内外敌对势力的渗透，防止别有用心的人对监狱进行冲击、破坏，也已成为维护和保障监狱安全的一项十分迫切的任务。

学习任务2 监狱安全防范的指导思想和基本原则

一、监狱安全防范的指导思想

监狱安全防范的指导思想是：在马克思列宁主义、毛泽东思想、邓小平理论和“三个代表”重要思想、科学发展观、习近平新时代中国特色社会主义思想指导下，始终坚持党对监狱工作的绝对领导，贯彻总体国家安全观，切实提高政治站位，牢牢把握新时代监狱工作的政治方向，把维护国家安全和社会稳定作为监狱工作的首要任务；始终坚持“惩罚与改造相结合，以改造人为宗旨”的监狱工作方针，统筹推进“以政治改造为统领，监管改造、教育改造、文化改造、劳动改造”的五大改造新格局；牢固树立和自觉践行社会主义法治理念，进一步推进监狱法治建设，依法规范执法行为，提高罪犯改造质量，最大限度预防和减少重新违法犯罪；大力加强监狱安全稳定长效机制建设，构建全方位、多层次、立体化的安全防范系统，确保监狱持续安全稳定，推进监狱各项工作的安全发展。

监狱作为国家的刑罚执行机关，既是社会文明的窗口，也是维护国家安全和社会稳定的重要力量。2014 年4 月15 日习近平在中央国家安全委员会第一次会议提出：要准确把握国家安全形势变化新特点新趋势，坚持总体国家安全观，走出一条中国特色的国家安全道路。国家安全工作应当坚持总体国家安全观，以人民安全为宗旨，以政治安全为根本，以经济安全为基础，以军事、文化、社会安全为保障，以促进国际安全为依托，维护各领域国家安全，构建国家安全体系，走中国特色国家安全道路。2016 年 4 月 1 日，习近平在美国首都华盛顿举行的第四届核安全峰会上发表重要讲话：全国政法机关要增强忧患意识、责任意识，防控风险、服务发展，破解难题、补齐短板，提高维护国家安全和社会稳定的能力水平，履行好维护社会大局稳定、促进社会公平正义、保障人民安居乐业的职责使命。从这一层面意义上讲，监狱的安全稳定是社会安全稳定的重要组成部分，维护监狱的安全稳定不仅具有全局性的意义，而且是推动社会主义司法制度自我完善和发展的必然要求。

同时，监狱作为改造罪犯的特殊场所，又是社会矛盾的集中地。监狱的安全稳定，在一定程度上可以说是一个国家和社会安全稳定的晴雨表，是国家和社会安全稳定与否的缩影和反映。从这一层意义上讲，维护监狱安全稳定，事关国家利益与形象，事关社会和谐稳定之大局。没有监狱的安全稳定，就会影响甚至损害国家利益与形象，就会影响甚至阻滞社会的和谐发展。

因此，安全防范是监狱工作的重中之重，是确保监狱各项工作顺利开展的前提、基础和保障，也是社会安全系统中的一环。监狱机关必须坚定不移地站在新时代中国特色社会主义事业建设者和捍卫者的高度，担负起维护监狱安全和社会稳定的政治使命，在党中央、国务院和各级党委、政府的正确领导下，坚持以提高教育改造质量为中心、以维护监狱安全稳定为首任、以减少重新犯罪率为目标，切实把维护监狱安全稳定工作摆在突出的重要地位，努力构建“思想防线牢固、人防部署严密、物防设施完善、技防手段先进、联防协调统一、应急处置高效”的集管理、防范、控制于一体的监狱安全管理与防范体系，建立完善中国特色社会主义现代监狱制度及其管理运行机制，确保监狱持续安全稳定，维护国家尊严和人民利益，促进社会安全发展、和谐发展。

二、监狱安全防范的基本原则

（一）全员参与与分工负责相结合

监狱的安全防范，要强调全员参与与分工负责相结合的原则。

所谓全员参与，是指监狱的各个职能部门、各个押犯单位及各个不同岗位的民警都有保证监狱安全的义务和责任。在日常工作中，特别需要强调的是，不管什么岗位的民警，在发现与监狱安全有关的信息、苗头或异常情况时，都有义务将信息迅速传递给狱内侦查部门或监狱领导；在监狱发生又犯罪案件时，都要按照监狱的部署参与临场处置。

所谓分工负责，是指在监狱安全防范工作中，各个部门和单位有着自己的职责，并行使相应职权。监狱安全防范中有一些是法律或规章特别授权的内容，只能由有明确授权的部门、单位或人员行使，未经授权的其他部门、单位或人员是不能行使的。而这些职权突出体现在狱内侦查权方面。因此，在强调全员参与的同时，也必须强调分工负责，强调职权原则，特别是安全防范中的狱内侦查权，必须由监狱的狱内侦查部门和狱内侦查人员行使。

（二）监管控制与教育改造相结合

监狱的安全防范，要体现监管控制与教育改造相结合的原则。

监管控制，是监狱针对重点部位、重要场所、罪犯的活动现场以及针对危险分子、顽固分子及其重点管理罪犯实施的监督和控制，是监狱安全防范的主要内容和重要措施之一。

教育改造，则是在监控过程中，充分发挥教育改造的功能与作用，从根本上化解和消除影响监狱安全稳定的人的思想因素。在监狱安全防范中，教育改造具有“治本”的功能和作用，主要内容包括：①对全体罪犯进行法制、政策和前途教育，使大多数罪犯树立法制观念，增强守法意识，明确改造目标，坚定弃旧图新信念和积极改造信心。②对全体罪犯进行安全知识教育和安全技能培训，促使罪犯充分认识监狱安全防范的极端重要性，及其与自身安全的密切相关性，从而教育引导罪犯不断增强安全防范意识和自保意识，并能够立足于自我安全防范，积极主动配合监狱做好安全防范工作。③切实加强激励教育与惩戒教育。对于罪犯中积极维护安全稳定，主动提供破坏监管安全或又犯罪线索和情报的，或者主动制止不安全行为、敢于同又犯罪活动斗争的，监狱应当予以大力表彰，反之予以严厉惩罚。通过激励与惩戒，在罪犯中形成主动与又犯罪作斗争的积极氛围。④认真细致地开展对危险分子的排查和控制，特别要做好对危险分子的包夹控制与教育转化工作，最大限度化解不安全和不稳定因素。⑤在又犯罪案件发生时，基层民警不仅要参与临场处置，更重要的是应当对又犯罪嫌疑人进行疏导教育，促使其停止危害行为。

（三）公开监管与隐蔽控制相结合

监狱的安全防范，要做到公开监管与隐蔽控制相结合。

公开监管包括人民武装警察部队对监区、作业区的武装警戒，还包括监狱及其监狱民警对监区、作业区的内部监管，如公开进行的清监、点名、查铺、人身搜查、物品排查等监管活动。

在公开监管的同时，监狱还要采取一系列的隐蔽控制工作。如在监狱内外布设耳目、信息员等，对特定目标进行隐蔽控制；对影响监狱安全的信息进行隐蔽收集，以有效掌控狱情动态，防患于未然；监听器、监视器、夜视仪、报警器等的安装和使用都是秘密的；侦查活动中使用的电子监听技术也是秘密的。总之，隐蔽控制与公开监管结合起来，可以增加监狱的安全系数。

（四）直接管理与技术监控相结合

监狱的安全防范，要坚持直接管理与技术监控相结合的原则。

直接管理，是我国监狱对罪犯管理的一项非常重要的基本原则，在监狱安全防范中，更加需要特别强调监狱民警对罪犯的直接管理。只有坚持监狱民警对罪犯的直接管理，才能将罪犯在狱内的各种活动置于监狱民警的掌握之中，才能及时发现罪犯违法犯罪的各种苗头、动向和异常情况，有效预防并及时处理罪犯中发生的各种问题。

在对罪犯实施直接管理的过程中，还要注意各种监控技术的使用。在监狱安全防范中使用的监控技术和监控系统，主要包括：实时监控录像技术、隐蔽和公开的监听监控技术、视频监控系统、通讯联络系统、自动报警系统、电子巡更系统、人员定位系统以及隔离防护装置等其他安全防范专用设备。

随着监狱信息化建设的推进，构建覆盖全国监狱系统的网络互联互通、信息资源共享、标准规范统一、应用功能完备的信息化体系，监狱安全防范和应急指挥系统的完善，能显著提高监狱安全防范的信息技术应用能力，推动监狱数字安全防范系统的建设。随着卫星通信技术的发展，全球定位系统应用于监狱安全管理，再配合视频监控系统，获取更多有价值的信息。在监狱安全风险与日俱增的现实条件下，运用物联网的关键技术有助于实现对监狱管理中人财物流动的实时监管与控制，确保过程安全。

（五）全面监控与重点防范相结合

监狱安全防范，要坚持全面监控与重点防范相结合的原则。

监狱安全防范工作是一个系统工程，监狱有必要而且有可能对所有罪犯、所有活动场所实施有效的全面监控。其主要内容是：①建立严密的罪犯组织形式，特别是建立相互监督、相互制约、相互促进的罪犯互监小组，有利于促使罪犯积极改造；②采取定置管理的模式，实现对罪犯的铺位、劳动岗位、学习座位、队列排位的“四定位”或“四固定”，有利于对罪犯的活动及其活动区域范围，实施不间断的有效控制；③实施分级分类管理，全面搜集和掌控罪犯的思想动态，定期对所有罪犯的服刑改造表现进行摸底排队，有利于对应分级分类标准，实施重点监控和管理；④严格落实定期清监、定点查铺、点名等监管制度，有利于及时发现和消除各种安全漏洞和事故隐患。

在全面监控的基础上，要集中力量实施重点防范，即对重点人员、重点部位和重要场所、重点时段、重点岗位，进行重点监控与防范。

（六）人防、物防、技防及联防相结合

根据《司法部和武装警察部队关于进一步加强监管执勤工作、推进“四防一体化”建设的通知》（武司［2009］129号）的规定：

“人防”是按照封闭控制、不留空隙的要求，严密警戒部署，由监狱加大警力投入，对罪犯生活区及劳作区实施严密管控；武警看押部队对警戒区域外围实施封闭式警戒，从而发挥人的因素在安全防范中的作用。包括监狱值带班民警、特警队巡逻队、驻监武警等。

“物防”是按照坚固耐用、防范有效的要求，切实完善监墙、电网、照明灯警戒设施，形成功能完善的设施防范体系。包括建筑物、屏障、器具、设备、系统等。

“技防”是按照信息共享、同步感知的要求，加强监控、报警设施建设，实现双方全时监控，报警信息的双方同步感知，从而发挥现代科技在安全防范中的作用。包括红外报警、雷达报警、视频监控等。

“联防”是按照密切协作、联动处置的要求，整合武警看押部队、监狱、监狱驻地公安机关以及社会力量，而形成完善的目标联防体系。

监狱的安全防范，只有坚持人防、物防、技防、联防相结合的原则，建立“人防、物防、技防、联防”一体化的监狱安全防范体系，才能确保监狱持续安全。

近年来，有的监狱在进行“犬防”试点工作，实践证明，警犬在监狱巡逻、监狱大门等重点部位警戒、清监搜查、追捕罪犯中发挥了重要作用；随着警犬技术在监狱安全防范应用的不断研究，警犬在押解罪犯、防暴反暴、协助狱侦部门进行物证识别、毒品检测中也将发挥重要作用。

学习任务3　监狱安全防范的组织体系和责任目标

一、监狱安全防范的组织体系

监狱安全防范的组织体系是指监狱机关为认真贯彻实施“安全第一、预防为主、综合治理”的方针，强化监狱安全防范工作，落实各项安全防范措施和管理制度，有效维护监狱的持续安全稳定，专门设立的安全组织管理机构及其安全职能部门的总称。通常情况下，监狱安全防范的组织体系包括：安全组织领导机构、安全管理监察机构和安全责任部门。

（一）监狱安全组织领导机构及其职责

监狱安全组织领导机构，是指监狱机关全面负责监狱安全稳定工作组织领导职能的安全工作管理委员会。

基于党对监狱工作的绝对领导权和行政首长对安全稳定工作负总责的原则要

求，监狱安全工作管理委员会主任由监狱党委书记、监狱长担任；副主任由分管政工、管教、生产、行政和后勤工作的政委、副监狱长、纪委书记、工会主席、总工程师和总会计师等监狱领导担任；其他成员包括监狱所属各科室、监区的负责人。

通常情况下，根据职责不同，监狱安全工作管理委员会设立四个安全工作组：

第一组：队伍建设与综合治理安全工作组。主要由分管政工、纪检监察和工会工作的政委、纪委书记、工会主席负责，组织协调做好民警职工队伍建设、信访、信息、消防、社区治安、组织保卫等方面的安全防范和综合治理工作。

第二组：监管改造安全工作组。主要由分管监管和教育改造工作的副监狱长负责，组织协调做好刑罚执行、狱政管理、狱内侦查、教育改造及罪犯的生活卫生、医疗和防疫等方面安全管理和防范工作。

第三组：生产经营安全工作组。主要由分管生产经营工作的副监狱长、总工程师和总会计师负责，组织协调做好生产监区、生产职能科室、营销、财务等部门的安全管理和防范工作。（监企分离后，监狱的生产经营安全管理与企业的生产经营安全管理，应当分别设置监狱与企业两个生产经营安全管理组，具体负责各自职能范围内的安全业务。）

第四组：行政后勤安全工作组。由分管监狱行政、基建、交通和后勤服务工作的副监狱长负责，组织协调做好行政管理、工程建筑、民生事业、道路交通和后勤保障等方面的安全管理和防范工作。

（二）监狱安全管理监察机构及其职责

监狱安全管理监察机构是监狱安全工作管理委员会下设的办公机构，即监狱安全工作管理办公室。办公室一般设在负责监狱安全管理监察工作的职能科室，具体负责对全监狱安全稳定工作的组织、指导、管理和监督，并对各部门贯彻实施《安全工作目标管理责任制》情况，进行排查、考核和奖惩。

监狱安全管理监察机构的工作职责，包括以下几方面：

1. 组织制定监狱安全工作目标规划、目标管理责任制及其考核办法；组织编制监狱安全工作年度计划（一号文件），审核重大安全工程项目计划和安全培训工作计划，对全年安全稳定工作进行全面部署、排查、考核和奖惩。

2. 组织制定规范性的安全防范工作管理制度，完善各类安全管理工作责任体系；出台各类安全管理工作文件，组织开展各类安全活动。

3. 定期召开安全办公会议，及时传达上级安全工作会议精神，分析监狱安全防范工作的形势和动态，研究监狱安全防范工作中的重大问题，总结和通报安全防范工作，对下一阶段监狱安全稳定工作作出安排和部署。

4. 组织制定科学的安全防范措施或实施方案，确保重点工作做到人员、管理、措施三到位。分析、布置、排查监狱防范重特大安全事故工作，对重特大事故的防范和处理作出决定。

5. 组织开展专项安全排查活动，排查治理重大安全事故隐患，对重大隐患作出整改决策，并监督、排查相关责任单位落实整改措施，有效解决存在的问题，预防事故发生。

6. 组织开展监狱安全生产工作和监狱安全管理工作的专项整治活动、安全质量标准化达标活动，促进监狱安全稳定工作的持续发展。

7. 组织对重大危险源的危害辨识、风险评价和风险控制工作。

8. 监督执行新建、改建、扩建工程项目“三同时”制度，保证建设项目的安全设施与主体工程同时设计、同时施工、同时投入使用。

9. 按照有关规定，对重伤及以上事故、严重“三违”和严重隐患进行调查，对相关责任人和责任单位作出处理意见；对不能很好履行安全监督管理职责，单位管理比较混乱，致使职工出现严重违规违纪事件，工程质量和工作质量低劣，经常发生工伤事故、严重“三违”和隐患，安全防范工作长期处于被动局面的单位主要负责人进行诫勉谈话，必要时采取组织措施。

10. 规范记录监狱安全工作管理委员会会议，形成会议纪要，实施档案化管理。

(三) 监狱安全责任部门及其职责

监狱安全责任部门，有狭义和广义之分。狭义的监狱安全责任部门，特指专门负责监狱安全管理监察工作的职能部门，即监狱安全管理监察科（室）。广义的监狱安全责任部门，泛指承担监狱安全防范职能和责任的所有单位和部门，包括负责队伍安全的政工口各部门，负责监管安全的管教口各科室和监区（分监区），负责生产安全的生产口各科室，负责经营安全的企管、营销、财务等部门，负责治安、消防、基建、信访、信息、交通、医疗、公共卫生等安全的行政机关和后勤服务部门。

在具体实践中，监狱安全防范的核心或重心，主要或集中体现在狱政管理部门、狱内侦查部门、监区（分监区）所履行的安全监管与安全侦防职能上。

1. 狱政管理部门的安全监管与安全侦防职责。狱政管理部门全面负责监狱的监管安全工作，健全监管安全责任制度，明确各类监管安全工作岗位的工作标准和责任，组织签订安全目标管理责任状，做到承包到人、任务到人、责任到人，做到层层有压力、层层有动力。具体职责如下：

(1) 负责对新收监罪犯的集训管理、危险性评估和重点罪犯甄别工作，掌握重要罪犯及知秘犯的关押改造管理工作。

（2）负责罪犯分配、调遣、分押分管、日常考核、行政奖惩和规范化管理工作。

（3）负责健全完善监狱安全防范系统和监狱基础设施建设，加强对监狱大门、围墙、电网、警戒隔离带、监控、警戒报警系统等重点警戒设施的建设和管理。

（4）负责监狱的枪支弹药管理，负责火工品、易燃易爆物品的管理。

（5）负责监管安全排查督察制度的落实，定期不定期组织开展监管安全大检查、大排查活动，及时发现隐患，堵塞漏洞，并负责排查整改措施的落实情况。

（6）负责组织制定重大监管安全事故应急救援预案，健全完善监狱应急防暴力量，规范训练运作模式机制。负责监狱防逃追捕工作、监管安全事故的调查处理和善后处理工作。

（7）负责协调监狱与驻监武警看押部队、驻地公安机关的关系，与驻监武警协调设置外围警戒的执勤哨位与兵力调整，加强警戒执勤设施的标准化建设。

（8）负责开展“三共”建设，大力开展与驻监武警的联合演练，建立反应敏捷、相互联动的监管安全预警机制，实现共建、共管、共保安全。

（9）负责依法健全和完善罪犯劳动保护、劳动保险和劳动报酬制度，严禁超体力劳动和超时间劳动。按规定配发和使用劳动保护用品，对因工伤亡的罪犯，按规定给予补偿。

（10）负责涉及罪犯监管信访案件的接访和查处工作。

（11）负责做好出监罪犯的重新犯罪可能性评估工作，重新犯罪可能性评估率必须达到100%，给社会帮教安置部门提供参考，完成帮教安置的衔接工作，实现监狱与社会的良性互动，共同降低刑释人员的重新犯罪率。

（12）完成监狱领导和上级部门交办的其他监管安全工作。

2. 狱内侦查部门的安全监管与安全侦防职责。

（1）建立健全监狱狱内侦查工作的各项制度，并排查落实执行情况。

（2）协助政工部门做好侦查民警的业务培训、考核和奖惩工作。

（3）组织开展狱情研判活动，了解、掌握狱情动态、敌情动向。

（4）严密防范、控制罪犯中可能发生的又犯罪活动，侦破各类预谋案件。

（5）开展隐蔽斗争，负责耳目的物色、建立、使用、撤销和奖惩工作。

（6）组织排查各类危险犯，建立健全危险犯档案。

（7）侦破狱内发生的各类案件，及时预审、结案和提出处理意见。与有关部门合作，侦破内外勾结案件。

（8）控制和保卫监狱的重点部位和重要场所。制定处置突发事件的预案。

(9) 依法查处在押罪犯未交代的余罪、漏罪及其他犯罪线索。

(10) 开展情报信息搜集与侦查技术的研究，推进狱内侦查技术工作的现代化建设，加强侦查器材、设备的管理使用。

(11) 建立健全狱内侦查工作基础业务档案和各类图表，按时上报各种材料。

(12) 完成监狱领导及上级侦查部门交办的其他工作。

3. 监区侦查民警的安全监管与安全侦防职责。

(1) 根据监狱侦查工作计划，制定监区侦查工作目标，并具体实施。

(2) 通过多种形式，采取各种手段，了解、掌握狱情动态、敌情动向，及时发现案件线索，采取有效防范措施，防止各类案件的发生，侦破预谋案件。

(3) 开展深层次的狱情、敌情研判活动，协助监区领导组织召开监区狱情分析会，认真做好记录，及时写出狱情分析报告。

(4) 开展隐蔽斗争，负责耳目的统一布局，形成网络。建立健全耳目档案，搜集、记录使用耳目民警反映的各种线索情况。对掌握的情报线索及时查证，重要线索要立即向监狱侦查部门报告。加强耳目的考核工作，及时呈报奖惩。

(5) 协助监区领导组织落实对危险犯的排查、防控工作，建立健全危险犯档案。

(6) 对掌握的在押犯未交代的余罪、漏罪及其他犯罪线索，及时转递监狱侦查部门处理。

(7) 记录狱内案件的案发情况，保护案发现场，并将案件情况及时报告监狱侦查部门；在监狱侦查部门的指导下，侦破一般案件。

(8) 建立健全狱内侦查工作的各类资料档案，按时上报各类侦查业务报表。

(9) 完成监区领导和上级侦查部门交办的其他工作。

4. 监区（分监区）的安全监管与安全侦防职责。

(1) 及时捕捉罪犯中可能发生的行凶、自杀、脱逃等重大监管安全事故的苗头性、倾向性安全隐患，有效掌控狱情动向与犯情动态；采取针对性措施进行狱内又犯罪的预防和控制。

(2) 定期不定期开展监区（分监区）监管安全排查和隐患排查活动，及时消除各种安全漏洞、事故隐患和不稳定因素，确保罪犯改造三大现场的监管安全与人身安全。

(3) 搞好对罪犯日常安全管理和耳目（信息员）建设，严格落实对重点犯的管控措施，对危险犯的包夹控制与教育转化制度。

(4) 认真开展狱情犯情分析研判，及时向业务主管部门提交危险狱情或危险犯情报告，并采取有效措施防止各种监管安全事故的发生。

(5) 参与监狱组织的侦破工作。

二、监狱安全防范的责任目标

维护监狱安全稳定的责任目标及其价值，并不止于监狱安全稳定本身，更重要的价值追求，在于体现“为监狱中心工作服务、为社会大局稳定服务”的保障功能。因此，监狱必须坚定不移地站在新时代中国特色社会主义事业“建设者”和“捍卫者”的高度，肩负起维护社会大局稳定的首要政治任务。

根据党和国家关于安全稳定工作的一系列部署，结合现代监狱工作的职能与属性，监狱安全的具体责任目标应当包括以下几个方面：

（一）政治安全

牢固树立政治安全的首位意识和责任意识。认真贯彻党和国家的监狱工作方针、政策，严格落实上级党委和政府关于维护安全稳定工作的指示精神和各项部署，在政治、思想和行动上始终与党中央保持高度一致，坚决维护监狱工作正确的政治方向，确保监狱工作不走偏。

全面加强党对监狱安全稳定工作的领导。监狱党委应当坚定不移地站在新时代中国特色社会主义事业“建设者”和“捍卫者”的高度，切实把安全稳定工作放在监狱工作的首要地位，作为“天字号”工程来抓，以高度的政治敏锐性和坚定的政治责任心，肩负起维护社会大局稳定的“首要政治任务”，确保监狱的持续安全稳定。

全力以赴做好非常时期的监狱安全稳定工作。非常时期对监狱安全稳定工作有着非常要求。每逢党和国家的重大会议、重要活动，监狱及其监狱民警应当从讲政治、讲大局的高度，切实提高维护监狱安全稳定的政治责任感和历史使命感，打破常规，采取“非常举措”，坚持深入一线、坚守一线、紧盯一线，切实做到“不安全不生产，不安全不出工，不安全不下班”，确保“非常时期”的安全。

（二）队伍安全

加强监狱两级领导班子建设，形成坚持民主集中制原则，团结协作、开拓创新、勤政廉政、求真务实的强有力的领导核心。

加强民警队伍建设，建设一支“政治坚定、业务精通、忠于职守、廉洁奉公、执法严明”的监狱民警队伍。

不发生监狱领导班子成员被追究刑事责任的案件；不发生民警因体罚虐待罪犯、贪污受贿和渎职等被追究刑事责任的案件。

（三）监管安全

提高政治站位，坚守安全底线，践行改造宗旨，健全完善安全防范体系和运行机制，实现监管改造工作“四无”目标，即无罪犯脱逃、无狱内重大案件、无重大安全生产事故、无重大疫情发生，是监管改造工作的安全底线。

加强监狱基础设施及辅助设施建设，使其布局规范合理，功能齐全，质量可靠，监狱安全警戒设施达到《监狱建设标准》和司法部《关于加强监狱安全管理工作的若干规定》的要求。

健全刑罚执行制度和工作规范，坚持依法治监，严格按照法律、规章规定的条件、程序，办理收监、减刑、假释、暂予监外执行、释放等刑罚执行工作。在办理减刑、假释和暂予监外执行中，不发生违法违纪案件。

健全狱政管理制度和工作规范，严格执行会见、通信、门卫、查监、巡逻、禁闭、警戒具使用以及其他各项管理制度，审批程序严格，依法保障罪犯的人身安全、合法财产和辩护、申诉、控告、检举等权利。尊重罪犯人格，不发生体罚、虐待罪犯的事件和罪犯非正常死亡案件。

健全狱内侦查制度和工作规范，切实强化各项监管制度的落实，采取针对性安全防范措施，有效开展狱内侦查工作。狱内年发案率低于1‰，不发生狱内重特大案件，无罪犯脱逃。办案程序合法，破案率达到95%以上。

健全教育改造工作制度和工作规范，对罪犯实行正规、系统的思想、文化、职业技术教育和各种辅助教育。罪犯的教学时间每年不少于500课时。切实加强针对性个别教育和开展心理矫治工作，个别矫治的罪犯达到在押犯总数的90%以上；顽固犯、危险犯年转化率都达到50%以上；罪犯刑满时获得文化证书、技术等级证书的，都达到应入学人数的70%以上。狱内实际服刑在3年以上的罪犯，刑满时至少掌握一门实用技术。具有接受教育能力的文盲罪犯，刑满时脱盲率达到100%。

建立完善罪犯生活卫生管理制度，按实物量标准保障罪犯的膳食和被服供给，不发生集体食物中毒事件，不发生食物中毒死亡事故。

建立罪犯健康档案，保障罪犯的基本医疗，罪犯中的发病率和病死率低于当地城镇居民的水平。严格执行《传染病防治法》，加强各类传染病防治工作。监内押犯不发生传染病的流行，传染病发病率不超过1%。不发生群体性公共卫生事件和重大疫情。

（四）生产安全

建立科学、规范、适合监狱企业生产特点的管理制度和快捷有效的经营决策与指挥机制，积极进行监狱企业改革，夯实基础管理，落实生产安全责任制和经济责任制，完成上级下达的各项生产安全和经济指标，确保生产性固定资产保值增值，提高综合经济效益。

完善监狱安全生产设施和管理制度。劳动现场安全生产设施符合国家有关规定，安全生产管理的各项要求得到落实，没有重大安全事故隐患。严格执行操作规程、作业规程和安全规程，狠抓“三违”（“三违”是“违章指挥、违章操作、违反劳动纪律”的简称)，不发生罪犯工伤死亡事故，重伤率不超过1‰。

劳动现场管理科学文明。实施全面质量管理等先进的管理办法和技术，抓好精细化管理和质量标准化建设，创造良好的作业环境，生产作业现场的粉尘、有害气体、通风、照明、噪声、温度等指标符合相关《安全规程》的规定，做到环境整洁、物流有序、安全文明。

加强火工品及易燃易爆物品的管理，分类隔离存放，严格执行发放、使用制度，确保安全，杜绝事故发生。

(五) 经济安全

建立和完善监狱经济内控管理制度，规范监狱经济管理程序，确保监狱经济平稳健康运行。对大宗物资采购、重点工程建设，实行公开招投标。对各项资金的安排使用，坚持党委集体研究决定。不发生合同纠纷，不发生严重预付款失误，不发生因工作不到位造成的罚款、索赔等经济损失。

(六) 社会安全

根据党和国家的有关规定，积极参与社会治安综合治理，主动加强与公安、司法等部门的协调配合，及时将刑释人员基本信息提供给当地公安局、司法局，认真做好刑释人员的衔接、安置工作，最大限度预防和减少重新犯罪。

认真执行“三见面”制度。“三见面”：与被保外就医罪犯本人和家属见面，核查了解被保外就医罪犯的疾病治疗情况；与当地基层派出所见面，调查了解被保外就医罪犯在保外就医期间的遵纪守法及改造情况；与被保外就医罪犯居住地的司法所、村（居）委会见面，掌握了解社区矫正情况和监管帮教组织的落实情况。切实加强对保外就医罪犯的定期调查与跟踪管理；严格对辖区内刑释人员、流动人口、外来人员实施实名登记；对涉藏、涉疆、涉黑、涉恐、涉暴、涉枪、涉毒等危险人员进行经常性的安全排查和防控，确保不发生重特大社会治安事件。

坚持“信访工作无小事”和“信访工作是监狱工作的有机组成部分”的观念，时刻把信访工作放在心上，抓在手上，落实在行动上，及时摸排和化解群体性信访矛盾，采取“四定一包”责任制，即“定人、定案、定制度、定责任、一包到底”，切实解决上级挂牌督办的信访案件和重大疑难案件，确保不发生进京赴省非正常上访事件。

(七) 信息安全

健全完善信息安全管理制度和工作规范，保守国家秘密，不发生网络媒体恶意炒作事件；不发生机要泄密事故，确保“零泄密”。

健全完善网络安全管理制度和工作规范，构筑网络安全屏障，严格落实网络意识形态工作责任制，广泛运用新媒体宣传凝聚共识，运用法治思维和法治方式应对处置网络违法行为。

健全完善舆情研判机制和应对预案，树立“舆情就是警情”的理念，通过收集舆情与其他信息，及时发现潜在的危机信息，防范危机的发酵。特别是对涉警方面的舆情要做到及时准确掌控、主动应对、有效应对，坚决不能造成负面影响。

（八）公共安全

健全完善公共安全管理制度和工作规范，不断深化交通、消防、建筑工程、公共场所、公共卫生等重大危险源的专项整治活动，确保公共安全。警用车辆不发生违反《警车管理规定》的行为，公车司机不得有酒后驾车行为，杜绝发生交通安全事故。公共场所、办公场所、生产场所和监管改造场所，不发生危险火情，杜绝火灾事故发生。各项建筑工程质量达到国家有关标准，确保不发生建筑、施工质量事故，不发生重伤以上建筑施工安全事故。维护公共场所的治安秩序和公共卫生安全，不发生重特大恶性治安案件或重特大公共卫生事件。

学习任务4 监狱安全防范的工作机制和法律法规

一、监狱安全防范的工作机制

确保监狱持续安全稳定，促进社会和谐发展，是监狱机关切实提高政治站位、坚守安全底线、践行改造宗旨、做好监狱各项工作的前提。监狱在维护安全稳定工作中，应不断总结、科学提炼，逐步形成一套安全管理模式和运行机制。

监狱安全稳定长效机制的形成，既要从管理和制度层面体现前瞻性、针对性、实效性和科学性的特点，又要从宏观掌控和微观操作上体现指导性、系统性、层次性和可操作性的优势。

（一）监狱安全稳定长效机制的概念

在《现代汉语词典》中，“机制”一词泛指在一个系统中，各元素之间相互作用的过程和功能。它多用于自然科学，社会科学中一般可以理解为机构和制度。根据这一概念，我们可以把监狱安全长效机制定义为：为确保实现监狱安全稳定目标，按照一定规则运行，并经实践证明长期有效的监狱系统中各子系统、各项工作之间相互作用、相互影响的过程和方式。

（二）监狱安全稳定长效机制的内容

通常情况下，监狱一般采取“监狱党委统一领导，班子成员分工负责，职能部门指导协调，各责任部门联合行动”的安全管理模式和运行机制。这种安全管理模式和运行机制的主要内涵包括：领导责任机制、安全防控机制、隐患排查机制、应急处置机制和狱情研判机制。

1. 领导责任机制。坚持“谁主管、谁负责”“谁执法、谁负责”的安全责任制原则，构建实施“主要领导亲自抓，分管领导具体抓，层层签订责任状，一级抓一级，逐级抓落实”的监狱安全责任机制。

（1）健全组织领导机构。成立监狱安全工作委员会，监狱安全工作委员会主任由党委书记、监狱长担任，副主任由其他监狱领导担任，成员包括监狱各部门的主要负责人。

（2）明确工作模式机制。坚持“四个纳入”和“一票否决制”，切实将监狱安全稳定工作纳入党委工作重点、领导决策议题、工作绩效考核和干部能力考察的范畴，并对监狱安全责任事故实施“一票否决制”，追究责任单位和相关责任人的责任。

（3）狠抓“一把手”工程建设。明确以科室、监区（分监区）为安全责任主体，各责任单位的主要领导对监管安全负第一位责任，并实行分工负责制。通过签订《监狱安全目标责任状》，实施《监狱安全风险抵押承包制》，强化各级“一把手”的安全职责和安全意识。

（4）完善责任目标考核。健全完善“谁执法、谁负责”的安全责任目标考核体系，实施《民警一岗双责制》和《民警绩效考核办法》，严格落实《监狱安全工作目标管理责任制》和《监狱安全目标责任考核办法》，形成“人人参与，层层负责”的安全工作格局。

（5）实施“反追究制”。对存在重大安全隐患、严重不负责任、工作推诿扯皮、制度措施不落实或落实不到位的单位，进行严格责任倒查与责任追究。除采取发放《消除隐患通知书》《纠正违纪通知书》《限期整改责任书》外，根据责任主次，依法追究相关责任单位和责任人的责任，发挥责任追究制度的教育和警示作用。

（6）实施执法督查制。设立监狱长信箱、检举信箱等，确保内部监督的经常化；邀请人大、政协、政法机关对监狱执法工作实施监督，并通过聘请执法监督员、行风监督员、向罪犯家属发送公开信和征求意见书等措施，实现外部监督的制度化。通过完善执法监督体系，强化监狱民警的执法意识和安全责任，及时堵塞和防范工作漏洞，防止执法安全事故的发生。

2. 安全防控机制。坚持以推进“四防一体化”建设为核心，构筑形成“人防严密、物防坚固、技防高效、联防可靠”的监狱安全防控机制，全方位确保监狱的持续安全稳定。

（1）人防严密。按照封闭控制、不留空隙的要求，对监管改造和劳动生产区域实施严格的封闭式无缝管理和安全警戒，合理配置警力，规范设置哨位，严密人防部署，切实做到安全监控不留空隙，隐患排查不留死角。

第一，构筑以人为本的思想防线。监狱应当把牢固树立社会主义法治理念和以人为本的科学发展观，贯穿于监狱安全稳定工作全过程，贯穿于从严治警、精心育警、从优待警的全方面，切实提高监狱民警维护安全稳定的政治意识、大局意识、忧患意识和责任意识。

第二，构筑直接管理的责任体系。监狱应当强化民警的现场直接管理，严格落实民警值班、现场带工、收封点名、巡更排查等制度，切实将罪犯的一切活动始终置于民警的视线之内和掌控之中，确保将安全隐患消除在初始阶段。

第三，构筑深层次的防范体系。监狱应当加强对罪犯的管理与教育，严格落实互监组、老带新、小哨、小区域防范等制度，并多层面开展检举、揭发狱内外犯罪和违规违纪行为的活动，开展监规纪律整顿和防逃专项教育，严厉打击狱内歪风邪气，净化监管改造环境。

第四，构筑重感化的施教体系。监狱应当加强罪犯的生活卫生工作、着力改善罪犯生活条件、稳定罪犯思想，积极推行心理健康教育和矫治，实施心理危机测试、分析和干预，将罪犯产生危险心理和行为的因素消灭在未发之时。同时，采取多种方式，丰富狱内文化生活，为罪犯提供愉悦身心、合理宣泄情绪的条件和渠道；大力开展技术教育，提高罪犯刑释就业谋生能力，增强罪犯的改造信心；开展亲情、社会帮教活动，用亲情和社会的关爱启迪罪犯良知，促进罪犯改造。

所有这些防患于未然的监管安全合力和协调运转的工作机制，是充分发挥人的作用，筑牢以人为本的第一道防线，实现监狱安全治标与治本有机结合的重要举措。

（2）物防坚固。实体防范是监狱安全防范的重要屏障。在充分强调人防的核心作用的同时，监狱实体防范的基础性保障作用，必须做到“高”不可攀、“坚”不可摧、“牢”不可破。

按照中华人民共和国住房和城乡建设部、国家发展和改革委员会发布的由司法部编制的《监狱建设标准》（建标 139—2010）和中华人民共和国国家质量监督检验检疫总局、中国国家标准化管理委员会发布的由公安部提出的《周界防范高压电网装置》（GB25287 - 2010）的要求，中度、高度戒备监狱围墙应分别高出地面 5.5 米和 7 米以上，墙体应分别达到 0.49 米厚实心砖墙和 0.3 米厚钢筋混凝土的安全防护要求。围墙上部，中度戒备监狱应尽可能设置武装巡逻道，高度戒备监狱应当设置武装巡逻道。电网电压必须达到 6000 ~ 10 000 伏。中度戒备监狱围墙内侧 5 米、外侧 10 米处，高度戒备监狱围墙内侧 5 米及 10 米处、外侧 5 米及 12 米处均应各设一道不低于 4 米高的防攀爬金属隔离网，网上均应设监控、报警装置。围墙外侧两道隔离网之间应设置防冲撞设施。在建好周界屏障的同时，要坚持防线前移，加强区域屏障建设，尽可能对罪犯实施区域封闭管理。罪犯的日常活动场所——监房、车间的屋顶、墙壁、门、窗、锁等必须坚实牢固，尤其是墙壁和上下楼之间必须隔音并达到一定的厚度，严防罪犯将其掏通，通过口头或书面相互串通或传递不良信息。监舍外窗应设防护铁栅栏。通向屋顶的消防爬梯离地面高度应大于 3 米，且 3 米水平距离内不应开设门、窗、洞口。

（3）技防高效。技术防范是人力防范、实体防范在技术手段上的补充和加强。目前，监狱安全技术防范系统主要包括：视频监控系统、周界防范系统、应急报警系统、门禁控制系统、呼叫报告、监听对讲广播系统、电子巡更系统、人员定位系统等。这些技防系统不仅依赖于先进的技术装备和先进的技术手段，而且取决于使用这些先进技术装备和先进技术手段的监狱民警的能力水平。因此，根据监狱信息化建设的要求，在不断加强、改进、提升和完善监狱安全技术防范系统的科技含量，从客观条件上有效提高监狱安全防范、应急处置与快速反应能力的同时，还应当重视和加强监狱民警的能力素质建设，这才是确保技防手段高效运行的根本所在。

司法部、科技部《关于印发〈“十三五”全国司法行政科技创新规划〉的通知》（司发通［2017］78 号）指出，近年来，司法部和各级司法行政机关认真贯彻中央关于科技创新的决策部署，加快提升自主创新能力，取得明显成效。云计算、大数据、物联网等新技术在司法行政信息网络平台和基础设施建设、应急指挥中心及业务综合服务平台建设、信息资源库及信息资源交换共享体系建设、信息技术标准规范及信息安全体系建设等方面得到不同程度的应用。重点领域关键技术取得重大突破，组织实施了监狱智能化安全防范关键技术研发示范和监狱物联网重大应用示范工程，罪犯精准管控、罪犯行为智能分析、监狱智能周界安防、狱内移动通讯信号智能屏蔽等关键技术取得突破性进展。

发展智能高效监管安防技术。开展“智慧监狱”示范建设，最大限度地汇集整合监管改造信息资源和社会信息资源，全面推动罪犯基本数据、内部管理数据、执法办案数据、技术防范数据四大类数据的集成应用，充分运用大数据技术，开展罪犯危险程度评估，有效防范罪犯暴力袭警、越狱脱逃、强行冲监、非正常伤残死亡等监管安全事件；充分运用物联网高度集成的传感技术、数字信息采集与处理技术、数字通信技术、多媒体技术以及网络安全技术，实现对监狱全方位的智能监管，全面提升人防、物防、技防、联防一体化水平，构筑监狱安全的长效机制，实现从底线安全观向治本安全观的根本转变。

监狱物联网及人工智能支撑技术。开展视频图像智能分析、生命体征监测、无线信号侦测干扰、射频识别、传感器数据采集、数字集群通信、区域人员定位、智能机器人巡检等监狱物联网及人工智能技术研究，构建智慧监狱物联网平台，并通过联动、交互与预警技术为智能指挥调度、应急预案管理、科学决策分析提供技术支撑。

监狱大数据支撑技术。以物联网平台为基础，采集罪犯的视频图像信息、生命体征信息及通过电子腕带、脚环追踪技术采集的活动轨迹信息等基础数据资源，运用大数据技术构建“智慧监狱云”，通过开展行为特征分析、身份智能识别和轨迹分析等技术研究，科学精准评估研判罪犯危险程度，实现智能预测预警预防，并结合无人机监测防范等前沿技术，全面提升监狱安全防控科技水平。

罪犯非正常伤残死亡风险防控技术。开展罪犯非正常伤残死亡风险评估、预警及与医院协同救援技术的研究，实现罪犯非正常伤残死亡风险防控的一体化保障。

（4）联防可靠。监狱与武警部队之间加强协同配合，健全联合互动工作机制，定期组织演练，提高双方的联防联动、应急处置能力。同时，加强与地方党委政府、公安机关、周边群众的联系与联防，净化监狱周边环境，构建各司其职、密切协同的大联防格局，提高整体防范能力。

贯彻落实司法部武警部队监狱安全工作会议精神，进一步抓好监狱与武警部队的“三共”建设，着力在“思想共建、队伍共管、安全共保”三个方面下功夫，加强监狱与武警的沟通与协调，实现双警之间的互联互通，信息共享，多点联动，快速反应，共同推动新形势下监狱安全管理工作的健康发展，确保社会大局的和谐稳定。在思想共建上，强化忧患意识，增强事业心、责任感，打牢监狱安防的思想基础。在队伍共管上，重在落实制度，在坚持抓好共教共育、联席会议、联检联评、联合演练四项制度的基础上，突出相互学习、相互监督等制度的落实，采取“岗位监督卡、下达隐患通知书”等措施，共同查找安全隐患，堵塞安全漏洞，打牢监狱安防的管理基础。在安全共保上，健全完善内管、外警、联合追逃的责任体系，聚合联合防控与处突的力量，确保在思想上合心、行动上合力、措施上合拍，充分发挥“1 加 1 大于 2”的整体效能，共筑监狱安防的铜墙铁壁。

加强“八联”机制建设，即两警队伍联建、勤务联管、矛盾联调、隐患联治、情况联处、演训联抓、考评联组、平安联创。推进监管执勤模式改革，健全规章制度，有效确保监狱的持续安全稳定。

3. 隐患排查机制。坚持以深化“三法排查手段”为关键，构筑形成“狱情分析、动态掌控、全面排查”相结合的监管安全隐患排查机制，切实把安全隐患解决在始发阶段，把不稳定因素化解在萌芽状态。

（1）狱情分析法。健全完善狱情分析研判制度和工作规范，形成监狱、监区、分监区三级狱情分析例会工作机制。监狱每月召开一次狱情分析会，由分管改造工作的监狱领导主持，全体监狱领导和管教科室、监区主要负责人参加；监区每半月召开一次狱情分析会，由监区长主持，全体监区领导和分监区长、指导员参加；分监区每周召开一次狱情分析会，由分监区长主持，全体分监区民警参加。

（2）动态掌控法。健全完善罪犯思想动态分析研判制度和工作规范，通过全面观察、侧面了解、个别谈话等途径，敏锐觉察和掌握罪犯的思想动态及其改造表现。同时，利用狱内“耳目”掌握深层次的犯情、狱情和罪犯思想，及时捕捉狱内信息，准确分析、判断狱情状况和思想动态，合理调整针对性防控措施和教育手段，维护监管改造秩序的持续安全稳定。

（3）全面排查法。健全狱内重大危险罪犯摸排、管控、教育制度，依法规范对狱内重大危险罪犯的排查标准、排查方法、排查程序及管理监控与教育转化的措施。完善监管安全检查与隐患排查制度，形成“民警每天查、分监区每周查、监区每半月查、监狱每月查、节假日及时查”的工作机制，采取监狱领导突查、职能科室督查、驻监武警协查、基层监区（分监区）定期自查与互查相结合的具体措施，全方位、多层次开展监管安全检查与隐患排查工作。特别要加强对罪犯人身、物品、信件的排查和对重点区域、要害部位、关键时段和薄弱环节的排查。同时，要适时对全监狱罪犯进行危险性评估，切实把具有危险性的罪犯列入民警重点监控的视线，落实包夹、包控、包教“三包责任制”措施，确保不发生监管安全事故。

4. 应急处置机制。随着监狱在押罪犯结构的日趋复杂，罪犯教育改造难度的日趋艰巨，监狱安全稳定的压力也日趋严峻。监狱在维护安全稳定工作中，必须以强化“三联合举措”为载体，构筑形成“监狱、武警、社会”三位一体的联防体系及其应急处置机制，提高监狱应对突发事件的快速反应能力与应急处置能力。

（1）监狱与武警的联合互动。监狱与驻监武警应当以“三共”建设为载体，深入开展“共管、共建、共保安全”的联合互动，共同构筑“四防一体化”监狱安全防范体系。建立实施《应对监狱突发事件预案》，完善报警、兵力集结、现场处置、通讯联络、现场勘查等联合互动工作机制，定期开展以提高实战水平和处突能力为核心的反暴狱、反劫持人质和反脱逃等预案演练，不断增强两警的防突意识，提高招之即来、来之能战、战之能胜的处突能力和水平。

（2）监狱与社会的联合互动。监狱应当与驻地政府、公安机关、国家安全部门加强沟通与协调，切实将监狱安全稳定工作与驻地社会安全稳定工作紧密结合起来，健全完善监狱与驻地社会安全部门《防恐处突和处置狱内突发事件预案》及其联合互动机制，使监狱的防恐处突工作纳入驻地防恐体系，提高监狱的防恐能力和处突水平。

（3）监狱与周边群众的联防互动。监狱应当与周边村委会、派出所、驻地机关或组织加强沟通与协调，介绍监狱的狱情变化和安全状况，提高周边群众的联防意识，切实将监狱安全稳定工作与提高周围群众联防意识结合起来，构建形成监狱与周边群众联防的互动机制。在组织防逃演练中，周边村委会、派出所、驻地机关或组织同时启动预案，参与进行设卡、搜捕、堵截演练，提高实战能力和处突效果。

5. 狱情研判机制。建立完善监狱系统狱情信息的研判机制。坚持有效发挥“信息预警、信息导防、信息促安、信息强侦”在监狱安全防范体系中的实战效能，建立健全监狱系统狱情信息研判体系，构筑形成“监狱—职能科室—监区（分监区）”狱情信息研判机制，完善监狱“大安全”和“大侦防”格局，促进监狱安防与技侦工作的转型优化发展。

（1）健全监狱系统狱情信息研判的规章制度。建立健全《监狱系统狱情信息研判工作职责》《监狱系统狱情信息研判工作规范》《监狱系统狱情信息研判工作督察制度》和《监狱系统狱情信息研判奖惩办法》等规章制度，促进监狱系统狱情信息研判工作的制度化、规范化和科学化，有效实现对监狱安全状况的全面掌控。

（2）规范监狱狱情信息研判的运行模式。健全完善异常狱情信息的搜集体系，及时了解全监狱情动态。通过建立异常狱情信息的日搜集制度，及时发现狱内案件和重大狱情线索；建立异常狱情信息的日发布制度，借助狱情预警信息系统使民警最快知晓狱情信息；建立异常狱情信息的日处置制度，对一般、重要、重大狱情信息分别进行及时处置。

（3）健全完善异常狱情信息的分析体系，及时掌控监管安全隐患。建立狱情信息集中研判平台，实施定期或不定期研判机制，省局坚持每季度或不定期对全系统狱情信息进行一次分析与研判；监狱坚持每月定期对全监狱情信息进行一次综合性分析与研判。通过集中研判平台，对当月、当季的狱情、突出或苗头性倾向性及各部门上报的各类狱情信息或线索进行有效整合，总结当月、当季全系统、全监狱的安全状况，发现规律性特点，研究打防措施，制定安全防范工作方案，部署设防重点。对于研判出的重大安全隐患或突发事件，立即启动应急工作机制，职能部门、科室负责组织实施。监狱职能科室（监区）坚持每半月定期对全监区狱情信息进行一次综合性分析与研判，并负责组织实施省局和监狱安全防范工作方案。在此基础上，要切实把“信息主导警务”的理念根植于民警心中。要求民警每天必须深入到各自管辖的区域进行信息采集，并进行独立自主的分析研判；分监区每周组织民警召开狱情工作分析会议，对民警独自研判材料进行综合性分析研判，找出所有同类信息的共同规律与特点；最后对研判成果进行同类归纳分析，从而发现重大（重点）安全隐患及深层次信息，实现对辖区监管安全的科学化管理，提高民警运用信息服务监管改造的实战能力。

（4）健全完善异常狱情信息的排查体系，及时确定监管安全防范重点。通过对罪犯排查与危险性评估，对有脱逃、自杀、行凶等各类危险人员建立红色预警档案；对罪犯违纪及思想动态分析排查，找到尚未落实的制度、难以落实的制度、最易违反的制度、最易违反制度的时段、最易违反制度的民警等，及时进行整改，堵塞管理漏洞，使罪犯在时间和空间上没有违法违纪的条件；对监管设施排查，及时发现安全隐患并进行维护，确保监管安全设施的正常运行。

（5）健全完善异常狱情信息的预测体系，增强狱情研判的控制性。建立异常狱情信息及时报告制度，建立异常狱情信息及时交接制度，建立对思想言行异常罪犯及时谈话教育、包夹监控制度，建立对思想行为异常罪犯的心理危机干预制度，建立网上浏览处置制度，建立异常狱情信息处置预案制度。及时把握监管改造变化规律。有效利用不同时段搜集的异常狱情，结合相关数据、资料，运用科学的方法、技术进行分析比较。利用百分比的升降数据了解月、季、年度的在押犯总体情况与违纪行为的动态变化，及时掌握罪犯的异常言行和监狱阶段性或特定时期的狱情特点，探索和把握监管改造秩序变化的规律（如异常狱情多发的地点、多发的时间段、违纪行为的手段与特点等），预测评估并推断监管安全事故出现的可能性、未来发展趋势和演变规律，并通过预警网络发出警示信号或指引，使监狱各级领导与基层民警能在不同的时空随时了解掌握各层面、各方位的狱情信息和事态发展的趋势，从而及时采取应对策略和控制措施，预防和减少狱内突发事件的发生，消除安全隐患或者延缓事态的恶性演变，确保监管安全稳定。

（6）建立完善狱情研判预警体系，增强狱情研判的超前性。建立狱情信息网络自动分析预警制度。狱情预警信息网对狱情信息自动分类、自动定性、智能监控，对涉及罪犯脱逃、自杀、行凶、自伤自残、心理波动等敏感信息以及相关测试分值高的重点罪犯自动在网络上预警。建立重点人员、重要部位监视监控报警制度。监狱在重要部位安装科技含量较高的红外线自动监视监控报警装置，在重点人员劳动、学习、娱乐活动现场安装监控设备，实行移动监控，实时报警。建立预警专报制度。监狱狱情预警信息中心对处置不及时、不全面、不彻底的异常狱情，通过狱情预警信息网下发由监狱领导签发的督办通知，督促、关注并指导有效处置。

二、监狱安全防范的法律法规

（一）《中华人民共和国宪法》（以下简称《宪法》）

2018 年 3 月 11 日第十三届全国人民代表大会第一次会议通过了《中华人民

共和国宪法修正案》。《宪法》第33条第2、3款规定："中华人民共和国公民在法律面前一律平等。国家尊重和保障人权。"第38条规定："中华人民共和国公民的人格尊严不受侵犯。禁止用任何方法对公民进行侮辱、诽谤和诬告陷害。"为尊重和保障罪犯人格提供宪法依据。

《宪法》第41条规定："中华人民共和国公民对于任何国家机关和国家工作人员，有提出批评和建议的权利；对于任何国家机关和国家工作人员的违法失职行为，有向有关国家机关提出申诉、控告或者检举的权利，但是不得捏造或者歪曲事实进行诬告陷害。对于公民的申诉、控告或者检举，有关国家机关必须查清事实，负责处理。任何人不得压制和打击报复。由于国家机关和国家工作人员侵犯公民权利而受到损失的人，有依照法律规定取得赔偿的权利。"这为罪犯合法的申诉、控告进而检举提供依据。监狱应当依法保障罪犯的合法权益。

《宪法》第52条规定："中华人民共和国公民有维护国家统一和全国各民族团结的义务。"第53条规定："中华人民共和国公民必须遵守宪法和法律，保守国家秘密，爱护公共财产，遵守劳动纪律，遵守公共秩序，尊重社会公德。"第54条规定："中华人民共和国公民有维护祖国的安全、荣誉和利益的义务，不得有危害祖国的安全、荣誉和利益的行为。"这为监狱维护国家政治安全及保障监狱信息安全提供了宪法依据。

《宪法》第67条规定，全国人民代表大会常务委员会有权决定全国或者个别省、自治区、直辖市进入紧急状态。第89条规定，国务院有权依照法律规定决定省、自治区、直辖市的范围内部分地区进入紧急状态。这对于完善我国紧急状态制度具有非常重要的意义。

（二）基本（普通）法

1.《中华人民共和国国家安全法》（以下简称《国家安全法》）。2015年7月1日，《国家安全法》由第十二届全国人民代表大会常务委员会第十五次会议通过，中华人民共和国主席令第29号公布，自公布之日起施行。《国家安全法》是贯彻总体国家安全观的需要，是新形势下国家安全工作的指导思想。共7章84条。《国家安全法》对以下内容作了规定：维护国家安全的任务，维护国家安全的职责，国家安全制度（包括：一般规定、情报信息、风险预防、评估和预警、审查监管、危机管控），国家安全保障，公民、组织的义务和权利。

2.《中华人民共和国刑法》（以下简称《刑法》）。1979年7月1日，第五届全国人民代表大会第二次会议通过了《刑法》，经过1997年3月14日第八届全国人民代表大会第五次会议修订，1997年10月1日起施行。《刑法》对监狱民警体罚、殴打被监管人，刑讯逼供，对申诉人、举报人报复陷害，滥用职权或徇私舞弊违规办理减刑假释，玩忽职守致使在押的犯罪嫌疑人脱逃，泄露国家秘密，私放罪犯等犯罪及处罚作了明确规定；对被监管人严重破坏监管秩序、脱逃等又犯罪及处罚作了规定。

《中华人民共和国刑法修正案（八）》（以下简称《刑法修正案（八）》）由2011年2月25日第十一届全国人民代表大会常务委员会第十九次会议通过，自2011年5月1日起施行。《刑法修正案（八）》实施后，部分犯罪法定刑提高到10年以上，不得假释的重刑犯增加，扩大了特殊累犯的范围，限制对判处死刑缓期执行罪犯的减刑，适当延长了有期徒刑数罪并罚的刑期，完善了对黑社会性质组织犯罪的法律规定。

《中华人民共和国刑法修正案（九）》（以下简称《刑法修正案（九）》）由2015年8月29日第十二届全国人民代表大会常务委员会第十六次会议通过，自2015年11月1日起施行。罚金延、减、免条件设置合理，利于减少罪犯心理负担；暴力袭警从重处罚有法可依，利于增加民警执法权威。新增终身监禁，关押风险加大；罪犯宽进严出，关押压力剧增；取消9个罪名的死刑，对取消死刑的罪名，减刑、假释应严控，对提高刑期的罪名，减刑、假释应限制。这些都增加了监狱安全管理的难度，加大了监狱安全风险。

3.《中华人民共和国刑事诉讼法》（以下简称《刑事诉讼法》）。1979年7月1日第五届全国人民代表大会第二次会议通过了《刑事诉讼法》，经过1996年3月17日第八届全国人民代表大会第四次会议第一次修正，2012年3月14日第十一届全国人民代表大会第五次会议第二次修正，2013年1月1日起施行。《刑事诉讼法》对收监、暂予监外执行、罪犯又犯罪、减刑假释、罪犯申诉及监狱又犯罪案件的侦查等作了规定。

4.《中华人民共和国监狱法》(以下简称《监狱法》)。1994年12月29日第八届全国人民代表大会常务委员会第十一次会议通过了《监狱法》，经过2012年10月26日第十一届全国人民代表大会常务委员会第二十九次会议通过的《全国人民代表大会常务委员会关于修改〈中华人民共和国监狱法〉的决定》修正，自2013年1月1日起施行。它对我国监狱安全警戒，刑罚执行，对罪犯的管理、教育以及罪犯的生活卫生、劳动及休息等权利作了具体规定，共7章78条。内容包括：总则、监狱、刑罚的执行、狱政管理、对罪犯的教育改造、对未成年犯的教育改造和附则。

《监狱法》第7条规定，罪犯的人格不受侮辱，其人身安全、合法财产和辩护、申诉、控告、检举以及其他未被依法剥夺或者限制的权利不受侵犯。罪犯必须严格遵守法律、法规和监规纪律，服从管理，接受教育，参加劳动。

《监狱法》第41～44条，对监狱警戒作了规定：监狱的武装警戒由人民武装警察部队负责。监狱发现在押罪犯脱逃，应当即时将其抓获，不能即时抓获的，应当立即通知公安机关，由公安机关负责追捕，监狱密切配合。监狱根据监管需要，设立警戒设施；监狱周围设警戒隔离带，未经准许，任何人不得进入。监区、作业区周围的机关、团体、企业事业单位和基层组织，应当协助监狱做好安全警戒工作。

《监狱法》第54条规定，监狱应当设立医疗机构和生活、卫生设施，建立罪犯生活、卫生制度。罪犯的医疗保健列入监狱所在地区的卫生、防疫计划。

《监狱法》第55条规定，罪犯在服刑期间死亡的，监狱应当立即通知罪犯家属和人民检察院、人民法院。罪犯因病死亡的，由监狱作出医疗鉴定。人民检察院对监狱的医疗鉴定有疑义的，可以重新对死亡原因作出鉴定。罪犯家属有疑义的，可以向人民检察院提出。罪犯非正常死亡的，人民检察院应当立即检验，对死亡原因作出鉴定。

《监狱法》第62条规定，监狱应当对罪犯进行法制、道德、形势、政策、前途等内容的思想教育。

《监狱法》第71条规定，监狱对罪犯的劳动时间，参照国家有关劳动工时的规定执行；在季节性生产等特殊情况下，可以调整劳动时间。罪犯有在法定节日和休息日休息的权利。

《监狱法》为监狱设施的安全、执法的规范、对罪犯人格的尊重和合法权益的保障及监狱安全管理提供了法律依据。

5.《中华人民共和国突发事件应对法》（以下简称《突发事件应对法》）。2007年8月30日第十届全国人民代表大会常务委员会第二十九次会议通过了《突发事件应对法》。它对我国的自然灾害、事故灾难、公共卫生事件和社会安全事件等突发事件应对的运行机制、一般程序、保障系统和法律责任作了具体规定，共7章70条，内容包括总则、预防与应急准备、监测与预警、应急处置与救援、事后恢复与重建、法律责任和附则。

6.《中华人民共和国安全生产法》（以下简称《安全生产法》）。2002年6月29日第九届全国人民代表大会常务委员会第二十八次会议通过了《安全生产法》，经过2009年8月27日第十一届全国人民代表大会常务委员会第十次会议第一次修正，2014年8月31日第十二届全国人民代表大会常务委员会第十次会议第二次修正，自2014年12月1日起施行。对生产经营单位的安全生产保障、从业人员的安全生产权利义务、安全生产的监督管理、生产安全事故的应急救援与调查处理等作了规定，共7章114条。

7.《中华人民共和国职业病防治法》（以下简称《职业病防治法》）。2001年10月27日第九届全国人民代表大会常务委员会第二十四次会议通过了《职业病防治法》，并于2011年第一次修正、2016年第二次修正、2017年第三次修正。

它对我国企业、事业单位等的劳动者在职业活动中职业病的预防、保护、对职业病人的治疗与保障和法律责任作了具体规定，共 7 章 88 条，内容包括总则、前期预防、劳动过程中的防护与管理、职业病诊断与职业病病人保障、监督检查、法律责任和附则。

此外，涉及监狱安全防范的法律还有：自然灾害类的应急法律《防洪法》《防震减灾法》，事故灾难类的应急法律《劳动法》《消防法》，公共卫生事件类的应急法律《食品安全法》，社会安全事件类的法律《戒严法》《人民警察法》，等等。

（三）行政法规、国务院文件

涉及监狱安全防范的行政法规、国务院文件包括：《国务院关于特大安全事故行政责任追究的规定》（国务院令［第 302 号］）、《国务院关于进一步加强安全生产工作的决定》（国发［2004］2 号）、《工伤保险条例》（国务院令第 586 号）、《生产安全事故报告和调查处理条例》（国务院令第 493 号）。

（四）部门规章、文件

1.《罪犯工伤补偿办法（试行）》（司发［2001］013 号），对罪犯工伤的认定标准、认定机关、伤残鉴定、伤残的治疗及罪犯死亡的补偿标准作了规定。此项规定共 18 条。

2. 2002 年 12 月 3 日经建设部、国家计委批准发布，2003 年 2 月 1 日施行的《监狱建设标准》（建标［2002］258 号），对监狱的建设规划、建筑标准、安全警戒设施、场地及配套设施作了规定，共 6 章 44 条。中华人民共和国住房和城乡建设部、国家发展和改革委员会发布的由司法部编制的《监狱建设标准》（建标 139—2010），规定了高度戒备监狱（监区）建设标准。

3. 2014 年 4 月 4 日《司法部关于贯彻中政委〔2014〕5 号文件精神严格规范减刑、假释、暂予监外执行工作的通知》（司发通〔2014〕38 号），严格规范减刑、假释、暂予监外执行工作，进一步提高执法公信力。

4. 司法部《监狱服刑人员行为规范》（司法部第 88 号令），对在押罪犯在服刑改造期间的行为要求作了明确的规定，共 5 章 38 条。包括基本规范、生活规范、学习规范、劳动规范和文明礼貌规范。

5. 为进一步加强监狱管理，健全相关制度，规范执法行为，确保监狱安全稳定，2009 年 11 月 17 日，司法部下发了《关于加强监狱安全管理工作的若干规定》。该规定根据《监狱法》和监狱安全管理的实际情况，从安全警戒设施管理、狱政管理、罪犯劳动管理、警察队伍管理、信息报告及处理等方面对监狱安全管理工作作了详细规定，明确了 35 条具体要求和工作措施。

6. 中华人民共和国司法部 2014 年 10 月 14 日发布的《关于加强监狱生活卫

生管理工作的若干规定》（司发通【2014】114号），包括罪犯伙食和日用品供应管理、罪犯被服管理、罪犯居所管理、罪犯疾病预防控制管理、药品管理、罪犯医疗管理、监督考核、附则，共33条，2014年11月1日起施行。

（五）地方性规定

例如2001年江苏省监狱管理局发布的《关于建立高危犯监区的实施意见》，确定高危监区的关押对象：①经过心理测试、危险性评估鉴定为有脱逃、行凶、暴狱、袭警、劫持人质等潜在重大危险的罪犯；②有心理疾患、盲动性大、易于铤而走险的罪犯；③涉黑、涉恶、涉毒犯中的首犯；④法轮功等邪教类罪犯；⑤其他需要控制和防范的不稳定对象。对这些罪犯进行特别监管，有针对性地开展个别教育和心理矫治，是为确保监狱安全的内部控制管理手段。

再比如山西省有《山西省监狱系统监区（分监区）人民警察一日管理规范》（晋监狱发【2012】14号），《山西省监狱系统监狱领导进监区带班管理办法（试行）》（晋监狱发【2012】16号），等等。

讨论案例

讨论案例1

2018年6月25日凌晨4：10分许，某监狱罪犯康某（男，33岁，某市人，犯抢劫罪、抢夺罪被判处死缓，2016年12月减为无期徒刑。2018年4月11日因自杀未遂，被送至特管监区个别关押至事发），利用个别关押室门上的通风口，将个人洗漱用的毛巾与囚服上衣扯下的门襟环绑在一起探出通风口外，甩到门把手上将门拉开进入放风区。4：23分用从被套上扯下的布条拴到放风区上方的栏杆上，爬上栏杆上吊自杀。5：07分，特管监区信息员发现此情况后立即向值班民警报告，值班民警迅速解救并向监狱值班领导报告。监狱值班科长和值班医生随后赶到现场进行抢救，同时紧急联系某县人民医院120急救中心前来处置。6：03分某县人民医院120救护车到达现场处置，6：25分将该犯送至某县人民医院急救，6：58分宣告死亡。

【分析点评】某监狱这起自杀事件的发生，除罪犯康某本人因刑期压力大等因素产生悲观厌世的心理因素外，也直接暴露出某监狱在管理中存在诸多问题，突出表现在以下四个方面：

1. 政治站位不高，安全稳定首要责任意识树立不牢。监狱党委和个别民警政治站位不高，对当前监管安全稳定面临的严峻形势认识不清、估计不足、判断不准，对上级关于安全稳定工作的部署要求未坚决有效地贯彻落实。特别是该监去年曾发生“6·18”罪犯自杀事件，但少数民警并未深刻汲取教训，对防范罪犯自杀工作存在难防、难控的消极认识。该犯于4月11日第一次自杀未遂后，监区未引起高度重视，未将其列为重点罪犯进行包夹控制，而是直接送至特管监区单独关押，错误地认为采取个别关押措施就可避免自杀行为的发生，为该事件的发生埋下巨大隐患。

2. 制度落实不力，民警履职尽责不到位。一是直接管理制度落实不力。值班民警未做到亲自点名收封，而是安排信息员封号，没有亲自检查门是否反锁，给该犯设法打开监舍门提供了可乘之机。二是夜间巡查制度落实不力。经查，夜间封号后值班民警并未按规定进行巡查，也未值守监控，而是在值班室内睡觉，导致此事件未能及时发现和有效制止。三是对信息员管理不到位。该监特管监区安排了4名罪犯作为信息员，协助民警夜间巡查，但由于内部管理松散，要求不严，事发当晚信息员睡岗，未能发挥出应有的作用。四是值班制度落实不到位。民警随意换班、疲劳值班问题较为普遍。事发当日，一名值班民警与其他民警自行调班且未履行报告手续，另一名值班民警在事发后第二天仍然值班，排班的不科学、不合理，导致民警值班效率和监控能力严重下降。同时，值班民警岗位职责不清，两名民警具体分工不清，导致值班期间不能正确履行职责。

3. 罪犯思想动态掌握不清，狱情犯情研判不深不细。该犯因自杀未遂于4月11日被个别关押后，特管监区将其确定为重点管控对象，安排专人每晚陪侍包夹。期间，监区、狱政科、侦查科等部门负责人和民警虽然对其进行过多次谈话教育，但未彻底掌握该犯的思想动态。该犯曾在谈话中说“没死就按没死的来吧，在一队也没脸待了，处理完给我调个队吧”。该犯说出这样的话导致管理民警出现思想麻痹，认为其思想有所转变，且特管监区安防警戒设施齐全，罪犯活动空间极其有限，错误地认为把罪犯放在个别关押室就相当于放在了“保险箱”，撤回了包夹罪犯，结果被其假象所蒙蔽，导致该事件的发生。

4. 安防警戒设施缺失，存在严重安全隐患。该监狱特管监区放风区域采用栏状封闭隔离，虽然保证了视线通透，有利于民警对罪犯的实时监控，但客观上也给该犯攀爬提供了方便。在日常隐患排查中，监狱未对该设施可能造成的安全事故引起高度重视，未采取强化加固等措施，从而给该犯自杀创造了便利条件。

事件发生后，省局高度重视，对监狱安全工作提出以下要求：

1. 提升政治站位，深刻认识维护监狱安全稳定的极端重要性。各监狱党委和全体民警要充分认识维护监狱安全稳定工作的长期性、艰巨性和复杂性，从贯彻落实总体国家安全观的高度，切实提升政治站位，强化责任担当，坚决克服麻痹松懈思想，杜绝自杀不可防的消极心理，认真贯彻执行司法部监狱局以及厅局关于安全稳定的各项决策部署。要以此为戒，认真开展警示教育，组织广大民警深刻查找思想认识、管理行为、执行制度、工作作风等方面存在的突出问题和薄弱环节，举一反三，吸取教训，把严格直接管理贯穿监狱工作的全过程，严防此类事件再次发生。各监狱领导要严格执行进监区值班规定，值班期间加大对重点部位、关键环节的检查、巡查力度，确保遇有重大紧急情况能够及时有效处置。

2. 深刻汲取教训，深入开展监管安全隐患大排查活动。各监狱要从本单位的实际出发，对重点部位、重点人员、重点时段、重点环节进行全面排查，针对排查出的问题和隐患，要逐条逐项分类提出整改措施，落实整改部门和责任人，明确整改时间和期限，迅速进行整改。特别要把防罪犯脱逃、袭警、自杀作为重要排查内容，对罪犯自杀的多发地点、多发时段进行地毯式排查，切实消除罪犯自杀隐患，堵塞安全漏洞。

3. 从严加强管理，狠抓各项监管安全制度的落实。各监狱要在认真做好防罪犯脱逃、防狱内重大案件工作的同时，把罪犯自杀的防范控制工作纳入重点工作范畴，严格落实民警直接管理、双人带班值班、夜间巡查、“瞪眼”值班等制度规定，防止管理脱节失控；严格落实狱情研判制度，强化罪犯危险性评估，加强罪犯耳目建设，准确排查和有效控制有自杀倾向的罪犯，防止狱情不清、犯情不明；严格落实对重点罪犯和危险分子的管理工作，合理有效编排互监组，强化互监组制度的落实，确保罪犯不脱离民警监管视线，坚决防范各类事故的发生。严格做好罪犯个别教育工作，建立罪犯心理压力缓解机制，对罪重刑长、年老病重、家庭变故、悲观厌世、行为孤僻的罪犯，要全面开展个别教育和心理矫治等工作，及时化解矛盾，缓解罪犯压力。

4. 加大设施投入，进一步提升监狱安全防范水平。各监狱要按照上级关于安全稳定工作的要求，加大对安防基础设施的投入力度，加快推进监舍、厂房、禁闭室等部位的区域隔离防护以及监控、报警等技防设施建设，切实堵塞罪犯自杀的设施漏洞。要加强生产工具的管理，做到工具钝化、链接牢固、账物相符、收发规范、管理到位。要加强智能应用，利用信息化手段提升监管安全工作的技术水平。要加强应急处突力量和医疗救治力量建设，确保反应迅速、处置有力，坚决防止因处置不及时延误时机。

5. 健全责任体系，进一步严肃责任追究。各监狱主要负责人作为安全工作第一责任人，要按照“党政同责、一岗双责、齐抓共管、失职追责”的要求，进一步明确监管安全责任体系，形成一级抓一级、层层抓落实的安全责任体系。各级监狱领导和职能部门要深入一线巡查督导，加强对各项监管制度落实情况的督促检查，确保制度执行不打折扣。要严肃执纪问责，对发生罪犯自杀事件的，要迅速开展调查，分清责任，严格按照有关规定追究责任。特别是由于民警未履行岗位职责、失职渎职的，要依法依纪严肃追究相关责任人和领导的责任。对因领导不重视、制度不落实导致发生自杀事件的，要查明问题发生的具体环节、具体原因，明确直接责任人和相关责任人，对监狱主要领导、分管领导追究领导责任，对直接责任人和相关责任人要依法依纪严肃处理。

讨论案例2

某监狱某监区有一名湖南籍罪犯李某，于2008年9月11日夜10时30分左右心脏猝死（青少年心脏猝死综合征）。

当时通知他家里以后，他家里人赶了过来，意思是说：他当时生病你们没给我们讲，死了你们才讲，好端端一个人送进来怎么会死了？是不是被你们打死的？是不是被罪犯打死的？他们存在这些疑问，而且带了两个律师过来。他们家庭在湖南还算经济条件比较好的，是长沙的，来了二十几个人，什么兄弟、父母、老婆、孩子等，虎视眈眈地来问责。当初我们就给他们讲，他发病，心脏猝死，从医学角度上讲只有两三分钟时间，这个病基本上发于25~40岁之间。当初律师来了以后就提出很多问题：第一个为什么会死？第二个为什么你们这么迟通知我们？第三个你们有没有进行抢救？

为了明确责任，监狱就给他们看监控录像：

晚7时罪犯集合的时候他在场；然后集中学习、看新闻联播他也在场；新闻联播结束后回到监舍，监舍也有监控；然后他吃点心、洗澡、开玩笑、喝饮料都有监控；到了8时30分、9时左右上床睡觉时他还躺在床上看书；9时30分熄灯，民警开始查铺。当时民警也没有睡觉，查好以后，10时30分又来查铺，一个监舍一个监舍查的，查到他监舍刚好10时30分。等查到下一个监舍的时候，他开始发病。一个罪犯跑出来找值班民警，意思是说他不行了，民警马上返回去。因为值班的是两个民警，一个查铺，一个就在值班室马上把灯打开。一边现场抢救，一边向监区汇报，监区领导马上赶到，然后边通知监狱领导边送医院，把床板卸下来，把人抬到大厅，四五个人又把他抬到三轮车上，不是推着，是跑着。那么从大厅出来到马路上，到大门口都有监控，送到医院抢救，抢救室也有监控，这是监狱医院。他家属就提出为什么不直接送当地医院，监狱方回答送当地医院更慢，因为送监狱医院5分钟就够了。最后监狱医院抢救不过来又送当地医院，几点钟出外大门的监控上都有。到当地医院，抢救医生肯定在第一时间登记的，然后让家属核对从大门口到医院的时间。我们告诉家属半个小时到，他们第二天叫了辆出租车开到时间差不多，因为夜间开车难度稍微大一点。看了录像以后两个律师就没话说了，从管理角度上说也好、从抢救的过程中看也好、从通知的角度上看也好、从善后的工作处理上看也好，没有任何的把柄可以被他们抓住。

该案例中对罪犯非正常死亡一案的处理非常及时，处理得当，体现了监狱对罪犯以人为本的管理理念。试分析该监狱处理李某猝死一案的成功之处。

【讨论目的】通过讨论，学生掌握监控全覆盖的功能及其重要性。

【讨论提示】从民警的履责、应对突发事件的处置与监控发挥的作用进行分析。

讨论案例3

2009年，某监狱发生一起4名罪犯脱逃案。该监区正在组织罪犯进行劳动，罪犯乔某、高某、李某、董某抢夺了当班民警徐某的警服，并将其捆绑，又将另一名当班民警兰某残忍杀害。之后，1名罪犯穿上抢夺的警服，其他3名罪犯换上便服，连过四道门后脱逃。

该监狱出入需要通过四道门：其中两道门需刷卡通过，第三道门是红外线门(即虹膜识别门)，第四道门由监狱民警值班。4名罪犯用抢来的民警的门卡通过了头两道门；第三道门，也就是红外线门，他们跟随前面的民警趁机挤了出去；在最后出门时引起了值班民警的怀疑，凶残的罪犯打伤监狱门卫值班民警，强行冲出大门，在监狱大门口外抢劫出租车驾车逃脱。

案发后，公安部立即发出通缉令，在全国范围内通缉4名越狱在逃犯，当地公安厅也向该地区发出协查通报。监狱机关、公安机关、武警部队迅速启动应急预案，全力组织追捕。于10月20日上午将3名逃犯抓获，1名因抗拒追捕被击毙。

【讨论目的】通过对上述案例的分析训练，学生应重点领会人防、物防、技防和联防相结合的“四防一体化”建设在监狱安全防范工作中的重要作用。

【讨论提示】认真分析本案中所反映出的各种安全隐患、管理漏洞、措施缺陷和导致案件发生的主、客观原因，提出针对性整改措施，深刻理解和领会人防在监狱安全防范中的核心作用。

考核与评价

【考核内容】

1. 如何领会监狱安全防范工作的指导思想？
2. 如何理解监狱安全防范工作机制是贯穿监狱安全防范工作中的一条主线？

【考核评价】

1. 评价学生对监狱安全防范工作指导思想把握的准确性。
2. 评价学生对监狱安全防范工作机制的分析理解能力和运用能力。

拓展学习

1. 监狱突发事件防范、应对、处置研究小组编著:《监狱突发事件防范、应对、处置与案例解析》，法律出版社2009年版。

2. 腰明亮编著:《监狱安全生产管理》，中国政法大学出版社2006年版。

3. 应朝雄编著:《监狱分监区工作实务》，中国政法大学出版社2006年版。

4. 黄绍华、孙平主编:《监狱现场管理实训教程》，中国政法大学出版社2006年版。

5. 浙江省监狱管理局编:《依法治监实务手册》，2001年版。

6. 马德东编著:《监狱安全防范实务》，华中科技大学出版社2012年版。

7. 陈鹏忠编著:《劳动教养与强制隔离戒毒场所安全防范实务》，华中科技大学出版社2011年版。

8. 于荣中:《监狱安全论》，东南大学出版社2017年版。

9. 宋洪庆、张庆斌:《监狱安全总论》，法律出版社2013年版。

学习单元2 狱情研判与狱情分析

学习目标

● 理解狱情研判的概念与程序，狱情分析的机制与要求，狱内耳目的物色、建立和使用；掌握狱情信息采集方法；熟悉狱情分析工作流程、狱情研判工作流程。

学习重点

● 狱情信息采集，狱情分析、狱情研判，耳目的物色、建立和使用。

学习任务5 狱情研判和狱情分析机制与要求

一、狱情研判的概念与程序

（一）狱情研判的概念

狱情研判是现代监狱信息导侦警务战略的关键环节，是监狱狱政管理、狱内侦查与监管改造部门的重要职能。狱情研判，即对狱情信息的调查、分析与判断，是指监狱为维护监管场所的安全与稳定，利用狱情信息导侦平台，对涉及监狱安全管理与犯罪预防、侦查和打击职能的有关人、事、物等狱情信息或案件线索，进行搜集、整理、鉴别、评价、分析、综合等系列化加工，最终形成对监狱整体状况、环境形势以及在押罪犯改造心理、行为倾向的规律性认识与判断，达到为监管工作决策服务和监测预警目的的科研性智能活动。狱情研判具有以下特征：

1. 针对性。从狱情信息研究的目的看，狱情研判主要是为了维护监狱的安全与稳定，有效地预防和打击在押服刑罪犯的违法犯罪及其他破坏活动，并针对监狱决策部门实施信息导侦警务战略的需要而进行的狱情信息侦察与应用的一项研判性工作。因此，狱情研判是以刑事预防为主要目标，以满足特定的安全预防、案件侦破与打击狱内各种违规违法行为和又犯罪活动为根本宗旨。

2. 选择性。从狱情信息研究的对象看，狱情研判的选择性，在于真正获悉对监管安全具有破坏趋势与构成威胁的各类人、事、物等危险因素。因此，狱情信息研判，应当选择那些数据对口有价值的狱情信息进行分析加工；应当考虑到决策部门采取行动的先进性、适用性与可行性；信息分析人员对录入导侦平台的数据信息，应当经过科学论证、实地调查、整理分析等研判程序。

3. 技术性。从狱情信息研究的方法看，以狱侦信息分析为核心内容的狱情研判，是在数字化信息技术模式下的狱情研判，既涉及如何保存、管理和应用海量数据信息资源的系统平台与应用信息技术，也涉及文本、图像、语音、图形等不同数据的压缩策略和资料搜索技术，还涉及狱情信息分析所需要的先进理论、算法、知识处理等技术，以及人机交互技术，不再是简单地依靠传统的人力资源摸排与狱情分析会来进行，而应当在全国监狱系统统一的数据平台上来完成。

4. 层次性。从狱情信息研究的价值看，狱情信息研判，分战略性狱情信息研判与战术性狱情信息研判两个层次；在狱侦实战工作中，我们通常又将狱情研判分为控防型狱情信息研判与侦查型狱情信息研判两个层次；从狱侦信息分析的对象上看，我们又可分为罪犯个体狱情信息研判与综合狱情信息研判两个层次。战略性狱情信息研判，是指以监狱罪犯的总体构成、狱侦分类控防目标、狱内违法犯罪案件总体趋势等为中心开展的狱情信息研判，直接为监狱制定狱政、教育、劳动改造等宏观方略与安全防范工作提供全局性、根本性的决策服务。战术性狱情信息研判，则是以狱内特定的人、事、物等为中心开展的狱侦信息研判，主要为侦查破案与监控重点目标提供信息服务，如对历年已破案件的数据分析、对新入监罪犯的思想预测研判、对预谋案件的信息研究与比较分析等。一份某监区某年度关于新入监罪犯思想状况的调查报告，它应属于控防型与专题类的综合研判信息；而对一起需要采取侦查手段查明犯罪嫌疑人的具体案件的信息分析，就属于侦查型的个体战术性研判信息。

5. 动态性。从狱情信息研究的内容看，动态狱情信息资料主要包括：罪犯违纪事件信息、预谋案件信息、监狱现行案件信息和狱情动态研判信息四类。监狱狱情信息导侦平台上的狱情动态研判，其模块是利用数据库的录入、查询功能与网上狱情研判平台的信息发布来完成的，整个过程不断变化、相互联系，始终处于一种动态发展的状态。例如，对罪犯违法犯罪案件与违纪事件查处的过程，实际上是对该类狱情信息动态分析与研判的过程。

6. 预测性。从狱情信息研究的结果看，狱情研判重在反映狱情信息经过系列化加工后的预测性。在监狱安防工作实践中，无论是对个案进行的狱情信息分析还是对罪犯群体所做的专题狱情信息调查，无论是对一定历史时期在押犯重新犯罪率与成因的狱情信息分析还是对监狱重点控制对象或区域所做的安全排查与隐患排查分析，都涉及监狱如何调整侦查战略与安全监管决策的预测问题。监狱与监区（分监区）开展的不同层次的狱情研判，都应当围绕具体的有针对性的问题来搜集、查证、推断有关狱情信息，在此基础上形成科学、客观的狱情预测意见或工作决策，并将预测意见与措施付诸实施。

狱情研判工作首先要求建立狱情信息导侦平台，将涉及监狱安全和狱内又犯罪预防、侦查与打击职能的有关人、事、物等情报信息录入狱情信息系统，使每个民警都能随时了解监狱在押犯总体情况，掌握在押犯个体信息。

作为基层民警，应当具备狱情信息的采集、整理、存储、检索能力和狱情信息的分析研判能力。

（二）狱情研判的程序

1. 建立狱内综合信息数据库。依托监狱信息化建设，完善狱内综合信息数据库，有助于全面掌握罪犯改造信息及监管信息，提高预防和控制狱内又犯罪案件发生的能力。

狱内综合信息数据库，是指狱内侦查部门依托狱内信息网络，全面整合现有技术和信息资源，通过对监狱内部和外部各种信息的搜集、数字化加工、分析研判、存贮等所构成的信息有机整体。狱内综合信息数据库，作为狱内技术性侦查所依赖的基础性的核心信息源和关键支撑点，对信息采集和录入工作有着非常高的要求。

（1）狱内综合信息数据库覆盖面要广。这就要求各子数据库数量多、种类全。如果要发挥狱内综合信息数据库强大的整体功能，必须要求其信息种类齐全，能够匹配完整信息数量多、覆盖面广，这样在应用查询时才不会出现疏漏。

（2）狱内综合信息数据库中录入的信息质量要合格。它不仅要求信息的数量要丰富，而且质量更要合格，要规范信息的搜集、整理、录入等环节，避免虚假信息进入数据库；同时要求确保信息准确，形成匹配有序、规范合理的信息体系。此外，还应该建立信息采集录入的责任制，犯罪信息出现问题后，应该采取倒查机制，追究相关责任人，从而提高获得信息的质量。

（3）处理数据的技术标准应统一。由于各地狱内侦查部门在处理信息时缺乏统一的标准，容易导致数据结构不一致，在传输时出现困难，很难在全国范围内实现信息共享。因此，在建设狱内综合信息数据库时要求处理数据采用统一的标准，这样才能实现信息资料的交换和查询，达到信息整合的目的，最大限度发挥犯罪信息在侦查中的作用。

狱内综合信息数据库需要建立合理的结构模式。数据库的建立应由既熟悉侦查业务又精通网络技术的人员，运用系统工程的方法设立科学合理的系统结构。根据各级狱内侦查部门的职责分工和工作特点，狱内综合信息数据库的结构应该是部级、省级、地市级的三级结构，在基层开通应用平台，实现纵向、横向联网。

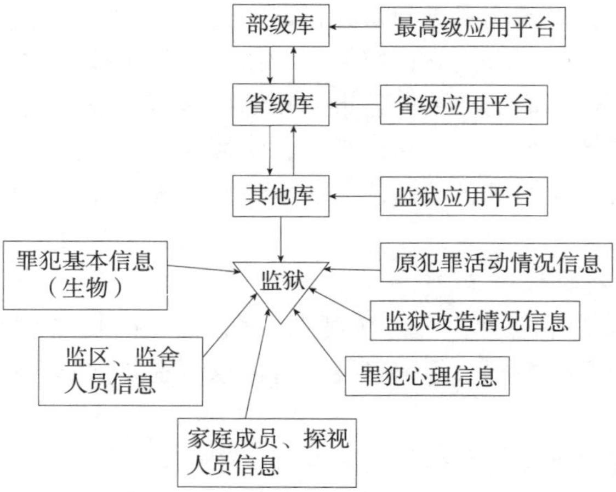

2. 狱情信息采集。狱情信息的采集是狱内综合信息数据库的基础工作。狱情信息的采集必须依靠监狱全体民警与罪犯的积极参与。信息采集是监狱民警的工作职责之一，不论哪个岗位的民警，在管理罪犯的过程中必须积极有效地采集狱情信息，并及时传递给有关部门。此外，还应鼓励罪犯检举揭发，获取深层次的犯情信息。通过对多个单一犯罪信息进行研判，发现其深层次的内在规律性，揭示蕴藏在各类信息中的犯罪嫌疑人活动轨迹，对于防控重点罪犯或获取犯罪线索和证据具有重要意义，对于预防和控制狱内各种监管安全事故、案件的发生，也具有极其重要的作用。

狱情信息采集方法包括：

（1）互监组。互监组一般是以3～5人一组，好、中、差搭配，发挥相互监督与制约功能，有效管理罪犯的重要组织形式。这种组织管理形式：①可以控制罪犯的活动自由，不给任何罪犯单独活动的机会；②可用来包夹危险犯，实现主动防范，促进规范管理的功能；③可以在罪犯相互监督与制约条件下，及时发现和采集到有价值的狱情情报或信息。

（2）信息员。信息员是特指在监狱民警的直接布置和管理下，从事狱情信息、罪犯思想动态信息和违法违纪行为信息的搜集、汇报工作的在押罪犯，是监狱基层民警或狱侦部门发现、掌握狱情动向、犯情动态及其他监管改造情报信息的一种手段。信息员重点搜集的狱情信息包括：①罪犯的脱逃思想及行为；②罪犯的对抗情绪、行凶报复思想及行为；③不服判决、不安心改造的思想及行为；④因各种情况产生的轻生思想；⑤罪犯之间的矛盾或原有积怨的情况表现；⑥被刑事处罚和行政处分后产生不满的情况；⑦心胸狭窄、猜疑心重、性情暴躁的罪犯活动情况；⑧重要案犯和邪教类罪犯的思想情况；⑨“四涉犯”、惯累犯、流窜犯的异常行为；⑩重刑犯、精神障碍犯及病犯的情况；⑪狱内团伙、帮派的活动情况；⑫对重大节日、狱内外重大活动的反映；⑬其他违规违纪行为和有碍监管安全的可疑线索。

（3）个别谈话。个别谈话既是教育罪犯的主要手段，也是狱情信息采集的主要途径。民警既可以通过与罪犯的个别谈话，了解掌握犯情，也可以采取罪犯座谈会、讨论会的谈话形式，搜集掌握狱情状况。

（4）勤杂犯。勤杂犯是在罪犯群体生活中从事一定公共服务的罪犯，他们在从事勤杂服务的过程中，会对其他罪犯有更多的接触和了解。从勤杂犯中得到的信息可以作为狱情分析的佐证或参考，既不可完全相信、全面接收，又不可全盘否定。

（5）安全排查。安全排查是狱情信息采集的重要渠道。通过定期、不定期地对罪犯的生活、劳动、学习、就医等场所进行清监搜查，搜集危险品和违禁品藏匿信息，进而对罪犯改造情况进行分析研判。

（6）现场观察。现场观察是监狱民警掌握犯情的最基本和有效的手段。通过观察罪犯的日常行为，如观察罪犯出收工状况、观察罪犯行为举止和眼神以及参加罪犯的学习、讨论、评比、生活会等，分析判断罪犯的改造心理、行为倾向，并运用技术手段对重点及要害部位实施监控、排查罪犯在生产劳动中的表现情况以及监督、监听罪犯会见时的谈话及表现情况等，及时发现罪犯异常和安全隐患。

（7）资料分析。通过审查罪犯书面或口头的坦白、检举揭发材料，查阅罪犯档案、书面材料，查阅罪犯小组记录和罪犯个人来往信件，查阅罪犯个人出身经历、案情、刑期变动、家庭情况、家庭变故及其社会关系、现实表现资料，了解和掌握罪犯的原有心理定势、自我认知和行为倾向。

（8）教育情况。查阅监区（分监区）教学日志及其他教学资料，了解罪犯课堂纪律及三课学习情况，查阅个别谈话记录及小组学习记录和集体教育情况，了解罪犯有关异常情况和反映。

（9）狱情日志。仔细查阅狱情日志，从中发现蛛丝马迹。查阅狱情日志的时间跨度或适当延长，以便发现规律性、苗头性、倾向性的问题。

（10）向驻监武警部队、驻监检察官和附近有关单位、群众调查。

（11）耳目。通过耳目搜集罪犯思想动态和狱内又犯罪活动线索，收集证据，为侦查破案提供线索。如狱内出现非正式群体（小团伙），超过一星期时间，要分析小团伙性质，安插耳目，掌握情况，发案后，作为专案耳目。

（12）心理咨询。心理咨询作为一种特殊的教育改造手段，在咨询过程中可发现一些深层的心理问题及罪犯思想深处隐伏的心理危机和矛盾冲突。作为特殊的狱情信息采集渠道，可以获取有价值的信息资料。

(13) 技术监控。技术监控是监狱通过公开或秘密的监听、监控措施，对罪犯的言、行进行全程监控，以发现民警日常管理中难以发现的深层次的思想动态信息。特别是采用秘密监控如对讲监听、会见监听、隔离审查期间的秘密监控等，可以获得公开监控难以获得的信息。

(14) 专案侦查。专案侦查指设立专案、专人进行的专门侦查。专案侦查可以获得更多的信息，但同时也需要投入更多的人力、物力。

总之，监狱应构建以狱内耳目、信息员、个别谈话教育、互监组等工作方法搜集狱情、犯情的网络系统，形成既能突出重点、覆盖全面，又不遗漏个体的立体交叉信息网络，切实提高掌握控制狱内动态的能力。

3. 狱情信息的整理和存储。基层民警按照狱情信息数据库的要求将采集的信息进行整理，将每日的罪犯重要的动态信息录入狱情信息系统，进行存储，保证狱情信息的连续性。重要狱情信息如又犯罪预谋信息、违规违纪信息等应留有备份，以免发生信息的丢失。

重大隐患信息和犯罪预谋信息通过信息平台及时上报职能部门和有关领导，实现信息的快速反应，便于领导及时决策，提高快速反应能力。

4. 狱情信息的检索。狱情信息的检索是基层民警运用信息的基本能力，能熟练掌握狱情信息系统，快速检索，获取所需要的信息。

5. 狱情信息的研判。

(1) 明确狱情信息研判的任务。狱情信息研判的任务主要包括：对预谋或企图进行暴狱、脱逃、行凶、自杀等异常情况的分析；对国内外形势重大变化和党的方针、政策、国家法律重大调整的反映；对本单位发生重大事件的反映；因家庭情况、改造环境、健康状况发生变化而产生的各种思想、行为变化；因日常考核、年终评审、减刑、假释、保外就医等达不到个人预期目的而产生的各种思想、行为变化；近期狱内罪犯思想、行为倾向及违纪、抗改、破坏活动的特点和规律。

狱情信息研判的重点对象，即具有潜在或现实危险、必须重点防范的罪犯，包括以下几个方面：危害国家安全的罪犯；黑社会组织或黑社会性质组织犯罪集团的罪犯；走私、贩卖、运输和制造毒品犯罪集团的罪犯；司法部规定的八类重要罪犯；不认罪、不服判、不服管教的罪犯；被揭发有余、漏罪的罪犯；假姓名、假地址、假社会关系的罪犯；因家庭变故或受各种处理（如加刑、禁闭、严管、降级或警告处分等）的罪犯；经常散布谣言，或经常散布不满社会、不满改造言论的罪犯；性格偏激、内向、抑郁、孤僻或有精神障碍的罪犯；近期发生较严重违反监规纪律行为的罪犯；地域性或团伙性的骨干及多次犯罪不思悔改的罪犯，以维权为借口攻击破坏正常监管秩序的罪犯。

通过狱情信息研判，了解和掌控罪犯是否有以下倾向：顽固坚持犯罪立场，仇恨社会，攻击党和国家的监管改造方针政策；抗拒劳动，破坏生产；留恋犯罪，教唆犯罪；牢头狱霸，欺压他犯，拉帮结派，哄监闹事；谩骂、顶撞民警，不服管理；丧失改造信心和生活勇气，具有自杀倾向；预谋或者实施脱逃行为；图谋报复、凶杀、盗窃、诈骗以及其他又犯罪行为；行为诡秘，与狱外人员关系纠缠不清。

（2）熟悉狱情信息研判的内容。

第一，掌握民警的思想工作情况。民警在执法工作中是否存在麻痹思想，厌倦情绪；民警是否牢固树立安全首位意识、敌情观念意识和职业风险意识；民警对罪犯的日常管理是否严格依法、公正文明，各项安全制度是否落实到位，各项防范措施是否形成合力；民警对狱情动向与犯情动态，是否做到“了如指掌，成竹在胸，应对有方，措施到位”；民警在监狱生产管理中，是否坚持安全第一、规范管理、文明生产、遵章行事等。

第二，掌握监狱在押犯的总体情况。对监狱在押犯总体情况的研判，即对全体罪犯改造状况的研判，它应当包括对危险罪犯和重要罪犯的摸排、分析与研判两方面。

对具有潜在危险、现实危险罪犯的研判是狱情研判的重点，应当具体把握对象排查、思想排查、表现排查、行为排查、又犯罪倾向排查等关键环节。调查和防范的主要对象及重点部位，具体包括：极端仇视社会、胆大妄为、不计后果的罪犯；惯犯、累犯、“三假犯”、“四涉犯”、邪教类罪犯、团伙犯罪的主犯等重点罪犯；有预谋组织越狱、脱逃、行凶报复、哄监闹事或进行其他重大破坏活动的罪犯；涉嫌造谣煽动、密谋或从事危害国家安全犯罪活动的罪犯；与社会上的犯罪分子有勾结嫌疑的罪犯；生产劳动中屡出事故，有破坏嫌疑的罪犯；刑期长、悲观绝望、心理问题严重或家庭发生重大变故，情绪不稳定的罪犯；有劳动能力而公开抗拒劳动改造，屡教不改的罪犯；重点部位或零星分散劳动岗位的罪犯；监狱认为应当列入重点调查和防范的其他罪犯及其他部位。

对其他重要罪犯的摸排分析与研判。根据司法部的有关规定，重要罪犯包括：危害国家安全的罪犯；黑社会组织犯罪集团的首要分子；黑社会性质组织犯罪集团的首要分子；走私、贩卖、运输、制造毒品犯罪集团的首要分子；原副厅（局）级以上党政领导干部；全国人大原代表、政协委员，省、自治区、直辖市人大代表、政协委员，原省级以上民主党派组织的负责人，省部级以上党政领导干部的直系亲属，科技、艺术、体育、卫生、宗教等有重要影响的知名人士；根据领导批示，中央及各省、自治区、直辖市政法部门的直接承办案件中的罪犯；

原神职人员、地下组织罪犯；危害国家安全的外国籍罪犯，包括港、澳、台罪犯；中央的报刊曾予以报道，在国内外有重大影响的案件中的罪犯；原是政法民警（公检法司）副科级以上；上级领导机关指定要重点管理的其他罪犯。

第三，掌握监狱在押犯个体的情况。对监狱在押犯个体静态信息的分析与研判，主要包括：体貌特征、基本情况、成长历史、家庭成员、社会关系、性格特点、心理特征、犯罪事实、刑期罪名、犯罪次数、同案犯分布；对监狱在押犯个体动态信息的分析与研判，主要包括：认罪悔罪情况、思想变化情况、劳动改造情况、工种变化情况、工伤情况、既往病史情况、疾病诊治情况、家庭变故情况、“三课”学习情况、会见通信情况、调监调队情况、收入（支出）情况、违规违纪情况、奖惩情况、加（减）刑情况、家庭关系、犯际关系、犯警关系等。

第四，掌握重点防控环节与范畴。对重点防控的环节与范畴的研判，主要包括：特殊时段、危险物品、重点部位、重要场所和薄弱环节的分析与研判；对监狱发生重大事件、罪犯家庭变故等重大影响罪犯心理状态特殊时段情况的分析与研判；对学习、劳动、生活现场容易引发重大安全事故和被罪犯利用违纪作案的薄弱环节与危险物品管理情况的分析与研判；对重点部位和重要场所安全状况的分析与研判，如监狱大门，所有罪犯的进出通道，岗楼，变电室，有罪犯作业的生活、就医等场所，易脱管、失控的部位，警力不能很好监控的其他部位，等等；对会见现场的分析与研判，由于会见窗口是密集信息流的特殊场合，也是准确掌握罪犯情绪变化、家庭变化、思想动态等多方面信息的重要阵地，所以监狱应当充分利用这一公开环节，搜集掌握有关的狱情信息，进行分析与研判。

（3）掌握预警信息处理的方法。基层民警对搜集到的狱情、犯情信息，在经过认真分析研判后，应根据不同情况和性质及时做如下处理：对具有现实、直接危险的信息，应迅速报告监区（分监区），组织警力进行处置并及时采取控制措施；对潜在、间接危险的信息，应在调查了解、认真做好监控和疏导工作的同时，及时通报相关分包民警，并在监区（分监区）的狱情分析会上将自己掌握的狱情信息，进行全面的通报分析；对危险犯、重点控制对象的违规违纪行为，应在现场处置的同时，报告监区（分监区），做进一步的后续处理；对缺乏有效证据的危险信息，应在采取布控防范措施的基础上，继续调查或侦查，以便掌握真相，防患于未然。

监区（分监区）对搜集到的狱情、犯情信息，在经过认真分析研判后，也应根据不同情况和性质及时做如下处理：对现实的危险信息，应当在初步调查核实后，根据危险级别和危险状态，及时采取相应的防范措施，加强监控管理和针对性教育，并迅速上报监狱或职能部门；对潜在的危险信息，应当根据危险性评估和个性化差异，制定临时包夹控制措施和个别化矫治方案，进行严格的监控管理和跟踪教育，同时根据罪犯的思想行为动向与潜在危险的发展变化，适时调整管理措施和教育对策，使其危险因素得到有效遏制；对涉及其他监区（分监区）的危险信息，获取信息的监区（分监区），应当主动将情况通报有关监区（分监区），并上报监狱或职能部门；对直接管理民警报告的其他各类狱情、犯情信息，应根据实际作出科学的预测和判断，采取有针对性的防范控制措施。

二、狱情分析机制及要求

（一）狱情分析机制

狱情分析是监狱安全防范的一项基础性、日常性、关键性的工作。充分发挥狱情分析的作用，创新分析方法，提高分析质量，对于监狱机关更好地履行惩罚与改造罪犯的职能，确保监狱的持续安全稳定，具有十分重要的意义。

我国监狱现行的狱情分析制度是监狱、职能部门、监区（分监区）三级狱情分析会议制度。狱情分析会议，主要是根据罪犯的现实改造表现，结合社会形势、改造环境、心理测试、罪犯个体情况等方面的内容，重点排查具有现实危险和潜在危险的重点罪犯，分析掌握狱情动向、罪犯思想动态和各种不稳定因素，并对影响监管安全的狱情、犯情信息，进行搜集、归类和量化分析，研究具体的防范对策和打击措施等。

狱情分析的运行机制包括：载体、模式、内容和对策等方面。

1. 载体，即监狱、职能部门、监区（分监区）三级狱情分析会。

2. 模式，即采取分监区（不设分监区的监区）每周、职能部门（设立分监区的监区）每半月、监狱每月一次的三级狱情分析例会制度，将狱情分析的组织规模、召集方式、人员组成、分析内容和运行机制，纳入制度化和规范化的轨道。

3. 内容，即监狱、职能部门、监区（分监区）分别组织开展的狱情分析例会，应当准备的具体材料。

（1）四类罪犯的摸排情况。按照罪犯在改造中的现实表现，划分“好、较好、一般、差”四种类别和管理等级。对第四类罪犯——危险分子，严格按照“两明一暗三夹一”“四不准五固定”制度（“两明一暗三夹一”即对某一危险罪犯实施的由2名改造表现积极的罪犯在明面监控，由1名耳目暗地监控，3人夹1人的包夹控制与跟踪监督管理措施；“四不准”即不准单独行动、不准从事零散劳动、不准放在重点要害部位、不准随便调动互监组或劳动岗位；“五固定”即睡觉床位、学习座位、队列排位、劳动岗位和互监组固定），加强重点管理、重点监控和重点教育的落实情况。

（2）重点控制罪犯的情况。既包括对原重点控制罪犯变化情况的分析，也包括对新摸排出的重点控制罪犯的危险性分析。

（3）重点区域范畴的情况。包括对重点时段、重要场所、关键部位、薄弱环节等区域范畴监管安全状况的排查与分析。

（4）狱情动向与犯情动态。摸排和分析狱情动向与犯情动态，应当按照“何时、何地、何人、何事、何因、何法、何果”七要素，逐个搜集信息并进行深层次分析，抓住苗头性、普遍性、倾向性的问题，提出预见性、针对性的超前防范措施。具体包括：对当月罪犯违规违纪情况的分析，对狱内发生重大或突出问题的分析，对全体押犯整体思想状况的分析，对罪犯个体思想动态的分析，以及对狱情、犯情的主要表现、特点和规律的分析；等等。

（5）其他不安全、不稳定的因素。既包括在巡查、清监、搜身等日常管理中发现的危险品、违禁品及其他不安全、不稳定因素的分析，也包括对当前社会上发生重大事件的不良反应或对敏感时期、敏感问题的不良反应的分析。

4. 对策，即对摸排和分析发现的问题，应当采取的具体措施。既包括对上一次狱情分析会议上提出问题和采取措施按责任分工的落实情况，也包括本次狱情分析所重视的问题，应当采取的具体措施和责任分工。

（二）狱情分析工作要求

狱情分析既要注重全面狱情的搜集，又要突出个案和苗头性狱情的搜集。全面搜集可掌握罪犯群体普遍存在的狱情、犯情及倾向性的问题。个案及苗头性狱情的搜集可发现共性中的特性问题。这两者相辅相成，缺一不可。

狱情分析要有远见，特别是对监狱安全有影响的人、事件的分析。狱情分析的远见就是狱情分析的预测、预警作用，有远见的狱情分析是科学的分析，也能起到科学的指导作用。

狱情分析要抓住事件的性质，发现深层次的问题。即抓住根本性、规律性的问题，排除表面因素的干扰，发现问题的实质和因果关系，做到对症下药。

狱情分析应建立完善责任制和责任追究制。通过严格落实狱情分析问责制度，增强监狱民警狱情分析的责任心和实效性，提高狱情分析的质量与效果。一旦发生事故，将追究有关民警的责任。

规范狱情分析日志。狱情分析日志既是狱情分析的必要性和基础性的工作，也是提高民警业务素质和专业技能的必然要求，因此，规范狱情分析日志非常重要。

讨论案例

讨论案例 4

2010 年，某监狱五监区在例行清监过程中，教导员张某发现罪犯李某在一篇日记中写到“某年某月某日，我的身心发生了质的变化……”。这一反常文字引起了他的重视，随即对该犯实施了重点搜查。在对该犯的床铺进行清查时，发现了该犯写给另一监舍罪犯王某的纸条，上面写着：如果王某断绝和他的关系，就要给他好看。同时发现一枚该犯私藏的小刀片。对这一情况，张教导员马上汇报了监狱，监狱侦查科组织民警开始对罪犯李某进行讯问、教育，并采取了包夹控制措施。同时，对王某进行了询问。调取了近期李某所在监舍的录像，录像显示一段时间以来李某、王某经常中午在一个床上蒙头睡觉，有时打打闹闹。经调查，两犯对他们的暧昧关系供认不讳，李某怕王某不和他继续好，以吞食刀片相威胁。后李某、王某均受到相应的处罚，王某被调到其他监区。

【分析点评】这是一个通过清监及监控录像搜集信息的方法。清监是民警进行违禁品清查的重要方法。将清监采集到的信息经分析研判，引导民警进一步挖掘深层次的信息，并通过监控录像发现、收集证据，发现罪犯私藏刀片及搞同性恋的行为，及时排除了隐患，避免了一次重大事故的发生。同时，也暴露了该监狱在违禁品防控、危险犯排查、适时认真监控等方面存在的管理漏洞和安全隐患，以及对罪犯思想动态、狱情动向分析的不深入、不细致、不到位。本案例充分证明：信息导侦是预防狱内重大事故（案件）发生的有效手段；加强对狱情动态信息的分析研判，是被动侦查转向主动侦查、破获狱内重大预谋案件的重要途径。

讨论案例5

2009年1月9日，某监狱侦查民警李某，在同他所布建的耳目张某进行狱情搜集谈话中，该耳目反映：最近一段时间，在监内的菜窖及四监区茶炉房，有罪犯聚众赌博现象，涉及金额比较大。得知这一信息后，侦查民警李某，及时向监区作了汇报。监区根据这一信息，及时向监狱领导进行了汇报，并在监狱侦查科的组织部署下，当晚对菜窖和四监区茶炉房实施突查，当场抓获参赌罪犯9人。随后，监狱侦查部门根据耳目提供的名单，对先后参与过赌博的13名罪犯，全部进行了隔离审查，并通过立案侦查，最终对参赌罪犯分别予以加刑、记过、警告等处罚，从而净化了监管改造环境。正是因为此案打击力度之大，才使得该监狱在较长一段时间内罪犯赌博、私藏现金等现象，得到了有效的遏制。

【讨论目的】通过讨论，学生能领会耳目是狱内情报信息采集的重要渠道。

【讨论提示】分小组讨论，从耳目对情报信息的采集、专管民警的分析研判，采取的针对性措施及处理结果等方面进行分析讨论，掌握信息的采集、分析、处理及应用的能力。

讨论案例6

罪犯张某在狱内经常打架，多次受到罪犯小组长刘某的批评，张某对此怀恨在心，纠集一伙罪犯准备在就餐时对刘某进行报复。事发之前，已有耳目向监区民警报告，监区决定对张某等罪犯不予惊动，安排监区民警在食堂周围进行监控，只要罪犯一动手，就立即出动，把参与报复打人的罪犯一并抓获。没想到开饭时，张某等人趁监区民警轮换就餐之机就动起手来，等民警赶到，刘某已被打成重伤倒在地上。结合本事例分析，该监区在处置方面出现什么问题？

【讨论目的】 通过讨论，学生应掌握信息的研判及预警信息的正确处理。

【讨论提示】 分小组讨论，对此案例中专管民警对耳目提供的信息的分析研判和采取的处理措施等方面存在的隐患漏洞、产生的原因及整改措施三方面进行分析。学会把握有价值的信息，快速反应，采取针对性的措施，对问题作出正确处理，否则会错失战机，甚至造成损害（或损失）。

学习任务6　狱情分析工作流程

一、监狱（职能科室）狱情分析工作流程

监狱基层民警应了解监狱（职能科室）狱情分析会一般流程，掌握整体狱情动向、犯情动态和各种不稳定因素，这对于掌握监区（分监区）狱情、犯情动态具有指导意义。监狱（职能科室）狱情分析会一般流程如下：

（一）会前准备

第一步：确定主题。针对不同时期国内外形势的重大变化，主要政策的调整，监狱管理、教育、生活卫生、政策奖励、安全生产和罪犯家庭变故所引发的思想反应，确立分析主题。

第二步：确定时间、明确内容。监狱每月定期召开一次狱情分析例会，对在押犯整体状况进行分类分析，对重点人员、重点场所、重点部位、重点时段的狱情和安全状况进行排查分析，对监区（分监区）民警的思想状况进行分析，查看上次分析会确定的措施是否已落实、是否有效。

第三步：搜集情况。会前职能部门要组织监区（分监区）采取书面测试、座谈讨论、专项调查、个别谈话、专题汇报等方法，搜集罪犯思想动态信息和狱情、犯情信息。

第四步：通知与会人员。参加会议人员为：监狱领导、监管各科室、监区、直属分监区负责人，专（兼）职侦查民警、内勤等。特殊狱情分析会，可邀请驻监武警部队负责人、驻监检察人员及监狱政工、纪检、监察等科室负责人

参加。

要求做到：准确搜集资料、高度重视、准备充分。

（二）召开狱情分析会

第一步：传达上级关于当前狱情的通报及相关文件。

第二步：通报当前监狱狱情状况。包括在押犯基本情况如：在押人数，各刑期段罪犯人数，涉黑、涉枪、涉暴、团伙犯首犯，有脱逃史、3次以上犯罪的人数，押犯普遍性、倾向性的问题及原因分析。

第三步：听取收集各科室、监区及有关部门关于本单位狱情的汇报。内容包括：押犯违规违纪问题；危险分子、重点犯人数；危险分子、重点犯的改造表现、思想行为分析、包控落实情况；耳目反映属实的情况、措施及处理结果；监管工作的有关情况，包括近期狱情预测和控制犯情确保监管安全的对策、措施和建议，监狱民警在管理工作中存在的问题，需要反映的其他有关情况和问题。

第四步：针对当前狱情状况，分析、研究和采取防范措施。

第五步：部署其他相关狱内侦查工作。

要求做到：搜集信息准确，分析深刻到位，发现问题和不足，剖析思想根源，针对性措施明确，责任落实到位。

狱情分析会议记录须规范整齐，准确记载会议标题、时间、地点、参加人、主持人、记录人、分析内容及应采取的对策等。

（三）落实措施

根据会议决定，职能部门、监区（分监区）具体落实各项安全措施，组织实施有针对性的管理和教育。

要求做到：组织严密、措施得力、责任到人、雷厉风行。

（四）制作书面材料

职能部门及时整理狱情分析会的内容、结果和针对性措施，制作狱情分析报告，上报监狱管理局；通报全监押犯单位，指导今后的监管安全工作。

要求做到：行文格式规范、语句精练准确、内容全面、措施具体。

二、监区狱情分析工作流程

监区狱情分析会是监区最基本、最重要的狱情分析制度，监区狱情分析会应当遵循一定的规定、程序和要求，这是保证狱情分析质量的客观要求。

（一）监区狱情分析会的一般规定

监区狱情分析会半月一次，专题召开。除特殊情况外，不能任意拖延，也不能与研究其他议题的会议合并召开。遇有特别情况，应当召开临时狱情分析会。

监区狱情分析会由监区的全体民警、监狱狱侦民警及其他有关人员参加。因现场执勤或其他正当理由无法参加的，监区管教领导应单独与他们沟通狱情分析会的情况，并要求他们查阅狱情分析会记录。遇有重要狱情，应随时召开个案分析会。

监区狱情分析会必须由专人负责会议记录，通常由监区内勤担任，记载内容必须完整、规范。会议结束时，由到会民警签名。

监区狱情分析会采取普查式。即普遍摸排与重点摸排相结合，提出问题，分析现象及原因，制定措施。

（二）监区狱情分析会的基本程序

第一步：监区总结半月狱情，分析隐患。重点分析罪犯中深层次和带有苗头性、普遍性、倾向性的问题，以及各种原因引发的思想反映、狱情动态、敌情动向；分析民警思想状况、工作状况和安全监管措施的落实情况。

要求：总结狱情，分析隐患要全面细致，既要对照监区前期工作的整体情况，又要分析罪犯个体的发展变化情况，还要结合本监区的改造、生产及监狱有关情况的变化来分析。

第二步：民警对所承包的罪犯逐一排查，并按“表现好”“比较好”“表现差”“危险分子”四类进行划分；进行监管安全隐患排查，抓住重点人员、重点部位、重点时段、重点环节和重点问题进行分析。

第三步：互相之间交叉分析，交换意见，对排查情况或现象进行分析、研究，找出深层次的原因，对狱情进行预测。

第四步：监区领导，对特异性情况或有分歧的意见进行综合梳理，形成监区意见及处理措施。

第五步：制作书面材料。整理狱情分析会的内容、结果和针对性措施，制作狱情分析报告，上报狱政科。狱情分析报告应当包括罪犯的基本情况、思想动态、行为动向和监管改造工作存在的隐患、漏洞，发生安全事故的原因、教训以及下一步的整改和工作措施。

撰写狱情分析报告应注意以下要求：对问题性质的定性要准确；问题发生的时间、地点、教训、整改的措施应有针对性；重大问题应作专题书面报告。

（三）监区狱情分析会的具体要求

1. 主持人在简评前周工作时，应全面了解犯情情况和警情状况，实事求是地总结工作，特别是对依然存在的犯情应予以提示，对责任民警的工作状况进行点评。

2. 各分管民警汇报犯情事先必须做准备，准备的材料包括：

（1）四类罪犯的摸排情况。按照罪犯在改造中的现实表现，划分“好、较好、一般、差”四种类别和管理等级。对第四类罪犯——危险分子，严格按照“两明一暗三夹一”“四不准五固定”制度，加强重点管理、重点监控和重点教育的落实情况。

（2）重点控制对象的情况。既包括对原重点控制罪犯变化情况的分析，也包括对新摸排出的重点控制罪犯的危险性分析。

（3）重点区域范畴的情况。包括对重点时段、重要场所、关键部位、薄弱环节等区域范畴监管安全状况的排查与分析。

（4）狱情动向与犯情动态。摸排和分析狱情动向与犯情动态，应当按照"何时、何地、何人、何事、何因、何法、何果"七要素，逐个搜集信息并进行深层次分析，抓住苗头性、普遍性、倾向性的问题，提出预见性、针对性的超前防范措施。具体包括：对当月罪犯违规违纪情况的分析，对狱内发生重大或突出问题的分析，对全体押犯整体思想状况的分析，对罪犯个体思想动态的分析，以及对狱情、犯情的主要表现、特点和规律的分析，等等。

（5）其他不安全、不稳定的因素。既包括在巡查、清监、搜身等日常管理中发现的危险品、违禁品及其他不安全、不稳定因素的分析，也包括对当前社会上发生重大事件的不良反应或对敏感时期、敏感问题的不良反应的分析等。

注意：分管狱侦的民警汇报犯情时，不得泄露耳目。

3. 提出的对策措施要切合实际，环环紧扣，具有可行性，措施要到位，责任要到人。如对一名有自杀危险罪犯的控制措施，必须确定两名以上包夹罪犯。包夹罪犯的铺位、劳动岗位应与被包夹罪犯相邻或相近，且要选择改造表现好、责任心强的罪犯进行包夹。控制该罪犯单独行动或接触危险物品，加强对该犯违禁物品的排查。落实专管民警责任，专管民警每天至少找该罪犯谈话一次。采取上述措施尚不能消除危险的，予以隔离。

4. 监区领导要认真督促犯情对策的落实情况。只有全体民警都一丝不苟地去落实狱情分析会上制定的对策，监区的监管安全才有可靠的保障。

5. 狱情分析会议记录须规范整齐，准确记载会议标题、时间、地点、参加人、主持人、记录人、分析内容及应采取的对策等。

讨论材料

讨论材料1　某监狱对一起自杀未遂事件的分析

一、事发经过

2018年4月19日晚收封后，某监狱罪犯张某回到铺位休息。大约22时55分，张某趁监舍其他人员入睡之际，下床将遗书放置在学习桌上，将监狱配发的蓝色床单从自己床铺上取下，在塑料凳子上拧紧后，踩着凳子系在监舍门框上部的铁栅栏处欲实施自缢，被楼道夜巡罪犯发现并制止。监区值班民警接到报告后，对张某进行控制，并报告监狱值班领导。

张某基本情况：男，1965年8月12日出生，汉族，小学文化。2014年9月的一天，张某携带事先准备好的单刃刀，提出与女友继续共同生活等要求，遭拒绝后，持单刃刀朝女友腹部、胸部、臂部等处连捅20余刀，致其死亡。2015年被山西省高级人民法院以故意杀人罪判处死刑缓期二年执行，剥夺政治权利终身，限制减刑。2017年12月22日减为无期徒刑。张某自调入二监区以来，始终不认罪、不服判，坚持申诉。2017年10月份开始，张某以有病为由拒不参加劳动。

二、原因分析

事发后，监狱进行了专题分析，认为监区虽然采取了夜巡措施，使罪犯张某自缢未遂，但存在重点罪犯管控不落实、监舍门铁栅栏存在安全隐患等问题。同时暴露出监狱在日常管理中存在以下几方面的问题：

（一）教育谈话和心理疏导工作不到位

在对张某讯问中得知，其在看守所羁押时，就存在悲观厌世的心理。入监后，张某也曾在与民警谈话时表露过“不想活”“再过一两年案子翻不了就不活了”的思想。但监区民警对此重视程度不够，未积极进行教育谈话，专业心理疏导工作也未能及时跟进。

（二）包夹包控措施落实不到位

在将张某列入重点管控对象后，监区仍将其设为监舍“瞪眼”犯。在张某值岗时，事实上处于失控状态。张某在自杀前两天自己写下遗书，互监组及其他罪犯无人发现和报告。耳目、信息员未发挥作用。

（三）犯情隐患排查工作不到位

监区民警思想警惕性不高，未能在监控中发现张某的异常行为。对张某的思想动态掌握不够，清监查铺工作不深不细，导致张某的遗书未能及时被发现。监舍门上方通风口铁栅栏存在的安全隐患没有及时发现并整改。

三、采取措施

（一）切实加强狱情分析

认真落实犯情摸排。对重点对象，要及时发现和准确掌握其动态、动向。特别是对杀亲犯、限减犯、精神病犯、长期申诉犯、老病残犯等罪犯要重点排查。

充分发挥耳目、信息员的作用。调动耳目、信息员工作积极性，加大奖励力度，做好情报收集，做到防患于未然。

加强对重点罪犯的包夹控制。要坚决落实好包控制度，明确包管民警，加强教育疏导，做好包控记录，防止出现“包而不控，控而不管”的现象。尤其是先期确定的重点重要罪犯和危险分子，要落实民警搜查、监控监视、罪犯夜巡盯防等多种措施，严禁出现脱管失控现象。

（二）切实加强违禁品的清查

认真落实清监排查。要定期不定期对监舍、罪犯人身进行清查，严格落实生产工具管理和罪犯出收工搜身制度，排查各类监管设施运行情况和可能存在的问题和漏洞，及时消除监管安全隐患。

（三）切实加强个别谈话教育

通过谈话，及时了解掌握罪犯思想状况、情绪变化的原因，细致深入的进行沟通交流，解决范围内的实际困难和问题，做好心理疏导工作。

（四）切实加强监舍夜巡罪犯管理

加强对夜巡罪犯人选的甄别选用，运用有效手段督促夜巡罪犯尽职尽责。明确监督重点，使其能够及时发现隐患和突发状况。

（五）切实加强民警履职尽责教育

落实司法部“瞪眼”值班制度，以民警纪律作风教育整顿为契机，运用好考核考勤和评先评优等手段，加强民警思想教育工作，提高民警的大局意识、责任意识和安全意识，严格民警到岗履职。

分析点评：在监狱物防技防设施进一步完善、监狱信息化逐步推进的形势下，监狱终身监禁的实行以及限制减刑等形势政策的变化，监狱原有的刑事激励作用弱化，罪犯自杀的现实危险性和潜在危险性急剧增加，预防和控制罪犯自杀成为监狱安全工作的重中之重。在常规包夹监控管理的基础上，加强自杀危险性评估，运用循症矫正技术对罪犯进行有针对性的教育矫治，深入开展监狱文化建设等综合措施的运用，进一步加强基层民警队伍建设，应是降低罪犯自杀的治本之举。

讨论材料2　某监狱针对80后、90后改造状况的分析

回顾半年以来，我监1~6月狱情同全国、全省大背景基本狱情相一致，总体平稳，但也表现出狱情日趋复杂的趋势，无论从押犯构成，还是罪犯违纪的类型、特点及数量都较去年有较大的变化，主要表现在以下几个方面：

一、押犯构成发生了较大的变化

主要是80后、90后罪犯陆续大批关押，逐渐成为监狱押犯的主体，从目前来看，占到押犯比例的41%左右，客观上已影响到监狱的安全稳定，影响到监狱民警的管理理念，影响到民警的教育改造手段。这一改变引起监狱领导的高度警觉，从监狱长远安全稳定的高度，监狱审时度势，从3月起，连续4个月对80后、90后罪犯的教育改造进行了调研，从罪犯成长背景、犯罪原因、改造特征、心理因素等方面进行探讨，研究对策，取得了一些初步成效。对80后、90后罪犯教育改造工作的探讨是一项长期、深远的课题，今后我们还要进一步加强这方面的研究，特别要求在基层一线的民警，要从实际出发，从日常管理教育中发现问题，提出对策，总结经验，进行交流，尽快使我们的民警从理念上得到转变，管理上有所创新，把这一项工作深入下去，以不断取得成效。

二、罪犯违纪呈上升趋势，且呈多样性

从半年禁闭来看，1~6月共关押禁闭犯45人次，特别是5月以来，禁闭罪犯尤为集中，而且违纪形式也比较多样化，有打架斗殴的、有殴打他犯的、有抗拒出工的、有吞食异物的、有公开顶撞民警的等。监管形势、狱情比较复杂，严重地影响着监狱的正常改造秩序。从罪犯违纪来看有以下几个方面的突出特点：

1. 暴力现象仍然是主要的违纪形式。打架斗殴22人次，集中表现为生值人员殴打他犯，其中3起打架斗殴已经构成轻伤害，侦查终结，下月将全部移送起诉。

2. 软暴力仍然比较突出。前半年我们共发生5起罪犯吞食异物现象，公开以软暴力的形式对抗监狱和民警。

3. 抗拒出工，拒绝参加劳动。罪犯不愿意参加劳动的原因，客观上有一部分罪犯体质较弱，不适应繁重的体力劳动，但有很大一部分罪犯还是从思想上过不了劳动关，吃不了苦，受不了罪，即使关禁闭也不愿劳动。

4. 从违纪罪犯的年龄结构来看，80后、90后罪犯占很大比例。80后、90后罪犯具有思想不稳定、心理脆弱、自我调控能力差、过不了劳动关的特点，其暴力倾向比较明显，且不计后果。

5. 从违纪罪犯改造经历来分析，当前抗改罪犯以二次以上罪犯和新入监罪犯为主。二次以上罪犯反改造经验比较丰富，新入监犯在适应期内思想不稳，很容易受到老罪犯的教唆、诱导，这在一部分新犯身上体现得特别明显。

三、民警在管理上还有一些需改进的地方

主要体现在以下几个方面：

1. 个别民警工作漂浮、不扎实，对当前监管形势认识不深，对狱情工作不做深入的探讨和研究，墨守成规，得过且过，对出现的狱情变化束手无策，不思考、不想对策、不愿管、不会管、不敢管的现象仍然比较突出。

2. 个别民警懒散作风严重，特别表现在直接管理上嫌麻烦、懒得动，有的甚至将民警的管理职权交给罪犯行使。

3. 仍有个别民警存在不文明管理行为，使得罪犯依然对民警产生不信任的心理，有的和民警产生矛盾，有的存在仇视心理，有的与民警产生矛盾激化，致使部分罪犯公开顶撞民警，甚至对民警施压。

【讨论目的】 通过讨论，学生应了解80后、90后罪犯的心理、行为特征及改造对策。

【讨论提示】根据上述所提供的某监狱当前的狱情动态和存在的隐患，讨论并制定应对80后、90后罪犯改造的对策。

讨论材料3 针对罪犯躲藏事件召开的狱情分析会

2010年8月19日，某监狱，罪犯李某在监内搞基建劳动期间突然不见了，经过近3个小时地毯式的搜查，终于在一废弃小维修房找到躲藏的李某。

李某躲藏事件发生后，监区紧急召开了狱情分析会。

一、议题

罪犯李某躲藏事件及其对策措施的分析，并以罪犯李某躲藏事件为中心，进行全面安全隐患排查。

二、参会人员

全体监区民警，包括监区长、监区教导员、副监区长、副教导员、其他监区民警。监区狱情分析会一般由监区教导员主持。

三、程序

1. 分管民警对罪犯李某入监以来改造表现及近期情况进行了简要的介绍及说明。李某自入监以来，劳动改造比较积极，能较好地完成任务，只是性格孤僻，沉默寡言，父亲来会见过几次，没有其他人来看过，据谈话了解父母在其幼年时即离异，该犯跟随父亲长大，非常想见到自己的亲生母亲，过去曾在打帮教电话时向父亲问过自己母亲的下落，声称要寻找母亲。据同犯反映，该犯经常提及要寻找母亲，并透露曾经为了寻找母亲几次涉及违法犯罪行为被抓过，但寻找母亲的决心未变，而且愈来愈强烈，最近一周以来心绪不宁，可能又犯此病。据监狱心理咨询问卷评估该犯具有分离焦虑，具有一定不稳定情绪。综上所述，李某可能有脱逃的危险，目的仍可能是寻找母亲。

2. 监区内勤提供该犯的相关信息资料。通过仔细查阅李某的档案资料、帮教电话记录和会见记录，在社会关系登记表中，虽然填有自己母亲的小名及其联系电话，但可以证实李某并未与母亲取得联系。纵观李某的犯罪情况，也可以说明李某具有浓厚的思母情结。特别是通过对李某生活物品的搜查，发现李某就在前一天晚上写给母亲的一封信，信中都是思念之情，并表示一定要克服千难万险找到自己的母亲。

3. 监区长就自己了解的情况进行了介绍。

（1）李某行为虽然属于躲藏，但是不能排除伺机脱逃的可能性。

（2）李某之所以能够经过几个小哨，在小维修房躲藏几个小时，首先说明直接管理不到位。

（3）互监组制度失灵，小哨严重不负责任。

（4）痛定思痛，我们还应当从最基础的管理入手，抓住最关键的环节，严格各项制度的落实。安全无小事，容不得我们有一丝一毫的轻敌和麻痹。我希望大家能够从这一事件中汲取教训，举一反三，真正做到警钟长鸣。

4. 监区教导员综合以上情况，作出决议。现在可以初步确定李某有一种心理症结，就是寻母情绪，这是导致其躲藏及预谋脱逃的根本原因。为此，我们应当做好如下防范工作：

（1）加强各层级的区域防范，同时，认真仔细地开展一次地毯式的安全隐患排查活动。

（2）李某躲藏的内因，反映出李某的不良心理问题，但外因恰恰是我们管理上有漏洞、制度不落实的问题，才导致了李某有机可乘。因此，我们必须重点加强互监组制度、点名制度及现场管理制度的落实到位。

（3）思想问题没有很好掌握，对一些苗头性、倾向性的问题没有引起足够的重视。

（4）我们下一步的工作重点，首先要做好对李某的包控，具体责任民警是张副教导员。其次是具体措施，由张副教导员安排3名积极改造的罪犯实施“两明一暗”包夹控制。同时，针对性开展个别教育和转化工作。最后是与心理咨询室联系，开展对李某的心理治疗工作，并及时与该犯父亲联系，全力以赴解决该犯的心理症结。

根据监区分析会制定的策略，经过历时2年的攻坚，李某不仅被最终成功转化，而且2012年还获得了改造积极分子称号。

【讨论目的】通过讨论，学生应掌握监区狱情分析会工作流程，学会制作监区狱情分析报告。

【讨论提示】这是监区遇到突发事件召开的狱情分析会，认真分析上述案情及相关背景资料，谈谈本次狱情分析会的感受。

学习任务7　狱情研判工作流程

信息化条件下的狱情研判是指利用现代信息技术收集的数据资料，针对具体的人和事以及问题动向，开展的分析研判活动，重在预警预判，提供决策依据。狱情研判一般由省监狱管理局和监狱组织实施。可以就具体问题进行研判，也可以开展倾向性问题的专项研判。监狱基层民警应了解狱情研判的一般流程，便于掌握整体或局部的狱情动向、犯情动态和各种不稳定因素。

一、准备阶段

第一步：确定主题。针对不同时期国内外形势政策的变化，监狱在管理教育、刑罚执行、生活卫生、安全生产及罪犯改造等方面发生的倾向性问题和个案问题，根据音视频信息、数据资料信息等，确立分析研判主题。

第二步：确定时间和内容。监狱根据情况可以定期或不定期召开狱情研判会，根据音视频信息、数据资料信息等反映的倾向性问题和个案问题及其存在的可能性，进行分析研判，分析问题发生的主客观原因，做出预警预测及对策研究。

第三步：搜集信息。职能部门围绕主题，准确全面搜集信息资料，注意从一定的时间跨度以及深度和广度上搜集情报资料，必要时利用大数据合成数学模型进行初步预测。

第四步：参会人员。省监狱管理局狱情研判参会人员：局领导，管教处室人员及其他各处室负责人，各监狱领导及其相关负责人，侦查科长等，可邀请司法厅有关领导参加。

监狱狱情研判参会人员：监狱领导、监管各科室、监区（分监区）负责人，专（兼）职侦查民警、内勤等。可邀请驻监武警部队负责人、驻监检察人员及监狱政工、纪检、监察等科室负责人参加。

二、召开狱情研判会

第一步：传达上级关于当前狱情研判的通报，及相关信息和文件资料。

第二步：通报当前监狱狱情状况，围绕研判主题，对狱情动向或个案问题予以说明，展示相关音视频资料和数据信息，进行初步分析。

第三步：听取各有关部门关于研判内容的狱情信息资料及分析情况，充分研判事件的原因、可能带来的后果、发展的趋势、潜伏的危险因素等。

第四步：针对上述研判情况，提出预警预判性对策及应采取的防范措施。

第五步：部署其他相关工作及措施。

要求做到：搜集信息准确全面，分析判定逻辑严密，因果关系关联性强，揭示深刻原因，发现问题和不足，剖析思想根源，针对性措施明确，责任措施落实到位。

狱情研判会议记录须规范整齐，准确记载会议标题、时间、地点、参加人、主持人、记录人、信息资料内容、分析研判内容及应采取的对策措施等。

三、落实措施

根据会议决定，职能部门具体落实研判相关对策，制定详细的落实方案，组织实施有针对性的管理和教育措施。

要求做到：组织严密、措施得力、责任到人、雷厉风行。

四、制作书面材料

职能部门及时整理狱情研判会的内容、结果和针对性措施，制作狱情研判报告，报送上级单位，通报全省（全监）押犯单位，指导今后的监管安全工作。

要求做到：行文格式规范、语句精练准确、内容全面、措施具体。

讨论材料

讨论材料4　某省监狱管理局召开罪犯袭警狱情研判会

2013年3月18日晚8时，某监狱罪犯薛某在与民警谈话之际，趁民警不备持刀袭警，致民警王某受伤。监狱管理局紧急召开狱情研判会。

一、议题

罪犯薛某持刀袭警的原因分析、严重后果及其防范对策研判。

二、参会人员：

监狱局领导，管教处室人员及其他各处室负责人，各监狱领导及其相关负责人，侦查科长等。

三、召开狱情研判会

1. 介绍罪犯薛某基本情况。薛某，男，1988年9月13日生，汉族，小学文化程度。2007年5月30日因犯放火罪被判处无期徒刑，剥夺政治权利终身；2007年12月2日被送监狱服刑；2010年7月27日减为有期徒刑18年9个月，剥夺政治权利8年。

2. 事件经过、观看视频及实物资料。2013年3月18日晚8时许，罪犯薛某观察监区办公室里间只有民警王某一人与一名罪犯谈话，从其床铺垫子里拿上事前准备的两把刀子，以与民警谈话为由进入民警办公室，准备劫持、刺杀民警，民警让罪犯坐下谈话，薛某突然走到民警背面用左手抓住民警的肩膀，趁其不备，刺伤民警，后被闻讯赶来的罪犯李某等及时制服。民警被紧急送往医院抢救，脱离危险。会议现场展示了薛某准备的刀具、记号笔、自制小灯、打火机、用铁丝钩制作的万能钥匙、已经做了手脚的衣服等作案工具。

3. 原因分析。

（1）罪犯薛某恶习深重，刑期长，压力大，不适应监管环境，企图暴力脱逃。2012年以来，薛某因不习惯监狱生活，身体虚弱，不能正常改造，加之徒刑长，思想压力大，于是产生了脱逃的想法。先后想过从监狱围墙脱逃、劫持外来货车司机脱逃，但都没有机会实施。2013年2月左右，薛某又构思了持刀劫持民警，要挟监狱领导派车将其送出监狱，把民警用手铐拷在车内，自己乔装改扮为民警，并放火阻拦追捕的方案，随后开始预谋实施。

（2）社会支持系统缺失，生活无望，是促其铤而走险的重要诱因。薛某自入监以来，家中一直无人接济，缺少亲情关爱。2013年3月16日，与其关系密切且经常为其提供生活物资的同监区罪犯王某因违纪被关押禁闭，其更感到监狱生活难以忍受，促使其加快实施劫持民警暴力越狱的计划，如果人质反抗或监狱领导不答应其要求，便杀害人质然后自杀。

（3）薛某个性孤僻，自我封闭，与人交往仅限于表面交流，缺乏深层的感情沟通，且仇视报复心理严重。如果防范管理措施不到位，出事是必然的。

4. 防范措施。

（1）各监狱认真全面开展一次监管安全大检查大清监活动，彻底清缴罪犯私藏私制私带的各类危险品、违禁品、违规品，查清来源和危害，严格落实监管制度，铲除这些物品滋生蔓延的土壤。

（2）各监狱充分利用监狱监控中心、各监区分控室视频，发现可疑行迹或危险情形，紧急报告，防治事态进一步恶化。

（3）各监狱对刑期长、思想压力大、人际及家庭关系不良，可能存在脱逃或报复行凶念头的罪犯普遍开展一次排查，采取防控措施，开展心理干预及帮教活动，并通过集体或个别教育等方式开展攻心转化活动，防止连锁反应。

（4）各监狱加强制度建设，夜间民警一般不允许单独与罪犯谈话。加强民警防范意识教育、行为养成与职业训练，确保民警自身安全。

分析点评：近年来，监狱安全形势严峻，暴力抗改、暴力袭警等案件频发，而监狱人民警察执法保障机制尚未健全，监狱人民警察的人身安全时刻面临着危险。主观方面，监狱民警应增强危机意识、强化职业责任感和使命感，了解罪犯成长经历、摸清重危罪犯现实表现底细、研究罪犯之“研究”，提高应急处置突发事件能力；客观方面，增加监狱基层一线警力配置，完善监狱民警执法保障机制，健全监狱民警救济制度，加强监狱民警队伍建设，提高监狱信息化水平及民警信息化应用能力。

讨论材料5　针对罪犯非正常死亡事故召开的狱情研判会

2016年2月11日凌晨5时20分许，某监狱发生一起罪犯非正常死亡事故。监狱紧急召开了狱情研判会。

一、议题

罪犯王某非正常死亡事故发生原因、可能产生后果及其防范对策措施的研判。

二、参会人员

监狱领导，监管各科室、监区（分监区）负责人，专（兼）职侦查民警、内勤，等等。邀请驻监武警部队负责人、驻监检察人员及监狱政工、纪检、监察等科室负责人参加。

三、召开狱情研判会

1. 介绍罪犯王某基本情况及事故经过。罪犯王某，男，1989年6月12日出生，汉族，小学文化。2014年4月15日因犯抢劫罪被判处有期徒刑11年。该罪犯于2014年9月16日分配至某监狱四监区服刑。

视频监控资料显示：2016年2月11日凌晨5时12分，罪犯王某独自一人从监舍走出到卫生间解手，4分钟后该罪犯进入晾衣间选取一块制式白床单后又返回卫生间。5时20分，该罪犯借助墙壁上悬挂的举报箱和PVC管道向上攀爬，将床单打结拴挂在下水管弯节处实施自缢。5时33分，监区另一名罪犯田某进入厕所发现此情况后立即向值班民警报告。监狱值班科长和值班医生随后赶到现场进行抢救，同时紧急联系市医院120急救中心前来处置。该罪犯最终在送市医院继续抢救后无效死亡。

2. 事故调查。通过现场勘查、视频监控资料拷贝、尸体查验、个人物品提取封存等对案件证据进行固定，未发现遗书等有价值物证。但经认真查看事发时段的视频监控录像，提取罪犯档案、近期两次亲情电话录音、狱内消费流水、分管民警的个别谈话记录等物证，对值班民警、监区教导员、分管民警、有关罪犯进行谈话询问，掌握了一些问题和线索。

3. 罪犯自杀事故分析研判。

（1）罪犯王某自杀主观原因：一是王某刑期较长，改造压力很大；二是厌恶劳动，多次调整工种，不能适应；三是与他犯人际关系紧张，心胸狭窄，经常惹是生非，曾数次对其调整监舍，仍与他犯较为排斥；四是获得亲情关怀较少，王某亲属只在其2014年刚入监后探视过3次，随后仅有3次小额邮寄汇款，王某狱内消费能力非常有限；五是赌债压力，据多名罪犯反映，春节期间（大年初二）王某与其他罪犯打牌赌博香烟被值班民警查获，手中几条香烟被民警没收，但此时王某已经欠下了十多条烟的赌债，王某为此多次找值班民警讨要返还但均被拒绝，王某因此对民警管理产生怨气，同时存在较大的还债压力。

（2）监狱管理方面问题：一是收封制度不落实，该监区值班民警在夜间点名封号过程中监舍门不上锁，民警随后也不再进入监舍走廊进行巡查，监舍钥匙完全交由巡夜罪犯负责掌管（随时开启监舍门方便罪犯起夜），罪犯夜间可以随意进出监舍，无人过问和管理，夜间值班管理形同虚设；二是隐患排查整治不力，监狱已排查出罪犯卫生间外漏管道问题存在极大安全隐患，但因种种原因久拖未予处理；三是民警随意换班、疲劳值班问题，思想麻痹松懈，值班效率和监控能力严重下降；四是罪犯互监组制度不落实，罪犯王某没有受到互监组制度的监督和约束；五是监控巡查和处置工作不及时，王某从起床如厕到自杀被发现，时间跨度长达20分钟，其间监狱应急指挥中心和监区值班民警对王某单独活动的异常情况一直没有发现，而且后续报告处置行动也较为迟缓。

4. 研判对策。

（1）监狱认真做好罪犯家属安抚工作，联系当地公安部门密切关注网络舆情动向，积极配合检察机关查清事故原因，及时向省监狱局报告工作进展。

（2）监狱监控中心，包括各监区分控室集中人员、集中时间排查罪犯单独活动的情形，进一步发现隐患，堵塞漏洞。

（3）各监区对刑期长、思想压力大、人际及家庭关系不良、可能存在轻生自杀念头的罪犯普遍开展一次排查，采取必要的管控措施，并通过集体或个别教育等方式开展攻心转化活动，防止类似事件再次发生。

（4）落实民警“瞪眼”值班制度，及时发现现实危险和潜在隐患。

（5）对目前存在的安全隐患立刻开展一次彻底的整改活动。

【讨论目的】通过讨论，学生应掌握监狱狱情研判会工作流程，学会制作监狱狱情研判报告。

【讨论提示】这是监狱遇到突发事件召开的狱情研判会，认真分析上述案情及相关信息资料，谈谈本次狱情研判会的感受。

讨论材料6 针对罪犯非正常死亡召开的狱情研判会

2016年3月22日凌晨2时25分许，某监狱老病残犯监区发生一起罪犯非正常死亡事故。监狱召开了狱情研判会。

一、议题

罪犯付某非正常死亡事故发生原因、可能产生后果及其防范对策措施的研判。

二、参会人员

监狱领导，监管各科室、监区负责人，专（兼）职侦查民警、内勤，等等。邀请驻监武警部队负责人、驻监检察人员及监狱政工、纪检、监察等科室负责人参加。

三、召开狱情研判会

1. 罪犯付某基本情况及事故经过。付某，男，1952年5月8日生，汉族，小学文化，无业。2015年4月8日因犯故意杀人罪被某市中级人民法院判处死刑缓期二年执行，剥夺政治权利终身。2015年8月6日，被送押监狱服刑。

视频监控资料显示：2016年3月22日凌晨2时35分许，某监狱老病残监区罪犯付某被同犯发现使用裤衩在其所在床铺的上下铺梯子上自缢。监区值班民警接到报警后，迅速将付某送监内医院抢救，随后又紧急转送市人民医院，抢救无效死亡。

事故调查情况：经对事故现场进行勘查，对现场和尸体拍照、绘制现场平面图、提取物证、检查尸表，同时调取事发现场视频监控，对现场及相关罪犯和有关民警进行调查询问，罪犯付某确系自杀死亡。

2. 原因分析。研判分析事故发生的原因，包括主客观两个方面内容：

主观自杀动因：一是罪犯付某属于亲情犯罪，因杀害妻子获刑，手段残忍，情节恶劣；二是亲情疏远，入监以来无人会见、无人关心；三是法律意识淡薄，不理解“死缓”的真正意思，总以为缓期期满后要被执行死刑，改造心理压力大；四是年龄较大（64岁），身患高血压、糖尿病，每天需要注射三次胰岛素维持，视力低下，行动迟缓，生活不能自理，对自己的病情和处境感到无奈，平时情绪极为焦躁；五是性格孤僻，悲观厌世，不与他犯主动交流，曾经流露出“自己没有家了，还不如当初执行了死刑”这样的悲观念头。

客观管理漏洞：一是夜间值班管理制度设计不合理，监狱一直执行的规定是夜间罪犯封号后，监舍钥匙统一交回内看守队集中保管，监区值班民警只通过在值班室查看分监控、不定时在通道巡查来完成执勤，遇有监舍发生突发紧急情况时，值班民警只能报告内看守队民警前来开门处置，这是导致事故中该罪犯最佳抢救时机被拖延的重大制度缺陷；二是隐患排查不力，床铺被监舍餐具柜遮挡，夜间巡视无法从监舍外侧向内及时观察到，导致发现报告不及时；三是民警监控不到位，值班民警未能通过监控及时发现异常并迅速进行处置，存在工作失误；四是责任心不强，防范措施没落实，无论是危机干预还是包夹措施都没有落实到位。

3. 研判后续工作及防范对策。

（1）主动进攻，开展集体教育，开展系列文化娱乐活动及亲情帮教活动，防止次生矛盾发生。

（2）对刑期长、思想压力大、年龄大、体弱多病、人际及家庭关系不良的罪犯，全监普遍开展一次大排查活动，对确有轻生念头的罪犯，积极进行心理干预，采取包夹措施等。

（3）对老病残监区的罪犯加强现场管理，加强互监互助教育，加强夜间民警的巡查及巡夜犯的巡查，加强视频监控，做到随时随地能发现问题。

（4）进一步强化责任，改进管理方式，强化责任落实，完善监管制度，落实“瞪眼”值班制度，确保对重点罪犯的全天候管控。

【讨论目的】 通过讨论，学生应掌握狱情研判会工作流程，学会制作狱情研判报告。

【讨论提示】这是监狱遇到突发事件召开的狱情研判会，认真分析上述案情及相关信息资料，谈谈本次狱情研判会的感受。

学习任务8 狱内耳目的物色、布建与管理

狱内耳目是监狱从在押犯中建立和使用的秘密力量，是在监狱民警的管理下搜集、掌握罪犯思想动态和重新犯罪活动线索，获取证据，侦查破案的辅助手段，是狱内侦查工作的一项重要业务。耳目可分为专案耳目和控制耳目。专案耳目主要用于侦破已发生的和预谋的各类案件，监视、控制和了解侦查对象的活动情况、犯罪意图和犯罪事实，为破案提供证据或搜集破案线索。控制耳目主要用于监控罪犯中的落后层和不思悔改的罪犯、惯犯以及其他危险分子，还用于监狱的要害部位、重点时段和罪犯活动的公共场所，搜集情报、掌握犯情、发现线索。

一、明确狱内耳目的条件

狱内耳目应具备下列条件：能发现敌情或者能够接近侦查对象；有一定的活动能力和观察识别能力；基本认罪，能为我所用；能保守秘密。

上述条件是不可分割的整体，在选择建立耳目时必须全面考虑。

二、如何物色狱内耳目

物色耳目时，应认真审阅其档案材料，研究其社会经历、社会关系、家庭关系、犯罪事实、个性特点等，并根据日常考核、个别谈话、摸底排队、活动范围和现实表现等进行综合观察。可以从以下几个方面考虑：从有立功赎罪愿望和要求的罪犯中物色；从曾秘密向我检举、揭发、报告情况的罪犯中物色；从发生的破坏事故等各种又犯罪或危险分子周围的罪犯中物色；从结伙犯罪的自首分子或者选择有条件“拉出来”“打进去”能为我利用的罪犯中物色；从在重点部位周围的罪犯中物色；从需要侦查控制的对象周围的罪犯中物色；从犯罪集团的成员中物色；从其他部门和单位转来曾经是狱内耳目、公安特情的罪犯中物色；从曾经在社会上做过治保工作、刑事特情、治安耳目的罪犯中物色；从有各种政治嫌疑的对象中物色；从罪犯的各层次，特别是犯群的落后层和新入监罪犯中物色；从曾患有严重疾病，经治疗痊愈，或者家庭遭受严重灾害，被当地政府救济过，确实感激政府的罪犯中物色；从有一般违反监规纪律行为的罪犯中物色。

耳目选定以后，先进行试用，试用期一般为2个月。试用期间，先不布置具体任务，仅对其反映的某个人或某件事的情况进行调查核实、鉴别真伪，或者将民警事先掌握的情况布置其去搜集、了解，或者在不暴露民警意图的前提下布置

其了解罪犯中的一般思想情况，或者有目的地布置其调查汇报与其关系密切或有一定矛盾的罪犯活动情况。如能真实反映，按时汇报，按照审批程序，呈报批准后作为正式耳目使用。

三、狱内耳目的审批程序

经考察符合条件的狱内耳目，由物色耳目的民警填写《狱内耳目建立、使用审批表》，一式二份，经监狱侦查科主管领导审核后，报请监狱分管领导批准。

耳目确定后，应建立耳目档案。耳目档案统一由狱内侦查科编号，实行专柜存放，专人管理。耳目本人不必履行任何手续。

四、狱内耳目的布建

耳目的布建包括专案耳目布建和控制耳目布建。专案耳目的布建，应根据专案侦查的需要，严格审慎地进行。控制耳目的布建，应根据狱内工作的需要统一规划，数量一般为押犯总数的3% ~5%。控制耳目应以“灰色”耳目为主，并在中间犯和积极犯中适当选择，比例为5∶3∶2。

耳目除主要对危险分子、重点人员跟踪控制外，还应对劳动场所、生活场所、学习场所的情况进行掌握。布建耳目时应注意在以下部位进行：罪犯的落后层和不思悔改的累犯、惯犯及其他危险犯；监狱的重点部位；罪犯活动的公共场所；零散劳动点。

耳目应合理布局，形成网络。监狱专职狱侦民警应根据情况合理指导布建耳目，形成网络，不留死角，月底要用“耳目建设报表”将耳目汇报情况及对耳目考核情况报狱政科耳目专管民警统计，并对重要狱情核实。

五、狱内耳目的管理

（一）布置任务

专案耳目，主要任务是，监视、控制和了解侦查对象的活动情况，犯罪的目的、动机、手段和方式，犯罪的事实，为破获案件提供证据或者搜集犯罪线索。控制耳目，主要任务是了解罪犯思想动态尤其是普遍关注的热点问题，了解罪犯中出现的各种苗头性、倾向性、普遍性的问题，了解危险分子的活动情况，控制公共场所、要害部位，为民警对罪犯中正常汇报的、检举揭发的情况进行核实和验证提供依据。

（二）管理

监狱对狱内耳目的管理，主要采取狱内侦查部门、监区专（兼）职狱侦民警、分监区直管民警三级管理的模式。控制耳目，宏观上由狱内侦查部门统一管理，在使用过程中，由具体领导和使用耳目的直管民警管理；专案耳目，由具体负责专案侦查的狱侦人员使用和管理。

（三）宣布纪律

耳目一经批准建立后，掌握使用的民警即单独向其宣布纪律，要求耳目做到以下几点：忠实可靠，听从指挥，严守秘密，不准向任何人暴露为我工作的身份和意图；及时、如实反映情况，不准伪造、谎报、扩大事实，不准挟嫌诬陷；不准参与作案和引诱、教唆别人犯罪，除特殊需要，经领导批准，方可参与辅助性的活动；遵守监规纪律，不准自恃为我工作而欺凌其他罪犯，在狱内称王称霸，为所欲为。

实践中对耳目的管理应注意以下几个方面：①谁物色、谁培养、谁使用，耳目之间不能横向联系，不准利用耳目领导耳目或利用耳目发展耳目；②给耳目宣布纪律时，应根据每个耳目的自身特点和现实表现的不同而有所侧重，不能千篇一律；③专案耳目一般由专家组织狱侦民警物建，在一定条件下，控制耳目也可培养成专案耳目，案件侦破后，专案耳目自动转化为控制耳目；④专案耳目可能会遇到危险情况，使用民警要告诉耳目面对危险如何处理、如何保护自己等。

六、狱内耳目的教育

（一）教育内容

对狱内耳目的教育包括思想、工作方法、遵纪守法、保守秘密。具体如下：①思想教育。对耳目要适时进行法制教育、前途教育、思想品德教育、形势教育和党的路线方针政策教育，用正确的思想占领他们的阵地。同时要根据每个耳目的具体思想问题，因事、因人有针对性地进行教育，真正做到从思想上关心他们，爱护他们。②工作方法教育。耳目与侦查对象接近时，正确的工作方法往往是战胜对手的重要因素。因此在给耳目布置任务时，要教给耳目一些斗争策略、业务常识和方法，以提高耳目的工作成效。③遵纪守法教育。遵纪守法是每个在押罪犯必须要做到的，耳目更不能例外，不要以为有民警的信任，就滋生“特权”思想，或在罪犯中称王称霸，或假公济私打击报复等。耳目非因工作原因或未得到批准而有意违纪的，要严肃处理。④保守秘密教育。要教育耳目并使其明白，保守秘密不仅是耳目工作的需要，更是自身安全的需要。要做到该说的才说，不该说的坚决不说；该对谁说就对谁说，不该对谁说的，要守口如瓶。

（二）教育方法

教育的形式和方法，应以个别谈话为主，要了解和尽可能解决耳目的实际困难，如生活困难、家庭困难及其他需要解决的困难，最大限度地调动其为我工作的积极性。

实践中，对耳目的教育还应注意以下几方面问题：①应熟悉耳目的情况，量才使用，知人善用；②应分析研究侦查对象的情况，充分估计实施计划的困难、危险及制订相应方案；③有计划地、在掌握狱情动态的基础上布置任务。

使用耳目应注意：①对耳目的活动要精心设计、具体指导。布置任务应根据耳目所住的监舍、所做工种、活动范围和耳目本人的具体情况，先易后难，先轻后重，提出的要求应先低后高，先宽后严，逐步地适应和提高。②掌握、使用耳目的民警，应给耳目传授搜集证据、了解信息以及监控的方式方法。③与耳目联系每月不应少于一次，没有特殊情况最多不能超过三次。耳目每半月要向使用民警汇报一次活动情况。使用耳目的民警每月应向监区主管领导、监区每月应向监狱侦查科汇报一次耳目工作情况。④遇有重大紧急情况随时报告。耳目每次汇报的情况，应及时查证处理，并详细记录在《耳目汇报情况记录表》上，存入耳目档案。⑤耳目汇报的情报，需要进一步查证的，应及时设计方案，指挥耳目向纵深渗透，扩大和摸准线索。⑥遇有险情的活动，还应设计多种应急方案，确保安全。耳目在遇到凶杀、脱逃、破坏等重大案件时，来不及报告的，应先尽力制止后报告，不让罪犯的犯罪活动得逞。

七、狱内耳目的考核

（一）明确考核内容

在保密的情况下，由使用民警对耳目的思想和工作表现进行考核，注重工作实效性。考核内容主要包括：情况是否真实、任务是否落实、是否暴露秘密等。

（二）掌握考核方法

对狱内耳目的考核分为定期和不定期考核。考核的方法主要有以下几种：①接头汇报。通过与耳目的接头汇报，排查耳目是否完成任务，如没有完成任务或完成不理想，应查明原因。②侧面调查。通过其他监狱民警或其他在押罪犯侧面了解耳目的行为表现。注意了解的方式，切不可暴露意图。③突击清监。清监是狱政管理的一项制度，是排查耳目情况的有效方法。由于清监多采用不定期突然的形式进行，所以很容易发现问题。④利用复线耳目考核印证。利用复线耳目来了解和印证原耳目的工作情况，是考核耳目的最有效方法之一。但此种方法在使用时要慎重，特别是在给复线耳目交代任务时，切不可暴露原耳目。⑤情报印证。通过其他渠道获得的情报来印证耳目情报的真实性，以此考核耳目的工作情况和忠诚。⑥审讯对证。通过对又犯罪嫌疑人的审讯，考核耳目在侦破案件中的表现。⑦技术监控。利用监控设施来监视和考核耳目的活动情况；建立监狱长信箱，由狱政科长管理，对反映的内容进行分析，对不同问题作出有针对性的处理。

（三）考核注意事项

无论采取哪种方法，都要做到谨慎巧妙，秘密进行，不能让耳目察觉，但要让耳目知道他的活动是会受到监督和排查的，以警戒其自觉遵纪守法。要将考核情况存入耳目档案，作为奖惩的依据。

八、狱内耳目的奖惩

对狱内耳目的奖惩应坚持严格标准、功过分明、赏罚及时、秘密个别、灵活稳妥、自愿选择的原则。在严格考核的基础上赏优罚过。

(一) 狱内耳目的奖励

耳目奖励包括：减刑、假释、记功、表扬、嘉奖、奖给专项奖励分或者给予适当的物质奖励。耳目的奖励以行政、刑事奖励为主，物质奖励为辅。

1. 奖励的情形。

(1) 耳目有下列情形之一经查证属实的，可以呈报人民法院依法裁定减刑或者假释，并给予适当的物质奖励：①在使用民警的设计指挥下，接近嫌疑对象或者打入团伙内部，积极活动，摸清了犯罪意图和获取罪证，为侦破案件起到主要作用的；②根据使用民警的布置，通过自身努力，提供狱内重大或特大预谋案件线索，使案件得以侦破或避免了重大事故发生，经查证属实的；③制止他犯重新犯罪活动的；④其他预防和打击狱内重新犯罪活动，主动提供线索和证据，对破案有功的；⑤在耳目工作中，多次获得记功奖励的；⑥有其他重大立功情节的。

(2) 耳目有下列情形之一的，可以记功一次，并给予适当的物质奖励：①在使用民警的设计指挥下，接近嫌疑对象或者打入犯罪团伙内部，积极开展活动，一般了解犯罪意图和指明罪证去向，对侦破案件有帮助的；②根据使用民警的布置，通过自身努力，提供狱内一般预谋案件线索和情况，经查证属实的；③有其他立功情节的。

(3) 耳目有下列情形之一的，可以给予表扬奖励一次：①能及时反映罪犯中严重或者重大违纪行为，经查证属实的；②能根据使用民警的布置，有效地监控危险分子或者自杀对象达半年以上的；③有其他积极行为的。

(4) 耳目有下列情形之一的，可以给予嘉奖或专项奖励分：①能多次及时汇报罪犯中一般违纪行为，经查证属实的；②能根据使用民警的布置，有效地控制危险分子或自杀对象半年以下、3个月以上的；③耳目虽无重大立功表现，但平时一贯积极努力，服从指挥，按时汇报，完成任务较好，所负责的范围一个季度内不发生罪犯脱逃、自杀以及狱内案件的。

狱内耳目的奖分不计入罪犯计分考核总分内，由狱内侦查科单独建立台账，单独记分。奖给耳目的专项奖励分与计分考核的奖励分等值。罪犯的奖分可跨监狱延续使用。

2. 奖励的程序。

(1) 呈报减刑假释程序，由监区狱侦专（兼）职民警整理材料，附罪犯的改造表现材料，上报狱内侦查科审核，监狱领导审批后办理；呈报记功、表扬、嘉奖、奖励专项奖励分程序，由使用民警整理材料，监区专（兼）职狱侦民警审查，填写《狱内耳目奖惩审批表》，监区主管耳目工作的领导核实，报侦查科审核，监狱分管领导批准后办理。

（2）呈报物质奖励程序，由使用民警整理材料，监区专（兼）职狱侦民警审查，填写《狱内耳目物质奖励审批表》，监区主管耳目工作的领导核实，报侦查科审核，监狱分管领导批准后办理。现金则以亲属汇款或者其他方式秘密划入其零花账上或者购买实物秘密发给。

特别要注意的是：耳目奖励兑现的减刑或假释裁定下达后，由使用人秘密地向耳目本人宣布；对临近释放的耳目，可提前1个月调换监区或调监，异地释放；狱内耳目调往其他监狱改造时，受奖情况不受影响；不是耳目的罪犯，起到耳目作用的，参照本办法予以奖励。

（二）狱内耳目的惩处

耳目惩处包括：罚分、警告、记过、禁闭、追究刑事责任等。

1. 惩处的情形。

（1）耳目有下列情形之一的，应予以撤销，构成犯罪的依法惩处：①阳奉阴违，捏造事实，陷害他人的；②不听指挥，擅自行动，暴露秘密的；③急功近利，虚报情报，欺骗民警的；④与被侦查对象互通信息，勾结他犯制造犯罪假象，企图遮掩民警视线的；⑤诱人犯罪、策划犯罪、包庇犯罪或者参与又犯罪的；⑥连续3个月以上不汇报情况的；⑦经实际使用不适合做耳目工作的；⑧其他原因需要撤销的。

（2）耳目接受任务后，在所控范围内，由于疏忽大意或者不积极开展活动，未能及时反映和汇报本该搜集到的情报信息，属于下列情况的扣减专项奖励分：①发生预谋时间长、影响大的脱逃或者其他重特大案件，或者造成其他重大损失的；②发生罪犯脱逃或者一般案件，或者造成其他损失的；③发生严重或者重大违纪事件的；④其他情况需要扣减专项奖励分的。

2. 惩处的程序。耳目的撤销由原使用民警填写《狱内耳目撤销审批表》，监区专（兼）职狱侦民警审查，报狱内侦查科审核，由监狱分管领导审批。扣减耳目专项奖励分的审批程序、批准权限与耳目奖励审批程序、批准权限相同。

特别要注意的是：对耳目的惩罚要单独进行，涉及狱侦工作秘密的，不得公开进行，处罚结果由狱内侦查科向耳目单独宣布，并警告他要保守秘密，不得泄露；耳目刑满释放、假释或者调离、死亡的应予以撤销；耳目释放或假释后，若有继续使用价值的可建立为狱外耳目，布置其提供在逃罪犯或者其他社会案件情况；对狱外耳目奖励应适当加大，主要以奖金为主。

九、狱内耳目的保护和档案管理

（一）狱内耳目的保护

狱内耳目保护的方法：对耳目一律使用代号和化名；与耳目的接头地点、情报传递的方式，应预先确定，并严守秘密；与耳目联系应隐蔽、巧妙、自然，要因地、因时、因事、因人灵活地进行。一般可采用多人轮流谈话、会见亲属、就诊看病、关禁闭、提审、外调询问等方式。而耳目则可利用汇报思想、汇报劳动学习情况等方式找民警，文字材料可通过罪犯检举箱、监狱长信箱，写家信、发言稿、墙报稿、新闻报道、思想汇报等方式将信息传递给使用民警，但必须使用事先约定的代号、暗号或者化名，谨防材料失落后身份暴露；在案件审理中，严禁使用耳目与案犯对质。如果耳目身份暴露，应当及时采取有效的保护措施。

在狱内案件的诉讼过程中，应注意掩护耳目的身份。耳目一般不出庭作证，但可向法院提供可以做出公开解释的必要证言。耳目必须出庭作证时，应经监狱分管领导批准，做好耳目本人的思想工作，以检举人或者坦白、自首的同案人身份出庭，并教育耳目严守秘密。

（二）狱内耳目的档案管理

1. 狱内耳目档案的建立：耳目应逐人建立档案，规范管理。耳目档案分为正档和副档。正档材料包括：建立和撤销耳目的审批表、秘密奖励或惩罚材料、季度考核和年终鉴定材料等。副档材料包括：建立和撤销耳目的审批表，使用民警对耳目教育、布置任务记录，耳目文字汇报材料和口头汇报记录，耳目反映汇报情况的查实处理结果，耳目工作成绩、过失记载以及季度考核、年终鉴定材料，等等。耳目档案封面应印上“秘密”字样。

2. 狱内耳目档案的管理：耳目正档由监狱侦查科（狱政科）集中管理，耳目副档由监区分管领导或者狱侦民警管理，专人负责。耳目撤销后，其副档交由监狱侦查科统一封存保管。耳目档案除办案需要或者上级业务部门考核排查外，一律不得查阅、借出或外转。若因工作需要查阅、外借的，必须经侦查科主管耳目工作的领导或者监狱分管领导批准。外借的耳目档案用完后，应及时收回，不得丢失。

讨论案例

讨论案例7

2008年11月中旬，某监狱二监区罪犯刘某（因抢劫被判刑期15年，刑期至2013年6月26日止）一反常态，险些与他犯发生打架，民警立即对该犯进行包夹监控。11月27日晚，耳目向民警汇报：“刘某身上装有削尖的竹片一把。”收到情报，监区立即组织对刘某突击搜身和清监，在刘某的储物柜底部夹层里搜出一把约20厘米长的削尖的竹片，有效地防止了一起行凶报复的流血案件发生。经预审，刘某交代“意图在熄灯后，对他犯实施行凶报复”。经监区研究，报请监狱对该耳目予以单项奖励人民币1000元；对罪犯刘某予以一次性扣5分，处遇降为一级严管。

【分析点评】 该监狱能够认真落实耳目的布建审批、布置任务、线索查证、监督考核、撤销审批制度，建立耳目使用工作档案和个人档案，建立详细的耳目信息数据库，对监区（分监区）耳目的数量、布局等加强系统管理。狱侦科以耳目的信息反馈为考核重点，形成了对耳目发挥作用、防范功能、取得实效等进行实时监督、排查、奖惩的制度化、规范化管理运行机制。对能够及时反映有价值情报信息的耳目，按规定予以表彰奖励。

本案例充分反映了该监区民警对耳目管理及其耳目反映问题的重视，并严格按照耳目管理规定和考核奖惩程序，对能够及时反映有价值情报信息的耳目实施重奖；对严重违规违纪的罪犯实施惩处。既有效激励耳目发挥作用，也震慑了其他罪犯的不法行为，避免了狱内重大事故的发生，确保了监狱的安全稳定。

讨论案例8

罪犯杨某，男，30岁，因盗窃罪被判有期徒刑8年（已服刑2年6个月），初中文化，性格外向，反应较快，与他犯关系融洽，平时劳动较积极，能服从民警安排。被吸收为控制耳目后，一次执行任务过程中，发现该犯有向他犯吹嘘及泄露工作机密之嫌。

【讨论目的】 通过讨论，学生应掌握耳目的物色和建立、培养、考核与管理。

【讨论提示】 分小组讨论从耳目物色和建立、管理和考核奖惩进行分析训练。

讨论案例9

某监狱制衣中队张某（绑架罪，刑期15年，已减刑10个月，余刑10年），平时表现良好，劳动改造积极主动，是监区的生产骨干，深得民警信任。一个大雨天的午后，监区值班民警得到控制耳目李某（盗窃罪，刑期6年）汇报，称张某今天在偷偷制作黑色的长雨衣，看到人神色慌张。监区值班民警得到该信息后并没在意。下午5时，正值监狱民警下班高峰，大雨倾盆直下，张某趁此机会携带刚制作好的雨衣匆忙从车间后门溜出，在一楼楼梯间迅速穿上雨衣，并拿上事先私藏该处的黑色雨伞，径直尾随监狱下班民警到了监狱大门试图蒙混脱逃。幸亏一起下班的民警感觉此人有些异样，示意门卫拦截排查，才将该犯制服擒获。

【讨论目的】 通过讨论，学生应掌握耳目的物色和建立以及使用的技能。

【讨论提示】 从基层民警如何对耳目提供的信息及时查证、正确的分析研判及对预警信息正确的处理等方面进行分析训练，提高物色和建立以及使用耳目的能力。

考核与评价

【考核内容】

1. 罪犯闫某捕前先后在武汉、成都、南京、广州、广西、云南等地实施诈骗犯罪，该犯自己曾说："我连地委书记都骗过。"档案里记载的这些情况，你作为监区民警，搜集到这样的信息，该如何进行分析研判？

2. 罪犯窦某、宋某、严某经常在监舍、工地、篮球场地密谈，行动诡秘。你作为监区民警，准备安插耳目，密切注视他们的行动。你应如何做？

3. 随着监内施工逐步开始，进出人员、车辆较多，防逃工作的压力很大。请你以"预防罪犯脱逃"为主题，写一个狱情分析报告。

【考核评价】

1. 评价学生是否能够准确辨析罪犯真实思想及行为表现，并能根据掌握的信息对该犯进行控制，预防事故发生。

2. 评价学生是否具备选择布控耳目的技能。

3. 依据狱情分析报告格式规范、隐患排查准确、采取措施恰当等重点要求，评价学生撰写狱情分析报告的技能。

拓展学习

1. 邀请监狱经验丰富的高层或中层领导做"监狱狱情研判会"主题报告。邀请监狱耳目工作专家做"狱内耳目物建与管理"主题报告。

2. 在见习、实习中旁听或参与监狱狱情研判会。

学习单元3　安全排查

学习目标

● 理解安全排查的概念、要求与方式，掌握监狱安全排查所参照的政策、标准和技术规范，学会监区安全排查的技能。

学习重点

● 监狱安全排查所参照的政策、标准、技术规范，监区安全排查的技能。

学习任务9　监管安全隐患排查

监管安全隐患即监管改造事故隐患，是指可导致监管改造事故发生的物的危险状态、人的不安全行为及其制度缺陷或管理漏洞。在监狱安全防范中，监管安全隐患排查主要是以消除各种监管改造事故和安全防范漏洞为目的，依据国家的法律、法规、政策、监狱管理的规章制度，通过现场检查、实地巡视、数据分析、收集意见等方式方法，及时发现和消除各种安全风险、事故隐患、管理漏洞，并采取针对性防御对策和整改措施的总称。

一般情况下，监管安全隐患排查，应当包括以下三方面的基本范畴：①物的危险状态的排查。主要是排查监管安全物防设施、技防设备存在的安全漏洞或危险因素。包括监狱的物防设施、技防设施、照明设施、通讯设施、监控系统有缺陷或漏洞等。②人的不安全行为的排查。既排查监狱押犯中存在的各种不安全、不稳定的潜在危险因素和现实危害行为，也排查监狱民警中存在的思想麻痹、失职渎职、违章违纪、冒险蛮干等不安全行为。③制度缺陷或管理漏洞的排查。如制度不健全、不完善，执行制度不严格；管理不规范、不到位，责任不落实；领导失职，检查、督促不力；关键、薄弱环节失控；等等。另外，缺乏应对突发性自然灾害事故的具体措施及其应急预案，也属于监管安全隐患的范围。

监管安全隐患排查的方法，采取民警每天查、分监区每周查、监区每半月查、监狱每月查的分级排查方式。同时，也采取自查与交叉排查、日常排查与突击排查、平时排查与节假日排查、日间排查与夜间排查、现场排查与调查了解相结合等方法。监狱上级机关或监狱安全职能部门，对各单位存在的监管安全隐患，一般采取突查的方式，并对发现的问题，下发《消除隐患通知书》，责令限期整改。

监管安全隐患排查运行机制，是监狱为有效预防、查堵各种安全风险、事故隐患和管理漏洞，及时发现和消除监管安全工作的“盲区”或“死角”，确保监管安全防范工作横向到边、纵向到底、层级链锁、环环相扣的制度体系和全天候、全方位、全员性监管安全隐患排查的运行机制。包括以下几种机制：①领导责任机制。坚持各级“一把手”对监管安全负总责的原则，实行行政首长负责制，严格“一级抓一级，层层抓落实”的安全目标责任制管理，监狱长对监狱安全隐患排查负总责，分管监狱领导为第一责任人，各职能部门科长（主任）、押犯监区教导员（分监区指导员）或监区长（分监区长）对本部门监管安全隐患排查负全责。②分级排查机制。监狱及其监狱安全职能部门以宏观排查为主，重点排查大门、围墙、电网、地下管道等警戒设施、技术装备和民警队伍情况，并对监狱管理制度存在的缺陷进行及时修订；机关各部门紧扣本部门工作职责开展安全排查；监区（分监区）以微观排查为主，重点排查各项监管制度的落实情况、各项安全防范措施的落实情况、押犯中存在的各种潜在的危险因素、各种现实的危害因素和其他不安全、不稳定因素。③排查包干责任制。划分片、区、点，实行监狱领导包片、机关部门和职能科室包区、监区（分监区）民警包点的责任制。依据岗位职责，分工负责，全员参与，认真排查，做到“在我身边无隐患，在我岗位无事故”，确保安全排查不留盲区，不留死角。④排查整改责任制。坚持“问题不查清不放过，问题不整改不放过，整改无成效不放过”的责任制原则，对排查出的隐患和问题，在认真梳理的基础上，制定切实可行的整改方案和整改措施，分工负责，限期整改，确保整改到位。⑤严格责任追究制。监狱坚持对监管安全检查、排查情况进行通报，对监区（分监区）存在的安全隐患，应及时下发《纠正违规通知书》和《消除隐患通知书》。科室、监区（分监区）应及时整改，并限期上报整改结果。未按规定组织排查或对排查出的问题没有及时整改，造成后果的，要追究领导责任和直接责任人的责任。

一、物的危险状态的排查

1. 排查监狱围墙、电网、警戒线、警戒隔离带、窗户栅栏、电线电路、铁门、铁刺网和防攀爬、防冲撞装置等警戒隔离设施是否完好，有无危情或人为破坏的现象；围墙外10米、内5米范围视线是否良好，有无堆放杂物、攀缘物等；电网运行是否正常，电压是否符合标准，是否定期检测和维修维护，并有详细记录。

2. 排查监狱岗楼、瞭望台、监听器、探测仪、安检门、视频监控、应急报警、门禁控制、电子巡更、监听呼叫对讲广播、人员定位系统等监控设施运行是否正常，管理、使用及维修维护是否及时，并有详细记录。

3. 排查探照灯、墙灯、路灯、隐蔽灯和各种应急照明工具等照明系统设施是否完好，运行是否正常；能否及时维修维护，并有定期检测和维修维护记载；各种电源、开关（箱）是否安全可靠，有无罪犯直接掌管现象。

4. 排查电话、电铃、报警器、对讲机等有线、无线通讯系统设施运行是否正常，管理是否规范，维修维护是否及时，记录资料是否完善。

5. 排查监管安全警戒设施管理、维修、维护人员，有无失职渎职行为；监狱是否对疏于管理、维修和维护，造成监管事故的责任人，追究责任。

二、人的不安全行为的排查

（一）各级领导、民警对监管安全工作重视程度的排查

1. 排查监狱各级领导和民警是否坚持“稳定压倒一切”的思想，是否树立监狱的安全意识、大局意识、敌情意识、专政意识、责任意识和忧患意识。

2. 排查是否按照上级、监狱有关精神和要求，严密组织部署安全排查工作，有无具体贯彻落实的方案与措施。

3. 排查是否定期召开会议分析研究监管安全工作存在的问题，对监管安全严峻性形成共识，相互间工作是否协调，是否能保持政令畅通、令行禁止。

4. 排查是否严格落实安全承包责任制，领导是否经常深入基层监区（分监区）检查、指导和督促监管安全工作。

5. 排查是否存在畏难情绪和消极厌战的思想，民警是否存在麻痹思想和侥幸心理。

（二）文明公正执法情况的排查

1. 排查执法是否文明公正，操作是否严格规范，有无突破现行法律框架或其他违反法律规定的行为。

2. 排查有无违反司法部监狱管理局《关于监狱人民警察文明执法的规定》以及“六条禁令”“三个绝对不能”“四个绝对不允许”的行为。

3. 排查有无将民警行使的职权交予罪犯的行为，有无打骂、体罚、虐待罪犯或指使他人打骂、体罚、虐待罪犯的行为，有无以关代管、以管代教、超期禁闭、滥用警戒具的行为。

4. 排查罪犯奖罚能否严格按《罪犯日常考核奖惩办法》的规定执行，能否做到公平、公正、公开；是否严格坚持“宽严相济”的刑事司法政策，在“三亲”管理上是否存在放宽条件、放松管理和不合理的收费现象。

5. 排查在工种调整上，能否依据规定、集体研究，是否存在徇私枉法、徇情枉法的现象。

6. 排查在执行《监狱服刑人员行为规范》中，有无罪犯穿便服、留长发等

情况；在办理罪犯减刑、假释、保外就医、特许离监探亲等活动中，有无徇私枉法、徇情枉法现象。

7. 排查有无违反规定擅自批准或带领罪犯会见、购物、拨打帮教电话现象，有无民警因私照顾的“特殊罪犯”现象，有无罪犯狱内高消费或不吃“囚粮”现象。

8. 排查有无民警、职工违反规定将手机等通信工具带进监管区或交予罪犯使用的行为，有无民警为罪犯“捎、买、带”现象。

9. 排查有无超时、超体力劳动现象，罪犯劳动保护用品是否按照国家有关规定配发使用。

（三）危险罪犯、重大危险罪犯的排查

1. 危险罪犯的排查。危险罪犯是指正在监狱服刑的对国家安全和监狱安全具有潜在或现实危险，可能实施再犯罪、自杀等行为，必须对其从严管理教育和重点防范的罪犯。

（1）排查罪犯是否不认罪、不服管，是否有顶撞、辱骂和殴打人民警察的行为。

（2）排查罪犯是否私出监门、擅离工地、串岗、串队。

（3）排查罪犯是否私自饮酒或接见家属。

（4）排查罪犯是否有私藏危险品、违禁品的行为。

（5）排查罪犯是否有偷盗、赌博、打架斗殴、寻衅滋事的行为。

（6）排查罪犯是否有聚众骚乱、暴乱或聚众哄闹监狱、扰乱正常秩序的行为。

（7）排查罪犯是否打击、诬陷、欺压其他罪犯。

（8）排查罪犯是否有劳动能力而拒不参加劳动或者消极怠工。

（9）排查罪犯是否以自伤自残手段逃避劳动。

（10）排查罪犯是否在生产劳动中故意违反操作规程或者有意破坏生产工具。

（11）排查罪犯是否有脱逃或者拒捕、持凶器或其他危险物行凶或者破坏的行为。

（12）排查罪犯是否有秘密制造凶器、抢夺武器的行为。

（13）排查罪犯是否有秘密制造脱逃工具，密谋脱逃等行为。

（14）排查罪犯是否有散布反动、淫秽言论，侮辱、调戏妇女，进行鸡奸等流氓活动的行为。

（15）排查罪犯是否有违反监规纪律的其他行为以及实施了其他严重违反管理、教育、生产的行为。

2. 重大危险罪犯的排查。重大危险罪犯是指有进行组织越狱、预谋脱逃、哄监闹事、袭警、绑架、行凶报复或进行其他重大再犯罪活动的动机、企图和迹象的罪犯。

（1）排查罪犯是否有以下历史：曾有犯罪史或前科；社会经历、社会关系复杂；成长环境中缺少亲情关爱；无家人或家人、亲属长期无联系；长期流窜、居无定所；案情复杂、作案手段凶残；暴力犯罪刑期15年以上；涉藏、涉疆、涉黑、涉恐、涉暴、涉枪、涉毒、危害国家安全等犯罪；有吸毒史；有同性恋史。

（2）排查罪犯是否具有以下现实表现：不服判决、长期申诉、改判无望的；改造消极、长期完不成劳动任务的；好逸恶劳、多次抗拒不愿参加劳动的；不安心改造、经常要求调队的；考核分数低、2年以上未获得行政奖励的；长期不洗澡、不换衣、个人卫生极差的；长期不参加集体活动的；与犯群关系紧张的；经常串监、串队、脱离管控的；半年内2次以上较严重违纪或违纪受到处理后思想有抵触的；家庭突然发生变故的，如突然发生直系亲属死亡、妻子离异、小孩生活无着落等；与家人、亲属关系紧张的；服刑期间又犯罪受到加刑处理的；夜间经常睡不着觉，表现异常的；系“三假”罪犯或可能有余罪未交待的。

（3）排查罪犯是否有心理、精神异常迹象：反社会意识严重、心理变态、精神异常、行为难以自控的；性格有严重障碍、有明显心理变态倾向或有精神病、精神压力大的。

（4）排查罪犯是否有以下脱逃迹象：有意打听周边地形、交通的；私藏现金、证件，着装异常，有意摆脱监管，有窥测、探索地形地物行为的；出收工队列中经常东张西望，或掉在队列后面、行为异常的；留恋狱外生活，表示对监狱生活不满或有脱逃言语流露的；私藏铁钩、绳索、钢条刀片、便服等违禁品，或故意擦洗囚服标志的；捕前系流窜犯罪、惯犯或在审查、拘押、服刑期间曾有脱逃经历，现仍被列为危险犯的；曾发生躲藏或预谋脱逃的；脱逃活动被揭露后，思想抵触，仍有继续脱逃可能的；有其他脱逃迹象的。

（5）排查罪犯是否具有以下自杀迹象：行动上准备自杀工具、药品、遗书等物品的；感情脆弱、流露悲观言论，或有较强悲观厌世心理的；病残严重、久治不愈或长期受到病痛折磨，失去生活信心的；家庭发生变故或因婚姻、感情等问题思想压力大，失去生活勇气的；有重大余罪，或服刑期间重新犯罪，自知罪责难逃，畏罪心理强烈的；羞耻心强、悔罪心重，自觉出狱后无脸见人的；害怕劳动或劳动任务重，难以忍受的；经常受到他犯打骂欺凌或受冤枉的；有其他自杀迹象的。

（6）排查罪犯是否具有以下行凶迹象：制造或者藏匿凶器的；仇视、对抗民警的；有图谋报复行凶的；与他犯发生矛盾后，蓄意或扬言行凶报复的；有其他行凶报复迹象的。

（7）排查罪犯是否有不服从管理教育、对抗监管改造、严重破坏监管改造设施或监管改造秩序的。

（8）排查具有其他危险、危害因素，对监管安全构成现实危害或潜在威胁的。

三、制度缺陷或管理漏洞的排查

（一）监管制度的落实情况

1. 排查民警岗位责任制是否落实到位，是否按时到岗到位、严格履行职责，有无脱岗、串岗、睡岗现象。

2. 排查监狱大门、监区（分监区）门卫管理制度是否落实到位，是否严格对罪犯的出入门管理，严格查验身制度，有效防止各种违禁品流入监内。

3. 排查监舍收封、启封是否由监区（分监区）民警或值班民警亲自点名，并有登记，夜间巡逻、查岗是否严格细致，监控值班民警是否认真履行职责，按时按次按规定汇报当班情况。

4. 排查罪犯出收工是否由值班民警亲自接送，责任民警能否按时出收工，是否做到带出带入，有无迟到早退现象，罪犯出收工是否严格执行手拉手、六点名制度，罪犯互监组、小哨、老带新等小区域防范制度能否得到有效落实。

5. 排查对单工种罪犯是否建立和落实有效的监控和巡查制度，有无长时间脱管、失控现象。

6. 排查罪犯“三大现场”（生活、学习、劳动现场）是否由民警直接管理，有无脱管、失控现象。

7. 排查罪犯外出就医是否严格审批手续，是否按规定着罪犯标志服、戴手铐（脚镣），警力配备是否符合要求，是否有交通事故、堵车等应急预案。

8. 排查小哨、门卫、监督员、班组长等勤务犯，是否按要求严格选用，并严格履行各种审批、备案手续，对勤务犯是否做到严格管理，是否能按期实行轮换。

9. 排查罪犯会见、拨打帮教电话时，监听、监控、监视制度是否落实，记录是否详实。

10. 排查有无使用罪犯整理、抄写、保管执法文书、工作计划、工作总结等材料的现象。

11. 排查有无在监内晾晒警服或由罪犯帮忙理发、保管警服或其他衣物现象，有无民警夜间单独找罪犯谈话现象。

12. 排查谈话室、各类库房钥匙是否由民警亲自掌管。

（二）狱内侦查制度的落实情况

1. 排查监区（分监区）是否定期召开狱情分析会、安全检查和隐患排查工作，能否发现苗头性、倾向性问题，并制定针对性防范措施。

2. 排查是否切实重视和加强两级侦查员建设，两级侦查员能否深入所承包的监区（分监区）了解犯情、狱情。

3. 排查预防罪犯脱逃、非正常死亡、重特大案件、重大疫情等突发事件是否有具体的应对措施和预案。

4. 排查耳目建设、耳目布建率是否达标，耳目的信息反馈渠道是否通畅，能否发挥有效作用。

5. 排查是否制定危险犯、重大危险犯标准及甄别分类措施，是否制定危险犯、重大危险犯管理制度及落实情况。如对重大危险罪犯是否实行“十不准”的防范措施：不准单独行动；不准脱离互监小组；不准从事零散劳动；不准接触重点要害部位或从事要害工种；不准接触监控设施；不准加夜班劳动；不准接触同案同伙；不准接触外来社会人员；不准随意调动；不准离监探亲。

（三）重点罪犯的管控情况

1. 排查对涉藏、涉疆、涉黑、涉恐、涉暴、涉枪、涉毒类罪犯、少数民族类、邪教组织类、省（厅）级类罪犯的掌控情况。

2. 排查对二次以上判刑、团伙首犯、惯窃、异地流窜作案、恶性杀人、报复伤害、爆炸、绑架、放火等暴力型罪犯及作案手段恶劣等罪犯的掌控情况。

3. 排查对预谋组织越狱脱逃、哄监闹事、袭警、绑架、行凶报复或进行其他重大又犯罪活动罪犯的掌控情况。

4. 排查对坚持犯罪立场，拒不服从管理教育，经常打架斗殴、寻衅滋事、欺压他犯、扰乱正常改造秩序，或不思悔改、屡犯监规，或采取伪病、装疯卖傻、自伤自残等手段逃避惩罚和改造等公然对抗改造罪犯的掌控情况。

5. 排查对危险犯、顽固犯是否实行严格的包夹控制措施，“包管、包教、包转化”三包责任制是否落实到位。

6. 排查重点罪犯（涉藏、涉疆、涉黑、涉恐、涉暴、涉枪、涉毒类罪犯，有脱逃史和脱逃倾向的罪犯，等等）的工作岗位安排是否符合司法部的有关规定。

（四）重点部位的管控情况

1. 排查民警谈话室、值班室、各类库房、储藏室、礼堂、餐厅、教室、活动室、展览室等监管区的钥匙，有无罪犯掌管或由罪犯和民警双重掌管现象，储藏室罪犯物品是否定点、定位存放，有无存放罪犯非生活用品现象。

2. 排查餐厅、洗漱间、厕所、澡堂、茶炉房、医院候诊室有无堆放杂物，管理是否有序，进入这些场所是否进行严格的查验身。

3. 排查菜窖、地下管道、井盖、顶楼平台门、防护栏、门窗等设施是否完好，是否每日进行安全检查，记载是否详实。

4. 排查监狱大门、监区（分监区）大门或其他通道门及其门禁系统运行是否正常，是否严格执行闭锁操作，发生故障能否及时维修维护，记载是否详实。

5. 排查武器库的安全防范措施是否完善，枪弹保管、储运及出入库手续是否齐全，警囚车、摩托车、警戒具、防暴器材是否依法使用，是否经常维修维护，保持完好状态。

6. 排查生产车间是否有小角落、小空间等监管死角和盲区。

（五）重要物品的管控情况

1. 排查罪犯有无私藏现金、毒品、手机、酒类、便衣、刃具、淫秽书刊、影像等违禁物品现象。

2. 排查易燃易爆品、油脂类物品、强酸碱类物品、工业有毒品等化学物品是否由民警直接管理，以上物品出入库手续是否齐全，使用记载情况是否详实。

3. 排查菜刀、剪刀以及木工用刨刃、斧头、木锯是否编号登记造册，是否由民警直接管理，使用时是否与操作台固定链接并在民警的监督下使用。

4. 排查锹、镐、锤等劳动工具，手钳、改锥、钣手等维修类工具，氧焊（割）枪、锯条等切割类工具是否由民警直接管理，出入库、报废手续是否齐全，使用记载情况是否详实。

5. 排查电工使用绝缘类物品和维修工具是否由专职人员管理，有无流失到罪犯手中现象。

6. 排查梯、架等攀高类工具和物品是否集中管理，使用是否严格履行审批手续，使用后是否及时归还，有无不入库过夜现象。

7. 排查电脑、影碟机等播放类影像设备是否由民警直接管理，罪犯使用时民警是否进行有效监督。

8. 排查药品、医疗器械是否由民警直接管理，罪犯有无保管大量药品现象，罪犯生活用具、用品是否做到规范化定置管理。

（六）重点时段的管控情况

1. 排查罪犯出收工期间是否严格按规定加强管理，清点人数，严格查验身。

2. 排查就餐时间、加班期间、中午和午夜两个12点前后、民警补空值班期间是否加强防范，严格管理。

3. 排查外出就诊、调遣、押解期间是否按规定穿着罪犯标志服，是否严格进行查验身，是否有效加强警力、严密防范。

4. 排查节假日（特别是重大节假日）、政治敏感期、重要活动期间、外来人员参观、警示教育、上级领导检查、指导工作期间是否采取切实有效措施，加强管理。

5. 排查风、雨、雷、电、雪、沙尘暴等恶劣天气期间，自然灾害以及大面积、长时间停水停电期间，是否采取相应的应对措施和预案。

（七）外协人员的管理情况

1. 排查对外协人员进监是否进行严格的审查，是否办理相关出入证件、手续。

2. 排查对外协人员是否进行相关制度、规定的教育培训。

3. 排查对外协人员是否严格专人接送制度。

4. 排查外协人员是否按规定更换标志服。

5. 排查民警对生产现场外协人员监控制度执行情况。

6. 排查外协人员有无为罪犯捎、买、带现象，有无串监串舍认老乡、朋友现象。

7. 排查进监车辆是否由民警专人跟车接送，车辆在监区停留期间，驾驶员是否遵守不离开车辆、发动机熄火、门窗上锁等要求和规定。

四、特定监管场所安全排查

特定监管场所主要包括：入监监区、精神病监区和女子监狱（区）。

（一）入监监区安全排查

1. 排查入监体检制度，排查新犯是否有危重病情。入监体检是新犯入监的一项常规工作，主要排查新犯是否患有以下疾病：危险性较大的疾病如心脏病、高血压等心脑血管疾病；矽肺尘肺等较为严重的职业病；精神病；艾滋病、肺结核、肝炎、性病等传染病；肢体残疾。

2. 排查新犯入监谈话制度及执行情况。新犯入监谈话制度是新犯入监的一项重要工作，通过谈话可以发现罪犯卷宗未记载的信息如罪犯病情、思想顾虑、“三假犯”（假身份、假姓名、假地址）等安全隐患。

3. 排查对表现异常的新犯防范制度及执行情况。新犯入监后监区要确定重点犯和表现异常的新犯，防范脱逃和自杀行为。

4. 排查监区是否根据罪犯卷宗确定重点犯及防范措施；排查监区对有漏罪余罪嫌疑的新犯是否制定调查和防范措施；排查监区对情绪暴躁、攻击性强、特别自闭、抗拒改造、有自杀倾向、有精神病征兆的罪犯有无防范和教育措施；排查监区的“重点罪犯登记表”填写情况。

（二）精神病监区安全排查

排查对病犯自杀、自残、伤人、毁坏物品行为的防范制度和一般防范措施；排查是否制定事务犯（罪犯监督员）协助管理重点发病罪犯制度及执行情况；排查对于严重精神病发病期罪犯能否做到24小时有专人监督和看管；排查病犯生活环境能否实现“去金属化”，一般生活用品用塑料、橡胶制品代替金属制品，排查病犯使用“锐器”用具（如圆珠笔等）时有无防范措施；排查病犯生活场所生活用具（如凳子等）固定处理情况；排查病犯就诊的医院（病区）警力配备是否符合监管安全要求；排查负责对精神病罪犯进行治疗的医生是否具备精神科医生的资质。

（三）女子监狱（区）安全排查

重点排查有自杀、脱逃、行凶、自伤、自残迹象和嫌疑的罪犯；排查监狱（区）各级各类安全隐患排查台账，对重点部位和重点人员的管理情况；有精神病女犯关押的监狱（区），排查内容及方法参照“精神病监区安全排查”执行；排查清监制度执行情况，排查监狱（区）的危险品、违禁品防控情况；排查监狱（区）对特别自闭或孤僻的罪犯，监狱是否有特殊教育措施，包干民警是否有转化方案和措施；排查监狱（区）对无存款、无亲属探视的罪犯有无个别教育措施和帮教措施；排查监狱（区）对多次申诉无结果的罪犯是否采取个别教育和重点监控措施；排查监狱（区）对危重病犯和疑难疾病罪犯是否采取有必要的治疗措施和心理疏导措施。

（四）限制减刑犯监区的安全排查

《刑法修正案（八）》《刑法修正案（九）》已相继公布施行，特别是最高人民法院自2011年5月1日起施行的《关于死刑缓期执行限制减刑案件审理程序若干问题的规定》中明确规定：对被判处死刑缓期执行的累犯以及因故意杀人、强奸、抢劫、绑架、放火、爆炸、投放危险物质或者有组织的暴力性犯罪被判处死刑缓期执行的犯罪分子，人民法院根据犯罪情节、人身危险性等情况，可以在作出裁判的同时决定对其限制减刑。刑法对限制减刑的规定是强化对严重犯罪的惩戒，是我国司法实践的重大改革。对限制减刑罪犯的关押和教育改造是一个新的领域，各地监狱正在进行探索。浙江省监狱管理局在限制减刑罪犯管理方面进行了积极的探索，并有一定创新，基本经验是集中关押和高戒备管理，利用“帮教犯”进行包夹和监控，外松内紧进行柔化管理。现阶段对限制减刑罪犯的管理以确保安全为主要目标。

限制减刑犯监区的安全排查的重点是：劳动项目的设置是否安全，主要检查劳动强度的适宜性和对劳动工具的管理是否合乎要求，杜绝大型机械设备作业，严控金属工具使用；检查有无控制限制减刑犯与外来车辆接触的制度措施；检查有无对劳动场所和监舍进行突击检查的制度措施；检查有无排查押犯中的重大矛盾并及时进行化解的措施，对实施效果进行评价；检查有无对重大危险犯的包夹监控措施；检查押犯中有无帮派团伙存在；检查是否有严密的防范罪犯自杀措施；检查是否有对严重疾病、自杀、自残、严重伤害的急救措施。

（五）“严管队”的安全排查

现在有的监狱把“严管队”叫作“高戒备分监区”或“高危犯监区”，但其防范和惩戒危险分子、抗改分子的基本功能依然没变。在对高危罪犯的管理中要防止过度执法，杜绝押犯发生非正常死亡，严格防范执法风险。

“严管队”的安全排查重点是：排查监区的物防设施是否有安全漏洞；排查高危犯监区违禁品、危险品检查制度及其执行情况是否存在漏洞；检查对重点危险罪犯的包夹制度实施情况是否严密规范；检查对高危犯监区的劳动项目是否进行严格审定并严格控制金属工具的使用；检查对严重心脑血管疾病等重病罪犯的管理措施是否符合规范和安全；检查对体罚和变相体罚罪犯的防范措施；检查对重点罪犯加戴戒具的规章制度和使用规范；检查监区有无罪犯发病、受伤的急救措施。

讨论案例

讨论案例10

2009年2月7日上午，某监狱三监区民警赵某、副监区长刘某、管教干事王某及民警徐某带领105名罪犯在三监区服装加工车间进行劳动，其中赵某负责生产劳动现场及外协人员（外来产品加工技术人员）和产品质量的管理。9时40分，民警徐某在车间西头清点罪犯，赵某在车间中间正常执勤，这时罪犯曹某将机位前操作板上的剪刀从拴系铁链上用力掰脱，突然窜到赵某身后，欲向赵某行凶。同组罪犯周某发现后大声呵斥：“曹某，你想干啥?”说话间，罪犯曹某持剪刀向赵某后颈部猛刺下去，听到喊声的赵某在扭头的同时被刺中后颈部左侧，赵某迅即站起与曹某搏斗，他用左手挡抓曹某所持凶器，被曹某划伤左手掌，外协人员看到这种情景十分恐惧，慌忙起身向车间西头跑去，被堆放的衣物绊倒。而这时，赵某用手死死地抓着曹某，怕伤及外协人员，穷凶极恶的曹某又举起剪刀向赵某的左面颊部、右下巴部、头顶部猛刺。突如其来的变故，相邻罪犯闪某奋不顾身，迅速冲上去从后边抱住曹某后腰，搏斗中，在车间西头值勤的民警徐某迅速赶到，迎向罪犯起脚将曹某踹倒在地，并在罪犯杨某、梁某等人的协助下合力将其制服，夺下了行凶的剪刀。

监区内值班民警边某听到车间内嘈杂声后迅速按下了报警器，监区立即启动应急预案，防暴队员及时到达事发现场，控制局面，稳定秩序，并及时将受伤民警赵某送往医疗室救治。

在成功控制了曹某后，三监区管教民警对他进行了突审。据曹某交代，他入监前已经得了难以治愈的疾病，又判了6年刑，感到自己活着走不出监狱，对人生失去信心，感到绝望，又心胸狭窄、多疑，怀疑民警和罪犯要联手坑害他，要置他于死地，感觉自己减刑无望，这才持刀袭警泄愤。

【分析点评】

1. 在这个案件中，罪犯曹某由于认为自己得了难以治愈的疾病，又减刑无望，对生活绝望，于是迁怒于民警，计划袭警泄愤。罪犯不可能在几天时间内作出这种决定，一定会有一个较长时间的痛苦抉择的过程，在此期间必然会有感情流露。用矛盾排查的常规方法就有可能发现该犯的异常表现，并有针对性地采取教育和防范措施。

2. 由于曹某已经进行了心理准备并有行凶计划，所以事件发生得非常突然，当事民警措手不及，虽勇敢与行凶罪犯进行搏斗，仍造成重伤。幸有临近罪犯奋不顾身地制止行凶罪犯，并有民警及时赶到，才将曹某制服。从这个细节看，值班民警在劳动现场的防范意识仍需进一步提高。

3. 曹某能够不借助于其他金属工具而迅速将操作板上的剪刀从拴系铁链上用力掰脱，说明剪刀的固定不够规范。如果剪刀束缚规范，罪犯徒手取下剪刀的时间应在2分钟以上，借助螺丝刀等小型金属工具取下剪刀的时间应在1~2分钟之间，这样会使值班民警或互监小组罪犯发现曹某举动异常并为予以控制留出时间。

讨论案例11

司法部根据《刑法修正案（八）》《刑法修正案（九）》的变化，要求各省（直辖市、自治区）要建设高度戒备监狱，并对高度戒备监狱的硬件设施进行了规定。

中华人民共和国住房和城乡建设部、国家发展和改革委员会发布的由司法部编制的《监狱建设标准》（建标139—2010），规定了高度戒备监狱（监区）建设标准。2017年9月21日至22日，中国监狱工作协会高度戒备监狱建设与管理研讨会在江苏南京召开。中国监狱工作协会副会长邵雷指出，推进高度戒备监狱建设与管理，是确保我国总体安全战略和监狱持续安全稳定、监狱履行法律职责、提升监狱管理效能、顺应国际行刑发展趋势的需要。高度戒备监狱的监管设施防范等级最高，警戒设施最完善，信息管理设施最严密，警务运行最具效力。四川省大英监狱是全国首批、四川首所示范性高度戒备监狱。

高度戒备监狱是针对高度危险、难以控制的罪犯，比如：对社会有较大危险、暴力倾向比较突出的罪犯，危害国家安全、恐怖活动犯罪、有黑社会性质组织犯罪的罪犯，等等。对于被判处15年以上徒刑，经评估有现实危险性的罪犯，也将被纳入高度戒备监狱中关押改造。新建的高度戒备监狱，将建“回”字形高度戒备监区，高度危险、难以控制的罪犯不仅将被关押在“回”字形内框里，而且这些罪犯的劳动、学习、生活等，都将在“回”字形内框中进行。

由于戒备等级最高，高度戒备监狱从规划布局、建筑结构、安全警戒设施和技术防范设施角度，都体现出防越狱、防暴狱、防劫狱、防冲击功能。比如围墙的高度、厚度、监狱大门都比普通监狱要求更严格，“普通的监狱只在监管区域设有AB门，高度戒备监狱的高度戒备监区内部，也将设有AB门”。

高度戒备监区将建成“回”字形，中间是监舍、学习和劳动的地方，在它们四周都有走廊，其中的三条走廊只能由监狱民警通过，另一面的走廊罪犯和民警都能通过，走廊外才是建筑外墙，在允许罪犯通过的这条走廊两端都设有门，“这样不仅可以方便民警平时巡逻，遇到突发情况时也能及时到场处理。”可以减少高度戒备监区里罪犯的流动，增加监区的功能性、隔离性、封闭性，增加安全系数。

高度戒备监狱除了在建筑结构上增强安全性，还有比较完备的现代化安全警戒、防范设施，并设有先进的中央控制系统，对监区进行严格的监控、管理，还有一套完备的信息传输、管理控制体系和预警处置机制，同时监狱民警队伍和外围武装警察也会对安全方面的问题紧急应变、快速反应。

【讨论目的】通过讨论，掌握高度戒备监狱监管安全警戒设施的要求标准。

【讨论提示】认真学习《监狱建设标准》（建标139—2010），深刻理解在新形势下高度戒备监狱建设和管理在监狱安全防范中的重要作用。

讨论案例12

为了加强国庆期间监狱安全稳定工作，某监狱做了如下工作：

1. 在国庆节前，对罪犯生活场所、生产场所进行了违禁品大排查，对排查出的违禁品及时收缴，对私藏违禁品罪犯给予了扣分处罚，对全体罪犯进行教育。

2. 在国庆节期间，组织职能科室对重点区域、部位和重点人员进行了监管安全突查和抽查。

3. 以监区为单位，组织罪犯开展了“亲情电话送温暖”和“写一封家书”活动。

4. 监狱组织开展了一场歌咏比赛，各监区组织开展了下棋、打扑克、篮球比赛等娱乐活动，丰富了节日期间罪犯文化生活。

5. 组织罪犯开展了不同类型人员的茶话会、谈话会，稳定了罪犯的情绪。

6. 组织罪犯举行隆重的升旗仪式，勉励罪犯努力改造，争取早日新生，早日投身到祖国建设大业当中，报效祖国。

7. 邀请美术家、书法家进监狱开展书画帮教活动，书画家们现场进行书画创作，罪犯心灵得到熏陶和净化。

8. 开展传统文化、亲情感悟、敬老爱老、爱国主义等专项教育，不断增强罪犯的思想境界和感恩情怀。

【讨论目的】 通过讨论，学生应掌握重点时段安全排查与防控的重要性和必要性。

【讨论提示】 结合此事例，分析讨论节日期间应如何做好监狱安全稳定工作。

学习任务10　生产安全隐患排查

监狱生产安全隐患排查的主要内容包括：安全生产责任制是否健全，分工和责任是否明确；安全生产管理制度是否健全，安全教育与培训制度、安全操作规程、安全检查制度、事故调查和责任追查制度等是否落实；监狱生产现场安全管理的规章制度，诸如急救、事故应急处理、消防管理等制度是否健全；监狱安全生产监督管理是否到位。

一、生产安全管理制度的排查

生产安全管理制度是监狱安全生产的制度保障，生产安全管理制度的缺失或落实不到位，都可能导致安全生产管理失灵，造成事故。因此对监狱生产安全管理制度的建立及落实情况的排查，应当把握以下几方面的主要内容：

（一）排查监狱安全生产责任制度的建立和执行情况

在监狱生产中，监狱主要负责人应对本单位的安全生产工作全面负责，其他各级管理人员、职能部门、技术人员和各岗位操作人员，应当根据各自的工作任务、岗位特点，确定其在安全生产方面应做的工作和应负的责任，并与奖惩制度挂钩。排查的要点如下：

1. 领导负责制。各监狱单位必须制定安全产生责任制，明确领导责任。按照法律、法规和国家有关规定，结合本监狱具体情况，做好安全生产的计划、组织、指挥、控制、协调等各项管理工作；根据分管部门确定领导的安全责任和权力；应依法设置安全生产的管理机构、配备管理人员，建立健全本单位安全生产的各项规章制度并组织实施，做好对从业人员的安全生产教育和培训，搞好生产作业场所、设备、设施的安全管理；等等。

2. 安全生产责任制体系。通过建立安全生产责任制体系，使各级领导在管理、改造罪犯的同时，承担安全生产管理责任，把单位的人、财、物都纳入安全生产管理体系，实现责权利统一，把监狱各岗位人员纳入安全生产管理体系，实现安全生产目标管理。

3. 检查安全管理（安全科）、劳动改造、生产企业、设备管理、治安保卫等部门的安全生产责任制的制定与执行情况。

（二）排查安全技术培训教育制度的建立和执行情况

搞好安全技术培训教育工作，是增强民警安全生产意识和责任感、提高罪犯安全生产技能的重要手段。监狱应当把安全技术培训作为罪犯“三课”教育的重要内容，坚持“强制培训、分级管理、统一标准、考核发证”的原则，有计划、有步骤、有重点地抓好对罪犯的三级安全教育和技术培训工作。对特殊工种及在矿山和有毒、有害危险场所作业的罪犯，未经安全培训或培训不合格，不得上岗作业。因此，主要排查“三级安全教育与技术培训制度”、持证上岗制度、特殊工种培训制度的制定与执行情况。具体排查新犯上岗是否严格执行三级安全教育培训制度；排查变更工种的罪犯是否落实安全技术培训制度；排查特殊工种罪犯是否落实持证上岗制度。

（三）排查安全操作规程的制定和落实情况

加强安全操作规程的管理，严格落实责任，不断提高罪犯在监狱安全生产中的操作技能和水平，是实现监狱安全生产的根本保障。排查安全操作规程的落实情况，应当把握如下内容：

1. 排查操作规程制定情况。机械设备、重要工艺流程、用电、电气焊等必须制定操作规程，上墙公布。

2. 排查各工种岗位罪犯学习掌握安全操作规程的情况；排查各监区、各工种是否严格按照安全技术操作规程的有关规定实施操作的情况。

3. 排查重要设备操作人员能否熟练掌握本岗位安全技术操作规程，不能熟练掌握本岗位安全技术操作规程的人员，必须撤离岗位，进行培训。

（四）排查设备使用和维护保养制度执行情况

监狱生产中的设备维护与保养，既是一项生产管理制度，也是一项安全管理制度，通过排查设备使用和维护保养情况，确保设备安全，使监区了解设备运行情况，防止破坏设备事件发生。排查要点包括以下内容：

1. 排查所有设备是否均严格按照设备操作（使用）维护规程和完好标准进行使用和维护。

2. 排查新犯在独立使用设备前，是否经过培训考试合格后持证上岗操作。

3. 排查是否贯彻设备使用与维护相结合的原则，设备“谁使用、谁维护”并实行专人负责制。

4. 排查高值精密设备操作罪犯是否执行设备交接班制度，认真填写交接班记录。

5. 排查设备运行中发现的异常问题，是否能及时报告值班民警，当面排查。

6. 排查设备操作者能否做到三好（管好、用好、修好），四会（会使用、会保养、会排查、会排除故障）。

7. 排查能否严格执行日常维护保养和定期维修保养制度，确保设备经常保持整齐、清洁、润滑、安全运行。

8. 排查关键设备和主要设备是否由民警担任第一责任人，并进行现场管理和监控。

9. 排查锅炉、压力容器地面起重设备是否严格按照地方质量技术监督部门的有关规定进行使用和管理，定期进行检测和预防性试验。

10. 排查仪器、仪表是否有严格的管理制度。

11. 排查是否能严格执行润滑“五定”（定人、定质、定量、定点、定期）制度，做好换油记录。

以上排查，以现场检查方式为主，辅之以抽查、突查或查看工作记录等方式进行。

二、生产现场安全管理的排查

推行“7S”管理，即整理（Sort）、整顿（Streighen）、清扫（Sweep）、清洁（Sanitary）、素养（Sentiment）、节约（Save）、安全（Safety），这是确保生产安全、提高生产效率和产品质量的关键环节。生产现场安全管理排查内容主要有以下几方面：

1. 排查值班民警现场安全管理情况。现场检查值班民警是否存在违章指挥的行为；罪犯在劳动生产中是否存在违章生产、违规操作的行为。

2. 排查生产设施设备定置管理情况。现场检查生产车间或工序的设备是否分类安装摆放，并成条成线、整齐划一；各车间、工序是否制作定置管理图，情况变化时是否及时修正；各种设备是否有明显标识；生产成品或半成品摆放是否有序，并附相应标志；对维修工具摆放是否整齐有序，或放在规定的工具箱内。

3. 排查生产现场物料管理情况。现场检查物料管理是否规范，是否摆放与本工序生产无关的原材料或其他物品；原材料和产品是否按规定堆放，数目是否清楚；车间道路是否通畅；在生产车间用餐的单位其生活用具是否集中存放在规定的物品柜内。

4. 排查劳动工具管理的情况。排查民警是否严格落实工具管理制度，坚持亲自从工具库房领出工具，发放给罪犯，并做好记录，有效防止罪犯利用生产工具作为又犯罪工具；锐器性工具（剪刀、锉刀等）、危险化学品等是否进行定位管理、专人管理，保证生产现场的危险品、违禁品不流入监舍；服装加工车间的剪刀、纱剪是否采取链锁管理，并在收工时进行清点；机械加工车间的锉刀、凿刀等锐器，是否实行“出工发放，收工收回”制度，决不让罪犯带出车间。

5. 排查危险品管理情况。排查生产车间是否存在非法制作行为，是否藏有易燃、易爆等物品；排查监区在车间门口是否摆放火源集中管理箱，集中管理罪犯的火源；排查生产车间是否有完善的火源管理制度，并在明显的位置张贴；排查灭火器能否正常使用；排查每个监区每年是否组织不少于2次的消防演练，推动消防演练由“有准备、疏散及时”阶段向“无准备、有秩序”阶段发展，做到生产现场人人会使用灭火器，人人会逃生自救，人人会扑灭初期火。

6. 排查罪犯落实安全生产制度的情况。排查罪犯是否遵守劳动纪律和操作规程，坚守操作岗位，不擅自串岗或串区域；生产中需要流动时是否报告现场值班民警审批。

7. 排查对外协人员的安全管理与教育的情况。排查监狱是否落实向外协人员传授安全防范知识与安全保护措施，值班民警应告知外协人员在传授工艺、产品质量检验过程中要时刻保持警惕，注意察看罪犯行为动向，确保自身安全。

三、重大危险源管理的排查

从监狱保障安全的实际需要出发，结合监狱生产特点，重点排查机械伤害、用电安全、防尘、防毒、噪声控制等方面的危险源管理制度制定与执行情况。

排查监狱是否有对重大危险源管理的制度、排查、督查措施；排查监区对重大危险源实施管理的制度，直接责任人是否明确；排查《工艺（操作）规程》《安全技术规程》《设备安全操作规程》《消防安全制度》《化学危险物品管理制度》《防火防爆管理》《动火管理》等制度中是否有对重大危险源的管理制度和具体措施；排查是否根据监狱《事故应急预案》对重大危险源紧急事故进行抢险救灾实施及日常演练，开展每年不得少于1次的安全、消防应急演习活动。

工业监狱主要排查有毒有害危险品存储使用是否存在管理漏洞：硫酸、硝酸、盐酸等强酸和其他有毒工业原料的存储规模、管理措施是否符合规定；对罪犯接触和操作这些物质是否有监控措施；是否有防范罪犯利用这些物品进行又犯罪的制度和防范措施。

农场监狱主要排查农药保管和使用制度是否健全和落实，有无严防罪犯私自接触和使用农药的制度及防范措施。

四、生产安全事故报告制度与执行情况的排查

排查生产安全事故报告制度是否健全，发生生产安全事故后，是否及时向上级部门报告、分析事故原因、追究责任人责任；排查发生事故的单位负责人接到报告后是否迅速组织抢救并在规定时限内向上级领导报告（死亡事故须在2小时之内报告监狱局领导，重伤事故须在2小时之内报告监狱领导，轻伤事故须在当天报告监区领导）；排查是否存在瞒报、迟报现象；排查事后是否填写《事故报告表》交上级部门，并记录事故现场情况，制作事故档案，以备查用。

该项排查主要排查工作记录，或排查人员根据掌握的案例材料排查对应的工作记录。

五、火灾隐患的排查

重点排查人员密集的劳动作业场所的火灾隐患。监狱各部门应从全国各地重特大火灾事故案例中吸取教训，总结分析本部门的薄弱环节，切实提高思想认识，增强忧患意识，充分认识到开展火灾隐患专项整治行动的重要性和必要性。查看重点排查工作措施是否得到落实，重点劳动项目、重点场所、重点区域存在的问题是否得到改正，重点隐患是否消除。

排查有无“三合一”（生产车间、库房、宿舍在同一栋楼内）厂房；排查有无锁闭、封堵或占用疏散通道、疏散楼梯或安全出口，影响安全疏散的情况；排查疏散通道、疏散楼梯、安全出口处设置的铁栅栏，在公共区域的外窗及住宿房间的外窗安装金属护栏，这些防范措施是否与消防管理相适应，是否存在严重的消防安全隐患；疏散指示标志是否清晰，火灾应急照明灯是否被遮挡、覆盖；排查是否在人员密集场所违反消防安全规定，使用、储存易燃易爆化学物品；监区是否存在擅自改变防火分区，容易导致火势蔓延、扩大的现象；排查高火险生产现场和库房火灾自动报警系统和自动灭火系统是否完好有效；排查建筑物内进行电、气焊等明火作业时，是否将施工区和使用区进行防火分隔、是否清除动火区域的易燃可燃物、是否配置消防器材、是否安排专人监护；排查有无防范罪犯在生产区和库房故意放火的措施；排查有无对罪犯消防安全教育制度和记录、火灾演练制度和记录；排查有无火灾预案管理制度，特别是发生火灾时维持现场秩序保障监管安全的措施；排查是否存在违反规定在生产区、监舍内储存甲、乙类火灾危险性物品的情况。

讨论案例

讨论案例 13

2004年6月2日下午3时55分，某监狱罪犯张某（故意伤害罪，判死刑缓期二年执行）在开冲床时违章操作，没有使用工件夹具，用手拆卸工件，造成压断3个手指（中指、无名指、尾指）上两节的工伤事故。

工伤事故发生后，现场民警立即向值班监区领导、监狱主管领导报告，并按监狱领导的要求，迅速将罪犯张某送至某市专科接指医院进行接指手术，随后向省局用电话作了事故报告。

经某市专科接指医院治疗，左中指、小指致残，左无名指近再植平面成活，吻合程度较好，远再植平面部分成活，并继续进行康复治疗。

对该犯进行思想教育工作，使之认识到忽视监狱安全生产、违章操作所造成的恶果及对自己、家庭、单位所产生的严重危害，使其增强安全意识。

及时分析事故产生原因。及时请司法鉴定所对罪犯张某的工伤事故进行司法鉴定。强化监区生产现场的安全管理。

事故发生后，监狱立即对事故进行了调查取证：组织技术人员对发生事故的冲床进行鉴定，经鉴定，该设备性能良好、运作正常；强化对生产现场的直接管理，6月2日上午，分管生产工作的监狱领导带领安全办的相关人员重点排查了该监区的劳动现场；监区民警在劳动现场实施直接管理，事故发生时，该监区发生事故管区的3名值班民警全部在岗；该监区管区冲床使用制度和技术操作规程完善，并悬挂在冲床部位；监狱严格对罪犯实行三级安全生产教育培训制度，罪犯张某经过培训且持有冲床操作上岗证。

【分析点评】 对以上事故分析，该事故是罪犯张某严重违反安全技术操作规程所致。

因此，应当对罪犯加强安全教育，从政治的高度、法律的高度认识安全生产的极端重要性；必须严格生产现场的安全管理，深入开展生产现场“7S”活动；狠抓安全教育培训不放松，提高全员安全意识和生产业务知识水平；完善安全硬件设施，尤其是完善安全防护措施；必须严格执行安全规程和操作规程，强化对罪犯“三大现场”的直接管理。

实训项目

实训项目1　生产车间安全隐患排查

【实训目的】 通过到监狱实训基地生产车间排查民警现场值班制度执行情况、生产车间设施配置、工具管理、空间布局、消防管理等情况，发现安全隐患，提出改进措施，使学生学会生产车间安全排查的实施方法和工作流程，练习生产车间安全隐患排查技能。

【实训场地】 监狱实训基地生产车间。

【实训要求】 在监狱安排下进行，不影响监狱正常监管和生产秩序；安全排查时间控制在40分钟内；指导老师和实训指导民警现场指导；分成6人一组进行，1人负责记录排查发现的问题；排查结束后书写排查报告；教育学生遵守现场安全管理制度。

【实训内容】

1. 民警现场值班情况。生产车间管理区域划分情况，监控点布置情况，民警现场巡视情况，民警对违纪事件、罪犯冲突的控制处理情况，民警在现场的值班规范遵守情况等。

2. 生产车间设施配置。生产车间办公室布局、设施的配置是否合乎规定等。

3. 现场管理情况。劳动工具分类摆放定置管理情况，设备标志情况，生产成品或半成品摆放与标志情况，操作规程上墙情况，锐器工具管理情况等。

4. 小角落、小空间的排查。排查生产车间有无影响目视管理的小角落、小空间，分析在小角落、小空间可能发生的非法或违规活动。

5. 监管安全隐患的排除和消防排查。排查生产车间的物料分区和分类情况，原辅料和成品堆放情况，车间日安全排查记录，车辆进出安全排查记录，消防器材配备与放置情况，消防通道、安全门设置情况，等等。

6. 根据教学内容可增加设备安全排查、违反操作规程情况排查等。

【实训点评】 由指导老师和实训指导民警对排查人员的工作态度、认真仔细程度、速度、发现隐患的价值、整改意见的可行性等进行评价，肯定排查成绩，指出不足，提出改进排查方法的要求。

实训项目2　火灾隐患排查

【实训目的】 通过到监狱生产现场（车间）排查消防设施配置、民警和罪犯的消防安全教育情况、消防演练情况、劳动场地防火设置和消防通道设置情况、易燃品消防管理、逃生通道设置等情况，排查火灾隐患，对监狱（区）消防管理进行评估，提出改进意见和建议，练习生产车间火灾隐患排查技能。

【实训场地】 监狱实训基地服装加工生产车间或其他易燃品存储场地。

【实训要求】 在监狱安排下进行，不影响监狱正常监管和生产秩序；安全排查时间控制在50分钟内；指导老师和实训指导民警现场指导；分成6人一组进行，1人负责记录排查发现的问题；排查结束后书写排查报告；教育学生遵守现场安全管理制度。

【实训内容】

1. 消防通道设置情况。消防通道设置须符合公安消防部门的规定。

2. 消防器材的配备情况。消防器材的布局密度符合防火级别的要求，灭火介质的灌注符合易燃品理化性质要求。

3. 灭火器灭火介质灌注记录、灭火器使用演练等记录。

4. 灭火器等消防器材是否完好，是否有人为破坏迹象。

5. 生产消防门和逃生通道设置是否符合要求。

6. 电路布线、火源、高温源管理是否符合消防管理要求。

7. 生产现场防范人为破坏（放火）的措施。

8. 询问民警和罪犯对防火知识的了解程度和参加放火演习的情况等。

【实训点评】由指导老师和实训指导民警对排查人员的工作态度、对消防管理有关管理规定的熟悉程度、排查的认真仔细程度、速度、发现隐患的价值、整改意见的可行性等进行评价，肯定排查成绩，指出不足，提出改进排查方法的要求。

学习任务11　公共卫生事件隐患排查

监狱公共卫生事件隐患排查包括以下几方面的内容：狱内公共卫生安全制度的执行情况；狱内传染病预防与疫情控制情况。

一、狱内公共卫生安全制度执行情况的排查

建立狱内公共卫生安全制度，是确保监管场所安全稳定的需要。对狱内公共卫生安全制度的排查要点如下：

1. 排查是否落实狱内公共卫生、防疫职责。贯彻落实《传染病防治法》《食品卫生法》，积极配合监狱医院（卫生所）开展卫生防疫工作和食品卫生工作，实现无传染病暴发流行、无食物中毒事故，保证监狱的持续安全稳定。

2. 排查监狱是否保证食品安全。监狱食堂是否认真贯彻落实《食品卫生法》，遵守食品卫生工作规范，严格执行食品卫生工作“五四”制度：

（1）“四不”：采购员不进腐烂变质原料；保管员不收腐烂变质原料；炊事员不加工腐烂变质原料；服务员不卖腐烂变质原料。

（2）“四隔离”：生、熟隔离；成品、半成品隔离；食品、杂物隔离；食品、天然冰隔离。

（3）“四勤”：勤洗手、剪指甲；勤洗澡、理发；勤洗衣；勤换工作服。

（4）“四过关”：一洗；二刷；三冲；四消毒。

（5）“四定”：定人；定物；定时间；定质量。防止罪犯出现“食源性疾患”；是否按照食品卫生要求，规范操作工艺流程；是否严格把好罪犯食堂操作人员关，严格甄选无传染病、慢性病的罪犯担任炊事工作，定期健康排查，健全健康档案及各种台账。

3. 排查监狱生活卫生条件是否符合监狱执法规范的要求。排查罪犯的生活标准按实物量计算，是否符合国家和本省监狱管理局的规定；排查监狱给罪犯配发的被服和罪犯对被服的使用情况能否满足罪犯生活和劳动需要，保证罪犯冬夏季节有适宜的服装，冬季劳动时要保暖防冻；排查罪犯居住的监舍是否坚固、通风、透光、清洁、保暖，符合司法部《关于加强监狱安全管理工作的若干规定》和《监狱建设标准》的要求。

4. 排查监狱医疗机构和生活、卫生设施，罪犯生活、卫生制度建设及执行情况。罪犯的医疗保健有无列入监狱所在地区的卫生、防疫计划；出现严重工伤及重大疫情能否及时与监狱管理局或地方的定点医院取得联系，使罪犯得到救治，疫情得到控制；排查有无罪犯有病、有伤得不到治疗的情况，有无传染病罪犯未及时进行隔离治疗情况。

5. 排查监狱是否对公共卫生污染源进行清理和控制。监狱在生产和生活过程中会排放污染物，规模化养殖场也会排放污染物，监狱对这些污染物进行检测，包括污染来源、主要污染物排放量、排放规律、污染治理设施及其运行情况等检测指标。治理生活污染源排放的以污水、垃圾和医疗废物为主的污染物，保障监内公共卫生安全。

6. 排查监狱在生活和卫生上能否保证罪犯的正常需要，在吃够实物量标准的同时尽可能改善罪犯生活，合理进行营养搭配；排查罪犯有病能否得到及时医治；排查罪犯能否正常的休息和得到必要的劳动保护；等等。这既是建设现代化文明监狱的基础，又是中国特色的监管改造政策的体现。

7. 排查监狱食堂有无餐饮食品留样制度及执行情况。

8. 排查监狱生产区和监舍的水房、卫生间、下水道、化粪池是否定期排查、消毒；排查生产区和生活区的垃圾场、污水池是否定期排查、消毒；排查养殖场排放污染物的处理设施和措施是否符合公共卫生要求；排查监狱周边有无影响监狱的有害气体污染源。

二、狱内传染病预防的排查

监狱作为关押罪犯的人员密集场所，随时面临着突发公共卫生事件的威胁，而这种威胁给监狱造成的损害，往往可能大于人为的破坏。因此，建立和完善监狱防控突发公共卫生事件长效机制，多管齐下，预防狱内传染病传播，是确保监狱长治久安的基础性工作。

1. 狱内疫情防范应急保障机制的排查。

（1）排查狱内疫情防范应急保障机制。排查的主要内容：①排查罪犯衣、食、住、医等方面的工作能否做到有机结合，符合生活卫生要求；②出现疫情能否及时发现，并有效应对，使罪犯安心积极改造，维护正常的监管改造秩序。

（2）排查狱内疫情防控组织机构的建立健全工作。排查监狱是否制定《公共卫生突发事件应急预案》，在监狱发生重大突发公共卫生事件时，能否快速反应，协调各方面力量，迅速采取果断措施，及时有效处置突发事件。

（3）排查监狱疫情防控的制度建设情况。监狱除了按照国家规定落实卫生防疫措施之外，是否制定《监狱系统传染病防治工作管理办法》《监狱系统在押病犯诊治管理工作规定》《监狱医院感染控制制度》等规章制度，并定期排查实施情况。

（4）排查狱内疫情防控应急预案制定工作。排查监狱是否制定处置突发性公共卫生事件应急预案，并定期开展应急演练。通过演练，切实增强对公共卫生突发事件的预见性和防范意识，真正做到处变不惊、有备无患，不断提高监狱应对突发性公共卫生事件的处置能力。

（5）排查传染病报告制度建立和落实情况。排查监狱、监狱医院或医务监区贯彻落实《传染病防治法》情况，是否建立传染病报告制度；各单位能否做到传染病报卡、专人负责，建立专门台账，严格执行传染病报告有关规定；加强结核病督导管理；在新犯入监体检中开展HIV检测，对已感染患者做到规范、科学管理。

2. 狱内疫情防控机制的排查。

（1）排查监狱的疫情防控业务指导和业务培训工作。排查医务人员的疫情处置培训工作，监狱医疗部门能否经常组织医务人员，参加属地卫生行政主管部门举办的突发公共卫生事件应急处理相关知识、业务技能的培训，不断提高专业人员处理传染病等重大疫情和公共卫生突发事件的监测及应急能力；排查监狱与属地卫生主管部门和定点医院是否建立协作关系情况，是否与属地疾病防控中心建立起处置突发性公共卫生事件联动机制，在紧急情况发生时，协同作战，迅速采取措施控制局面。

（2）排查监内疫情监控网建立与运行情况。排查监狱是否重视对疫情的日常监控。在监区建立医务点，划分责任区，由包干医生定期到监区进行巡诊普查，监测疫情动态。同时，在每个监区的罪犯中设立疫情“监控员”，并对其进行必要的基本卫生知识培训，使他们能够对罪犯中出现的异常生理反应作出正确的判断，及时向监区有关领导报告反馈，从而形成点面结合的疫情监控网。

（3）广泛开展宣传教育。排查监区是否能够充分利用狱内报纸、图书、闭路电视和板报等载体，广泛开展传染病预防和卫生防疫知识的宣传教育活动，不断提高罪犯的自我保护意识和健康水平。

（4）预防和控制相结合。排查监区是否制定切实可行的预防与控制措施。在预防措施上，建立食品安全准入制、定期消毒制、饮食分餐制、传染病普查制等预防措施，从源头上切断疫情传染、蔓延的传播渠道，实现早预防、早发现、早报告、早隔离、早治疗。在控制措施上，要建立传染源隔离区、设立传染病专门病房，建立强制隔离制度；对患有艾滋病等高危传染病的罪犯，更要采取专人专控措施，防止在犯群中造成心理恐慌，从而引发监管安全事件。

（5）排查重点病犯治疗是否符合规范要求。对一般病犯由民警带到监内医院诊治，重点病犯要认真排查，查明是否是传染病，对诊断不明的病犯要配足警力到定点医院诊治。排查有无患危重传染病的罪犯的隔离措施、治疗情况，严重传染病犯要转移到监外医院进行隔离治疗。

讨论案例

讨论案例 14

2006 年上海某监狱发生的一起罪犯利用就医机会脱逃的案件。姜某因抢夺罪于2004 年 11 月被法院判处有期徒刑 13 年。可身陷囹圄的姜某，并没有想着认真改造，而是盘算着怎样从狱中脱逃。2006 年 2 月，姜某向监区民警提出书面申请，称自己患有严重的关节疾病，不能动弹，希望能够外出看病。经监狱批准后，同年 3 月 14 日 8 时许，监狱 3 名民警乘警车押送姜某到本市长海医院就诊。9 时许，就诊结束后，正当大家在医院大厅等候警车从停车场开来时，姜某突然撒腿就跑，试图穿过医院底楼大厅急诊过道向医院门诊楼方向逃离。看押民警眼疾手快，飞奔上前将其当场擒获，避免了一起罪犯脱逃事件。上海杨浦区法院一审以脱逃罪判处姜某有期徒刑 1 年，与前罪并罚共 11 年 10 个月。

【分析点评】 从这个案件发生的过程分析，可以看出在决定允许罪犯外出就医这个环节上，制度不严密，存在严重的监管安全漏洞。罪犯姜某“称自己患有严重的关节疾病，不能动弹”，但在医院就诊结束能够“突然撒腿就跑”，说明该犯有伪病嫌疑，监狱对该犯的诊断不符合实际情况，导致就医过程中没有对该犯采取严密的监控措施。好在看押民警反应迅速，挫败了一起罪犯脱逃事件。监狱医务部门的工作与监管安全息息相关，罪犯在就医环节实施脱逃的案件在国内多有发生，对监狱医务部门的安全措施和安全责任必须有严格的制度规定和排查措施。

讨论案例 15

2003 年 5 月 6 日下午 14 时 30 分，罪犯伙房接收定点蔬菜供应商送来的蒲瓜 4000 公斤，验收后即去粗加工间去皮、取囊、切片、泡洗，随后在烹调间烫池烫熟。加工后的蒲瓜被分到 5 个监区。当晚 19 时，其中一个监区的 43 名罪犯最先出现呕吐、腹痛等症状；接着，其他 4 个监区吃了蒲瓜的罪犯也先后出现不同程度的症状；最后，共有 301 人发病，送到罪犯医院排查治疗，其中 5 名病情较重者出现轻度瞳孔缩小，脸部、四肢麻木，23 人恶心、呕吐、腹泻、乏力，273 人感到恶心、轻度头晕。

经罪犯医院诊断，发现病症可能和食用蒲瓜有关，值班医生当即向监区领导和监狱领导汇报。监狱立即采取了以下措施：立即向上级领导报告；立即加强监狱周边警力，密切注意犯情动态，对身体不适者立即送诊；全力稳定罪犯情绪，组织医院全体医务人员参加抢救；对28例症状较重者采取输液、催吐、解毒、抗感染等对症治疗措施；派医生到各监区进行调查，观察病情；对发病监区、医院进行消毒；对食物、呕吐物采样送检。

到22时30分，绝大部分罪犯中毒症状开始消除，只有5名罪犯留院观察治疗。5月7日上午，监狱将病犯血样、呕吐物、蒲瓜送卫生部门检测，确定为有机磷中毒。5月7日中午，所有病犯中毒症状消除，监狱继续对中毒病犯进行跟踪治疗。

监狱迅速追查并追究了有关责任人的责任，加强了生活卫生管理工作，防止类似事件再次发生。严把食品采购关，对食品采购商进行重新审核，追踪生产基地，排查食用农药等不安全因素，与所有的供应商重新签订了无毒菜和放心肉的责任状。严格食品检验关，建立安全验收制度，建立蔬菜、货物验收登记表，负责每天的食品货物验收工作。严把食品加工关，严格遵守“一洗、二泡、三烫、四煮”的操作规程，瓜类食品必须削皮、蔬菜必须泡烫去毒等。

在人员高度密集、医疗食品相对滞后的监狱里做好饮食卫生工作至关重要。一旦发生群体性食物中毒事件，一定要及时、果断地采取措施有效应对，唯有如此，才能尽力救治患者，降低损失。

【讨论目的】通过讨论，学生应明确监区（分监区）民警在保障罪犯饮食卫生安全方面的职责。

【讨论提示】结合上述材料，分组讨论分析，监狱在预防和处置监内群体性食物中毒事件中的经验与教训。

讨论案例16

2009年5月，我国部分地区开始出现甲型H1N1流感。某监狱按照省局的部署，迅速制定了监内防控流感工作实施方案。监区民警采取了如下防控措施：

1. 加强传染病防控知识的宣传教育工作。充分利用监内板报、墙报、闭路电视、宣传资料等工具，在民警及罪犯中进行传染病预防知识宣传，消除恐惧心理，稳定罪犯情绪，增强防控意识，了解防控知识，做到人人掌握一般性预防常识，加强预防控制。

2. 加强体温测试工作。监内所有罪犯和值班民警每天早晚各测试体温一次。罪犯体温超过37.2度，及时送监内医务室诊治；值班民警体温超过37.2度，及时向监内防控办报告。体温计由监区集中统一保管、消毒。

对外来人员体温测试。进入监区的外协人员逐一进行体温测试，凡超过37.5度者，不得进入监区，并做好相关记录；对进入监内的车辆进行消毒，由值班民警负责。

罪犯家属会见严格进行体温测试，凡超过37.5度者，不得会见，做好相关记录，由狱政科负责严格控制会见人数。

3. 加强隔离防护。监内民警和罪犯坚持佩戴防护口罩，防止交叉感染。

4. 严格落实疫情报告制度。监区每天8：00、13：00、21：00向监内防控办公室报告民警和罪犯体温测试情况，并如实填写体温登记表，不得迟报，漏报，瞒报。

5. 专设发热病犯观察区，进行集中隔离、观察、治疗，安排专人负责管理，配合监内医务所做好工作。

6. 监区配合监内医务所对监舍进行消毒；监督罪犯服用抗病毒冲剂（每人每天2袋，1次1袋）和VC银翘解毒片（每人每天3次，1次2片）、中药泡饮(1天1次)；保证值班民警和罪犯每天2次服用防病毒冲剂（姜、葱须），每次100mg，提高免疫力。

7. 严格落实封闭管理期间罪犯作息时间。确保罪犯的休息时间，周六严禁罪犯加班，严禁任何形式的超时超体力劳动。定时组织罪犯进行户外活动，确保早操和工间操的活动时间。

8. 进一步做好监内卫生工作。监区坚持每天清理2次环境卫生、监舍卫生及民警值班室卫生，保持环境整洁；监舍每天专人负责开窗通风，保证空气流通；罪犯被褥每周晾晒1次；引导罪犯讲究个人卫生，养成勤洗手、勤剪指甲、不随地吐痰的良好卫生习惯。

9. 提高罪犯伙食标准。每天保证1颗鸡蛋、每周增加1次肉食，加强营养，增强体质；控制食品供应环节，尽量不外出购买猪肉，监内供应站暂停供应熟肉制品。

10. 保证罪犯餐具消毒，各监区民警负责直接管理、监督、检查。

11. 巡逻民警加强对监管安全以及防控各项工作的检查。

12. 监区做好生产场所的通风工作，更新安装排风扇及吊扇，确保空气流通。

13. 加强对监舍、劳动场所等重点部位的监控，值班民警一旦发现疫情，立即向监区报告，监区立即向防控办公室报告，以便立即采取措施，坚决果断处置。

由于领导重视、监狱医院及各监区防控措施具体，落实有效，该监狱未出现一例流感病犯，甲型H1N1防控工作取得显著成绩，保障了罪犯的生命和健康安全。

【讨论目的】 通过讨论，学生应明确基层民警在监内传染病防控工作中应尽的职责。

【讨论提示】 分小组讨论，对上述材料进行分析，了解基层民警在监内传染病防控工作中的成功经验。上述防控措施如有不足，你认为如何进一步完善？

学习任务12　安全责任排查

监狱安全责任排查制度，包括以下几方面的内容：排查基层民警责任机制建立情况；排查各项规章制度落实情况；排查监区（分监区）能否认真落实各项规章制度；排查安全目标责任管理体系有无盲区；排查监狱监管安全责任追究制度落实情况，从目标、责任、排查、考核、奖惩等方面都要建立相关的激励约束机制。

一、民警直接管理制度排查

1. 排查各项登记记录工作是否有使用“拐棍”现象。

2. 排查监狱大门、禁闭室、库房等重点管理部位及其重要管理活动中是否有使用罪犯代行民警管理职权的现象。

3. 排查监管制度能否落到实处。坚持“犯不离警”，对罪犯实施全领域、全方位、全天候管控，不留死角或盲区。

4. 排查炊事犯操作、罪犯在监区流动等活动有无民警监控。

5. 排查教育改造现场民警直接管理是否落实，是否做到以下几点：①大会教育，民警亲自带队、整队、维护会场秩序；②课堂教育，民警亲自将罪犯带入教室、亲自点名、亲自维护课堂纪律；③思想课，民警亲自授课、亲自批改作业；④个别谈话教育、心理测试、心理咨询，民警亲自做好相关准备工作，做好记录；⑤社会帮教活动，民警在现场亲自组织。

6. 排查生产现场民警直接管理是否落实，是否做到“五个到位”：①跟班到位。罪犯前往劳动工地、车间，民警亲自带出带入，人数清楚，队列整齐、肃静。②组织到位。对罪犯的劳动精心组织、合理安排，禁止小组长、监督岗代行民警职责安排布置生产，劳动工地认真落实目视管理，有良好的劳动纪律。③点名到位。根据不同的条件，带班民警进行定时不定时的点名，做到“心中有数”。④排查到位。在劳动工地、车间，民警在具有安全保证的前提下深入罪犯劳动现场，排查罪犯的劳动纪律、劳动态度、掌握罪犯完成生产任务的数量和质量，排查安全生产规章制度落实情况，排查是否存在安全生产隐患和事故苗头，随时应对生产现场发生的突发事件。⑤讲评到位。每次劳动结束，带班民警都进行劳动纪律、劳动态度、生产进度、效率、安全生产状况的讲评。排查的方法是对上述“五个到位”落实情况进行抽查，并查看排查、讲评等组织活动的文档记录。

7. 排查劳务加工车间民警直接管理制度是否落实。排查执勤民警是否加强对罪犯出收工的直接管理，包括直接组织罪犯列队、清点人数、例行排查，带领罪犯前往生产区或返回监舍区；排查民警是否自觉遵守警察规范，维护警察形象在车间内按规定着制式服装，认真坚守岗位，认真履行职责；排查每个监区（分监区）的生产现场是否配备有1名监区（分监区）领导带班，并最少有2名以上民警执勤；排查执勤民警是否存在擅自离岗、在岗看书报、与他人闲聊等现象；排查执勤民警是否直接组织罪犯发放、回收劳动工具和原辅材料（包括生产所需的易燃易爆物品），并做好登记，对丢失的劳动工具和原辅材料是否追查清楚；排查执勤民警是否按规定及时清点罪犯人数；排查执勤民警是否严格按照规定程序办理外来人员及外来物流车辆进出监狱生产区的有关手续及在监内停放要求；排查执勤民警在装卸货物时是否实施全程监管，装卸货物完毕后是否清点罪犯人数；排查民警是否坚持“夜间不进行装卸货物”的原则；排查生产现场执勤民警是否树立“安全第一、人人有责”的观念，对生产现场突发事件坚持“谁先发现、谁靠前、谁先处置”的原则，把事故损失减少到最低限度；排查监区是否根据突发事件的不同性质、紧急程度等，制定有分别组织处置的预案，并按监狱的规定要求和预案进行妥善处理。

8. 排查罪犯区域管理制度能否落实。排查能否对罪犯实行区域管理，严格落实互监包夹制度。

二、互监组制度排查

排查互监小组内包夹责任是否明确；排查互监小组有无“单独活动、单人独处”现象；排查互监小组有无暴力犯、团伙犯、同案犯、连案犯、同域犯（老乡）、非正式组织成员联号同组现象；排查有无对严重又犯罪倾向的罪犯包夹薄弱的现象。

三、小哨或小区域防范制度排查

当前，监狱押犯数量增加，罪犯构成日趋复杂，安全管理压力加大，落实小哨或小区域防范制度，实行板块式移动管理，使罪犯全天候处在民警管控、安全员监督和互监包夹之中，使任何企图破坏监管安全稳定的人无机可乘，能够有效地降低乃至杜绝狱内监管事故的发生。排查的要点如下：

1. 排查小哨或小区域防范措施执行情况。包括民警直接管理情况、罪犯监督岗设立情况、罪犯互监组制度实行和落实情况、老带新制度实行和落实情况、手拉手制度实行和落实情况、点名制度实行和落实情况及其他有利于加强监管的区域防范措施落实情况。

2. 排查在狱内建立以监区（分监区）罪犯小组、罪犯互监组和罪犯互监组成员为单元的层层区域防范体系执行情况。

3. 排查监狱、监区（分监区）在罪犯劳动、学习、生活及其他活动场所应当设置区域警戒线、划定区域警戒区是否科学规范合理、便于监管，落实是否到位。

4. 排查监狱、监区（分监区）是否在区域警戒区内的重点、重要位置设置以民警为主的罪犯监督岗和罪犯监督员，协助民警做好罪犯间的相互控制。

5. 排查列队行进制度是否规范。罪犯进入劳动、学习或其他活动场所必须列队行进，执行两人（或多人）手拉手制度，并按规定的路线进入指定区域。

6. 排查罪犯劳动、学习、生活及其他活动场所直接管理民警执行点名制度情况。有下列情形的，直接管理民警必须清点罪犯人数：监区（分监区）收封、启封；罪犯出收工；罪犯出入监区（分监区）、监狱及其他重要场所大门；罪犯参加劳动、学习、购物、就餐、就医、演出等活动；其他应当对罪犯清点人数的情形。

7. 排查点名间隔时间是否符合规定。民警对罪犯劳动现场和狱内、学习、生活等现场实行30分钟点名的制度；罪犯在狱外就医、参加活动实行15分钟点名制。

8. 排查出收工点名是否规范。罪犯在出收工过程中由带班民警亲自点名。

9. 排查点名记录资料。民警对点名情况应当做详细的记录，记录内容应当包括点名的场所、时间、地点、在编人数、实有人数等。执行民警对点名情况应当签字。

10. 排查罪犯出入登记制度执行情况。罪犯监督岗应建立《罪犯出入登记簿》，对经因工作需要或民警同意出入小区域范围的罪犯应当详细登记，注明出入原因、时间、批准人等内容。

11. 排查罪犯监督员的选用和监管制度执行情况。要加强对罪犯监督员的选用和监管，对重点要害部位的罪犯监督员应当设置双人双岗，对罪犯监督员选用应当慎重考察，精心挑选，集体研究。

12. 排查小区域防范制度体系中对民警责任制度规定是否明确规范。小区域防范制度不力，或因失职渎职，造成罪犯脱逃或发生其他监管事故的，视情节严肃处理；构成违法犯罪的，依法追究刑事责任。

四、定时点名或清查人数制度排查

定时点名或清查人数制度排查主要是排查在一定的空间范围和时间节点上罪犯人数状况的制度。定时点名或清查人数制度排查主要包括以下内容：

（一）定时点名制度排查

1. 排查有关场所和时间节点的点名制度是否符合以下规范：罪犯在监舍内民警分时段点名；罪犯离开监舍到学习、劳动场所或进行文化体育活动、看病等，民警带出点名、带入点名；有集合和位移必点名；在生产和学习活动中根据不同条件、不同情况进行期间点名，监内作业一般 30 分钟点一次名，在矿山、野外作业一般 15 分钟点一次名。

不定时点名。根据不同条件，带班民警可进行不定时的点名，发现异常情况，随时点名，做到"心中有数"。

2. 排查有无依赖罪犯点名的现象。罪犯作业期间，定时点名必须由值班民警亲自负责，不允许罪犯代替值班民警点名。

3. 排查有无对基层管理民警点名技能进行考核的规章制度和活动记录。考核中监区（分监区）领导通过考核或比赛的方法，排查民警对包干小组罪犯能否采用听声音点名，做到准确无误。骨干民警做到对包干罪犯正面、背面熟练点名。

（二）清查人数制度排查

1. 排查清查人数制度的制定情况。出、收工清查，熄灯前清查，夜间查铺，遇突发事件立即清查，遇大雨、大雾随时清查。

2. 排查清查人数的方式。人数较少时报数清查，人数多时通过互监小组清查，保证最短时间内了解人数是否短缺。如需通过车、船等交通工具转移罪犯时，划小单位（不超过 50 人为宜）包干管理，随时清查人数。

五、值班执勤制度的排查

（一）民警值班执勤制度的排查

1. 排查是否按照司法部关于加强民警值班执勤工作的要求，制定值班执勤制度。

2. 排查民警值班是否按时到岗，值班期间是否尽职尽责，关注犯情，及时发现安全隐患，并能快速妥善处置。

3. 排查夜间值班期间是否落实"瞪眼"值班制度，做到不脱岗、不睡岗。

4. 排查民警值班期间是否按时巡查，并执行 1 小时报告制度。

5. 排查民警是否能落实备勤制度，实现"一分钟"警务圈快速反应，高效处置值班期间发现的问题。

6. 排查民警调班、换班是否经过部门领导的批准，擅自调班、换班。

（二）罪犯值班执勤制度的排查

1. 排查监督岗罪犯是否按照标准筛选和使用。

2. 排查夜间监舍罪犯是否做到"瞪眼"值班。

3. 排查监舍是否落实夜间罪犯一小时轮流"瞪眼"值班制度，确保及时发现罪犯异常行为。

六、其他监管制度落实情况的排查

（一）排查预警制度和重大事件预案管理制度的建立情况

排查预警机制的信息搜集、分析系统是否建立，是否有相应制度、文字资料；排查狱情研判制度是否完善，实现网络覆盖；排查监狱预警制度的可行性、适用性；排查主要预案管理制度是否经过演练，排查预案管理制度演练的制度资料、图文资料，演练结果分析报告等。尤其要重点排查重大突发事件如罪犯脱逃、罪犯劫持人质、重大自然灾害等事件的快速反应机制是否有效，是否切合实际，有无严重纰漏。如在发生罪犯脱逃时，卡点的设置、包围圈的布置、明岗暗哨的到位是否快速及时，与公安、武警的联系是否高效神速，是否能利用现有的技术手段进行监控和追踪，等等。

（二）排查监狱医务室或医务监区安全职责的落实情况

罪犯采取伪病（包括假装食物中毒）或自残方式要求到监外医院进行治疗，然后在赴外就医途中伺机脱逃案件在监狱系统已多次发生。凡是送罪犯到监外医院进行治疗的，必须有3名以上医生进行会诊，确定病情和病犯实施危险行为的能力。

排查保外就医罪犯的医疗鉴定和伪病鉴别工作规范的落实情况；排查病犯赴监外医院就医工作安全排查制度落实情况。有罪犯采取伪病（包括假装食物中毒）或自残方式要求到外地医院治疗，然后在押送或治疗过程中伺机脱逃。因此监狱要建立制度，严格对到外地医院治疗的罪犯进行病情（伤情）鉴定。在押送或治疗过程中，配足警力，严密监控，防止意外事件发生。在每个环节固定和保留证据，以应对事后的纠纷。

排查医疗应急机制建立和健全情况，做好罪犯非正常死亡的抢救工作。自杀、凶杀、工伤事故是造成罪犯非正常死亡的主要形式，医务监区应制定医疗应急制度，构筑避免发生罪犯非正常死亡的最后一道防线。因此，要求医务监区要针对这类事件制定应急抢救预案，每季度进行一次演练。

讨论案例

讨论案例 17

2000年7月2日（星期天）14时，某监狱3名民警带领91名罪犯在车间从事劳动。16时15分，罪犯江某（27岁，四川人，因盗窃罪判处有期徒刑6年，1997年3月入监，1999年1月减刑1年2个月，余刑1年1个月）因对其未获减刑不满，乘车间罪犯劳动现场无民警看管之机，从其工作的压缩机柜子内拿出该犯利用负责加注扣丝生产用油之机截留的装在一胶罐内的约2升97号汽油，走到监控室门口，用打火机（该犯同时负责用打火机为其他罪犯点燃喷枪的工作）将汽油点燃后泼向监控室，汽油迅猛燃烧，正在监控室内的2名民警和1名厂方师傅，在被大火大面积烧伤的情况下带火冲出监控室。值班设施和一些资料也同时被烧毁。

3人带火冲出监控室后，被正在对面罪犯伙房排查工作的民警发现，该名民警立即采取措施将3人身上的火扑灭，并在3分钟后将监控室内的大火扑灭。正在该监区附近的2名民警发现此情况后，其中一名民警立即奔赴现场组织救火，另一名民警立即打电话报告监狱长。监狱长接到报告后，立即赶到现场，迅速组织人员将3名烧伤人员送往当地人民医院抢救，并妥善安排善后处理工作。随后各级领导相继赶到现场，疏散罪犯，稳定民警情绪及狱内秩序。经过及时抢救和采取应急措施，控制了事态的恶化。

监狱成立了事故调查组，查明原因，监狱、科室、监区、分监区和责任民警受到了政纪处分、免职、通报批评、扣考核分等相应处理。

【分析点评】此次事故发生暴露出监狱在管理和执法过程中存在的突出问题和漏洞：

1. 基层民警思想麻痹松懈，“四个重点”管理不到位。扣丝生产的压缩机房和汽油、打火机等属于重点部位和重点物品，应由民警直接掌握和使用，却长期交给江某使用。重点时段的值班警力不落实，案发当天是星期天，是事故多发的重点时段，因民警轮休造成江某所在车间只有一名民警带班，而该名民警又在案发前擅离车间至监控室，致使劳动现场出现空当，给江某以作案机会。重点罪犯的掌握和管理出现漏洞。在监狱召开减刑大会后，江某因未减刑而情绪反常，心理落差很大，多次向监区、分监区领导反映不满，但因其一贯改造表现较好均未引起注意，更未采取必要的夹控措施。弹弓扣加工项目在生产过程中使用汽油等易燃危险物品，危险性比较大，未及时撤销此生产项目，埋下隐患。

2. 民警直接管理和车间现场管理不到位。案发时，1名民警带罪犯会见亲属，2名带班民警到监控室与厂方师傅商谈工作，车间内既无民警现场管理，车间大门又未上锁，带班民警到岗不到位，到位不尽责，完全忽视了车间现场管理，严重违反了上级及监狱的有关规定，致使江某有机可乘，能够从容地穿过车间，走出车间大门，到监控室门口作案。

3. 减刑的执法程序没有严格依照公开、公平、公正的要求进行。江某在罪犯小组、罪犯积委会、分监区三个层次的讨论研究中均获提名，但在监区讨论时被删除。监狱对各次讨论的减刑名单没有张榜公示，使一直坚信自己能获得减刑的江某在减刑大会后产生较大的心理落差，感到前途毫无希望，在思想教育工作未能及时跟上时，终于铤而走险，报复伤害民警。

针对上述问题采取整改措施：在实际工作中，广大监狱民警要牢记“安全来自长期警惕，事故出于瞬间麻痹”这句警语，切实做到思想认识到位、现场管理到位、履行职责到位、落实制度到位。

加强监管安全教育，不断增强民警安全意识，强化敌情观念和专政意识，克服麻痹思想，时刻把监管安全工作放在第一位。严格落实安全制度。沉痛的教训警示我们，制度就是保障，制度就是安全，制度就是生命。加强民警管理，增强工作责任心，认真履行管理职责，防止工作中出现脱管、漏管、失控现象。增强执法工作的透明度。加强监督排查，切实抓好安全制度落实，及时排查隐患漏洞，确保监狱安全稳定。

讨论案例 18

罪犯任某，2002 年 11 月 25 日，因涉嫌组织领导黑社会性质组织罪、绑架罪、敲诈勒索罪、妨害公务罪、非法买卖枪支罪、非法拘禁罪、非法持有枪支弹药罪、寻衅滋事罪、赌博罪、虚报注册资本罪等数罪并罚，被判处无期徒刑。2003 年 9 月 1 日到 A 监狱服刑，服刑期间悔罪意识差，严重违反监规纪律，无故殴打他犯。曾调遣 B、C、D 多所监狱服刑，并“里应外合”“戴罪立功”多次获得减刑，2013 年 6 月 28 日从 D 监狱刑满释放，前后服刑时间不满 10 年。结合现行刑法相关规定，讨论监狱民警在执行刑罚、管理教育罪犯过程中存在的隐患和漏洞。

【讨论目的】 通过讨论，学生应明确监狱民警应具备的素质和应履行的职责。

【讨论提示】 结合本案例，你认为新时期怎样做一名合格的监狱民警?

讨论案例 19

2018 年 10 月 4 日，某监狱发生两名罪犯（王某，因绑架罪被判处死刑缓期两年执行；张某，因抢劫罪被判处无期徒刑）脱逃事件。

2018 年 10 月 3 日晚 10 时左右，罪犯王某、张某从监舍溜出，到四楼晾衣间，掰开护栏，沿消防通道的栅栏滑下地面，用被子盖到刀刺网上翻出生活区，到达生产区，撬开民警办公室，盗取制式雨衣。又到电工房拿到钳子、榔头等工具，撬开会见室储物间，盗取了事业编制人员的警用服装（有臂章，无警号、肩章），又在会见室登记区盗取现金 800 元。10 月 4 日凌晨 4 时左右，撬开会见室门窗脱逃。

脱逃事件发生后，相关责任人（监狱领导、中层干部、当班民警）被免职，接受处罚。

【讨论目的】通过讨论，学生应明确落实安全制度的重要性，树立安全的责任和理念。

【讨论提示】查阅资料，分析该监狱在安全管理中存在哪些隐患漏洞？应如何整改？

考核与评价

【考核内容】

1. 某监区4天之内发生3起罪犯打架事件。经排查，是因本省籍罪犯与外省籍罪犯形成的非正式群体之间“争山头”引起的。你认为应采取什么措施防止此类事件的发生？对参与打架的罪犯应如何处理？

2. 国庆、元旦两节即将来临，你作为监区民警，如何做好违禁品排查工作？

3. 某日罪犯唐某突然发烧，昏迷不醒，体温39摄氏度。医生反复检查，均查不出病因。在几个月的时间内，患有同样病症的罪犯相继出现。经排查，发现是罪犯张某用电解液、白碱与水混合成一种药液给罪犯注射，致使7人发烧患病，借此逃避劳动。你作为监区民警，该如何处理此事？

4. 某罪犯向监区民警反映，罪犯张某最近经常偷偷摸摸地在车床上加工零件。你作为监区民警应采取什么措施？

【考核评价】

1. 评价学生对罪犯中非正式群体成因分析是否准确到位、采取措施是否具有针对性和有效性，处理是否恰当。

2. 评价学生对违禁品排查是否全面、重点是否突出、有无盲区或死角。

3. 评价学生是否认识到罪犯抗改造手段的诡秘性，采取防控措施是否恰当。

4. 评价学生是否充分重视罪犯的异常行为举动，排查管控措施是否到位。

拓展训练

在见习、实习中参与监狱清监工作。

学习单元4　违禁品防控与重点防控

学习目标

● 了解违禁品的种类，掌握违禁品、重点人员、重点部位、重点时段、重点环节防控的制度及其防控的方法。

学习重点

● 违禁品防控与重点人员、重点部位、重点时段、重点环节的防控。

学习任务13　违禁品的防控

一、掌握违禁品防控的有关规定

狱内违禁物品是指法律法规和监管制度明文规定明令禁止罪犯持有或使用的物品。

对违禁品的防控，既是监狱有效预防和控制行凶、伤害、脱逃等狱内又犯罪案件发生的重要环节，也是监狱安全防控的日常性基层基础工作。

《监狱法》第14条规定监狱人民警察不得违反规定，私自为罪犯传递信件或者物品。第18条规定罪犯收监，应当严格检查其人身和所携带的物品。非生活必需品，由监狱代为保管或者征得罪犯同意退回其家属，违禁品予以没收。第49条规定罪犯收受物品和钱款，应当经监狱批准、检查。

《监狱服刑人员行为规范》第6条规定罪犯在服刑期间“……②不私藏现金、刃具等违禁品；③不私自与外界人员接触，索取、借用、交换、传递钱物；④不在会见时私传信件、现金等物品；⑤不擅自使用绝缘、攀援、挖掘物品……”

二、明确违禁品的主要类型

为切实加强监狱管理，严格防范违禁物品流入，严格禁止罪犯私藏使用违禁物品，确保监狱安全稳定，根据《刑法》《监狱法》等法律法规规章的有关规定，2015年3月30日，司法部制定了《关于切实加强监狱、强制戒毒所违禁物品管理的若干规定》（司发〔2015〕6号)，对违禁品的种类及私藏违禁品的处罚作了规定。

（一）狱内违禁品的类型

违禁品是指监狱明令禁止罪犯持有使用，且罪犯一旦持有使用将会对监狱安全稳定造成严重威胁的物品。违禁品的种类包括：

1. 警械、枪支、弹药、雷管、炸药等物品。

2. 手机、对讲机及相关附属配件和其他具有移动通讯功能的电子设备。

3. 各种货币现钞、金融卡和有价证券。

4. 鸦片、海洛因、冰毒、吗啡、大麻、可卡因以及国家规定的其他能够使人成瘾癖的麻醉药品和精神药品。

5. 管制刀具和刃器具。

6. 军警制服、便服、假发。

7. 危害国家安全的宣传制品和淫秽物品。

8. 其他可能影响监狱安全稳定的物品。

（二）对私藏违禁品的处罚

1. 罪犯私藏使用违禁物品的，属于违反《刑法》和《监狱法》中“认真遵守监规，接受教育改造，确有悔改表现”等规定的行为，3 年内不得提请减刑、假释；罪犯有重大立功表现依法应当减刑的，依照有关规定执行。对涉嫌犯罪的罪犯，移送司法机关依法追究刑事责任。

2. 民警违反规定传递违禁物品给罪犯的，视为情节严重，依照《监狱和劳动教养机关人民警察违法违纪行为处分规定》第 10 条第 1 款第 5 项的规定，给予开除处分。

3. 工人违反规定传递违禁物品给罪犯的，按下列情形予以处理：机关工勤人员、事业单位性质的工人，有上述行为的，视为情节严重，依照《事业单位工作人员处分暂行规定》第 17 条第 1 款第 9 项的规定，给予开除处分。合同制性质的工人，依据《劳动合同法》第 39 条第 2 项的规定，解除劳动合同。原劳动合同中没有相应内容的，监狱应当与其签订补充协议予以明确。

4. 监狱在与外协单位签订协作合同时，应当约定外协单位或者外协人员违反规定传递违禁物品给罪犯的，监狱有权解除协作合同。原协作合同中没有相应内容的，监狱应当与外协单位签订补充协议予以明确。

5. 监狱发生违禁物品案件，应当及时上报省级监狱管理局，并向驻地检察机关通报。重大案件应当及时上报司法部监狱管理局。

6. 民警、工人、劳务派遣人员和外协人员违反规定传递违禁物品给罪犯，涉嫌犯罪的，移送司法机关依法追究刑事责任。

7. 监狱发生违禁物品案件，负有管理、检查、督察责任的人员隐情不报、压案不查的，予以免职，并依法依规追究责任。

狱内违禁品持有者从顽危犯、短刑期犯和即将刑满释放的罪犯向普通罪犯蔓延。违禁品的危害一方面表现为一种潜在的危险性，时时、处处、事事威胁着监狱的安全稳定；另一方面表现为现实的破坏性，很多违规违纪案件都和违禁品有关。

手机对监狱安全的危害最大，是目前监狱最头疼的事情。其危害大致有以下几方面：里应外合实施脱逃；出售或租借谋取暴利；不仅可以实现“内部交流”，还可以遥控外面的同伙实施抢劫、绑架、诈骗和毒品交易活动等。

违禁品没有固定的界限，它会随着社会的发展和情况的变化，不断翻新和扩充，因此，哪些物品对监管安全或监管秩序已构成现实或潜在的威胁，就应当适当地将其确定为违禁品加以查禁。

监内违禁物品的存在对于监管安全来说是一个潜在的隐患，必须通过有力细致的清查工作、缜密的防范工作来加以杜绝，真正使罪犯手无寸铁、身无分文。

三、洞察违禁品的来源渠道

洞察违禁品的来源渠道，是对违禁品实施有效防控，并实现由被动防控向主动防控转变的前提和基础。长期的监管改造工作实践告诉我们，监狱违禁品来源渠道，主要有以下几种：

1. 新犯在入监与分流时携带流入。由于在对新犯入监与分流时检查不严，尺度不一，可能使部分危险、违禁物品流入监内，如现金、便服、票证等。

2. 在会见物品、邮包中夹带或在会见过程中秘密传递流入。由于一些罪犯亲属对监狱的规章制度不了解或片面认为传递夹带某些物品可以帮助罪犯改造或满足欲望，因此，在会见过程中传递或在邮包中藏匿一些物品，如香烟、酒等。

3. 通过外协人员传递流入。由于监狱劳务加工业的日益发展，外协人员进入劳动现场进行技术指导的逐步增多，增加了罪犯与外界接触的机会，致使部分外协人员被罪犯利用，为罪犯购买、传递违禁物品，如香烟、酒等。

4. 罪犯之间互相赠送或交换物品。有的罪犯在刑满释放时将自己的物品留给同乡或关系较好的狱友，或是在狱内相互赠送和交换物品，可能使部分违禁品、危险品在监内流动，有可能为个别罪犯利用而带来隐患，如现金、票证等。

5. 罪犯在劳动现场自制或偷取的，收工时带入监内。在劳动现场，由于清点不准，搜查不严、不细，致使部分危险、违禁物品流入监内，如绳索、劳动工具、剧毒品、刃具等。

6. 民警的捎、买、带。有极个别的监狱民警对监狱法律、法规置若罔闻，违规为罪犯捎、买、带入违禁品、危险品，或实习学生为罪犯捎、买、带入违禁品、危险品，如茶叶、香烟、现金、手机卡甚至毒品等。

7. 通过无人机投送。随着无人机这一行业的兴起和移动通信网络的快速发展，无人机对监狱安全可能带来威胁和危害。无人机可以通过绕飞，精确悬停，散发传单，定点投送现金、手机、烟酒、毒品甚至武器等违禁危险品，严重扰乱狱内秩序，危害监管安全，甚至造成不良的社会影响。

四、掌握违禁品防控的一般方法

（一）堵源头，阻断违禁品的来源渠道

1. 加强对新收犯的检查。新收罪犯时，应对其人身和物品进行严格检查。检查要彻底，要有超常的眼光和思维，不放过任何疑点。新犯入监携带的主要违禁品是现金，对有可能藏匿现金的任何部位都不能放过。带入的物品要严格限定，非生活必需品，不得带入。允许带的物品按规定登记造册。

2. 加强对会见过程的全程监管。认真检查会见窗口的隔离性、安全性、牢固性。会见结束后，必须对罪犯的人身及准许带入的物品进行严格检查。

3. 加强对外协人员的管理。不允许外协人员私自单独与罪犯接触。确因工作需要，必须接触罪犯的，应当由监区（分监区）民警负责陪同。

4. 严禁罪犯之间互相赠送、交换物品。对允许罪犯持有的有一定价值的特定物品应当登记造册，发现特定物品转移的，应认真追查，对利用特定物品换取违禁品的，必须严肃处理。

5. 加强对生产现场的巡查。积极防范罪犯制作违禁品，对适宜用于制作违禁品的材料，必须加强保管及消耗考核。收工回监时，应加强对罪犯人身及携带物品的安全检查。对因正当用途，罪犯必须接触和使用违禁品时，应当由民警全程监督管理。带入监内的劳动工具，民警必须严格清点、办理登记手续，使用完毕负责带出监舍。

6. 加强技防监控。对监舍、罪犯公共活动场所、生产场所等监控资料回放，分析罪犯藏匿违禁品的可疑行为，对可疑行为的罪犯安插耳目，加强对其控制，及早发现隐患。

7. 特别要加强对民警的管理和教育，杜绝民警为罪犯“捎、买、带”等违法违纪行为。

8. 加强内部管控外部巡逻。监狱应切实加强监狱周边尤其是空域的巡逻督查，一旦发现无人机向监狱投送危险违禁品等不法行为，立即赶赴现场，实行封锁控制，不给罪犯任何可乘之机。

（二）抓清查，严格落实违禁品管理制度

从源头上阻断违禁品来源渠道的基础上，严格落实违禁品管理制度，强化日常管理和违禁品清查工作。

1. 清查方法。监狱清查违禁品的方式方法主要包括：日常检查、定期清监和不定期突查等。在清查工作中，为确保清查质量和效率，一般采取监狱与监狱之间、监区与监区（分监区与分监区）之间互查的方式以及监狱职能部门督查或突查的方式；必要时可会同驻监武警实施违禁品清查工作。

2. 清查程序。

（1）制定清查方案。无论上述哪一种清查活动，在清查前都应当制定严密的《清查违禁品实施方案》，并确定清查的目标或范围。

（2）组织部署警力。明确实施清查工作的警力部署、区域分工、责任措施和目标要求。

（3）实施清查工作。在实施清查的过程中，一般应当把握以下要求：①控制罪犯的活动，通常采取的方式是将罪犯集中在某一特定区域，实施临时控制性管理。一方面，避免由于罪犯的自由活动，造成违禁物品的转移；另一方面，便于集中实施人身检查。②查前动员。讲明政策与藏匿违禁品的危害，动员罪犯主动交出违禁品或检举揭发藏匿违禁品的人员和地点。③展开搜查。一般采取地毯式搜查方式，搜查范围包括：对罪犯人身、物品的搜查、对监舍内各种生活设施、设备、器具与物品的搜查，对学习、活动场所内各种设施、设备、物品的搜查，对生产劳动现场各种设施、设备、工具、物品的搜查。

（4）收缴与处置。清查结束后，应当对清查出的违禁品进行归类、汇总和登记，并根据有关规定，该收缴的收缴、该销毁的销毁。

（三）严打击，形成查禁违禁品的高压态势

严厉打击和查处私藏违禁品的行为，既是监狱防控违禁品、震慑罪犯不敢或无法隐匿违禁品的必要措施，也是确保监狱安全稳定的重要保障。因此，监狱民警对私藏违禁品的罪犯，要坚持“事实不清不放过、原因不明不放过、处理不落实不放过、教育措施不到位不放过”的原则，依法作出批评教育或警告、记过、禁闭等处理。有特殊情况的，在政策、法律允许的范围内，可作出暂时停止或取消其改造处遇的配套处罚。如罪犯在会见过程中私藏现金，监狱在按百分考核对其进行处理或行政处罚的同时，可暂时停止或在一定期限内取消其会见资格，并以书面方式告知当事罪犯及其亲属。

（四）重疏导，加强对罪犯的思想教育

对监内违禁物品的防控，应当坚持“堵疏结合、打防并举、标本兼治”的原则，既要重视“堵、查、打”，还应当重视教育的疏导作用。教育疏导，主要应从端正罪犯改造态度，树立正确的改造观、法制观开始，立足于促使罪犯养成依法、规范、文明改造的良好风尚，切实通过有效的思想教育，使罪犯充分认识私藏违禁品的性质和危害，明确私藏违禁品的行为，既不符合改造要求，也是严重的违规违纪行为，并结合对私藏违禁品罪犯的处罚，警示其他罪犯摒弃不良念头，遵规守纪，自觉改造。

讨论材料

讨论材料7 某省监狱管理局对基层监狱实施违禁品突查

2010年5月18日，某省监狱管理局组织应急防暴队员，对3所基层监狱实施违禁品突查活动。晚20时，警力集结完成，省局突查组领导，首先就本次突查活动进行动员，并根据预定方案，就警力部署、突查范围、责任分工、重点要求和注意事项做了具体的说明。动员会后，省局领导亲自带队，驱车奔赴突查地监狱。晚23时30分，开始对第一所监狱进行突查。在对该监狱监舍搜查时，在某一监舍内的花盆内底部，查获用塑料布包裹的手机一部；在另一监舍的铁床竖管内，查获分解藏匿但组合后即可使用的手机一部。2010年5月19日凌晨2时许，省局突查组对第二所监狱进行突查时，在该监狱的某监区储藏室，不仅发现该监区储藏室内，物品堆放杂乱不堪，管理极其混乱，而且还在罪犯物品柜内，查获现金和手机等违禁品。凌晨4时许，省局突查组又在第三所监狱的某监区突查时，发现监舍内某一角落的墙壁上有异常，仔细检查，其中有一块砖是松动的，将松动的砖取出，里面藏有手机一部。凌晨6时许，该次突查活动结束。

【分析点评】从这次违禁品突查的情况来看，反映出以下几方面的问题：①监狱的基层基础工作，存在诸多缺陷、漏洞和薄弱环节。②监狱基层民警的安全防范意识树的不牢，特别是在违禁品防控上，存在思想认识不到位、制度措施不落实、隐患排查不深入、日常管理不规范等突出问题。③管理与被管理的矛盾、改造与反改造的斗争、罪犯违规违纪的形势，十分严峻。④罪犯为达到非法使用违禁品目的，不惜绞尽脑汁，挖空心思，耍尽伎俩。总之，监管安全状况不容乐观，违禁品防控的缺陷和漏洞不容忽视，必须持之以恒，常抓不懈，容不得半点马虎或掉以轻心。

实训项目

实训项目3 罪犯入监违禁品防控

【实训目的】通过训练，学生能掌握罪犯入监时携带物品的检查要求，学会对物品的正确处理方法。

【实训方式】模拟实训或在顶岗实习中现场实训。

【实训材料】某监狱接收一批新入监罪犯，为防止一切危险和违禁品流入监内，该监狱对新收罪犯及其所携带的物品进行彻底检查。

【实训要求】入监违禁品防控作为监狱安全防范的重要任务之一，必须从思想上高度重视。在检查中，也必须认真负责，细致入微，不放过任何疑点，不留任何死角。

【实训提示】为了提高检查的效率，对新收罪犯进行人身和物品检查，必须掌握检查的技术要点。

1. 检查的步骤和方法。为了防止检查遗漏，避免检查中顾此失彼，对罪犯的人身检查和物品检查，都必须掌握检查的步骤和方法，按一定的程序、规则进行。对罪犯的人身检查，一般从上到下进行，先检查罪犯的头部（帽子），然后身体、四肢及其口袋，再是罪犯的脚部，包括鞋子、袜子；对罪犯的物品检查，也应按一定的空间顺序进行，从上到下，从左到右，或是先里面后外面；等等。特别是清监时，更应该按一定的顺序进行，以免混淆已检查和未检查的物品，造成检查漏洞，留下隐患。

2. 检查的要领和手法。监狱民警准确把握对罪犯进行人身及携带物品检查要领和手法，是使检查工作顺利和彻底的保证。这一点在对具有危险性的罪犯进行检查时显得尤为重要，它可以防止罪犯趁机偷袭。为此，在对罪犯的人身进行检查时，必须确保两名以上民警在场，同时必须准确把握检查的姿势和手法。一般为：令罪犯两脚分开站立，面对墙壁，双手向上举，靠在墙上，然后民警在罪犯的身后按一定的步骤和次序进行仔细检查、搜身，确保检查没有疏漏之处。

3. 检查时应注意的几个问题。对罪犯进行人身和物品检查的重点：私自带入监内可供行凶、自杀、逃跑的器械、工具等；私藏的酒类、手表、录音机、移动电话、毒品、毒性物品、易燃易爆等违禁品；盗窃的公私财物；现金、票证、各种证件、证章以及未印符号的衣物等；反动传单、信件、互相串供、挂钩的信件，以及可供侦查的材料；罪犯劳动使用的工具箱；含有宣扬凶杀、淫秽和邪教等内容的违禁书刊、手抄本和图片，以及音像制品。

4. 对违禁品的处置。除对查出的钱财，及荣誉证件、证章、便衣等贵重物品，应造册登记，由监狱代为保管，刑满释放时发还本人外，其他监内列为违禁品的物品，予以没收。对罪犯携带的熟菜、气体、不明液体和粉状物（如洗衣粉、味精等），一律予以没收或当面销毁。另外，如有重要嫌疑线索可供案件侦查的，应当交由监狱狱侦部门保管或处理。

【实训考核】是否掌握违禁品防控有关规定；在模拟演练入监违禁品防控的人身及携带物品检查中，方法步骤是否正确，技术要领是否得当。

【实训评价】针对入监违禁品防控模拟演练或现场实训的效果，指导教师对学生应当掌握的知识与技能，做出具体的点评与评价。

实训项目4：生活现场违禁品防控

【实训目的】 通过训练，学生应学会罪犯生活现场物品的检查方法及对违禁品的正确处理方法。

【实训方式】 模拟实训或在顶岗实习中现场实训。

在某监狱开展的“净化改造环境，打击五害行为”专项整顿活动中，该监狱某监区开展了一次对罪犯生活现场违禁品清查活动。

【实训要求】

1. 明确“五害”的具体内容。所谓“五害”，是特指影响监管安全、破坏改造秩序的五种违规违纪行为，即私藏、使用现金，私藏、使用手机，私藏、吸食毒品，私自饮酒和赌博的行为。

2. 制定《清查违禁品实施方案》。在清查活动开展前，组织参训人员研究制定《清查违禁品实施方案》。方案内容包括：①成立组织领导机构，包括领导组组长、副组长及其组成人员。②明确清查违禁品所采取的方式。一般情况下，监区（分监区）为单位，分3个清查小组，进行相互交叉检查。③确定重点范围与重点目标。即本次清查的重点范围主要是罪犯生活现场，清查的重点目标是现金、手机、毒品、酒和赌具，包括便衣、刃具、锐器、绳索、棍棒、淫秽书刊、影像、反动宣传品等违禁品。④明确警力部署与责任分工。即确定搜查罪犯人身与清查监舍、洗漱间、卫生间、晾衣间、储藏室、活动室等罪犯活动场所的具体警力和责任。

3. 实施清查工作。在清查活动开展中，要求清查人员务必做到：认真负责，一丝不苟，不放过任何疑点，不留任何死角。

【实训提示】 对罪犯生活现场违禁品清查，应当掌握以下技术要点：

1. 清空罪犯的生活现场，将罪犯集中到某一特定场所或区域，实施临时集中管制措施，杜绝罪犯在清查期间自由活动。

2. 人身检查和区域检查同时展开。罪犯集中管理后，负责人身检查的民警，应当在罪犯集中管理点，对罪犯进行逐一的人身搜查；负责对监舍、洗漱间、卫生间、晾衣间、储藏室、活动室等罪犯活动场所清查的民警，根据分工，对上述场所展开地毯式的清查。

3. 检查时应当注意的重点部位。

（1）人身及人身物品检查应当注意的重点部位。衣帽中带有衬层或衬垫的部位，如帽檐、衣领、袖边、裤边；罪犯佩带的符号牌夹层；罪犯使用的皮带夹层；内衣，尤其要注意自缝的贴袋；鞋子的鞋帮、鞋底层及鞋垫夹层；脚底部位。尤其对罪犯身上有敷贴物的部位，要仔细检查，防止其敷贴物下隐藏刀片、现金或用于不良动机的通讯地址、电话号码等违禁品。

（2）场所检查应当注意的重点部位。①监舍内除对床铺、被褥进行认真细致的检查外，还应当特别注意监舍内其他陈设、物品与器具，包括：热水瓶内及热水瓶里与外壳的隔层；书籍、笔记本的内页及封面，尤其是硬面书的夹层；包装食品，重点检查封口有无拆封的痕迹，用手感摸内部物品是否异样；摆放特别古怪的用品或器具，像肥皂、牙膏之类的用品，如果摆放不合常理、又长期不用，应怀疑该用品内部是否有“机关”。②对洗漱间、卫生间、晾衣间、储藏室、活动室等区域进行清查时，应当特别注意以下物品或现象：晾衣间中晾晒的衣服、鞋子；洗漱间中待洗的衣服，即使浸泡在水中，也不应放弃检查；卫生间内的水箱、放在墙角的扫帚、拖把，扫帚竹柄往往藏匿违禁品；储藏室内的物品柜、包裹、个人用品；活动室或监舍内的装饰品、花盆等。

总之，罪犯私藏违禁品，挖空心思，要尽伎俩，检查也应当打破常理，换位思考。

【实训考核】是否掌握违禁品防控有关规定；在对罪犯生活现场违禁品清查活动中，方法步骤是否正确，技术要领是否得当。

【实训评价】针对罪犯生活现场违禁品清查的效果，指导教师对学生应当掌握的知识与技能，做出具体的点评与评价。

学习任务14　重点人员的防控

所谓“重点人员”，是指服刑罪犯中那些基于一定的事由，被监狱特别管束的重点控制的对象。目前，监狱重点人员大致可以分为三类：①具有抗改行为的，简称抗改犯；②具有危险行为的，称为危险犯；③具有特定犯罪性质和捕前特殊身份的，简称重管犯。这三类罪犯或者对监管安全和秩序构成现实的或潜在的危害，或者接受刑罚的过程受到社会的关注。因此，应当将这三类罪犯列入重点防控的范畴。

一、危险犯的防控

（一）危险犯的认定

危险犯，也称危险分子，是特指具有脱逃、凶杀、破坏、自杀或其他危险因素，对监管安全构成现实危害或潜在威胁，必须对其从严管理教育和重点防范的罪犯。对危险犯的防控，既是监狱安全防控的重点之一，也是监狱基层民警日常性的基础工作。

（二）危险犯的防控措施

一般情况下，对危险犯的防控，应当首先按照危险犯的确立标准，进行排查、分析和甄别，并经监区（分监区）民警集体审议决定。危险犯一旦确定后，就应当采取以下措施：

1. 确立专管民警，严格落实包管、包教、包转化的责任制。对一般危险犯，应当成立由监区（分监区）主要领导负责的监管小组，并指定1名直接管理民警实行三包；对重大危险罪犯，则应当成立由监狱主管领导、狱政管理部门领导、罪犯基层单位领导组成的专门工作组，负责指导、检查、监督和参与监控管理和教育转化工作。

2. 建立完善危险犯专档，实施个别化矫治和针对性跟踪管理与教育。危险犯专档的内容包括：罪犯案情、刑期、主要犯罪事实、犯罪原因、认罪情况、体貌特征、服刑前和服刑后社会关系及通讯联系方式；审批表、撤销表、心理测试、危险性评估、包夹控管与教育转化方案、日常表现、耳目或包夹罪犯反馈信息、月动态分析情况；会见监控材料、来往信件检查情况；历年的评审与奖惩情况；等等。

3. 监区（分监区）要指定2~3名改造表现较好的罪犯，视情况秘密或公开对危险犯实行24小时包夹控制。担负包夹控制任务的罪犯，一般情况每周、特殊情况每天向专管民警或监区（分监区）领导汇报。

4. 发展或安插狱内耳目，及时掌握和反馈危险犯的思想动态和行为表现，有效预防危险犯的不法行为。

5. 危险犯不得从事重要岗位劳动，安排的劳动岗位要相对固定；严禁其接触危险物品；确保危险犯的一切活动都必须纳入民警的管理视线，绝对不允许单独行动；危险犯的通信及会见对象要严格限定，来往信件严格审查，会见必须严密监听。

6. 监区（分监区）采取上述措施，仍不能消除危险或危害的，可以报请监狱批准，送严管监区（分监区）实行严管。

需要注意：对危险犯的管理控制必须严格依法，不能因其具有现实危害、潜在威胁或具有对抗管教的行为，而擅自加重处罚或擅自限制或剥夺其法定权利，例如取消他们的休息、娱乐时间，强制组织学习，或采取面壁、罚站思过等非法的处罚手段，这些都是不允许的。危险犯确有危害行为，并需要处罚的，应当通过正当程序，依法对他们实行警告、记过、禁闭处罚或追究刑事责任，但切忌不可法外施刑，刑外施罚。

二、抗改犯的防控

（一）抗改犯的认定

抗改犯，顾名思义，抗拒改造的罪犯。目前，在监狱工作实践中，对这类罪犯又普遍称之为顽固犯。顽固犯的概念，从一定层面揭示了这类罪犯的难改造性，即不思悔改，顽固不化。

（二）抗改犯的防控措施

对抗改犯的防控，原则上采取与危险犯防控相一致的包夹管控办法、个别化矫治手段和针对性教育转化机制等。其他管理与控制措施，也应当比照危险犯防控的相关程序、制度和要求执行。

三、重点管理罪犯的防控

（一）重点管理罪犯的认定

重点管理罪犯是指基于捕前某种特定的社会身份或犯罪性质，或犯罪的社会影响面，而需要特别关注、特别提防、特别重视他们的服刑态度及表现的罪犯。

当前列为重点管理的罪犯有三类：①身份类。包括：曾担任政府部门处级以上领导职务的；曾掌握国家机密的公务人员；对社会作出过有影响成绩的知名人士；外籍罪犯。②犯罪性质类。包括：危害国家安全的罪犯；法轮功邪教组织的罪犯；涉黑、涉毒、涉枪罪犯；累犯；团伙犯罪的首要分子。③社会影响类。主要指犯罪行为在社会上引起较大反响，公众普遍关注的大案、要案中的涉案罪犯。

（二）重点管理罪犯的防控措施

对重点管理罪犯的防控，一般不实行包夹控制措施，监区（分监区）只是对他们的改造态度及表现较普通罪犯予以更多的关注，提防他们利用原有的社会身份或原犯罪性质，在监内外造成新的不良社会影响或构成新的危害。当然，对重点管理罪犯中达到抗改犯和危险犯标准的，应当在确立为抗改犯和危险犯后，实行严格的包夹和管束措施。

一般情况下，重点管理罪犯必须每月写出书面思想汇报，由监区民警审阅，切实了解和掌握他们的思想动态和行为表现。

重点管理罪犯的通信要严格审阅，会见要监听，离监探亲必须报省监狱管理局批准。对属于犯罪性质和社会影响类重点管理罪犯安排骨干使用，安排重要岗位，实施行政、刑事奖励，都应当从严把关。

讨论材料

讨论材料 8

王某，39 岁，汉族，初中文化，已婚，有一女儿，因盗窃罪被判处有期徒刑 8 年。王某投入改造后，在 A 监狱因自伤自残，调入 B 监狱改造。因王某心理及情绪问题没有得到很好地解决，在 B 监狱仍被确定为抗改犯。民警对王某采取了以下重点防控措施：

1. 监区查阅王某所有档案资料，并与王某进行了详细的个别谈话，建议监狱心理咨询室对王某进行心理测试，并拿出评估意见。

2. 监区集体研究，确定王某为自杀性质的危险分子，建议咨询室继续跟踪咨询，并制定如下防控措施：

(1) 每周至少重点谈话1次，普通谈话随时进行，追寻王某自杀的真正原因，进行对症矫治。

(2) 实行两明一暗三夹一包控制度。“两明”一为王某所在的互监组长，二为分监区罪犯小组长。“一暗”为来监时间较长、表现积极、与王某较为谈得来的王某的老乡，让他们定期汇报王某情况，随时准备采取必要的防范控制措施。

(3) 对王某活动区域，包括劳动场所，所在监舍进行重点监控，包括录像监控及人员监控。

(4) 对王某的会见、通信、通电话进行重点的监控。

(5) 对王某接触的其他人员、物品进行排查。

(6) 定期对王某的行为特征进行分析排查，一般为每周1次。

(7) 关心王某生活及改造中的困难，确实为其解决一些具体的问题。

(8) 有意识安排王某参加一些集体活动和娱乐项目，让其走出狭隘的心理空间。

(9) 利用会见、信件、通话、重大节假日等机会，鼓励引导王某走上正常的改造道路。

3. 经过近半年多的包夹控制，王某真正转变了，不仅表示决不会再自伤自残，而且对过去所犯的罪有了新的认识，对过去所痛恨的人已能释怀，后来王某获得减刑出狱。

【分析点评】这是一个对抗改犯防控成功的案例。从加强管控、引导教育和采取了针对性的转化措施，使王某真正认罪悔罪，积极改造，获得新生。

讨论材料9

2010年3月5日，某监狱某监区，就罪犯王某（故意杀人罪，判处20年有期徒刑），图谋行凶报复他犯，开展狱情、思想分析，并将该犯确定为行凶性危险分子，实施监控管理和针对性教育转化工作。

1. 事件起因：2009年4月23日，罪犯王某在生产劳动过程中，消极怠工，被同犯刘某指责，引起口角争执，进而相互厮打，后被其他同犯制止。时隔近1年，2010年2月26日，心存不满，怀恨在心的王某，在收工时，突然用木棍袭击刘某，致使刘某头部开口缝合7针。后经禁闭15天处理，仍然扬言报复刘某。

2. 个性分析：罪犯王某，生于1991年，具有90后罪犯特有的人格缺陷和心理特征：自我中心意识强，不善于交际与言谈，心理抗压能力差，受不得半点委屈。在日常改造生活中，看似不亢不卑，唯唯诺诺，但骨子里有一种“人不犯我，我不犯人；人若犯我，我必犯人”的狠劲，一旦不顺心、不顺气，特别是受到委屈或打击，总要设法报复。

3. 定性分析：根据对该犯的个性分析，结合所发生的报复事件，监区将该犯确定为具有报复行凶性质的危险分子，加强控制管理和教育改造，以确保监狱的安全稳定。

4. 防控措施：一是确立专管民警，严格落实“包管、包教、包转化”的三包责任制。二是指定3名积极改造的罪犯，严格落实“两明一暗”管控措施。三是安插控制耳目，有意识地与该犯进行交际与交流，及时搜集和反馈该犯的行为举止、改造表现，便于民警准确掌握该犯的改造信息。四是建立危险罪犯专档，在做好安全防范的基础上，制定个别化矫治方案，并根据个别化矫治方案，对该犯实施定时的心理测试、危险性评估和持续性的跟踪教育。

【讨论目的】通过讨论，学生应掌握对90后危险罪犯的防控措施。

【讨论提示】分小组讨论，分析上述对90后罪犯王某的防控措施的合理性和有效性，你认为如何进一步完善对王某的防控措施。

讨论材料10

某监狱罪犯张某捕前为某单位正处级领导，投入监狱后，该犯表面上能服从民警管理、遵守监规纪律。但从民警与其谈话中，流露出认罪态度不好，将自身犯罪原因归于社会。从耳目反映的信息，该犯内心还存在一定的反社会倾向，在罪犯中说一些不利于监狱安全稳定的话，并有在狱内拉帮结伙、鼓动、教唆他犯进行反改造的嫌疑。

【讨论目的】通过讨论，学生应掌握重要管理罪犯的防控措施。

【讨论提示】按照重要管理罪犯的防控措施进行分析讨论。重要管理罪犯与其他类型罪犯在防控措施上有何不同？

学习任务15　重点部位的防控

一、重点部位的确定

重点部位是指监狱重要的监管警戒设施和需要重点防卫的其他场所。一般包括：监门、围墙、岗楼、警戒地带、禁闭室、巡逻道、消防通道、监舍、出收工集合场、储藏室、下水道、罪犯家属会见室、监内民警值班室、重要物资库房以及罪犯生活、学习和劳动场所等。

二、重点部位的防控要求

（一）值班扼守

监狱在重点部位应建立值班扼守制度，值班民警（武警）要以高度的责任心，做好安全防控，以保证重点部位的安全。具体包括：

1. 外围警戒设施的扼守。围墙、岗楼和警戒地带一般由武装警察部队的执勤守护，对岗楼派出固定哨，对围墙和警戒地带派出流动哨。执勤守护的主要任务是防止罪犯擅自进入警戒地带、接近围墙；防止和制止外来人员对监狱的侵袭。

2. 重要监管设施的值班守护。禁闭室、罪犯家属会见室、监控室、监内民警值班室、出收工集合场、监管设施，由监狱民警值班守护。

3. 其他重点部位如重要物资仓库、变电室（所）、锅炉房等部位，应安排民警或工人值班，不允许依靠罪犯管理。

（二）巡查检查

1. 重点部位巡查。监狱防暴民警对重点部位如巡逻道、消防通道、警戒隔离带、地下通道、排水沟等部位及罪犯主要的活动场所（生产场所、图书楼、宿舍楼、礼堂、操场、食堂等）进行不间断地巡查。巡查时既要全面，又要有重点。巡查宜采用乱线巡查的方式，即每次巡查不是沿着一条确定的路线进行。这样，不会使罪犯摸清巡查规律，难以伺机作案。

2. 重点部位的检查。即对各种警戒、监管和其他设施进行检查，发现异常，立即向有关部门报告。狱政管理、狱内侦查部门负责组织警力对重点部位进行定期和不定期的清查。

（三）实时监控

监狱在重要罪犯、严管犯、危险犯监舍，监舍走廊和放风地域，罪犯餐厅和活动场所，罪犯活动的操场，监狱围墙及其周边环境，罪犯劳动场所，监狱审讯室，监狱武器库、财务室、指挥室等重点部位安装监控设备，实行全天候、不间断的实时连续监控，并能实现图像与语音同时监控。

（四）现场安全管理

1. 罪犯生活现场的控制。通过对罪犯出入监舍的登记检查，点名、查铺和巡逻，对罪犯生活现场进行安全防控；通过人身、物品检查和清监，防止罪犯把危险物品、违禁物品、控制物品带入监舍。值班民警应对罪犯的生活现场实行直接管理并严格遵守安全操作规程。罪犯就寝前晚点名、就寝后的查铺必须由民警亲自实施。值班民警必须严格执行交接班的有关规定。监狱的狱内侦查、狱政管理部门对在罪犯生活现场值班的民警的管理活动随时巡查监督。

2. 罪犯劳动现场的控制。①出工、收工管理与控制。罪犯出工，必须由民警亲自带领。负责现场管理的民警，要亲自整队，清点人数，检查罪犯的着装及随身物品，布置具体劳动事宜。收工时，民警要回收、清点和登记工具，清点人数、检查罪犯随身物品，将罪犯带回监舍。②劳动区域控制和定置管理。罪犯劳动现场执行罪犯定岗定位和定活动区域的管理制度，即根据现场生产活动的需要，划定各单位罪犯的活动区域，固定地段、固定场地，实行封闭式区域控制；固定罪犯劳动岗位，即监区（分监区）根据作业的需要，对每一个罪犯的劳动岗位予以固定，设置活动路线和活动范围，劳动时要求罪犯必须坚守岗位，不准随意离开指定岗位活动。③生产工具及危险物品的管理与控制。对罪犯生产现场的生产工具，要实行严格控制，做到统一保管、统一发放、统一回收，严禁罪犯私藏工具，严禁罪犯将生产工具带入监舍。罪犯劳动现场的易燃、易爆、剧毒物品以及强腐蚀类化学品要分类存放，加封加锁指定民警或者工人管理，剧毒物品仓库必须坚固、严密。④对外来人员和车辆的检查与控制。因工作需要必须进入现场的外来人员，要按规定办理手续，并由监狱工作人员带领方可进入生产区；驶出监区前，必须接受严格的检查。

三、监狱空中安全防控

随着无人机这一行业的兴起和移动通信网络的快速发展，无人机对监狱安全可能带来威胁和危害。①窃取监狱机密。无人机可以通过绕飞悬停高清航拍，偷窥监狱“隐私”，窃取监狱机密。②无论是“路过”监狱上空的无人机，还是还有不良动机飞进监狱上空的无人机，都存在因动力枯竭、操控失误等造成坠落的事故，甚至可能导致人员伤亡和火灾事故发生。③投送违禁物品。④发动恐怖袭击。随着无人机性能的不断提升，暴恐分子可以将民用无人机改装成军用无人机来劫狱袭狱暴狱，或发动自杀式恐怖袭击，造成民警与罪犯恐慌。⑤网络黑客可以通过无线劫持技术，快速控制无人机使其脱离机主控制，按照他们的意愿行动。黑客网站，可以通过外加模块对无人机 GPS 自动协议进行篡改，绕过厂家设计的限飞区域，或通过 APP 软件破解，使无人机禁飞及限飞功能失效。因此，监狱应制定无人机袭扰的防控措施，确保监狱空中安全。

1. 将监狱空域纳入法定管控禁飞区域。为应对来自空中的威胁，监狱主管部门应主动与国家民航、空管部门积极沟通，争取将监狱及其必要的周边区域纳入无人机法定禁飞范围，并进行有效管控，为维护监狱的空中安全提供法律保障，同时监督、约束厂商根据相关法律法规将监狱及一定的周边范围纳入内设的特别限飞区域，主动消除可能给监狱带来的空中安全隐患。

2. 配备专业侦测干扰设备。低空飞行的无人机主要通过无线电、GPS 信号或移动通信网络进行数据传递和遥感控制。针对无人机的飞行特性，监狱应积极主动配合负责外围警戒安全的驻监武警部队，切实加强空域防范。可以在监狱围墙、建筑物顶部安装红外侦测报警设备，在户外监控探头上加装画面动态检测报警模块，必要时可以配置探测“低小慢”（低空、慢速、雷达反射面积小）目标的无人机雷达，或利用分布式声学、光学传感器进行综合侦测的无人机探测系统，以便及时或提前发现无人机的入侵，做好应对处置。可以配备无线电干扰、移动通信信号干扰装置，或配备定向声波、射频发射器，以切断进入干扰的无人机与操控者的联系，及时将其捕获。

3. 配备无人机“捕手”。可以配备擒获非法无人机的“捕手”——射网无人机。这种无人机可以由单架飞进目标，喷射大网将其缠住，也可以由多架组成编队，拉着大网实施拦截，将其捕获。

4. 加强内部管控外部巡逻。应坚持内防与外防相结合，以内防为主。把罪犯管控好，可以消除因罪犯原因导致的监狱空中安全隐患。应切实加强监狱周边尤其是空域的巡逻督查，一旦发现无人机向监狱投送危险违禁品等不法行为，立即赶赴现场，实行封锁控制，不给罪犯任何可乘之机。

讨论材料

讨论材料11

浙江省乔司监狱着力建设集约高效的“智慧监狱”。一是搭建以指挥中心为龙头，分监狱监控平台和监区分控平台三级联动的管理网络，将监管安全、生产安全、公共安全等事务纳入“110”联动平台；安装视频监控探头8600余个，网络式报警点600余个，做到三大现场“全覆盖”，实现指挥协调、监督检查、信息处理、狱情监控、应急处置等高效管理指挥。2016年11月，首批通过智能化现代文明监狱创建验收。二是深化软件应用和信息集成共享，自主研发协同智能办公、招投标管理、固定资产管理等实务应用系统，建成罪犯执法管理平台、罪犯教育专网、罪犯远程会诊系统、民警网络学院“四大平台”，实现各类信息集成共享，为大数据分析和应用奠定基础。三是大力推进“三三计划”（计划从2016年开始，用三年时间，投资16亿元，完成监管设施、民生设施、道路交通设施等三大方面的建设，努力呈现乔司监狱的新面貌）。2017年4月，建成启用1个新关押点的基础上，再新建1个新关押点，改扩建1个关押点，到2020年全面完成关押点布局调整；新建30幢近1000套民警备勤房，2018年实现每户1套两室一厅备勤房；对接杭州经济技术开发区，加快道路交通建设，彻底解决监狱交通拥堵及出口不畅问题。

【分析点评】 近年来，全国监狱信息化发展迅猛，2007年5月，司法部正式发布《全国监狱信息化建设规划》，2010 年 11 月国家批复《全国监狱信息化一期工程项目建议书》。为了进一步提高监狱整体工作效能，尤其是确保监狱的全面、持续安全稳定，各监狱单位以科技创安为目标，以信息化建设为载体，逐步把现代信息技术运用到了监狱工作的各个环节，通过广泛应用现代化科技手段，对罪犯“三大现场”实施全方位、全天候、全过程监控，形成了人防、物防、技防一体的监管安全防范新格局，数字信息技术与监狱安全实现了深度融合。当前，监狱系统信息人才少，自主研发能力差，创新能力不足，信息安全性能不强。因此，在监狱信息化建设的过程中，应逐步提升民警运用信息化技术的能力和水平，才是确保监狱持续安全稳定的根本所在。

讨论材料 12

近年来，山东省邹城监狱牢固树立安全稳定首位意识，向科技要安全，不断提升本质安全型监狱管理水平，在更高层次上推进安全文明现代化监狱创建。

邹城监狱大力构建科技助控机制，提升安全防控效能。一是建立综合信息管理平台。整合狱务、警务、防务等监狱管理信息资源，实现信息资源共享应用。综合运用大数据、云计算等技术，深化数据挖掘，探索安全防控的智能分析、风险预警和决策辅助功能，提升科技保安能力和管理水平。二是研发罪犯腕带一卡通系统。投入 330 万元，率先将罪犯定位腕带与阳光一卡通系统进行融合，完善人员定位、实时点名、越界报警功能。三是拓展“物联网”应用。实施掌静脉识别与监狱大门管理系统衔接，实现验证认人的精准识别；安装人体成像安检仪，快速扫描检测手机、毒品等违禁物品，堵塞人工安检不彻底的漏洞；自主研发工器具脱链报警系统，动态监测工器链锁状态，实现智能化报警管理，消除安全隐患。四是提升管理效能，确保罪犯随时随地查询减刑假释、计分考核、存款消费等 10 类个人信息，维护执法公信力。

【讨论目的】通过讨论，学生应了解信息化与监狱安全深度融合的重要意义。

【讨论提示】查阅资料，分小组讨论物联网技术应用于监狱安全管理，在缓解监狱警力、提升安全防控效能发挥的重要作用。

讨论材料 13

某监狱越狱事件回顾：

1993 年 10 月，一名罪犯欲借用棍子爬上墙头。后巡逻武警当场鸣枪，两发子弹虽未击中罪犯，但罪犯慌乱中右手触到高压电网，不幸身亡。

1999 年 12 月，罪犯庞某在农业队（即农业监区）收工时藏匿在农田里，于晚间在农业队西侧大墙借助长棍翻墙逃走。

2002年5月，罪犯倪某勾结刑满释放人员马某，以马某到狱中探视他为名，趁狱警不备，二人互换了衣服，后倪犯携带马某的出入证偷换了自己的照片，从大门大摇大摆地走了出去。倪犯越狱潜逃257天后被抓获。

2005年，三监区罪犯张某越狱脱逃。监狱的一位女客户在监狱加工皮手套，因与张某关系密切，女客户蹬着三轮车将张某藏在装皮手套的大编织袋里，从大门蹬三轮车直接出去，直到8天后，张某才在秦皇岛被抓获。

2006年，老残监区的一个绰号“小神经”的罪犯趁下雨，踩着水桶从厂区大墙翻出。到大墙边还询问武警从哪里能出去，被武警控制送了回来。

2008年，4个罪犯欲从下水管道爬出东大墙，最后狱警发现东大墙内的一个下水管道的井盖打开着，按照这个线索才发现4名罪犯被卡在了下水道里。

【讨论目的】通过讨论，学生应学会重点部位安全防控的方法。

【讨论提示】上述越狱事件中，重点部位安全防控的成功之处或失败的教训有哪些？

学习任务16 重点时段的防控

一、重点时段的确定

重点时段是指监狱安全管理中警力相对薄弱，易出现隐患和漏洞的时间范围。在监狱安全工作实践中，重点时段主要包括：起床，就餐、就寝、就医，出收工，交接班，节假日及重大庆典等特殊时期。

二、重点时段的防控要求

1. 起床。对监区大门及整个罪犯活动区域进行监控（包括罪犯厕所、洗漱间、各劳动车间大门），防止罪犯超越活动区域，处理罪犯起床过程中发生的各种情况；加强对危险品存放处及重控犯的监控；检查全体罪犯囚服标志，防止罪犯穿着无标志衣服，成为脱逃等行为的便利条件；留置病犯集中管理，值班民警每半小时检查一次；定时对监房进行巡视；按要求对重点控制犯进行检查。

2. 就餐、就寝、就医。就餐期间，两名值班民警在岗，维持就餐秩序，并对就餐情况进行巡视监控；就寝时进行查房，特别对重点控制罪犯进行重点检查；罪犯就寝期间，定时巡视；对反常情况进行分析，并严加控制；罪犯就医过程中，民警应亲自带领，并严密注视罪犯活动，防止罪犯脱逃。

3. 出收工。出收工是易发事故时段，应严格落实“出工监舍为零，收工劳动场所为零”的安全管理制度。具体防控措施如下：

（1）出工时的防控措施。罪犯手拉手，按互监组整队，报数，出监区（分监区）门；出门时带队民警进行查验身，检查是否带有违禁品、危险品（如打火机、烟等）进入劳动现场，并进行登记（时间、地点、人数、事由）；带队民警前堵后截，如需乘车仍按互监组实行四固定；行进途中罪犯小组长、监督员、小哨各司其职；进入劳动现场时再次点名。

（2）收工时的防控措施。清点劳动工具，回收并统一存放民警值班室，如发现损毁丢失情况，立即处理；按互监组整队、报数、离开劳动现场；离开劳动现场前进行查验身，主要检查物品包括：现金、香烟、绳索、刃具、尖锐物品等违禁物品，并登记；带队民警前堵后截；罪犯组长、小哨、监督员各司其职；进入监区（分监区）进行再次查验身、点名、报数。

4. 交接班。值班民警交接班时间，由于下班民警急于离开岗位和上班民警未掌握最新的情况变化，容易出现监控盲区，给罪犯脱逃或进行其他犯罪活动提供可乘之机。防控措施：①制定严格的交接班制度，对执行情况进行督查和检查，不得误岗和出现空岗。②应制作规范的值班记录，详细记录值班期间发生的重要事项及其处置情况。③严格执行交接班制度，并做到“三交清”：交清罪犯人数；交清重点控制对象所在位置；交清当班期间罪犯中发生的问题及处理情况和应注意的事项。④严禁值班民警在值班备勤期间进行与工作无关的一切活动。⑤注意交接班期间的异常情况，时刻警惕，确保民警自身安全和不发生监管安全事故。

5. 节假日等休息日。节假日、双休日是易发监管安全事故的重点时段，安全防控措施如下：①监狱领导制定部署节假日安保方案。②节前应进行监管安全隐患排查和安全检查，排查重点防控对象，清查各种危险品、违禁品。③落实领导带班和双人双岗值班制度，确保警力配备合理。④组织各种文体娱乐活动，充实和丰富罪犯节假日生活。⑤加强防暴巡逻，确保24小时不脱管、不失控。⑥确保监狱领导值班室、总值班室、管教值班室和监区值班室四级联动，严格落实报告制度，保证发生突发事件时通讯畅通，警力充足，反应快速，处置得当，行动迅速。

6. 特殊时期。特殊时期包括国家举办重大庆典、重大赛事或政治敏感时期等。监狱应高度重视这些特殊时期的安全稳定工作，加强各个环节的安全防控工作，稳定罪犯情绪，确保特殊时期监狱的安全稳定。具体防控措施如下：①严密部署安全保卫工作方案，树立“安全重如泰山，稳定压倒一切”责任意识。②进行监管安全大排查、大检查，强化对重点人员、重点部位和重要场所的管理，清查各种危险品、违禁品，特别应注意对四涉犯、邪教、法轮功罪犯及危害国家安全的罪犯进行重点排查与控制。③确保24小时不脱管、不失控。④做好罪犯教育和心理辅导工作，将危险因素降到最低。⑤加强人防、物防、技防及联防“四防一体化”工作，构筑内管、外警、群联的严密的安全防线，确保监狱的安全与稳定。

7. 异常气候。出现台风、暴雨、大雪、大雾、沙尘暴、高温、寒冷等异常气候时，是对监狱在异常恶劣气候下综合应对能力的考验，异常气候条件下，民警忙于解决恶劣环境带来的困难，与正常情况相比警力显得尤为紧张，此时往往容易产生隐患漏洞。防控措施如下：①制定风、雨、雷、电、雪等恶劣天气期间、自然灾害以及大面积、长时间停水停电期间应采取的措施和预案。②与地质、气象等部门建立联系制度，对地质、气象等灾害的监测手段、报告制度。③异常气候条件下监狱或监区加强对围墙、电网、排水沟、库房等重要和特殊场所的巡逻巡查措施，防止罪犯趁机逃脱。④确保异常气候时间段警戒设施完好，充分发挥物防、技防的作用。⑤夏季高温天气时加强晚上的查监查铺措施，对烦躁不安无法入眠的罪犯重点防控。⑥加强寒潮等异常气候出现时监狱疾病“易感人群”的防护措施，控制传染性疾病在监内大面积传播。

讨论材料

讨论材料 14　党的十九大期间某监狱安全保卫工作

为确保十九大期间监狱安全稳定，创造良好的社会环境，2017 年 9 月 30 日至十九大结束，某监狱进入安保戒备期，安全保卫措施具体如下：

1. 严格落实省局安保期间特殊措施。严格落实“四个暂时停止”“四个严格控制”“宵禁”“全时戒备” 等特殊措施。

“四个暂时停止”：暂时停止入监参观、采访活动；暂时停止各种类型的警示教育；暂时停止入监帮教活动；暂时停止罪犯调动、分流情况。

“四个严格控制”：严格控制外来人员进出监狱，对外来人员身份、人数严格核实，对外协人员的服装、证件等进行统一规范；严格控制出入监车辆，认真执行进监车辆由监狱职工代驾制度，严禁任何车辆在监内过夜；严格控制罪犯会见；严格控制罪犯外出就诊，外出就诊严格按规定配足警力。

加强“宵禁”：监狱在夜间封号及重点时段内实行戒严，进行定时不定时巡逻。

“全时戒备”：监狱成立应急处突分队，抽调科室、监区民警组成应急处突人员，于 2017 年 9 月 18 日上午到位，24 小时备勤，确保通讯畅通，监狱安排备勤车辆，全天候在监狱大门备勤。

2. 持续加大隐患排查整治力度。站在讲政治、顾大局的高度，对重点人员、重点环节、重点时段、重点设施和安全管理制度落实情况等开展一次全面、细致的排查活动，“列清单、定措施、实施整改”，确保不发生安全事故。

3. 突出抓好防罪犯脱逃工作。严格落实监狱长带头蹲点督查大门安检制度，加强对所有进出人员、车辆、物品一律安检，对监墙电网等安防设施的排查和管理，对电网老化、电网距围墙空隙较大及电网之间空隙较大等现象的检修和整改，严格落实民警双人持械上岗制度及其“犬防”措施，彻底清除各种脱逃隐患，严防罪犯从围墙脱逃。

4. 切实加强监狱内控外防工作。严格落实监管安全制度，对有脱逃史、特殊技能、暴恐活动等特殊经历等罪犯，对大门、围墙、劳动现场等重点部位，对违禁品、危险品等重点物品以及重点环节直接管控，杜绝一切环节的罪犯“放单”情况。严格落实外防工作，切实加大对监狱外围的管控力度。

5. 扎实做好突发事件应对工作。监狱与当地公安、武警、安全等部门建立情报信息沟通机制，共同做好防范工作，着眼于防暴狱、防劫狱、防袭警、防破坏、防渗透、防恐袭等事件，完善机制、完善预案、协调武警组织一到两次演练，确保处突工作的针对性和实效性。

6. 突出抓好教育改造工作。十九大戒备期间，要特别做好对“十必谈”罪犯、顽危犯、禁闭犯、少数民族罪犯的谈话工作，及时准确地掌握罪犯的思想动态，想方设法消除不利于改造的隐患。戒备期间，组织罪犯开展丰富多彩的文体活动和趣味游戏，创造宽松的改造环境，引导罪犯思想情绪，促使罪犯积极改造、安心改造。戒备期间要落实各项监管制度，特别是直接管理制度、互监组制度、重点罪犯包控制度。

7. 加强生活卫生管理工作。加强食品、药品溯源管理，严把进货关，做好食品留样、蔬菜农残检测，确保食品安全。加强卫生防疫管理，畅通罪犯就医绿色通道，确保有病罪犯及时得到有效治疗。

8. 加强安全工作管理，全力实现生产安全。建立并落实各级消防安全责任制，成立消防员专职队伍，加强消防安全知识培训及演练；消防安全重点部位（配电室、各种物资材料仓库、档案室、监舍、生产车间、医院病房等）制定防火制度、设置消防标志，配齐消防器材；制定消防应急预案，每月进行一次演练。定期不定期进行危险品、违禁品排查。对罪犯劳动现场进行定置管理，加强单岗作业和特殊作业现场管理。进行生产安全教育培训，安全操作规程上墙，完善罪犯劳动保护制度并落实，确保生产过程安全。

9. 积极做好信访维稳工作。畅通群众诉求渠道，加大情报信息搜集力度、初信初访办理力度，切实提高信访事项首问处理到位率和群众满意度。加强矛盾纠纷排查调处工作，确保问题不累积、矛盾不激化、人员不串联、信访不上行。

10. 严格落实请示报告制度。遇有逃脱、重大案件、重大生产事故、重大公共卫生事故等情况，要在第一时间按规定的程序上报，并按预案立即开展各项工作，对扣押、谎报、漏报、瞒报、迟报重大信息的要严肃处理，导致延误处置时机、造成严重后果的单位和人员，要依法严肃追究责任。

【分析点评】 该监狱广大民警旗帜鲜明讲政治、全力以赴保安全，党的十九大戒备期间，按照上级的安排，周密部署安保工作、严格落实安全稳定责任，以临战的姿态全身心地投入到安保工作中，确保了十九大期间无任何事故发生，为监狱持续安全稳定做出了重大贡献。

讨论材料15

某监狱罪犯张某（男，27岁，曾在部队服役5年，2016年10月25日因运输毒品罪被判处无期徒刑、剥夺政治权利终身，2017年1月18日入监），2017年5月2日上午8时20分，张某擅离劳动现场，趁驾驶员下车等候装货之机，强行驾驶一辆130型福田牌货车，冲破监狱隔离网和施工用的临时栅栏门（监狱临时出入门，专门给运输材料和施工人员进出，门是由监狱临时用锈黄色的钢板焊接而成的）后脱逃。

张某当过兵，还是优秀士兵，具有很强的侦查和反侦查能力。在入监1个月的时间内，便对监狱的围墙、隔离网、临时门等情况了如指掌。张某在周密计划，熟悉路线，对周围环境进行了仔细地观察后，选择利用进入监狱的装货车，在施工人员出入的高峰期，驾车强行撞倒监狱施工用的临时栅栏门实施脱逃。由此可见，该案件不仅具有预谋性（有准备），而且反侦查能力很强，所以给追捕带来了很大难度。

案发后，相关责任人副监区长马某和包干责任民警陈某，涉嫌失职致使在押人员脱逃罪，被追究刑事责任。

【讨论目的】 通过讨论，学生应掌握重点时段的防控措施及基层民警应尽的责任。

【讨论提示】 上述材料中该监狱在施工期间的安全防控措施有哪些漏洞？应如何整改？

讨论材料16

2009年3月1日晚7时40分左右，某监狱罪犯李某（被判无期徒刑）伙同罪犯张某（被判无期徒刑）趁监狱民警不备，2人偷偷潜入车间下水道隔离网处，用事先准备好的钢锯条（可能是从监狱生产车间内偷窃）将网锯断后通过下水道逃出。3月4日，策划这起越狱案的主犯李某被公安机关抓获，7月6日10时56分，在省公安厅刑侦局、市公安机关和武警支队等有关部门的积极支持配合下，将在押犯张某抓获。

事发时段属于在押人员的休息时间，显然2名案犯蓄谋已久。事后检查发现，监狱的下水道与外面街道下水道相连，且没有隔离措施。

【讨论目的】 通过讨论，学生应掌握重点人员、重点部位、重点时段防控要求。

【讨论提示】 本案例中存在的隐患漏洞是集重点人员、重点部位和重点时段于一起的综合性案例。从重点人员、重点部位、重点时段防控中存在的隐患漏洞、产生原因及整改措施进行分析。

学习任务 17 重点环节的防控

一、重点环节的确定

重点环节是指监狱管理环节中易产生罪犯脱逃、自杀等事故隐患的管理环节。实践中，重点环节主要包括：新犯入监、罪犯调遣、会见、就医（特别是到监外就医）、离监探亲、释放等。

二、重点环节的防控要求

（一）新入监罪犯的防控

对新入监罪犯进行安全检查是安全防控的重要环节之一，防止违禁品流入监内，造成安全事故隐患；新收监罪犯往往不适应监管改造环境，心理落差大，情绪不稳定，往往容易导致发生监管改造事故。防控措施如下：加强对罪犯的心理调适与教育疏导，缓解罪犯心理压力；组织入监教育培训，使罪犯从思想上认罪悔罪，遵守监规纪律；加强对罪犯的监管与控制，特别是防止牢头狱霸对新入监罪犯的打骂、欺压、侮辱等危害行为，给新入监罪犯创造比较宽松的改造环境；加强对新入监罪犯的安全排查与防控；在劳动安排上考虑新入监罪犯的劳动强度和心理承受能力，确保安全度过适应期，防止因不适应监狱生活导致监管改造事故发生。

（二）罪犯调遣环节的防控

罪犯调遣包括调遣过程中的防控及调入新的监狱或监区（分监区）后的防控措施。

1. 罪犯调遣过程中的防控措施如下：调犯前制定调犯方案，对可能出现的意外事件制定应急措施，实行预案管理；对重点罪犯布置防控措施；武警协作。车站转车时由武警控制制高点，所有罪犯全在视野和控制范围内，不留死角和盲区；转车选择小型车站，易于进行封闭控制，整个场地全封闭，全面戒严；与沿途停靠站点的公安、武警等部门保持联络，防范突发事件；做好车上温控、通风换气、伙食供应等工作，使罪犯情绪稳定。罪犯调遣环节应注意的事项：①加戴戒具；②民警配备武器，时刻保持警惕；③使用警灯、警报，武警开道；④十字路口要求罪犯低头、保持安静；⑤定时点名；⑥罪犯尽量不离开警车；⑦线路安全，途中遇修路、堵车绕行；⑧周围环境，如遇雾霾天气、路边有庄稼以及赶集等，应加强警戒；⑨按照规定，与接收单位办理交接手续，完成调遣任务。

2. 罪犯调入新的监狱或新的监区（分监区），会有一个熟悉新环境的过程，民警应注意观察新调入罪犯的情绪变化，适时对其进行教育疏导。

（三）罪犯会见环节的防控

会见是民警进一步掌握狱情信息的重要渠道，由于会见时人员多而且杂，因此，也是安全防控的重点环节。会见时，应采取以下防控措施：加强会见管理，严格审核会见人身份，严格检查会见手续，按照会见有关规定进行；对会见人携带物品进行严格检查；加强对会见过程的监听、监控；对重点控制罪犯的会见更应严密监控。

（四）罪犯就医环节的防控

罪犯就医，特别是到监外就医是罪犯脱逃隐患比较大的环节，对罪犯就医过程应严格控制，防止罪犯脱逃或凶杀案件发生。防控措施如下：对罪犯提出就医的要求应认真分析甄别，对确系生病的罪犯应及时给予治疗，但应特别注意对罪犯伪装疾病逃避劳动，甚至获得到监外的机会而伺机脱逃的防范；外出就医前，对看病罪犯搜身，检查罪犯囚服标志，加戴手铐，并由 3～5 名民警（其中一名必须是副科级以上领导）押送；看病往返途中，注意观察病犯动态，加强监控，防止罪犯实施脱逃、行凶等行为；就医过程中民警应全程监控，并坚持双人制度，注意观察病犯动态，能识别罪犯可疑言行，对其脱逃等危险行为能够及早控制。

（五）罪犯离监探亲环节的防控

罪犯离监探亲是激励罪犯积极改造、提高改造质量的重要有效手段。司法部印发的《关于加快推进司法行政改革的意见》提出，要贯彻“惩罚与改造相结合，以改造人为宗旨”的方针，树立治本安全观。离监探亲正是贯彻治本安全观这一理念的生动实践。根据司法部《罪犯离监探亲和特许离监规定》（司发通［2001］094 号）的规定，离监探亲应做好以下防控工作：

1. 符合离监探亲的条件：①原判有期徒刑以及原判死刑缓期二年执行、无期徒刑减为有期徒刑，执行有期徒刑 1/2 以上；②宽管级处遇；③服刑期间一贯表现好，离监后不致再危害社会；④探亲对象的常住地在监狱所在的省（区、市）行政区域范围内。

下列罪犯不允许离监探亲：①职务类、涉黑类、金融诈骗类、邪教类、涉恐类、涉毒类、危害国家安全类犯罪罪犯；②二次以上犯罪的罪犯；③涉嫌违规违纪正在审查的罪犯；④原告或被害人正在申诉的罪犯；⑤所犯罪行影响较大，容易引发社会反响或矛盾造成负面影响的罪犯；⑥其他思想不稳定或具有一定现实危险性的罪犯。

2. 严格离监探亲的手续。离监探亲罪犯的筛查，须经过逐级摸排、个人申报、社会外调、三级审核、公开公示等缜密环节，并报省局备案。符合离监探亲条件的罪犯应填写《罪犯离监探亲审批表》。

3. 离监探亲的要求。

（1）离监探亲3天，需要监狱向当地县级公安机关、社区矫正机关发放罪犯离监探亲《通知书》；罪犯填写《保证书》；家属签《担保书》；开具《罪犯离监探亲证明书》；离监前开展谈话和个别教育；离监探亲期间每天向当地派出所、司法所、服刑监狱电话报告情况；罪犯离监和返监必须由家属接送，罪犯可着便服。

（2）离监探亲1天，上午从监狱出发，晚上返回监狱。罪犯填写《保证书》；开具《罪犯离监探亲证明书》；离监前开展谈话和个别教育；途中至少派4名民警（其中1名必须是中层干部）押解罪犯，民警着警服并携带执法记录仪；罪犯一律着囚服。

《罪犯离监探亲和特许离监规定》，折射的是监狱践行治本安全观的开放姿态。2018年春节期间，共有27个省（自治区、直辖市）311所监狱999名罪犯离监探亲，全部按期安全返回监狱。离监探亲是监狱践行治本安全观、以多元处遇激励罪犯积极改造的重要方法之一。今后罪犯离监探亲制度将实现常态化。

（六）罪犯释放环节的防控

山西省晋城监狱5·23事件，警示我们，罪犯释放环节应做好以下防控工作：①了解罪犯犯罪历史、释放前动态，并进行严格的安全检查工作；②了解罪犯捕前从事的工作、社会影响，现实表现；③了解罪犯思想动态、与外界联系等；④制定释放预案，对仍未改造好的危险分子，如抗改、反政府的罪犯特别注意；⑤按程序向上级报告，高度重视、必要时请求警力支援；⑥特殊情况，相关部门召开会议，达成共识，统一指挥，实施预案，安全释放。

讨论案例

讨论案例 20

2006年6月3日凌晨5时30分许，某监狱监舍3楼13室罪犯伍某（抢劫罪，判处12年有期徒刑，2006年4月18日入监）因缺乏正确的改造观，入监不久便产生了严重的悲观厌世情绪，思想和行为过激，用4股共2米长的灰白色塑料包装绳吊在监室靠厕所位置窗口的铁护栏上上吊自杀。

2006年6月3日凌晨5时30分，某监狱某监区监舍3楼13室罪犯吴某发现同室罪犯伍某上吊自杀，吴某立即叫醒其他罪犯将伍某解救下来，并通过楼层罪犯值班员报告值班民警。值班民警接到报告后，立即向监区报告并立即组织罪犯将伍某送往医院进行抢救，经抢救脱离危险。

事故发生后，该监狱认真查找分析监狱安全防范工作中的漏洞，主要表现在以下几个方面：

1. 入监教育流于形式。入监教育既缺乏针对性，更缺乏实效性。

2. 排查工作不到位。对于伍某入监以来一直沉默寡言、性格孤僻、不合群的异常现象视而不见，监区只简单地认为这只是性格所致，并没有给予足够的重视。事后调查得知，伍某在2006年4月18日入监途中与同车的罪犯流露过“12年刑期怎么过”的悲观情绪，该犯自羁押之日始至自杀前，从未与家人会见和通信，入监后对新的环境产生的恐慌心理未能得到有针对性的教育疏导，该犯流露出的严重的悲观情绪也没有被及时掌握，使其自杀行为得逞。

3. 防控措施不到位。①搜身清查制度未落实。伍某所在的监区从事的是毛织生产，车间存在大量的包装绳、布条等危险物品。监区在出收工时没有采取针对性的措施进行严格的搜身和开展经常性的清仓检查，这使伍某有机会将包装绳带入监室并成功实施自杀。②对楼层罪犯值班员的监督力度不够。监狱要求楼层罪犯值班员夜间值班时每15分钟巡查1次，坐班民警对值班罪犯的巡查情况监督不够（监区当时没有安装监控设备）。③灯火管制不合理。夜间熄灯后，监室的所有用灯全部关闭，在楼道外很难看清楚监室里面的情况。

针对安全防范工作中存在的漏洞，制定了相应的整改措施：

1. 全体民警应强化监管安全意识教育，牢固树立监管安全的首位意识。

2. 加强入监教育，并针对罪犯的不良情绪和行为，适时运用心理分析、疏导教育的方法，加强对罪犯的思想教育力度。

3. 基层民警必须具备细致的观察、分析和判断能力，善于从蛛丝马迹中获取信息，特别是隐藏的信息，透过表面现象分析内在原因，真正做到见微知著，防微杜渐。

4. 严格落实各项监管安全制度和措施，包括加强对罪犯的搜身、清仓等工作，加强对异常狱情的搜集与处置。

5. 加强对“四个重点”的管控力度，加强耳目的物色、管理和使用。

6. 严格排查各种隐患和不稳定因素，加强管教基础工作，采取针对性的防控措施，确保监管安全。

【分析点评】 新入监罪犯存在绝望心理、焦虑抑郁心理、惧怕痛苦心理，因经受挫折和打击，相当一部分罪犯对生活失去信心，悲观消极，或者对社会存在不满，怨天尤人；有的罪犯狱内生活与原来生活落差巨大。在狱内，罪犯的人身自由被剥夺，痛苦感很强，罪犯心理压力大，难以很快适应狱内生活，存在潜在危险和现实危险的可能性。因此，对新入监罪犯，监狱应建立一套比较科学、系统、规范、有效的罪犯危险性评估体系，通过对新入监罪犯进行人身危险性的预测评估，检测罪犯人身危险性程度，确定具有较大或重大危险性的对象，进而采取有针对性的监管、教育、防控措施，才能确保监管安全的持续稳定和改造质量的稳步提升。

讨论案例 21

2016 年 5 月 23 日，某监狱罪犯程某刑满释放，数十辆豪车到场迎接，一万响鞭炮 36 盘，上百名社会闲杂人员列队在监狱门口的两边迎接。警界震撼，舆情重大。5 月 23 日当天，某监狱已经注意到门外聚集的众多社会人员，便临时决定调换释放顺序，将程某调至最后一名释放，并且曾让其电话联系家人，要求其家人将监狱外人员遣散，但这些人始终没有离开。随后，监狱方只得联系武警，将这些人员驱散。虽然该监狱采取了一定的安全防控措施，但程某的释放仍然造成了很大的社会影响。2017 年 7 月 13 日，程某因犯聚众扰乱社会秩序罪，被判处有期徒刑 5 年，法院将其犯故意伤害罪、非法买卖爆炸物罪、非法拘禁罪没有执行完毕的刑罚并罚，决定执行有期徒刑 6 年，2018 年 4 月 13 日上午，程某“高调出狱获刑”一案，二审维持宣判。

【讨论目的】 通过讨论，学生应掌握罪犯释放环节的安全防控措施。

【讨论提示】 分析该材料中罪犯释放环节存在哪些安全防控的漏洞，结合当前扫黑除恶专项活动，查阅资料谈谈如何做好罪犯释放环节的安全防控工作。

讨论案例 22

2008 年，北京某监狱调遣 69 名罪犯到山西某监狱服刑改造，该监狱从制定罪犯调遣押解方案、警力配备、调遣押解途中的安全防控以及其他安全保障等方面作了详细部署和安排，圆满完成了罪犯调遣押解任务。

【讨论目的】通过讨论，学生应掌握罪犯调遣押解环节的防控措施。

【讨论提示】还原该监狱在罪犯调遣中采取的防控措施。

考核与评价

【考核内容】

1. 罪犯常某经常违反监规纪律，多次受到罪犯小组长的批评，常某怀恨在心，扬言要对罪犯小组长进行报复，并私自将一根小铁棒带入监舍。为了防止常某实施行凶报复行为，应采取什么措施加以控制？

2. 某日，某监狱某监区新收20名罪犯入监，这些罪犯送到监狱时带了一些物品，包括：内衣、现金、打火机、绳索、小剪子、小刀、收音机、手机、小镜子、洗漱用品。如果你是入监监区民警，如何检查与处理，防控违禁品流入？

3. 罪犯王某，因抢劫罪被判处有期徒刑12年。该犯入狱后预谋脱逃未遂，被关押禁闭。解除禁闭后王某被安置在监狱内看小门，担任安全岗。该犯私自配制了谈话室的钥匙，勾结2名罪犯，利用谈话室作为据点，将1名值班民警骗入房内杀害。王某与另一名罪犯身着警服及警用大衣于当晚9点混出监狱大门脱逃。该案例中，在重点部位的安全监管方面存在哪些隐患漏洞？

4. 一日出工列队时，齐某与陈某发生争执，带队民警解决二者争执问题，安排罪犯小组长进行搜身检查，分析出工时段的安全防控存在哪些漏洞？

【考核评价】

1. 评价学生对行凶性危险罪犯的防控措施是否具体到位。
2. 评价学生是否根据新入监罪犯违禁品防控要求进行检查和处理。
3. 评价学生对重点部位安全隐患和管理漏洞的分析是否正确。
4. 评价学生对出收工安全检查与管理措施是否正确、得当。

拓展训练

观摩或参与监狱对罪犯违禁品检查，参观监狱重点部位防控措施。

学习单元5 联　防

学习目标

● 了解监狱与武警、监狱与公安机关、监狱与社区联防的内容；掌握监狱与武警、监狱与公安机关联防的实施。

学习重点

● 监狱与公安机关联防、监狱与武警“三共”建设的实施。

学习任务18　监狱与武警联防

一、监狱、武警部队“三共”建设

（一）“三共”建设活动目标

监狱应当与驻监武警部队开展“共建、共管、共保安全”活动，监狱防暴队要与驻监武警部队建立联动机制，明确协同配合权责，根据罪犯脱逃、行凶等不同事件制定完善处置预案，并定期开展协同配合演练，提高监狱处置突发事件的能力。具体目标要求：①组织领导有力。双方各级领导对“三共”活动高度重视，措施得力，活动有组织，开展有计划，落实有目标。②活动开展频繁。制度落实，形式多样，方法灵活，成效明显。③协调配合密切。双方关系融洽，配合密切，遇有问题相互协商，遇有情况主动协调，遇有困难积极帮助。④队伍建设过硬。两支队伍素质高，精神面貌好；爱岗敬业，遵纪守法；业务素质高，履行职责好；思想作风过硬，工作作风扎实。⑤设施基本完善。监管、执勤设施逐步完善配套，坚持定期维修保养；生活设施逐步改善，监狱和武警部队环境整洁。⑥安全无事故。监狱和武警部队内部安全稳定，不发生监管、执勤事故。

（二）“三共”建设组织机构

监狱与驻监武警部队联合成立“三共”活动领导小组。组长由监狱长担任，副组长由分管改造的监狱领导和驻监武警部队领导担任，成员由刑罚执行、狱政管理、狱内侦查、教育、政工、办公、调度等部门主要负责人与驻监武警部队各部门的领导组成。

（三）“三共”建设活动内容

1. 坚持思想共建，优势互补。突出加强思想政治建设、业务素质建设、规章制度建设，不断提高双方的整体建设水平。加强思想政治建设和艰苦奋斗、无私奉献的光荣传统教育，使监狱和武警官兵具有较高的政治觉悟和良好的职业道德，忠诚履行维护社会稳定的神圣使命。加强业务素质建设，强化法律法规学习和军事业务训练，提高双方依法、文明管理和执勤能力。加强规章制度建设，针对内管外警存在的突出问题，依据政策、法律，建立健全相应的规章制度，制定具体措施，密切协同配合，更好地发挥整体效益。加强设施建设，积极争取地方政府的支持，监狱把武警看押部队的执勤、生活设施纳入监狱的总体发展规划，逐步改善执勤和生活条件。

2. 坚持队伍共管，相互监督。加强对监狱民警和武警战士的管理，促进各项制度的落实，形成合力。完善监狱与武警部队“相互监督、相互促进”的共管机制。监狱民警监督武警看押部队哨兵执勤、干部查勤和官兵遵守纪律等情况；武警看押部队官兵监督监狱民警遵章守纪等情况，发现问题，及时提醒，使双方的工作、学习和生活正规有序。加强对监管设施、武警执勤设施和生活设施的共同管理与建设，监狱定期对监管（监墙、电网、照明、监控）、执勤（岗楼、报警、通讯）和生活（营房营具）等设施进行检修和保养，武警看押部队负责搞好日常维护。加强相互联系和联防工作，建立有效的协调配合机制，经常互通情况信息，及时研究和修订执勤方案，定期搞好协同演练，不断提高处置突发事件（防逃制逃）的能力。

3. 坚持安全共保，责任共担。突出“四防一体化”建设，着力提升监狱安全防范的技术装备水平和应急处突能力。随着监狱信息化建设的不断发展，监狱要与驻监武警部队突出围绕“四防一体化”建设，构建互联互动的网上监控、网上报警、网上指挥系统，逐步实现基层监狱与驻监武警部队和上级监狱管理机关的联网互动。监狱管理机关要与武警总队实现联网和司法部实现联网，最终使监狱与武警双方真正做到资源信息共享、监管勤务互补。从而充分发挥信息化建设的作用，提高监狱安全防范的技术装备水平、应急处突能力和远程指挥能力。

2015年司法部武警部队监狱安全工作会议精神要求，进一步深化“三共”活动，完善“八联”机制，即两警队伍联建、勤务联管、矛盾联调、隐患联治、情况联处、演训联抓、考评联组、平安联创。

司法部与武警部队联手推进监管执勤模式改革，进一步完善监墙安全警戒设施，落实监门武警勤务值班和备勤制度，武警值班室配备摄像机和视频矩阵等电子设备，实现对所有哨位、监墙周界、要害部位、观察死角的情况实施全时全域监控。

总之，通过深化“三共”活动，完善“八联”机制，增强两警之间的合力，共同维护和确保监狱的持续安全稳定。

二、武装警戒的实施

人民武装警察部队的具体职责通常是通过执行监区警戒、劳动区警戒、武装押解、武装追捕等勤务的形式来实施的。

（一）监区警戒

监区警戒是对监狱区域外围实施的一种武装警戒活动。其任务是：控制监狱大门、围墙，防范和打击罪犯暴动、行凶、逃跑和敌对分子袭击监狱场所、劫夺罪犯等活动。根据监区位置固定、罪犯集中、易于闹事等特点，通常沿目标周围的复杂地段、出入口、制高点等要害部位布设监墙哨、监门哨、游动哨等实施外围警戒，并按规定处置可能发生的情况。

1. 出入监狱的人员手续不符合规定或者形迹可疑时，应当查明情况，交监狱民警处理。

2. 罪犯向执勤武警寻衅时，应当口头警告；警告无效时，报告监狱民警或者上级处理。

3. 发现罪犯脱逃，必须立即警告制止，迅速报警；警告无效时，按照规定使用武器。指挥员迅速组织追捕。罪犯行凶或者聚众斗殴时，必须立即警告制止，及时报告监狱民警和上级处理。

4. 出现罪犯骚乱、暴乱征兆时，应当立即报告上级和监管部门，加强警戒。罪犯发生骚乱、暴乱时，指挥员迅速组织兵力，占领有利地形，对罪犯实施严密控制，协同监狱进行政治瓦解。必要时，按照规定使用警械、武器，打击首要分子，平息事态。

5. 哨位附近发生违法犯罪活动时，应当警告制止，及时报告。指挥员迅速组织兵力处置。

6. 遭到暴力袭击或者发现犯罪分子劫夺罪犯时，必须坚决反击，迅速报告；同时，严密控制监内罪犯，防止里应外合。指挥员迅速组织兵力，控制执勤目标，捕歼犯罪分子。

7. 执勤目标发生灾害或者事故时，应当及时报警，加强警戒，防止罪犯脱逃、骚乱、暴乱和犯罪分子趁机破坏。必要时，协助监狱将罪犯转移到安全地点，并严加看押。

（二）劳动区警戒

劳动区警戒是对罪犯生产劳动现场实施的外围武装警戒活动。执勤人员在罪犯外出劳动时必须做到“五清”，即劳动现场清楚、警戒区地形地物清楚、罪犯劳动项目清楚、罪犯出工人数清楚、交接手续清楚。警戒设施配备齐全，值班监狱民警到位，方可押解出工。劳动区警戒的具体实施要求是：

1. 建立劳动区警戒区域。罪犯离开监区到生产场地劳动，要建立临时警戒区域，通常情况下，临时警戒区范围不超过150米×150米，在地形复杂的劳动区或天气不好的情况下，应适当缩小范围。警戒区域四周设立警戒标志，并设四角固定哨和游动领班哨，也可设四周游动哨或制高点哨，哨位间应形成对角线互相关照。哨位距警戒线不少于15米。罪犯有事找执勤武警时，必须放下手中的工具，在5米外止步报告。

2. 加强罪犯出收工途中警戒。罪犯出工、收工徒步往返时，执勤武警可视情况采取前三角、后三角、两翼或前后两翼等不同押解形式，实施途中警戒，同时严格要求罪犯按规定队形和线路行进。行进途中，哨兵与罪犯应保持适当距离，通常为30米，以防罪犯袭击。罪犯乘交通工具上下车时，执勤武警应要求罪犯按照指定位置坐（蹲）下，并根据罪犯的活动位置布设执勤哨位。

3. 时刻保持信息联络畅通。由于外出劳动，远离监区，所以信息传递就是劳动区警戒的一个重要问题。因此，执勤武警必须配备现代化的通讯器材和交通工具，保障信息传递畅通无阻。

4. 积极为监狱生产服务。劳动区警戒是全部警戒活动中直接为监狱生产服务的一部分，因此，执勤武警要与带队劳动的监狱民警密切配合，确因农忙季节或生产急需，在保证安全的情况下，可以适当延长生产时间和适当扩大劳动区范围，保证监狱生产的顺利进行。

（三）武装押解

武装押解是指在罪犯转移关押场所、追捕逃犯归案以及狱外劳动途中的武装警戒活动。其任务是，担负途中警戒，严防罪犯逃跑、自杀、行凶、暴乱和不法分子侵袭、劫夺罪犯，保证将罪犯安全押送到目的地。

押解单个或者少量罪犯时，通常派出押解组；押解成批罪犯时，通常编成押解组、警戒组、机动组和指挥保障组。押解兵力配备不少于押犯的20%。押解方式包括：

1. 徒步押解。押解单个或者少量罪犯时，押解人员在罪犯身后跟进；押解成批罪犯时，酌情在罪犯四周布设警戒。

2. 乘汽车押解。与旅客混乘押解时，要将罪犯安排在便于控制的位置，押解人员位于罪犯一侧或者侧后；单车押解时，应当使用专用囚车，押解人员与罪犯隔离乘坐；使用其他车辆时，应当在车厢四角布设警戒，并选派人员与司机并坐；车队押解时，押解人员应当与罪犯分乘车辆，实行分段控制或者首尾控制。

3. 乘火车押解。与旅客混乘押解时，将罪犯置于车厢一端，押解人员布设在靠近车窗、车门和便于控制的位置；乘专列或者包车厢押解时，通常在车厢两端门外设哨。

4. 乘船押解。与旅客混乘押解时，将罪犯安排在便于控制的位置，押解人员位于罪犯一侧或者侧后；包船（舱）押解时，通常在舱门外设哨。

5. 乘飞机押解。与旅客混乘押解时，将罪犯安排在离窗口、紧急出口、驾驶舱较远的位置，押解人员位于罪犯两侧；乘专机押解时，对罪犯要实行分块分条控制，并加强对机舱前后两端、窗口和出口的控制。

通过复杂地形和治安秩序混乱地区时，应当加强警戒；押解途中停留时，应当部署外围警戒。

（四）武装追捕

武装追捕是人民武装警察部队协助监狱追踪抓捕脱逃罪犯的警戒活动。其任务是：配合监狱追击、堵截、搜寻和抓捕逃犯，防止罪犯脱逃、拒捕和行凶，有效地将捕获的罪犯押解收监。具体实施要求是：当发生罪犯脱逃时，武警看押部队均要按照监狱的要求，在确保固定目标安全的前提下，积极派兵力协助监狱实施追捕；对未及时抓获已由监狱移交公安机关追捕的逃犯，武警看押部队不再担负长时间、远距离追捕勤务。

讨论案例

讨论案例 23

2014 年 9 月 2 日上午 9 时许，某监狱八监区民警组织罪犯到监狱医院看病。途中，王（因抢劫罪被判无期徒刑）、李（因盗窃罪被判有期徒刑 10 年）二犯突然从队伍中窜出，冲向正在清理垃圾的车辆，将一名民警打伤，劫持清理垃圾的车辆，用武力威胁司机迅速冲向监狱二门。另一名民警迅速将劫持人质事件向监狱指挥中心报告，监狱指挥中心向监狱领导报告。监狱领导在部署启动反劫持人质预案的同时，向上级领导报告。武警值班民警向中队报告，中队领导迅速赶赴监区。监狱成立了监狱、武警联合指挥部，共同研究制定作战方案。由武警两个中队封控监墙和监门，进行武力威慑；监区民警迅速收拢罪犯，清点人数，加强管控。在监狱与武警中队的协作配合下，按照劫狱事件“控制—劝降—武攻”的应急处置流程，成功解救了人质，抓获了罪犯。

【分析点评】这是一起由监狱和武警联防共同处置狱内劫持人质的成功案例。在发生狱内劫持人质事件后，监狱与武警第一时间成立了联合指挥中心，共同研究作战方案，发挥各自优势。通过武警武力威慑，监狱民警的管理、教育疏导，最后成功地解救了人质，同时保证了在狱内发生劫持事件时，监管秩序的安全与稳定。体现了监狱与武警联防的强大合力，提高了监狱应对突发事件的战斗力。

讨论案例24

四川省某监狱联合该市公安局、交通局、市武警支队、周边社区组织成功开展了一次“处置罪犯强行冲监脱逃实战演练”。

某监区罪犯王某、张某2人约在10分钟前冒充监狱民警强行冲监脱逃。监狱长在接到报警后，立即拉响警报，启动应急预案，整个联合演练正式开始。

8时59分总指挥部指挥中心内各项工作井然有序地展开：下达集结指令、听取案情汇报、赶制协查通报、布置追捕任务……短短几分钟时间，监狱、市公安局、市交通局、武警支队、社区组织联合处置监狱重大突发事件工作机制迅速启动。监狱参战民警和社区组织人员，第一时间到达各路口设卡；市公安局在接到监狱的协查通报后，立即在公安通缉网络上发布了《通缉令》和监狱协查通报；各县区公安局、交警支队、刑警支队、技侦支队及公路巡逻中队、派出所立刻启动处置监狱罪犯脱逃预案，张贴《通缉令》，实施交通管制，加强路面巡逻；该市交通局立即在全市各车站、码头张贴协查通报，动员并发动公交司机、出租车驾驶员提供线索；武警支队向监狱增派武警战士和装备，及时协助驻监武警中队全力配合监狱开展追捕工作；该市公安局技侦支队根据监狱提供的线索，用技侦手段锁定了逃犯具体位置，顺藤摸瓜，由监狱、公安、交通和武警联合行动，将其一举擒获。9时50分，民警在一早餐店将另一逃犯抓获。

这是该监狱历史上规模最大、涉及面最广的一次演练，共出动参战人员320余人，车辆60余台。监狱追捕逃犯除需要与武警、社区联防以外，还需要与公安、交通等部门的协作与配合，需要广大人民群众的支持，充分证明监狱与社会相关部门的联防与联动，才能共保一方平安，共建和谐社会。

【讨论目的】通过讨论，学生应掌握监狱与武警部队“三共建设”的内容。

【讨论提示】分小组讨论，总结上述演练的成功之处。

讨论案例25

郑某，因抢劫罪被判死刑缓期二年执行，在某监狱服刑。1994年，他趁保外就医机会脱逃。

当地警方随即组织搜捕行动，再次成功抓捕郑某。但在火车押送时，郑某趁押解民警不注意之时，戴着脚镣手铐，翻出火车车窗，消失在茫茫沙漠中。

郑某逃脱后，先后抢劫作案6起。2003年3月4日，郑某把一女青年梅某骗到自己的租赁房，捆绑后逼问出密码，抢走9万余元现金和价值1万元的首饰，然后，他用领带将其勒死，肢解后掩埋在大树下；2005年4月14日，郑某伙同李某和邓某采用相同的方法抢走罗某 1.4 万元，并将其用领带勒死再分尸掩埋；等等。

【讨论目的】 通过讨论，学生应掌握押解类型及押解途中的安全要求。

【讨论提示】 对危险犯的押解应制定押解方案，不同的押解方法应注意不同的安全要求。从押解中存在的隐患漏洞、产生原因及整改措施分析此案例。

学习任务 19 监狱与社区（村镇）联防

监狱的工作，需要地方党委和政府的支持，需要人民群众的支持与协助。社区（村镇）联防或群众联防是监狱安全的第三道防线。

一、建立联防组织，加强联防工作领导

监狱和武装看押部队应当在当地党委和政府的支持下，与驻地周围的社会单位建立联防组织，由监狱的狱政管理部门牵头，各联防单位派员参加，组成统一的联防指挥机构，制定联席会议制度，定期召开联防会议，互通情报，研究对策。发生情况时，统一指挥，协调行动，有条不紊地进行联防活动。

二、制定联防方案，落实联防措施，开展联防活动

制定联防方案。根据监管工作需要和防范的重点，由联防机构共同研究，制定联防方案。联防方案的内容应当包括联防单位的分工和任务范围、联络方式、应急措施等。联防方案的制定应当考虑监狱和联防单位的实际、地理环境和交通条件，做到分工明确、联络畅通、措施到位。联防方案根据侧重点的不同，可分为防脱逃的联防方案、防暴狱的联防方案、防劫狱的联防方案等。联防方案一经研究通过，各联防单位必须切实遵照执行。

定期召开联防会议。监狱应当邀请武警部队、当地驻军、人武部门、兵团组织，当地公安局、车站派出所等治安管理部门，当地监狱、检察院、法院等司法部门，周边乡镇、街道办事处、村（居）民委员会，周边工矿企事业单位以及其他单位、组织负责人参加联防会议。联防会议的内容包括：监狱通报狱情、犯情动态；公安部门介绍驻地的社会治安状况和监狱周围防范重点；驻监武警部队安排警民共建联防的有关事宜；联席会议人员提议；制定警民联防方案；签订《警民联防协议书》。

组织开展专项联防演习，以检验联防方案是否可行及提高联防能力。监狱狱政管理部门应加强对警民联防措施的督促、检查，与各联防组织经常沟通，保持联系，保证警民联防工作顺利进行，落到实处。

监狱对在警民联防工作中表现突出或做出显著贡献的机关、团体、企事业单位、基层组织和个人，应当给予表彰和奖励；监狱对落实联防方案不力，未履行警民联防协议的，应提出批评和整改建议；造成严重后果的，依法追究责任。

密切警民关系，做好宣传工作。一方面，监狱要积极参与地方社会治安综合治理工作，配合当地政府、公安机关开展群防群治工作，维护监狱周围地区的社会治安。同时，要多为监狱周围的群众办好事、办实事，开展警民共建等活动，加强警民联系，密切警民关系，提高群众参与联防工作的自觉性。另一方面，监狱要积极做好宣传工作，主要内容包括：监区、作业区周围的机关、团体、企事业单位、城乡基层组织应当遵守监区、作业区的安全警戒规定，其各项活动不得对监区、作业区的安全警戒工作带来障碍。

完善接茬帮教体系，实现无缝对接。一方面，帮教机构或帮教小组通过与监狱进行沟通协调，对家庭经济困难或家庭有变故的罪犯，及时了解其心理动态，确立应重点帮教的对象，深入监狱，有针对性地开展帮教活动，为他们解决一些实际问题，促使他们认罪服法、积极改造，为顺利回归打下基础。另一方面，罪犯释放后，与当地相关部门建立联系，对释放罪犯进行进一步的矫正教育，巩固监狱教育改造罪犯成果，达到降低刑释人员重新违法犯罪率的目的，实现社会的安全与稳定。

讨论材料

讨论材料 17

韩雅琴，现已年过八旬，第十三冶金公司退休女工，积极参与社会治安综合治理与刑释解教人员的接茬帮教、安置就业工作。从 1983 年至 2011 年连续 28 年的安置帮教中，她共接收刑释解教人员 449 人，为维护社会稳定做出了突出贡献。

1983 年的一天早晨，4 个蓬头垢面、饥寒交迫的孩子来到韩雅琴带领几位下岗姐妹创办的英辉公司小吃店早餐摊位前，说几天没吃饭了，想讨口饭吃。她看着这些脏兮兮、饥肠辘辘的流浪儿，同情之心油然而生，便让他们饱饱地吃了一顿。第二天，这几个孩子又来了，说他们刚从太原新店劳教所出来，都是父母离异后没人管的孩子。其中一个孩子说："阿姨，你不收留我们，我们就拿砖头砸银行的玻璃去。这样，警察就来抓我们，我们进了劳教所，就有吃有住了。"听了这些话，韩雅琴急了："千万不能这样，阿姨帮你们想办法……"话还没说完，4 个孩子"扑通"一声跪在地下，异口同声地叫着："妈妈，留下我们吧，我们还能干活。"孩子们的哭喊让人心痛，她一下子把几个孩子搂入怀中，告诉他们："你们想叫我妈妈就叫吧，妈妈收下你们啦。"

接收容易养育难。一下子收留了4个“儿子”，小饭店的职工都有意见，说小饭店不要说挣钱，光他们吃都不够。韩雅琴心里也很着急，边做姐妹们的工作，边给孩子们说，你们认我做妈妈，就得听妈妈的话。她下决心，要带领孩子们养成劳动习惯，学会生存技能，做一个自食其力的人。当时，正赶上十三冶居民小区煤气改造，各家各户都在拆除炉灶，大量的砖头堆在外边，而小区人行道都是土路，韩雅琴决定带领儿子们动手硬化这些马路。他们拉车捡回这些砖，又一块块铺在马路上。这样一干就是半年多，让十三冶居民小区及其附近街道的道路都硬化起来。居民出行方便多了，这事在周围群众中产生了良好的影响，十三冶的领导也被他们的行为所感动，主动研究决定给予6万元的经济补偿。当孩子们得知这是他们辛勤劳动赚来的第一笔收入时，禁不住流下激动的泪水。

6万元钱，成为韩雅琴安置帮教工作的启动资金。接着，她和孩子们成立了劳动服务队。在最初几年时间里，帮医院建太平房、掏大粪、陪侍病人，别人不愿意干的他们都干，慢慢有了一定的积累。可是随着主动找来投靠的解除劳教、刑满释放的青少年越来越多，到2001年已增至40多人，救助安置的担子更重了。如何扩大安置能力，不让孩子们重蹈覆辙？发展多种经营可以安置更多的人，然而要搞好多种经营，就得培养孩子们的劳动技能。韩雅琴到处联系，把素质较好的孩子送去学烹饪，学电器修理，帮助他们创业自立。

为了让“儿子”们有安定的家，顺利走上自食其力、重新做人的光明之路，韩雅琴先后开办了理发店、修理店、饭店等十几个门店。截至2008年底，英辉集团所属公司包括农林场、饮食、服务、电器修理等企业，职工高达1058人，其中刑释青少年313人，年营业额达7000多万元，上缴利税近500万元。

随着帮教人员不断增加和帮教事业的扩大，韩雅琴把英辉建安公司改为山西英辉安置帮教基地。韩雅琴，很多人都亲切地称她为“韩妈妈”。大爱无言，韩雅琴用最平凡的母爱帮助着一个个偏离人生坐标的青年重新扬起迈向新生活的风帆。

【分析点评】降低刑释人员重新违法犯罪率，巩固监狱改造罪犯成果，是一项系统的社会工程，需要政府的支持、社会的帮助，需要建立社区安置帮教与无缝对接机制，实现“帮教安置有组织、工作保障有经费、生活居住有房子、创业经商有路子、就业安置有岗位、学习培训有基地、长效管理有机制”的目标，发挥刑释人员一技之长，自食其力，融入社会，才能实现监狱持续的安全与社会的和谐发展。

在韩雅琴事迹的带动和影响下，太原市杏花岭区社会治安综合治理工作在创新中发展，社区与驻地监狱的接茬帮教、安置就业、联防机制在进一步完善，共管、共建、共保安全活动也取得了可喜成就。

讨论材料 18

2014 年 8 月 6 日，南山区居委会等社区联防组织一行十多人走进监狱，开展“万人帮教拯救灵魂，无缝对接携手共建”主题帮教活动。此次主题帮教活动的具体内容：①与监狱签订联防与帮教协议；②现场进行法律咨询，签订法律援助协议；③解决罪犯的实际困难，选送 10 名因为家庭特别困难而辍学的罪犯子女到希望学校就读；④进行“亲人的期盼，社会的召唤”帮教演讲。此次帮教活动在罪犯中产生了强烈的反响，某罪犯表示要用感恩的心踏实改造，回报亲人和社会。

【讨论目的】通过讨论，学生应掌握监狱与社区联防的功能。

【讨论提示】了解监狱与社区建立的联防组织，重点分析社区联防组织在维护监狱安全，促进罪犯改造，提高改造质量，降低重新犯罪率等方面的作用。

讨论材料 19

“劳改犯的孩子”，这样的处境对于那些未成年的孩子来说难以承受。调查显示，罪犯家庭的“留守儿童”因为在家缺乏父母关爱，在学校受到老师、同学的歧视，极易养成孤僻、偏执的性格，仇视社会的心理也不断增强。

为了使在监狱服刑改造的罪犯能够安心改造，不再担心无人照顾的儿女，某市成立了希望学校，收留了父母都服刑的孩子，给他们常人的生活，让他们上学，体会到社会大家庭的温暖。感化了在监狱服刑的父母，增强了改造的信息，感到了社会的温暖，看到了新生的希望。

把罪犯的“留守儿童”纳入当地政府的社会保障机制，对于生活确有困难的家庭，在上学、生活等方面予以扶助和减免费用，同时要出台相关政策，鼓励社会帮教企业更多地承担起帮扶罪犯“留守儿童”的责任，既能给他们幼小的心灵送去社会的关爱和温暖，避免形成不良人格，又能解决罪犯服刑期间的实际困难，激发改造的积极性，消除不安全不稳定因素，维护监狱的安全稳定。

【讨论目的】通过讨论，学生应了解社区联防组织在监狱安全防范中的作用。

【讨论提示】结合本案例，谈谈社区联防组织在监狱安全防范中能够发挥哪些作用?

学习任务20　监狱与相关部门联防

一、监狱与国家安全机关联防

（一）联防的功能

1. 教育改造法轮功邪教类罪犯，维护国家安全稳定。监狱关押着法轮功及邪教类罪犯，属于危害国家安全的罪犯。法轮功罪犯或具有较强的反党反社会性，或对法轮功痴迷，思想上已是根深蒂固。监狱对法轮功和邪教类罪犯的教育转化有一定难度。一方面，法轮功罪犯歪理邪说的“理论”已有一定“水平”；另一方面，目前法轮功罪犯中有一半以上为“二进宫”犯，思想极其顽固，教育转化难度比较大。

监狱与国家安全机关建立联防机制，由国家安全部门对监狱民警就国际国内安全形势、教育转化法轮功邪教类业务知识进行培训，提高教育理论水平，提高对法轮功等邪教类罪犯的教育转化效果。

2. 恐怖犯罪在国内一些地区出现，监狱面临的不安全因素加大。由于恐怖犯罪的特殊性，其精神控制使人变成了机器，精神属于神，肉体不属于世俗。对恐怖罪犯的改造，监狱还缺乏经验，今后监狱面临的安全任务非常艰巨。一方面，监狱应学习吸收国际上成功改造恐怖罪犯的经验，结合我国的国情，摸索我国监狱改造恐怖罪犯的做法。另一方面，需要国家安全部门给监狱提供相关信息，如监狱如何预防恐怖分子对监狱的冲击，以及与监狱共同研究应对不法分子冲击的方案与措施，确保监狱的安全稳定。

（二）联防的实施

建立联防组织，加强联防工作领导。监狱应当在当地党委和政府的支持下，与国家安全等有关部门建立联防组织，由监狱局牵头，各监狱与地方安全机构（610）建立联防组织，制定联席会议制度，定期召开联防会议，互通情报，研究对策。制定联防方案，落实联防措施，开展联防活动。

1. 制定联防方案。根据监管工作需要和防范的重点，由联防机构共同研究，制定联防方案。联防方案的内容应当包括联防单位的分工和任务范围、联络方式、应急措施等。联防方案的制定应当考虑监狱和联防单位的实际、地理环境和交通条件，做到分工明确、联络畅通、措施到位。具体内容包括：定期召开联防会议，互通情报，交流法轮功罪犯教育转化情况、法轮功罪犯刑满释放时的接收等问题。

2. 定期召开联防会议。监狱应邀请安全机构或安全组织机关、地方政府、地方公安部门参加联防会议。每年定期召开联防会议，联防会议的内容包括：由安全部门向监狱民警通报国际、国内安全形势，法轮功和邪教类犯罪形势；监狱向安全部门通报转化法轮功及邪教类罪犯的方式、方法、经验，出现的新情况、新问题以及防控其他不法分子冲击或破坏监狱的防范措施；等等。

3. 组织开展联防活动，提高联防能力。监狱应加强对联防措施的督促、检查，与各联防组织经常沟通，保持联系，保证联防工作顺利进行，落到实处。监狱每月向监狱局汇报法轮功及邪教类罪犯教育转化情况，不断提高教育理论水平，力争法轮功和邪教类罪犯转化率达到80%。安全机构（610）每年到监狱进行回访，了解法轮功及邪教人员在监狱的思想转化、行为表现等情况，对监狱教育转化法轮功及邪教类人员提供支持与帮助。

监狱对在联防工作中表现突出，或做出显著贡献的安全组织和个人，应当给予表彰和奖励；监狱对落实联防方案不力，未履行联防协议的，应提出批评和整改建议；造成严重后果的，依法追究责任。

二、监狱与公安机关联防

监狱与公安机关联防，开展全方位、深层次的业务合作，实现资源共享、优势互补、协同作战、共保安全，为维护监狱和地方安全稳定筑牢坚固屏障。

（一）警务共建

公安机关在监狱监管集中区设立驻监公安警务工作站，按照治安巡逻点要求对监狱外围墙周边进行日常巡逻；与监狱每月定期召开联席会议，共同研判、处置影响监狱及周边安全稳定的相关事宜。

（二）信息共享

公安机关在监狱周边主要道路增设高清探头，纳入“天网”工程视频监控系统，并将相关监控接入监狱指挥中心，实现监狱指挥中心对监狱周边的实时监控；协助监狱对在押“三假”罪犯身份甄别，在监狱安装身份信息核查系统，授权监狱对临时进监的公民和办理罪犯解回重审的警员进行身份信息核实。

（三）联防联动

公安机关为监狱在狱内侦查破案或查处违规品、违禁品和危险品等重大违纪时提供技术支持，及时受理监狱移交的社会人员向狱内传递、抛投违规品违禁品和危险品线索，并依法依规调查处理；为监狱进行规模调犯提供力量增援，协助进行周边秩序警戒；对监狱发生罪犯脱逃、聚众围攻等突发事件时，迅速响应并协助处置。

（四）共同防控与处置暴恐袭击事件

国际国内形势日益复杂多变，暴恐活动已由新疆部分地区向内地蔓延。作为国家机关和国家政权象征的监狱，今后将很可能成为暴恐分子袭击的重要目标。

因此，监狱机关领导和广大民警应高度警觉和重视，并采取切实有效的措施，做好防暴恐袭击的各项准备工作。①强化联防联控。应建立监狱及其武警看押部队与附近驻军、地方公安机关，城乡基层组织以及人民群众联合组成的保障监狱安全稳定的联防联控体制机制，一旦发生劫狱冲狱袭狱尤其是暴恐活动，立即启动应急预案，迅速平息事态。②加强巡防巡控。监狱与驻监武警部队、地方公安机关联合组建一支机动力量，加强对监狱周边的日常巡防巡控，以及时发现、制止可能发生的暴恐活动，如遇暴恐分子作案可以直接开枪将其击毙。③强化实战训练。应加强对民警的反恐常识教育和业务培训，使之了解反恐斗争形势以及暴恐袭击的手段、方式，了解暴恐分子的行为特点、“圣战”标志以及管制器具和易制爆物品种类，切实增强反恐防恐的警惕性、警觉性，提高识别发现能力。应重点加强枪械、防暴器材操作使用、单兵警务技能、疏散封控、自我防护、战伤救治等实战技能训练，研究应对刀斧砍杀、驾车冲撞、纵火焚烧、爆炸破坏等暴恐袭击的有效战法。

一旦发生暴恐袭击事件要做到：①判明性质。监狱与公安机关迅即查明暴恐分子的身份和袭击目标，判明事件的性质和危害程度。②封控现场。采取紧急措施，疏散周边人员，对现场外围封锁控制，严防暴恐分子发动新一轮或连环式恐怖袭击伤及无辜。设置警戒线，加大巡查力度，防止不明身份人员进入现场。③加强警戒。对监狱办公大楼、监狱大门、围墙等要害部位加强武装巡逻，控制狱内罪犯流动，防止罪犯趁乱袭警、脱逃。④攻心瓦解。可商请谈判专家与之对话谈判，宣传法律、政策，攻心瓦解，迫其放弃暴恐行为。⑤武力镇压。在暴恐分子不听劝阻、疯狂作案或在对话、谈判无效的情况下，可以使用烟雾弹、催泪弹、爆震弹、抓捕网等防暴器材将其制服，或使用机枪、冲锋枪、狙击步枪等进行火力压制，击毙歹徒尤其是为首分子，或由公安、武警、监狱反恐突击队员择机强行突入，对其实施分割围捕、围歼。⑥伤员救治。对受伤人员实施现场救护或者紧急送往医院救治，最大限度减少人员伤亡。

三、监狱与气象、地震观测部门、卫生防疫部门联防

为有效应对突发公共卫生事件和自然灾害事故，监狱应与气象、地震观测部门及卫生防疫部门联防，共同预防监狱公共卫生事件，预防地震、洪水等自然灾害事故。

（一）监狱与属地卫生行政部门建立联动机制

监狱应与属地卫生行政主管部门和定点医院建立协作关系，组织医务人员参加属地卫生行政主管部门举办的突发公共卫生事件应急处理相关知识、业务技能的培训，不断提高专业人员处理传染病等重大疫情和公共卫生突发事件的监测及应急能力。监狱应与属地疾病防控中心建立处置突发性公共卫生事件联动机制，在紧急情况发生时，请求支援，协同作战，迅速采取措施控制局面。

（二）监狱与气象、地震观测部门建立联动机制

监狱应对自然灾害事故的工作机构与气象局、国土资源局、地震局等部门建立经常性联系，以获得台风、暴雨、暴雪、寒潮、大风、高温、沙尘暴、雷电、山体滑坡、泥石流等橙色、红色预警信息及警报、紧急警报以及地震活动情况和地震预警信息等，了解可能造成的危害程度、影响范围、作用时间及发展态势。监狱应与气象、地震观测部门建立联动机制，在灾情发生时，进行灾情评估，准确判断灾情；与地方政府联动，保证救灾物资的准备与调运。

讨论材料

讨论材料20

监狱服刑罪犯吴某，于1984年刑满释放。1985年以个人身份到了某国，被该国情报部门以高额报酬为诱饵，为其情报部门服务。吴某利用其曾经在某监狱服刑的经历，以看望民警和自己的朋友为借口，用照相机偷偷拍摄了该监狱的警戒设施照片，传递给国外情报部门。后被我国安全机关发现，经过缜密侦查，破获了此案，吴某被判处有期徒刑15年，驱逐出境。其他相关责任民警受到了应有的处罚。

【分析点评】当前，国际国内安全形势严峻，恐怖犯罪和破坏活动在国内一些地区出现，监狱面临的不安全因素加大：①研究和探索对恐怖罪犯改造的方法和机制，迫在眉睫；②防止敌对分子、恐怖势力对监狱的攻击和破坏，刻不容缓；③防止国内外敌对势力对监狱的渗透，形势严峻。因此，监狱机关必须建立完善与国家安全机关的联防体系和机制，以提高监狱应对恐怖攻击和敌对势力渗透的防控能力和处置能力，从而确保监狱的安全稳定。

讨论材料21

2013年我国境内发生10起暴恐事件，有7起针对国家政权的象征，如政府、公安机关等。2014年3~6月，我国昆明、乌鲁木齐、广州、喀什等地连续发生“3·01”“4·30”“5·06”“5·22”“6·21”等较大影响的暴恐事件5起。2014年3月1日至4月25日，国家领导人在有关场合连续15次提到反恐，强调必须采取铁腕手段打击暴恐分子的嚣张气焰。反恐斗争形势严峻，作为国家刑罚执行机关的监狱，防暴恐袭击任务艰巨。

【讨论目的】通过讨论，学生应明确监狱反恐防恐的重要性及对策。

【讨论提示】查阅资料，结合监狱工作实际，分析现阶段监狱反恐防恐的重

要性及对策。

讨论材料22

2014年5月17日下午4时35分，一高一矮两名中年男子派头十足径自走进某省一所监狱严管监区办公室，找到监区长杨某，其中一名男子立刻从挎包里拿出5份文件递给他。杨某定睛一看，文件上分别印着《关于请求将林某保外就医回家赡养慈母体弱多病的申请报告的回复》《司法部、最高人民检察院、公安部关于印发〈罪犯保外就医执行办法〉的通知》《中华人民共和国老年人权益保障法》《中华人民共和国环境保护法》《关于请求将林某保外就医回家赡养慈母体弱多病的申请报告》。

"我们是专门来提你单位罪犯林某保外就医回家的，这里还有中华人民共和国最高领导人的亲笔回复，请立即将林某交给我们带走！"当杨某要求查看对方相关证件时，对方回答："我们是保密单位，不能随便透露身份信息。没有证件我怎么相信你们呢？"听到这样的质问后，高个子才极不情愿地拿出两个证件：《联合国维护部队总司令部特别通行证》《全世界维护世界和平联合联络工作证》，姓名均为吴某，职务分别是办事员和专员。矮个子林某拿不出来，说他出来得急，没有带。此时，杨某已发现这两人可能是来劫走罪犯的。

杨某首先设法稳住对方，同时和正在监狱巡逻的狱政科民警赵某联系。赵某将情况迅速向监狱长、政委及副监狱长报告。监狱长迅速指派人员赶往监区。

十几分钟过后，两名"联合国官员"见还没来人，开始起疑，并向外走。杨某跟随两人，防止其逃跑，并伺机找来监区大门值班民警郭某，共同盯梢两名可疑人。并通知监区值班民警不允许任何罪犯打亲情电话，以封锁监内罪犯与外界的一切联系，并严密监控罪犯林某。

下午5时10分左右，派出所和教育科民警先后赶到，杨某立即向他们介绍了情况。此时，林某感觉情况异常便想开溜，被民警当即追回并控制。在得知他们还有一台车停在三监区门口，车上还有一名司机时，民警随后又将司机控制并带过来，同时通知武警支援。

5时13分左右，正在监狱总值班室值班的领导、驻监武警和狱政科长赶到，并详细了解情况。这时，吴某将自己通话的手机（声称是中央来的电话）拿给狱政科长接，并出示他与多名党和国家领导人的合影，态度非常强硬地要求无条件放人。

此后，民警立即将情况向省监狱局汇报，省局指示立即将吴某两人控制。民警先后对吴某和林某进行了询问，同时向当地公安分局报警，武警大队也赶到现场进行警戒。

当晚7时40分，当地公安分局民警将两名犯罪嫌疑人带走作进一步调查。经审讯，吴某两人交代了想瞒天过海提走罪犯林某的犯罪事实。

【讨论目的】 通过讨论，学生应学会应对不法分子冒充警察、法官、军人甚至联合国工作人员扰乱监狱正常工作秩序的处置方法。

【讨论提示】 查阅资料，分析此材料给监狱民警有哪些启示。

考核与评价

【考核内容】

1. “三共建设”“八联机制”的具体内容和要求。
2. “四防一体化”建设的标准。

【考核评价】

评价学生对“三共建设”“四防一体化”知识的掌握情况。

拓展学习

查阅资料，了解监狱与国家安全机关、监狱与武警、监狱与公安机关、监狱与社区联防在维护国家安全中所发挥的重要作用。

学习单元6　监门安全防控

训练目标

● 通过训练，明确监门安全防控的基本要求，学会对出入监狱人员和车辆检查的方法，能够处置查验中发生的突发情况。

训练内容

● 监门安全隐患分析训练、监门安全防控训练。

知识储备

监狱大门是监狱安全防控的重要屏障和关键部位。随着监狱物防、技防设施的逐步完善，监狱人防体系的日趋严密，切实加强对监狱大门的安全管理，防止罪犯从监狱大门脱逃，已经成为监狱安全防控的一项突出而艰巨的任务。

一、监门安全防控的物防要求

根据《监狱建设标准》和司法部的相关规定，监狱大门内外应当划定警戒线，留有不少于10米的警戒隔离区域，警戒隔离区域应安装金属隔离网墙和蛇腹型刀刺网及防撞桩或防撞柱等防护装置。监狱大门须坚固，使用金属结构，保证监门在经受一般机动车辆撞击时主体结构不会损坏；门面使用金属材料密封，使内外不能对视，不得使用栅栏门。

监狱大门宽6米，高4.5米，按规定只允许设置一处开设。监狱大门作为监内工作人员和车辆出入的唯一通道，应分设车行通道和人行通道，原则上车行通道不允许行人通过，特殊情况除外。

监门行车通道内设不少于A、B、C三道门，电动开闭，并具备A门、B门、C门相互闭锁联动功能。通常情况下，AB门、BC门不能同时开启；应急状态下，ABC门可以同锁或同开。B门必须是全封闭实体密封门，防止内外直接通视。

监门行车通道，应当安装防撞桩、破胎阻车器等防冲撞装置。防撞桩、破胎阻车器主要是设置行车障碍，防止罪犯驾车冲撞监狱大门快速脱逃和外来车辆强行冲撞监狱，同时监狱内外隔离区行车通道划定停车待检区域，使进出车辆进入大门时减速行驶，接受大门武警及值班民警对车辆进行安全检查。为了确保监管安全，按照规定行车通道内，车辆进出不可同时进行。一次只允许进或出一辆机动车。

监门行人通道内设不少于A、B、C、D、E五道实体密封门，两道转匝门。通常情况下A门由进出人员刷卡打开，进入到武警身份识别安检区域；B门由武警手动控制，进出人员经武警核实身份无误后，方可进入到物品存放区域；C门经生物识别电子刷卡开启后，进入到民警安检区域；安检完毕进行电子换证，刷卡通过转匝门，再次电子刷卡开启D门，进入到监管内部区域过道；最后电子刷卡开启E门，离开监狱大门。通常情况下，CD门不能同时开启；应急状态下，全部门可以同锁闭。

监狱门卫值班室，应设在监狱车行大门一侧，人行通道内，应安装安全防护装置，内外门应为不锈钢实体门，室内应设有监控、对讲、照明、通讯、报警、门控等系统的控制装置同时与武警监门哨位、前置应急值班室实现信息共享。

二、监门安全防控的技防要求

根据司法部《关于加强监狱安全管理工作的若干规定》的要求，监门技术防控系统主要包括：视频监控系统、对讲系统、应急报警系统、门禁控制系统和通讯广播系统。

监狱大门值班室，应当安装视频监控、对讲系统、应急报警系统、门禁控制系统和通讯广播系统，该系统属于监狱总监控系统平台下的一个分控系统，既能够实现与总监控系统平台及武警值班平台的联动，也能够单独运行。

行人通道内视频监控全覆盖、无死角，应当安装带有数字密码和人体特征识别功能的电子门禁识别系统，附带金属探测器的安检设备，并安装确保一人一卡一次通过的滚闸。内隔离行人通道，条件允许的情况下，安装人脸识别系统，实现提前预警报警功能。

行车通道，应安装视频监控系统，配备车底、车顶视频探头和照明设备，对进出车辆实施技术监控，防止罪犯藏匿车辆底盘、车顶脱逃，防止危险品、违禁品流入监内，或将监内的物品带出监外。条件允许的监狱大门应安装生命探测系统，防止罪犯藏匿车辆内部脱逃。

三、监门安全防控的人防要求

监狱大门应设置武警监门哨和民警值班警卫，实施双警联合安全防控。武警监门哨和民警值班警卫作为确保监狱出入安全的“守护神”，必须高度重视监门安全防控的极端重要性，时刻保持高度警惕，严格履行岗位职责，居安思危，死看硬守，确保万无一失。

（一）监门安全管理制度

监门安全管理由狱政科（看守队）负责，设置专职民警履行监门日常管理和值班警卫职责，并协调驻监武警设置武警监门哨，严格落实以下安全管理制度：

1. 武警监门哨。武警监门哨，实行24小时早、午、夜三班值勤工作制，由2名武警进行武装执勤。执勤武警主要负责监门外隔离区安全警戒，禁止无关人员进入外隔离警戒区；并负责对出入监门警戒区域的人员、交通工具及其携带物品，进行证件查验和安全检查；遇突发事件，快速反应，进行现场应急处置。

2. 民警值班警卫。民警值班警卫，实行24小时早、午、夜三班执勤工作制，早、午班分别配备2名男警、2名女警执勤，夜间配备2名男警执勤。执勤民警主要负责监门的日常管理，对出入监门警戒区域的人员、交通工具及其携带物品，进行证件查验和安全检查；并熟练掌握门禁系统、报警装置、通讯设备等安全设施的操作方法，确保设施正常运行。当车辆、人员出入大门时，必须严格按照大小门、AB门闭锁操作的要求，严禁AB门同时开启。值班民警在执勤期间，应注意形象，宽严有度，热情大方，规范用语，文明执勤，保持良好的警容风纪；应按规定和要求做好各项检查、监控、汇报、登记和记录工作，登记和记录应当详细和规范。值班民警应按时到岗到位，严格履行交接班手续，尽职尽责；严禁交接班期间出现空岗；严禁在执勤期间发生误岗、脱岗、串岗、睡岗等影响执勤的行为或从事与执勤无关的其他活动。值班民警因玩忽职守、不负责任、不履行职责，造成罪犯脱逃或其他监管事故发生的，视情节严肃处理，构成犯罪的依法追究刑事责任。

武警与监狱民警形成防逃、制逃、追逃三道关口，有效防范冲监、混逃、袭警等突发事件。

（二）监门警卫岗位职责

监门值班警卫的岗位职责，主要是维护监狱大门的安全和秩序。具体负责如下工作：监门物防设施的安全管理与隐患排查；视频监控系统、应急报警系统和门禁控制系统的操作与管理；查验进出人员身份、证件及其他凭证或相关证明；做好进出人员和车辆的安全检查、违禁品检查、登记、放行工作；对发生的异常情况采取应急措施；落实领导交办的其他相关工作。

（三）监门查验的内容

1. 对出入监门人员与证件的查验。出入监狱大门的人员必须持有出入证件。出入证件分为长期出入证和临时出入证两种，由狱政科统一配发。

长期出入证的配发范围：监狱领导；全体管教民警；政工、纪检、人事等相关业务部门需要经常进入监内的民警；驻监检察人员；监区长期从事狱内工作的工勤人员；其他应当配发的人员。对持有长期出入证件的人员应当编号造册、登记备案，底簿应填写持证人员详细情况。持证人员应妥善保管出入证，不得转借、涂改。出入证件丢失或损坏，应及时向狱政科申请补办，对其原证号及时注销。

临时出入证是监狱狱政管理部门为临时出入监狱的人员签发的一次性通行证件。临时出入证使用后，由监狱大门工作人员及时收存，并交回狱政管理部门处理。

监狱大门设专职民警负责出入证的查验、收取、管理。出入监狱大门人员应主动出示出入证件，经验证后，存入出入证件存放箱内，严禁将出入证件带入监内。

上级机关人员进监，应出示由省监狱局和武警总队联合核发的《特别通行证》。无《特别通行证》的，须开具《人员临时出入证》，并由相关单位民警陪同。

进监检查、参观、帮教、接受警示教育等活动的人员，由业务单位统一组织，集体行动，开具《人员临时出入证》（经狱政科主管负责人签字方有效），佩带贵宾卡，由业务单位民警带领方可出入。

外协人员需要进入监狱的，应当向其宣布监狱有关规定，进入监狱应当办理报批手续，由民警带领出入监狱大门并接受门卫检查，更换标志服，进入监狱后，应当在规定的时间和区域内活动。禁止外协人员为罪犯捎带书信等物品，禁止将移动电话、现金、便服、毒品等违禁品带入监狱。外协人员违反上述规定的，禁止再次进入监狱；情节严重的，移送司法机关依法处理。

外诊、外调、提审、收押或释放罪犯出入大门时，监狱大门值班民警应严格查验相关手续，进行出入监门交接记录，并对罪犯查验身，严防违禁品流入监内。

特别要注意的是，监狱大门值班民警要做好出入人员与出入证件的身份核实与查对工作。出入人员在经过门禁系统的安检、指纹及面部识别的同时，也应进行人工的身份核实与查对，确保安全无误后，方可放行。

2. 对出入人员携带物品的检查。出入监狱大门人员所携带的物品必须进行严格的安全检查，一律不准将手机等通讯工具（移动电话、固定电话子母机等其他能与狱外联系的通讯工具）带入监管区；防止危险品、违禁品流入监管区；严禁携带枪支、弹药、危险品、违禁品进入监管区。

监狱大门处设置手机存放专柜，进入监管区的民警、狱内工勤人员，可将手机等通讯工具存入手机柜；进入监管区的外来人员，应将携带的手机、枪弹及其他危险品、违禁品，交由监狱大门值班民警保管或存入贵宾专柜。

除经批准的新闻工作者外，其他任何人员不得携带录音机、摄像机、照相机等进入监管区或罪犯作业场所。允许携带录音机、摄像机、照相机等进入监区或罪犯作业场所的新闻工作者，不得违反规定录制、拍摄与批准采访活动无关的内容。

3. 对出入车辆的验证与检查。凡进入监管区的车辆，必须持有由狱政科签发的《车辆临时出入证》。《车辆临时出入证》应当由用车单位的带车民警填写，填写内容包括：用车单位、司机姓名、身份证件、驾驶证号、车辆牌号、进监事由等，并签字。《车辆临时出入证》为三联，一联为存根，一联送监狱监控指挥中心，一联交大门值班民警查验。《车辆临时出入证》经狱政科领导审核签字，分管监狱领导批准后生效。

监门值班民警应当认真查验出入车辆的审批手续及通行证，驾驶人员出入证，车辆只允许司机一人随车进入（有条件的监狱可实行代驾制度），其余人员经人行通道接受检查进入；监门值班民警应对车辆的驾驶室内、前机盖、后备厢、顶部及底盘进行细致的检查，防止违禁品带入。确认安全后，方可放行。发现可疑情况，妥善处理，并迅速向上级报告。

监门值班民警应对出入车辆进行详细的登记。记录内容包括：用车单位、带车民警、司机姓名、身份证件、驾驶证号、车辆牌号、进监事由、进监时间、出监时间、联系方式等事项。

机动车辆进入监狱后，应当由监狱民警随车进行全程监控。车辆停放时，车头应朝里。驾驶员离开车辆时，必须拔出点火钥匙，关闭车辆电源，摇上玻璃，锁好车门。禁止驾驶员与罪犯单独接触，禁止为罪犯传递信息或物品。

车辆驶出监狱前，必须接受严格的检查。客车必须严格检查驾乘人员身份和后备厢；货车必须严格检查驾驶室内驾乘人员身份、随车装载货物以及车辆底盘部分。防止罪犯藏匿于车载货物之中或攀爬于车辆底盘随车驶出监狱大门实施脱逃。

进出监狱车辆检查采用人工检查和技术监控相结合的方法。大门行车通道应配备车底视频监控探头和照明设备，主要防止罪犯藏匿车辆底盘部位随车脱逃。

训练任务

监门安全防控是监狱安全防范工作最基础的一环，也是监狱基层民警最基本的工作之一，掌握监门防控及一般性突发事件应急处置，是对监狱基层民警最基本的要求。监门防控训练包括监门安全隐患分析、监门安全防控实务两方面内容。这项工作细微、繁复，需要极强的工作责任心和认真仔细的工作态度，我们在学习过程中也要认真训练，掌握要领。

训练任务1　监门安全隐患分析

监门安全隐患既包括设施故障导致的安全隐患，也包括值班民警履责不力和对突发情况处置不当导致的安全隐患。

一、监门设施状况，是否存在安全隐患

常见的监门设施隐患有：A、B、C门不能正常闭合，防撞桩、阻车器不能正常启动，指纹门禁系统、面部识别系统出现故障，不可抗力的原因如地震、车辆的冲撞，等等。

二、监门管理状况，是否存在人员、物品和车辆查验不细致的安全隐患

有的门卫值班民警安全意识不强，责任心较差，对人员、物品和车辆查验不细致，人证核对方面疏忽大意，报以侥幸心理，觉得不会出问题；有的门卫民警过于年老或刚刚参加工作的民警，对可疑人、假证件的识别能力不强，难以发现可疑情况，对物品检查不细、导致毒品等违禁品流入监狱，检查的方法、步骤和场合不妥当，情况记录不全面；等等。

三、突发情况处置状况

门卫查验中可能会发生以下突发情况：

1. 拒绝查验。拒绝查验的对象有普通群众、也有可能是企图对监狱实施违法犯罪的人，他们出于各种原因对查验持抵制态度，在行为上表现出拒绝查验。

2. 不配合安全检查。有的以语言形式对抗安全检查，有的用行为对抗安全检查。

3. 袭警。罪犯经过精心预谋选择从监门人行通道实施脱逃，一般都会变换特征，如通过杀害民警着警服、杀害工人着工人服装、着便服（私藏）企图从人行通道混出监门。在门卫检查时，一旦被民警识破，罪犯将果断采取袭警方式迅速脱逃。还有的罪犯用特定物体遮挡面部，在门卫民警人证核对不严格的情况下，混出监门脱逃。

4. 利用车辆内部结构或改装车体结构用以藏匿违禁品。罪犯为达到非法使用违禁品的目的，不惜绞尽脑汁，挖空心思，要尽伎俩。将违禁品藏匿在车辆的内部结构中间，非常隐蔽，如果没有耳目提供信息，民警准确的分析研判，按照常规检查方法是难以发现的。如某监狱一外协车辆在方向盘位置下面的车体里藏匿酒的行为，门卫值班民警拆开车底部分结构才找到藏匿的违禁品。国外有罪犯利用身体假肢藏匿手机的例子，因此，加大违禁品排查和防控的力度，是维护监狱安全稳定的重要举措。

5. 不明身份的人冲击监门或者试图破坏监门实施劫狱。我国正处于经济转轨、社会转型、社会矛盾多发的特殊历史时期，国际金融危机的影响尚未清除，世界经济格局、政治格局正在发生深刻变化，我们仍面临着来自境内境外可预见和不可预见的各种风险和挑战。西方反华势力的西化、分化图谋，国家间的摩擦、争端，各种敌对势力的捣乱破坏活动，日益复杂多样的人民内部矛盾，各种传统的、新型的社会治安问题等，仍然是影响国家安全和社会稳定的主要因素。做好情报工作，预防不明身份的人冲击监门或者试图破坏监门实施劫狱是一项长期的任务。

训练情境

训练情境 1

2008 年 3 月 12 日晚 10 时 15 分左右，河北省某监狱罪犯谢某（2005 年因抢劫罪、绑架罪，被判有期徒刑 18 年，该犯有军队服役经历）趁夜班生产溜出车间，发动机械施工用的 8 吨吊车（车前带铲），行驶约 1000 米冲向监狱大门，先后冲坏外管防暴门和 A、B 两道狱门后，又将办公区铁栅栏围墙撞倒，逃出监狱。事发后，值班民警和武警便展开追捕，但赶到军校广场时，谢某已经逃走。

当地警方全力以赴，监狱及当地公安、武警等部门出动大批警力在周边各个主要路口设卡布控，同时在市区街道、小区醒目位置张贴通告，全力通缉追捕越狱逃犯。经过 6 个昼夜的奋战，终于在 18 日凌晨将其成功抓获。

【训练目的】通过训练，学生应学会监门安全隐患的分析方法。

【训练提示】按照《监狱安全管理工作若干规定》的要求，从物防、技防、人防三方面分析该监狱监门安全防控中存在的隐患漏洞。

训练情境 2

你作为门卫值班民警，当遇到外来人员拒绝查验时，怎么办？

【训练目的】通过训练，学生学会门卫执勤中突发情况的处置方法。

【训练提示】进行法制教育。查验人员应通过告知有关法律规定，讲明警察有依法查验的权力，消除其误解。特别是在有群众围观起哄的场所，查验人员言语要简洁而又有说服力，注重教育扭转群众的态度，变被动为主动，使被查验人员感到如果一味拒绝下去，很可能遭到群众指责，甚至可能受到法律的制裁。

更换查验场所。有些人在公众面前很要面子，常通过种种过激行为为自己挽回面子，脱离人群后能很快冷静下来，面对现实很快作出抉择，与查验人员合作。对于不法分子利用不明真相的群众干扰查验，可以更换场地，使其脱离可以利用的人群，无计可施，特别是有的不法分子与同伙失去联系后不免恐慌，为争取尽快摆脱危险，表面上不得不摆出服从查验的样子，不再拒绝查验。

采取相应措施。对查验对象人证不符的，则不允许其进入监狱，如有企图实施违法犯罪行为的，则应立即制止。

训练情境3

你作为门卫值班民警，当遇到袭警情况时，如何处置？

【训练目的】通过训练，学生学会发生袭警情况的处置方法。

【训练提示】遇有拒绝安全检查，并不断逼近门卫情况时，门卫应伸出左手阻止受检者继续逼近自己，命令受检者站住别动，并适当后退，使自己与受检者始终保持1.5~2米的距离，以防止出现袭警情况。

如有多名受检者袭警或受检者持械袭警，门卫应适当后撤，保持安全距离，并可手持警棍进行威慑，命令其不许动，尽量用语言控制，不与受检者发生身体接触，同时请求支援。如果受检者继续袭警，危及门卫的生命安全或有抢夺警棍的意图，门卫可依据《人民警察使用警械和武器条例》第7条、第9条的规定视情况使用警棍。

训练任务2 监门安全防控实务

监门安全防控实务，主要包括：监门实体防控、监门技术防控、监门出入人员和车辆检查等。

一、监门实体防控

1. 监门安全设施隐患排查。监门设施隐患排查，一般采用日常检查、定期检查和专项检查相结合的方式进行，以日常检查为主。具体排查方法包括现场检查和操作测试两种。

（1）现场检查。值班民警每天现场检查监门（ABC门）主体结构、警戒隔离设施、防撞桩装置和人行通道、行车通道安全防范设施是否正常，有无变形、损坏或其他安全隐患；查看监门周围的护栏和警戒横栏是否完好，警戒线、警戒标志牌是否清晰。

（2）操作测试。值班民警每天交接班时，应当对监门及其监门安全防控系统设施进行操作测试，测试监门启动是否正常、闭合是否严密、ABC门是否能相互闭锁；测试监门电动伸缩功能是否正常，门锁是否存在故障；测试电动门电源开关是否正常、门轴是否完好；测试破胎阻车器等防冲撞装置是否正常。

2. 监门安全设施故障的处置程序。

（1）及时报告。值班民警在现场检查、操作测试或运行中，发现或发生监门及监门安全防控设施存在安全隐患或故障时，应当及时向狱政管理部门报告。

（2）现场布控。监门值班民警在向狱政管理部门报告的同时，应当立即采取布控措施，加强监门现场的安全警戒和监控管理。

（3）故障处理。对一般性安全隐患或监门值班民警能够处理的故障，在报告和布控的同时，监门值班民警应当及时处理，排除故障。对重大安全隐患或监门值班民警不能处理的故障，监门值班民警应当填写书面报告，立即报送狱政管理部门，并加强监门现场的安全警戒和监控管理，配合专业人员进行处理。

二、监门技术防控

门禁及监控系统操作训练包括监门门禁控制系统操作、报警系统操作、视频监控系统操作及其发现或发生问题的处理。

（一）监门门禁控制系统操作

1. AB 门操作流程。严格按照操作规定，以开、停、关的顺序进行按钮的操作，确保大门正常运行。当门禁操作人员接到车辆进入监狱指令后，查验有关证件、手续，符合规定，门禁操作人员开启 A 门，车辆进入检查区后关闭 A 门；检查结束后，开启 B 门，确定离开检查区后才能关闭 B 门。当车辆驶出监门时，确定车辆有责任民警带领后，开启 B 门；车辆进入检查区后，关闭 B 门；检查结束后，开启 A 门；确定车辆驶出检查区后，关闭 A 门。

当接到停电指令后，门禁操作人员不再进行 AB 门操作，但必须使 AB 门处于关闭状态。大门应配备不间断供电设施、设备，解决意外停电问题。在 AB 门运行过程中发生不能关闭或开启等故障时，应立即报告有关部门负责人员进行维修。

2. 人体特征识别门禁控制系统的操作流程。在进行人体特征识别过程中，当输入进出人员特征信息后，经控制主机识别，正常进入，门禁控制装置开门放行；出现非法进入情况时，则拒入，并报警。

一人一卡一次进入的滚闸门禁系统工作时，值班民警应进行监督，防止尾随人员挤入，确保安全。

（二）监门报警系统操作

当门禁系统发现非法出入情况，出现报警信号，门卫值班民警应及时进行现场查核，发现问题后迅速报告监控指挥中心；武警监门哨配合值班民警加强警戒，进行现场联合处置。发现重特大情况时，监控指挥中心迅速启动相应的预案，调集警力，加强现场处置。

当输入人体特征信息后，在规定开启时间结束，门禁系统自动关闭，如超出系统所规定的开启时间，系统会作出提示。值班民警应立即关闭大门，加强警戒，并对可疑情况进行查核，发现重大可疑情况时，联合武警监门哨进行现场应急处置，并向有关部门报告。

（三）监门视频监控系统操作

监门视频监控系统主要对围墙、监门内侧、外侧区域及进出监门的人员和车辆通道进行视频图像监控。当有人员或车辆出入监门时，值班民警应将对应位置的视频图像进行切换，认真观察监控图像信息，特别对门卫检查人员不易检查到的车顶、车底部位，更应严密监视，发现可疑情况应立即关闭大门进行核查，联合武警监门哨进行现场应急处置，并向有关部门报告。

当需要配合业务部门调取监控录像时，监控系统操作人员能熟练操作录像回放功能，配合业务部门进行信息查询和重大问题的证据查证。

（四）监门监控中发现或发生问题的处置程序

1. 现场查核：确认设施、设备故障还是发生警情。

2. 及时报告：如为设施、设备故障，报告狱政管理部门进行及时维修；若发生警情，向监控指挥中心报告。

3. 应急处置：如发生设施、设备故障时，监门值班民警在向狱政管理部门报告的同时，应当立即采取布控措施，加强监门现场的安全警戒和监控管理；如发生警情，应立即报警，并联合武警监门哨进行现场应急处置。

三、监门出入人员和车辆检查

（一）监门出入人员检查

监门出入人员和车辆检查训练具体包括：民警出入检查，罪犯出入检查，外协人员出入检查及外来人员（上级机关人员及有关部门人员）出入检查，车辆进出检查。

1. 民警出入检查。

（1）民警进入检查的方法与程序：监门值班民警应当严格依据以下方法和程序对进入监狱的民警进行检查。证件识别——查验进入民警的证件；身份确认——核对进入民警的相貌，进行人、证比对，确认其身份；换发证件——出入证换为上岗证；保管证件——保管出入证；开门放行——证件识别、身份确认、换发证件后，检查民警的着装符合要求、携带物品没有违反规定，予以开门放行。

（2）民警出门检查的方法与程序：监门值班民警应当严格依据以下方法和程序对出门民警进行检查。证件识别——严格查核出门民警的证件；身份确认——认真核对出门民警的着装、相貌，进行人、证比对，确认其身份；换发证件——收取上岗证，发还出入证及其他保管的物品；开门放行——证件识别、身份确认、换发证件后，检查民警的着装符合要求、携带物品没有违反规定，予以开门放行。

2. 罪犯出入检查。

（1）罪犯进入检查的方法与程序：监门值班民警应当对进入监狱的罪犯进行严格的身份查验。检查进入监狱的罪犯的审批手续；核对罪犯的名单和数目；核对带入人员的身份证件，检查陪同责任民警的证件；检查罪犯和民警携带的物品；详细填写罪犯进入登记表，并要求责任民警签字。

（2）罪犯出门检查的方法与程序：监门值班民警应当对出门罪犯进行严格的身份查验。严格检查罪犯出门的审批手续；严格检查出门罪犯的名单和数目；核对带出责任民警的身份、证件和人数；严格检查罪犯携带的物品；除正常释放外，凡外出罪犯必须着标志服、戴戒具；详细填写《罪犯出门登记表》，并要求责任民警签字。

3. 外协人员出入检查。

（1）外协人员进入检查的方法与程序：监门值班民警应当对进入监狱的外协人员进行严格的身份查验。严格检查外协人员进入的审批手续；核对外协人员身份证件和人数，并保管证件；核对本监狱陪同责任民警的证件；检查外协人员的服装是否符合要求；严格检查外协人员携带的物品并告知注意事项，严禁将违禁品带入监内；发现有违反规定要求的，禁止再次进入监狱；详细填写外协人员出入登记表，并要求责任民警签字。

（2）外协人员出门检查的方法与程序：监门值班民警应当对出门外协人员进行严格的身份查验。认真核对陪同民警的身份证件及审批手续；严格检查出门外协人员的通行证件，并核对出门外协人员的相貌和人数；检查出门人员的着装；检查出门人员携带的物品，防止将未经批准带出的物品带出；退回外协人员的身份证件及保管的物品；详细填写外协人员出入登记表，并要求责任民警签字。

4. 外来人员（上级机关人员及有关部门人员）出入检查。

（1）外来人员进入检查的方法与程序：监门值班民警应当对进入监狱的外来人员进行严格的检查。查验外来人员进入监狱的审批手续；核对本监狱陪同责任民警的身份证件；严格检查外来人员的身份证件，核对进入人员的相貌和人数，并换发监狱特制的通行证并要求按规定佩带；向外来人员通报安全注意事项和严格禁止携带的物品，对严格禁止携带的物品进行集中保管；检查进入人员的着装，特别是异性的衣着要符合监狱的规定；详细填写进入记录，并要求责任民警签字。

（2）外来人员出门检查的方法与程序：监门值班民警应当对出门的外来人

员进行严格的身份查核和检查。严格查核本监狱陪同责任民警的身份及审批手续；查核出门人员的通行证件，并收回出门人员的通行证件；认真核对出门人员的相貌和人数；严格检查出门人员携带的物品；详细填写出门记录；退回外来人员的身份证件及保管的物品。

（二）车辆进出检查

1. 车辆进入检查的方法与程序：严格检查进入车辆的审批手续；检查车辆驾驶人员的相关证件；除驾驶人员外，其他人员不得随车进入；打开监门，要求车辆按指定位置停放，接受检查；打开车门，检查驾驶室和车厢；检查进入车辆运载的货物；换发有关证件；告知驾驶人员有关注意事项；告知驾驶人员有关监狱规定的限速；外来车辆进入必须由本监狱责任民警带入，并检查本监狱民警的证件；详细填写车辆进入记录；检查完毕后，打开内门允许车辆进入。

2. 车辆出门检查的方法与程序：严格检查出门车辆的审批手续；检查护送车辆出门的本监狱责任民警的证件；打开内门，要求车辆停放在指定的检查区接受检查，并关闭内门；仔细检查出门车辆的驾驶室、车厢四周、底盘、车顶、车厢和运载的货物，防止罪犯藏匿；严格检查驾驶员携带的物品，防止将未经批准带出的物品带出监狱；换发有关证件；详细填写车辆出门记录，并要求护送的责任民警签名；开启监狱大门放行。

训练情境

训练情境4

某年某月某日，某监狱内看守队民警王某、李某在监狱大门值班。上午10时许，有2名民警带1名罪犯到监外就医，同时有1辆装满服装的外协车辆要出大门。请问民警王某、李某应如何进行检查？

【训练目的】 通过训练，学生学会监门出入人员检查和进出车辆检查的方法。

【训练提示】 罪犯出门检查。确定出门罪犯的名单、数目准确无误；无审批手续的一律不准出门；无责任民警带领的一律不准放行；必须保证罪犯出门时有2名以上责任民警监护并着标志服和加戴戒具；对不认识的责任民警必须进行严格身份核查。

外协车辆出门检查。认真检查驾驶人员所持证件，确定驾驶人员的证件有效，无证件的驾驶人员不得出门；确定出门的车辆有完备的出门手续，防止未经审批的车辆出门；确定外来车辆出门有本单位警察护送，外来车辆无本单位警察护送不得出门；除驾驶人员外，其他人员一律不得随车出门；对车载的物品注意进行严格的检查，防止违规物品流出监狱；特别要注意车辆可能藏人的地方；防止罪犯随车溜出监狱。

训练情境 5

你作为门卫值班民警，如何进行物品检查？

【训练目的】通过训练，学生学会物品查验的步骤和要求。

【训练提示】

1. 物品查验的步骤。查验物品的顺序。查验物品一般按照一看、二听、三闻、四摸、五拆的顺序进行。一看，就是看物品的形状、结构、包装、质地；二听，就是听物品是否有声响，有什么声响；三闻，就是闻一下物品的气味，有无异味；四摸，就是摸一下物品的形状、材料质地，掂一下物品的重量。以上每一个环节，都要认真分析，作出判断。如果能够断定物品性质，就尽量不要拆开物品，以免破坏物品的性能，造成不必要的损失。

打开箱包应轻开、慢拉、谨慎开启。应注意拉链、纽扣上是否另有机关，防止箱包内有爆炸装置。对箱包内的物品应轻拿轻放，顺序查验，以防损坏；对有线、有声响、有气味的物品，更要谨慎拿取；拿取物品时要从上往下顺序进行；对凶器，一定不要满把抓，尽可能用干净布垫或戴手套轻取。

2. 物品查验的要求。对于被查问人未能说明来历的不明之物、违法违禁之物、通报协查之物、有可能是犯罪工具和犯罪物证之物均应暂扣和收缴；对于非违法犯罪之物品，查验后应发还；对于事先有可靠情报的物品查验，待拦截特定人、车之后，截下物品，可拆开查验，获取证据；查验可疑人的提包或衣袋时，应要求对方讲出包内物品种类，请其主动打开包来查看。如包内东西过多无法仔细查看时，可让对方将东西拿出，切不可自行翻看；需要查验对方身上携带的物品时，应由当事人自行取出，不可搜身；查验应避免在公共场所进行，最好在值班室内。

查验要仔细、彻底，做到文明检查。查验物品，还应注意安全。查验物品时，要始终控制查验对象。多个警察检查时，应指定一两名警察实施检查，其他人负责控制。

实训项目

实训项目 5　门卫查验

【实训目的】通过训练，学生能熟悉和会使用监狱门禁系统，掌握人员和车辆出入检查的方法，具备应对监门一般突发事件的处置能力。

【实训方式】模拟实训或到监狱现场实训。

【实训内容】监狱门禁系统、出入人员和车辆检查。

【实训要求】

1. 熟悉监狱门禁系统（AB门功能和使用，指纹门禁功能和使用，面部识别功能和使用）。

2. 掌握人员（民警、罪犯、外协人员、外来人员）出入门安全检查要求和流程。

3. 掌握车辆进出监狱安全检查要求和流程。

【实训考核】是否掌握门禁系统功能和使用，是否掌握人员和车辆检查方法，能否正确处理监门一般性突发事件。

【实训评价】针对门卫查验实训效果，指导教师对学生应当掌握的知识和技能做出具体的点评与评价。

考核与评价

【考核内容】

1. 某年某月某日，某监狱某监区值班民警收到耳目汇报一条信息，今天上午10时30分左右有一辆劳务加工单位的车辆藏有酒，准备将酒带入监狱内。该民警立即将此信息告诉大门值班民警。大门值班民警仔细检查了该车辆的前机盖、后备厢、驾驶室、车顶和车底，均未发现有酒。如果你是大门值班民警，此时该怎么办?

2. 某年某月某日晚上9时31分，A监狱一名身着警服的罪犯，肩上扛着一台电脑主机，从监狱大门值班室民警专用通道脱逃。B监狱身着警服的一名罪犯在出门时引起了值班民警的怀疑，凶残的罪犯打伤门卫值班民警，强行冲出大门，在监狱大门外抢劫出租车驾车逃跑。结合此情境，谈谈你的看法。

3. 你作为门卫值班民警，遇有拒绝安全检查强行冲越时，怎么办?

【考核评价】

1. 评价学生对事先有可靠情报的车辆和物品查验是否正确。

2. 评价学生对门卫查验的要求是否掌握。

3. 评价学生对强行冲越监门的处置方法是否正确。

拓展训练

在见习、实习和重大活动安全保卫工作中进行门卫检查训练。

学习单元7 监狱围墙安全防控

训练目标

● 通过训练，明确监狱围墙安全防控的基本要求，能够处置监狱围墙安全防控中发生或发现的问题。

训练内容

● 监狱围墙安全隐患分析训练、监狱围墙安全防控训练。

知识储备

监狱围墙是监狱安全防控体系中极其重要的基础性、防御性实体屏障，对于有效预防和阻止罪犯脱逃，确保监狱的安全稳定，具有其他任何防控措施无法替代的重要作用。

一、围墙安全防控的物防要求

根据《监狱建设标准》的规定，监狱围墙一般应高出地面5.5米，并达到490毫米厚砖墙的安全防护要求；女子监狱和未成年犯管教所围墙应高出地面4~5米，并达到370毫米厚砖墙的安全防护要求。围墙地基必须坚固，围墙下部必须设挡板，且深度不应小于1.5米。围墙转角应呈圆弧形，表面要光滑，无任何可攀登处。围墙内外两侧无堆放杂物、棍棒、石块、绳索等可用于攀越或行凶的物件。

新建监狱围墙上部宜设置武装巡逻道。岗楼宜为封闭建筑物，岗楼四周应有平台，平台应高出围墙1.5米以上，并设1.2米高栏杆。岗楼一般应设于围墙转折点处，视界、射界良好，无视察死角，岗楼之间视界、射界应重叠，两岗之间距离在视线和有效防范距离之内，并且岗楼间距不应大于150米。岗哨楼梯要逐步改为移动式或在岗楼内安装门锁。岗楼应用铁门防护及配备必要的通讯报警装置。

监狱围墙应设置照明装置，照明灯具的位置、距离应适当，照明灯具应配有防护罩。监狱围墙内、外侧警戒线内照明效果应良好。

监狱围墙顶部加装高度不低于2.5米金属网墙和蛇腹型刀刺网，以便增强围墙防护能力。监狱围墙内侧5米范围应当划定警戒区域，并安装高度不低于4.5米金属网墙和蛇腹型刀刺网进行物理隔离；监狱围墙外侧10米应当划定警戒线，留有不少于10米的警戒隔离带，并安装高度不低于2.5米金属网墙和蛇腹型刀刺网进行物理隔离；监狱围墙内外警戒隔离带内应无障碍，无杂物，视野宽阔。设有警犬防范机制的监狱，在围墙内隔离区分段内散养多条警犬，加强监狱周界防护能力；警犬由专业人员训练和喂养，严禁罪犯接触。

二、围墙安全防控的技防要求

按照司法部《关于加强监狱安全管理工作的若干规定》和监狱信息化建设的相关要求，监狱围墙安全警戒技术防控系统应当包括：视频监控系统、周界智能报警系统、电网报警系统及应急公共广播报警系统。这些系统作为监狱安全防范总控系统的子系统，由监狱总控平台、武警值班平台统一管理和操作，构成分级联网集中监控的管理运行体系。

（一）电网报警系统

监狱围墙应安装电网及电网报警系统，电网报警系统建设标准应当按照公安部下发的《监所周界高压电网装置》（GA247－2000）实施。电网一般应当为脉冲电网，其安装高度不低于1米，主体电压为5～6千伏，打击电量应当符合GA247－2000标准。监狱围墙电网报警系统的主体功能：触网、短路、断线、分区报警、数字实时显示、声光报警、同时与监控视频联动显示报警区域。应实现全智能化控制，可与监狱信息系统并网，由电脑进行操作和记录。

（二）周界智能报警系统

监狱围墙周界报警系统的设施有：红外线对射、雷达探测、泄露电缆、视频智能分析等报警装置。

主动红外探测器，是当目标侵入所防范的警戒线时，遮挡红外发射器和接收器之间的红外光束，能够响应红外光束被遮挡，并进入报警状态的装置。一旦罪犯攀越围墙，红外对射器便触发报警，使总监控室的警铃响、警灯闪烁。

雷达即微波探测器，适用于室外的为微波场式探测器。当目标侵入所防范的区域时，能够响应发射机和接收机之间微波能量的变化，进入报警状态的装置。无论是人行走、跑步，还是爬行、蠕动，只要侵入了防范区域，都能报警。微波传输受大气如雾、雪、风、雨等影响较小，有“全天候”之称，适用于周界报警。

泄露电缆探测器属电场探测器，发射机发射的短脉冲电磁能沿发射电缆上的漏孔向外传播，并在两根电缆之间传播形成电场。一部分能量耦合到接收电缆。接收电缆收到信号后，经过处理把它数字化，存入存储器。一旦探测器安装好后，就存储一个仿型曲线。当有人进入探测区时，对电磁场产生干扰，通过和存储的仿型曲线比较，就能可靠地探测出入侵者。由入侵者引起的反射波耦合到接收电缆，根据开始发射脉冲和反射回波脉冲之间的时间延迟，可测出入侵者的位置。泄露电缆探测器警戒范围呈空间覆盖形，警戒效果好。

视频智能分析探测器，通过将监控摄像机场景中背景和目标分离，进而分析并判断场景的各种状况。监狱可以根据现实的实际场景，建立相应不同场景模型，生成在场景中出现不同状况后联动相应报警事件的规则，通过这种规则来判断和分析视频，自动发出报警，输出联动信号，提示用户进行相应的操作或根据报警的场景来采取相关的措施。

（三）应急广播报警系统

监狱围墙周界应急公共广播报警系统，主要由节目源设备、信号的放大处理设备、传输线路和扬声器系统四部分组成。当围墙周界发生非法越界事件时，对应区域视频自动显现，喇叭自动播放警告语，声光报警器自动启动，达到各类设备智能联动运行。

节目源通常为无线电广播，激光唱机和录音卡座等设备提供，或由麦克风、喊话器或对讲机直接提供；信号的放大处理设备即功率放大器放大节目源声音；传输线路即由音频传输线将所有广播设备连接在一起；扬声器系统主要由扩音喇叭组成。

（四）视频监控系统

监狱围墙视频监控系统一般由监狱总控系统平台操作与控制。监狱围墙应配置安装视频监控系统前端设备——摄像机，摄像机摄取的现场信号，通过视频编码器处理上传至监控中心，由监狱总控平台进行统一管理、操作、调度，并实现以下功能：

1. 监控报警联动：根据实际情况，通过报警接口单元和报警联动板实现监控和报警的联动。当分控室发现或发生紧急事件按动紧急按钮产生报警时，除了本地警号发声或闪灯报警外，还会通过主机内置拨号器拨通报警中心接收、处理系统，并通过约定的信号将报警信息传输过去。然后总控指挥中心就可根据接收下来的信息作出相应的反应。

2. 监控报警与实时录像显示：报警信号经过报警联动板输出信号触发矩阵主机，然后矩阵主机会给报警点周围的一体化快速球或云台变焦摄像机一个命令，强迫摄像机按照事先设置的预置位旋转至该报警点，自动变焦、对焦从而对此位置进行重点监控并录像。根据预先设定的成组切换模式，将相关的几台摄像机图像同时显示在几台显示器上，易于观察处理。

3. 监控报警与电子地图显示：当报警信号触发矩阵主机后，与矩阵主机相连接的多媒体工作站，会马上弹出电子地图以特殊颜色高清晰度显示该报警点位置，提示总控值班人员采取相应的措施。

4. 监控报警与硬盘实时录像：报警还可以触发硬盘录像系统的报警输入，启动报警录像模式。

三、围墙安全防控的人防要求

（一）监控中心值班民警职责

1. 监控系统是监狱安全防范系统的重要组成部分。监狱设总监控室（监控指挥中心）和分控室，配备专职执勤民警对监控系统实行24小时值守，负责实时监控。

2. 监控系统由监狱指挥中心负责管理，设置专人负责对监控系统进行日常管理、维修和维护，确保视频监控系统正常运行。

3. 执勤民警上岗前应当进行专业知识和操作技能培训，培训合格后，方可上岗。

4. 监狱对重点要害及监管事故易发部位应当进行视频监控和录像，根据不同的部位设置不同的视频存储备查期限。视频存储备查期不得少于7个工作日。

5. 严格视频图像信息资料的密级管理。不得擅自复制、提供、传播图像信息资料；不得擅自删改、破坏图像信息资料的原始数据记录。

6. 检察、纪检、监察和狱内侦查部门，调查案件需要调取、查看和复制视频系统图像信息和相关资料的，应经分管监狱领导批准。

7. 监控执勤民警严格按规定步骤进行操作，密切注意监控设备运行状况，不允许带电进行硬件的热插拔操作（支持热插拔的硬件设施除外），不得无故中断监控，保证监控设备安全运行。

8. 执勤民警违反规定，造成设备损毁，运行不正常，或造成资料丢失、泄密的，视情节追究相关人员责任，故意损毁的，应当赔偿。

（二）监狱围墙武装警戒与安全巡逻的职责

监狱围墙人力防控是监狱安全防范的重要组织部分，是有效防止罪犯越狱脱逃，确保监狱安全稳定的关键环节。监狱围墙人力防控，主要包括驻监武警部队的监狱围墙武装警戒和监狱围墙内的监狱民警安全巡逻。

1. 监狱围墙武装警戒与巡逻的职责。监狱武警部队对监狱围墙武装警戒的职责：监狱围墙四角设置武警值勤岗楼，武警实施24小时武装警戒；监狱围墙设置巡逻通道，武警负责实施墙上武装巡逻，并对围墙内、外隔离网范围实施安全警戒；武警设置流动哨，对监狱围墙外围进行武装巡逻；预防和打击涉及监狱围墙安全的狱内又犯罪活动；制止和打击监狱外部不法人员对监狱的破坏和侵袭；协助监狱处置突发事件和灾害事故；等等。

2. 监狱民警狱内巡逻的职责。狱内巡逻是指为维护监管改造秩序的安全稳定，由监狱应急防暴队在监管区进行全天候、全方位、动态巡逻执勤的勤务活动。它既是监狱内卫的重要工作范畴，也是确保监狱安全和监管秩序改造稳定的重要保障。

监狱应急防暴巡逻主要担负维护监管改造秩序、预防和制止狱内违规违纪行为、违法犯罪活动、接受罪犯求助等任务。具体职责如下：平息和处置狱内突发性暴狱、凶杀、哄监闹事等监管事件；负责监内巡逻检查和查岗查哨，维持狱内公共场所的监管秩序；负责处理罪犯打架斗殴，乱窜监舍以及其他违规违纪行为；负责接受罪犯求助；负责狱内重要活动期间的安全保卫和警戒任务；其他监狱决定执行的任务。

（三）监狱民警狱内巡逻的相关制度

狱内巡逻实行全天候、全方位24小时动态执勤制，每班巡逻次数不得少于4次。

应急防暴队实行双人双岗执勤制，严禁防暴执勤民警单独巡逻检查。特殊情况需要增加警力的，由监狱具体部署。

应急防暴队实行持械武装执勤，监狱为防暴队员配备必要的警械和防护器材。防暴民警在巡逻检查时，应当高度警惕，保持距离，注意防范，确保自身安全。

防暴执勤民警应按规定向监控指挥中心汇报值班情况，并做好各项登记和记录，登记和记录应当详细和规范。

防暴执勤民警应按时交接班，坚守岗位，尽职尽责。严禁在执勤期间误岗、脱岗、串岗；防暴执勤民警因玩忽职守、不负责任、不履行职责，造成监管事故发生的，视情节严肃处理；构成违法犯罪的，依法追究刑事责任。

训练任务

监狱围墙安全防控训练包括监狱围墙安全隐患分析训练、监狱围墙安全防控训练。

训练任务3　监狱围墙安全隐患分析

1. 围墙坚固状况，是否存在倒塌等安全隐患。我国有些监狱基础设施仍然处在十几年前的状况，由于资金的问题不能得到及时解决，监狱围墙耐久性和坚固性明显降低，遇到大风、地震等恶劣气候条件时，出现围墙倒塌。这时必须加强人力警戒，防止罪犯脱逃。

2. 围墙物理隔离状况，是否存在可以利用绝缘器材、绳索、梯子、飞爪等攀爬工具或利用狱内地形地物翻越围墙脱逃的安全隐患。有的监狱没有严格按照相关规定，在距离监狱围墙5米的警戒隔离区域内有攀爬物，如超过5米高的大树；有的监狱因施工工具管理不善，收工后有梯子等高架物留在监区，给罪犯翻越围墙提供了攀越工具，导致罪犯脱逃。

3. 电网、照明设施及运行状况，是否存在电网、照明设施及其运行故障。一些监狱警戒设施陈旧落后，电网年久失修，遇到阴雨天气电网容易造成短路，出现电网没有电的状态。还有的监狱在岗楼与围墙连接处的电网间隙较大，超过30~40厘米，给罪犯以可乘之机，伺机翻越电网脱逃。

4. 围墙武装警戒与管理状况，是否存在武装警戒、人员管理、制度落实等方面的隐患或漏洞。

5. 穿越围墙通道设施安防状况，是否存在安全隐患。如下水道、菜窖，以及建筑物和围墙有连接物如电缆、电话线等是否存在安全漏洞。这些安全漏洞，都有可能被罪犯利用，秘密穿越围墙实施脱逃。2008年河北某监狱4名罪犯欲从下水管道爬出东大墙，最后狱警发现东大墙的一个下水管道的井盖打开着，顺着这个线索才发现4名罪犯被卡在了下水道里。2009年某监狱2名罪犯偷偷潜入车间下水道，用事先准备好的钢锯条将下水道隔离网锯断后通过下水道逃出监狱。某监狱罪犯利用曾经在菜窖劳动，对菜窖环境熟悉的有利条件，企图从菜窖挖洞脱逃。

6. 突发情况处置状况。

(1) 里应外合，翻越围墙实施脱逃。当前我国治安形势比较严峻，监狱在不断地收押社会上各种恶势力和破坏势力的骨干成员，在押犯构成越来越复杂，暴力犯、重刑犯、团伙犯、涉黑犯、涉毒犯和被判刑两次以上的罪犯不断增多，特别是收押的邪教法轮功组织的骨干分子，给监管工作增加了难度。同时，境外分裂分子加紧对我国进行渗透、颠覆和破坏活动，监狱仍然是他们锁定的一个目标。监狱应加强围墙周围的安全警戒和监控，制定完善的应急处置预案并定期实施演练，防止罪犯里应外合实施脱逃。

(2) 不法分子实施破坏活动。监狱安全防范是一项系统的社会综合防范工程。监狱的安全同社会的许多因素息息相关，例如社会刑事犯罪状况、刑释人员的安置和再就业的问题等都会影响到监狱的安全与稳定。防止一些对社会不满持报复心理的无业人员对监狱实施破坏活动不容忽视。一些地区恐怖活动猖獗，预防恐怖活动对监狱进行冲击和破坏，是监狱安全防范的重要任务。

(3) 向监狱内投射毒品和手机等违禁品。有的罪犯为获得违禁品，不顾监狱打击违禁品的高压态势，里应外合，指使狱外人员向监狱内投射违禁品。狱外人员受利益的驱使，不管法律和监狱的规定，为罪犯提供毒品和手机等违禁品。某国媒体称，一监狱狱警发现监狱附近的一处树林内有3个人形迹可疑，就出动警力调查，结果吓跑了这一团伙。在林中发现了2米多高的金属大弹弓，旁边散落着3个包裹，里面有毒品、手机和其他违禁品。还有一个包裹射入围墙内，但被狱警截获。3个人分工合作，1人压住固定，1人发射，1人和囚犯联络，指引方向。

训练情境

训练情境6

某监狱罪犯王某在遮阴网生产车间正常夜班劳动时，趁着夜雨，看管视线较差之机，看见废料框中有用于生产的防滑机制胶带，于是，他迅速将一段长7.49米、宽0.04米的胶带藏在腰间，趁洗碗之机脱离“三人互监小组”，来到车间外离劳动地点50多米的生产区围墙边，爬到一棵桉树上。桉树距围墙内侧5米，距地面约高10米。他用胶带套在距围墙顶端约3.5米高的树枝上，将身体荡到围墙外，左手抓住一根电网线，右手拉下树枝上的胶带，拴在支撑围墙电网的铁三角支架上，双手拉着胶带滑下围墙脱逃。

【训练目的】通过训练，学生应学会监狱围墙安全隐患的分析方法。

【训练提示】结合本情境，具体分析监狱围墙安全防控中存在的隐患和漏洞，制定整改措施。

训练情境7

某年11月27日，某监狱民警带领林某等7名罪犯在监区生产区加夜班。次日凌晨零时许，林某趁民警监控不力之机，从车间拿出竹竿和梯子窜至监狱围墙边，将梯子搭在监狱围墙较矮处，站在梯子顶端，手撑竹竿“飞出”了监狱。逃出监狱后，林某乘坐出租车跑到南充市顺庆区一镇上。28日凌晨4时许，监狱民警在旅馆将其抓获。

【训练目的】通过训练，学生学会分析罪犯脱逃的方式和原因。

【训练提示】罪犯林某采用非常危险的逃跑方式达到脱逃目的，谈谈你的看法。

训练情境8

罪犯李某，曾因犯盗窃罪被判刑1年，又因盗窃罪、脱逃罪被判处无期徒刑，剥夺政治权利终身。被捕前从事个体无线电修理。

某年5月10日上午，某监狱三监区组织罪犯劳动。11时30分左右，李某趁吃午饭，监区管理民警相对较少之机，用事先准备好的攀登工具翻越生产区北面有电网的围墙脱逃。经现场勘查发现：李某准备的脱逃工具为绝缘材料，有8.2米长用被单布和被面撕成布条后接成的绳子一根，长14.28米的尼龙绳一根，尼龙绳一头与布绳连接，另一头系上一把40毫米的保安锁，将锁抛过电网铁架子后，即可将布绳拉上电网架固定。该犯还准备了3件塑料雨披和1条塑料雨披改制的裤子及一双包上塑料胶带纸的合成革手套，在翻越电网时作为绝缘材料。该犯翻出围墙后将囚服等物品抛弃在墙边。

11时50分左右，监区发现李某不见了，当即组织寻找，后发现山坡围墙上挂着布绳，估计已脱逃，立即上报监狱领导，狱方迅速组织民警、武警追捕，按应急方案分工，投入紧张的围堵、搜查、设卡、追捕工作。8月23日，将罪犯李某缉拿归案。

【训练目的】 通过训练，学生学会分析罪犯脱逃原因及防控方法。

【训练提示】 分析该情境中罪犯脱逃的原因，如何预防罪犯从监狱围墙脱逃。

训练任务4 监狱围墙安全防控实务

监狱围墙安全防控实务，包括实体防控、技术防控、监狱围墙及周边警戒区域发生或发现问题的处理。

一、实体防控

（一）监狱围墙安全隐患的排查

监狱围墙是监狱安全防范最重要的实体屏障，其安全隐患排查的主要内容与方法，包括以下几方面：

1. 现场检查监狱围墙是否存在墙基下沉、墙体裂缝、砖石松动或形成孔洞等安全漏洞，有无人为破坏的迹象；是否存在墙体表面不光滑或有可供攀爬的安全隐患；查看围墙周边是否有违章建筑，有无堆放杂物、棍棒、石块、绳索等可用于攀越或行凶的物件；查看通往监区外的下水管道、暖气管道的安全防护设施是否完好；排查后填写排查记录，异常情况必须记录在案，及时处理。

2. 现场检查电网安装是否符合规范要求，电网电压是否符合GA247－2000标准；是否存在电网老化、短路、断线、漏电等安全隐患，有无人为破坏的迹象；排查电网上方是否有大树、屋檐、建筑物外檐等遮盖物，电网与建筑物外墙连接处是否留有空隙、间隙（平行错位连接，会导致间隙存在）；排查强降雪、强降雨、大风等恶劣天气情况下，电网运行是否正常。

3. 现场检查监控系统设施及报警装置运行是否正常；查看线路是否存在老化、断路和漏电等故障；排查监控系统设施及报警装置有无人为破坏现象；现场检查监狱围墙警戒报警设施是否完备，设施功能是否正常，摄像镜头是否清晰，有无蒙蔽摄像镜头的情况，有无人为破坏的迹象；测试电网报警系统是否正常运行，是否存在漏报、误报等现象。

4. 现场检查监狱围墙内外物理隔离设施是否完善，是否存在安装不到位或不规范的安全漏洞，有无人为破坏的迹象；查看隔离区内或隔离区周边是否存在堆放杂物、生产工具或可供罪犯利用的攀爬物、行凶物等安全隐患。

5. 现场检查监狱围墙照明设施是否完好，照明设备的位置、距离是否适当，功能是否正常；测试警戒区域内的照明效果，有无照明死角；检查照明灯具及线路是否存在老化、断路和漏电等故障或人为破坏的迹象。

6. 分析排查罪犯是否存在秘密制作工具、藏匿绝缘物品，或利用监狱围墙周围的障碍物如大树、脚手架等，密谋实施越狱脱逃的行为迹象。

（二）监狱围墙安全设施故障的处置程序

1. 一般性安全隐患或故障的处置程序。

（1）及时报告。值班民警在日常排查、检查或测试中，发现监狱围墙实体防控设施存在一般性隐患或故障时，应当及时报告狱政管理部门。

（2）现场布控。值班民警在及时报告的同时，应当采取临时性应急防范措施，对隐患或故障现场实施安全警戒。

（3）故障处理。狱政管理部门接到报告后，应当及时组织相关责任民警进行处理，同时，部署警力对隐患或故障现场实施布控，并协调武警部门加强武装警戒。

2. 重大安全隐患或故障的处置程序。

（1）及时报告。值班民警在日常排查、检查或测试中，发现监狱围墙实体防控设施存在重大安全隐患或故障时，应当及时报告狱政管理部门。

（2）现场布控。值班民警在及时报告的同时，应当采取临时性应急防范措施，对隐患或故障现场实施安全警戒。

（3）启动应急预案。狱政管理部门接到报告后，应当及时启动应急预案，组织部署警力对隐患或故障现场实施布控，并协调武警部门加强武装警戒。同时，提高监管区内的警戒级别，加强对监管区的防暴巡逻，严格对各押犯监区（分监区）罪犯实施出入管制与安全管理，确实杜绝罪犯接近隐患或故障现场。

（4）故障处理。迅速组织责任民警、专业技术人员和相关施工人员，对重大安全隐患或故障进行处理。

二、技术防控

监狱围墙视频监控系统的操作训练主要包括：围墙电网报警系统操作、围墙报警系统操作和视频监控系统操作训练。熟练掌握视频切换功能，实现对重点部位信息的实时观看和录像资料的调取，以配合业务部门进行信息查询和重大问题的证据查证。

（一）监狱围墙视频监控系统操作的基本要求

1. 围墙电网系统操作。高压电网报警时，监控值班民警手动调出围墙监控图像，分析是否发生断路、短路、异物触网还是有人触及高压电网。如为断路、短路或异物触网，监控指挥中心应通知武警和防暴队民警前去查看电网报警位置及报警原因，加强围墙安全警戒，并由相关负责部门及时处理，排除故障解决问题；如有人触及电网，则应立即启动应急预案。

脉冲电网发生报警时，监控值班民警迅速查看发生报警段的视频图像，确认电网报警类型。若因风、雪、阴、雨、雾等自然气候原因导致报警，应通知武警现场查核，并加强安全警戒，由相关负责部门前往处理；若人为触网，立即通知武警快速处置，并加强现场控制和安全警戒，同时，报告监狱领导，并调度防暴民警，迅速到达现场进行处理。

2. 围墙报警系统操作。围墙报警和视频监控实行联动，发生报警信号时，视频监控图像自动切换到电视墙报警显示位置，报警喇叭发出大声提示语，警告罪犯，提醒巡逻执勤民警迅速前往报警地段；同时武警监控室警铃响，武警迅速前往加强大门及围墙警戒，并报告上级。如为环境原因引起的报警，监控值班民警应解除报警，并立即通知相关负责部门迅速排除故障；如为罪犯脱逃引起的报警，监控值班民警应立即向监狱领导报告，监狱启动相应的应急预案。

3. 围墙监控系统操作。

（1）视频图像调取方法。调用视频图像，是必须掌握的技能。围墙监控图像的调取，针对不同的信号制式调取方式不同。数字信号，通过电脑软件调用，方法是：选择图像通道，选择日期，选择时间，确定，就可进行录像播放。用于查看录像，录像回放。模拟信号，通过控制键盘调取，方法是：选择图像，选择要显示的屏幕，选择编码序号，确定。

因此，监控值班民警必须熟悉监控系统重点位置、重点区域摄像机的分布，能够熟练地调取某监区或分监区及所需部位监控信息。

（2）总监控视频图像的管理。总监控室可以调用所有各路图像的录像，为确保监控录像的保密性，必须对监控录像的观看、调取及拷贝进行严格管理，以防泄密事故发生，对监狱安全造成重大影响。

确定调用人员的范围及权限，如狱政科长、侦查科长、驻监检察院、监狱领导等；进行对应捆绑式的用户名和密码的设定；确定调用录像的用途；总控值班民警对调用人员进行登记，以便发生问题时电脑内部记录与人工记录比对。

（3）监控系统前端设备的操作。视频监控系统前端设备的操作包括：监控报警系统搜索画面、图像跟踪等操作技能；在界面上熟练操作控制系统前端的图像设备（镜头变倍、调焦、调节光圈）、云台转动（上下左右、定位预置点、巡航、调节速度、步进控制）。其操作方法如下：模拟信号系统，通过键盘的操纵杆进行变倍、焦距调节及云台转动的操作；数字信号系统，通过电脑上的按钮进行变倍、焦距调节及云台转动的操作。

监控系统前端安装快球摄像机，且系统软件支持同时具备，则可以实现图像自动跟踪、巡航等。

对重点视频信息的拷贝方法，按照电脑基本拷贝技能进行操作。

（二）围墙视频监控系统发生或发现问题的处理

1. 系统运行故障的处理。系统运行中发生故障，不能正常工作时，系统操作民警或值勤负责人应立即通知驻监武警部队、狱内应急防暴队及狱内各值勤点民警，加强警戒和防范；并报告狱政管理部门，由专职民警负责及时处理。专职民警无法处理的，应及时向设备售后服务部门（厂家）报修处理。

遇有设备异常发热、设备发出异味、设备有异常噪声、监控图像发生异常或其他无法处理的异常情况时，应停止该设备用电并向设备售后服务部门（厂家）报修处理，不得私自处理。

2. 系统报警信息的处理。掌握监控报警系统的其他各种操作规程，特别是当监狱的重点位置在监控系统中发来报警信号时，能够马上调出报警信号来源的监控图像，并在大屏幕上进行图像跟踪、放大等处理。

（1）接警操作。执勤民警接到系统发出的报警信息后，应迅速进行反应，进行如下操作：数字信号报警，点击电子地图上的报警点，进行接警，及时查看跳出的监控图像；模拟信号报警，按下视频监控系统平台上对应的报警号码，进行接警，及时查看跳出的监控图像。

在监狱“四防一体化”建设中，加强了武警对监狱围墙的安全警戒，武警监控值班室接到围墙报警信号后，迅速通知岗上巡逻武警，进行警情核实和现场处置。

（2）实时监控。监控值班民警接警后，操作快速球摄像机，启动搜索画面、图像跟踪系统，调出报警信号来源的监控图像，在大屏幕上进行图像跟踪、放大等处理，对报警点实时监控。

（3）及时报告。向监狱领导、监狱总值班、中层值班领导汇报情况，并根据领导指令，启动《狱内突发事件应急预案》。

（4）快速处置。调度现场值勤民警、狱内防暴民警和驻监武警，火速赶赴报警现场，迅速处理。

3. 视频监控系统发现狱内异常情况的处理。围墙视频监控系统在对围墙及其隔离区周边实时监控中，如发现罪犯靠近隔离区或在隔离区附近活动，或罪犯在监狱围墙附近有打架等违纪行为，监控值班民警应及时通知防暴民警，到现场核实情况；如发现罪犯有脱逃迹象，监控值班民警应发出报警信号，迅速通知防暴民警进行现场处置，并报告监狱相关领导，必要时启动应急预案，调度防暴民警和驻监武警进行联合处置。

三、监狱围墙及周边警戒区域发生或发现问题的处理

（一）武警武装警戒巡逻执勤中发现问题的处理

武警在武装警戒与巡逻执勤中发现问题，应当同时向武警值班室和监狱监控指挥中心报告，监狱监控中心接到警情后，立即进行情况核实，启动预案，及时处置。

发现罪犯越墙逃跑或遇到其他紧急情况，应当机立断，快速反应，鸣枪警告，先行处置，随后报告。

发现有闲杂人员在监管场所周围逗留、观察等不正常行为时，应当高度警惕不法分子预谋冲击监狱或与罪犯互相勾结从事不法活动，应立即制止或驱散，必要时，带回讯问，作进一步的调查处理。

（二）应急防暴民警警戒巡逻中发现问题的处置

监狱民警巡逻过程中发现问题的处置主要包括：一般违规违纪行为的处置和重大安全隐患或监管事件的处置。

发现罪犯在围墙警戒监管区域及其周边有一般违规违纪行为时，应急防暴民警应当立即制止，当场给予批评教育，并认真核实其姓名、编号、所属监区，通知所属监区民警带回，作进一步处理；情节严重的，带回防暴队处理。

发现罪犯有脱逃、闹事、行凶等危险时，应当立即采取强制措施，控制事态的发展，并及时向监狱领导和监控指挥中心报告；必要时，启动应急预案或狱侦部门介入进行侦查处理。

发现围墙安全警戒、照明设施等出现损坏，存在重大安全隐患时，应当立即采取应急布控措施，加强隐患现场的安全警戒，并及时报告监狱领导和监控指挥中心，启动应急预案，及时采取相应措施，排除隐患。

实训项目

实训项目6　监控指挥中心岗位实训

【实训目的】通过该项目实训，学生熟悉监狱监控指挥中心岗位相关规定，能掌握监控设备的操作方法和要领，学会警情的处理方法。

【实训场地】监狱监控指挥中心。

【实训要求】警容严整规范，遵守工作纪律，业务操作熟练，警情处置得当，严谨细致尽责，记录及时规范。实训结束，写出实训报告。

【实训内容】

1. 视频监控设备的操作。

（1）在监狱监控指挥中心进行视频监控系统画面搜索、图像跟踪等功能操作训练。

（2）在界面上控制前端图像设备的训练，镜头变倍、调焦、调节光圈；云台转动如上下左右、定位预置点、巡航、调节速度、步进控制等。

（3）报警信息的处理。现场操作当监狱的一个重要部位（或某个警戒区域）在视频监控系统中发来报警信号，值班人员能马上调出报警信号来源的监控图像，并在大屏幕上进行图像跟踪、放大等处理的训练，总监控室能够按照监狱《处置特殊时段突发事件应急预案》做好协助工作，提高应急处置能力。

2. 监控指挥中心工作任务。

（1）整点呼叫。全天24小时，每小时呼叫1次，按要求做好记录。

（2）半点巡查。使用电脑相应程序，用电子摄像功能检查检验重点部位：大门、电网、围墙、警戒隔离带、民警值班室、禁闭室、监区各生产区，监舍、楼道等地。

（3）监控查询。未经领导批准，任何人都不得调取视频图像资料。

（4）事务协调。如遇罪犯释放，将罪犯信息向省局汇报；夜间如遇特殊情况出入大门，向省局请示，并向省局发送传真。按级别对各类情况做出响应，真正起到承上启下的枢纽作用。

（5）警情处理。发现异常情况或罪犯违规违纪，向值班科长汇报，并做好值班记录；发现重大情况，及时报告监狱有关领导和武警部队，并做好相应记录。

（6）注意事项。值班期间严禁携带和使用手机，遵守监狱工作保密纪律。

【实训点评】指导教师（或指导教师与实训指导民警）评价学生警容风纪、遵守纪律、监控设备操作、警情处理、工作态度，肯定成绩，指出操作中存在的问题，提出改进的方法。

训练情境

训练情境9

某监狱罪犯郭某，其工种为木工，该犯利用自己木工的特殊身份，秘密制造梯子，梯子为4节木板，木板上凿有插钢筋的洞，使用时用木板和钉子进行固定，用钢筋插入凿洞后可用以攀爬；罪犯将梯子搭在围墙上面废弃的岗楼下沿，避开电网，翻上墙后将梯子推倒，梯子被墙内的草丛遮掩，为罪犯的逃离争取了时间；罪犯翻墙地段在摄像头的监控范围，摄像头与门卫监控室相连，但由于设备较为落后，图像不是很清晰，加之当时监控人员疏忽，没有及时发现，而且监控系统也没有录像回放功能；由于监狱围墙上述隐患漏洞的存在，致使罪犯郭某成功脱逃。

【训练目的】 通过训练，学生应掌握监狱围墙安全防控的方法。

【训练提示】 分析该情境中监狱围墙存在哪些隐患漏洞，应如何进行整改？

训练情境10

2011年9月11日早晨6时左右，河北省某监狱在押罪犯王某（犯盗窃罪于2010年6月归案，2011年1月被判有期徒刑10年）脱逃。9月24日凌晨2时许，河北省公安、司法机关密切配合，将逃犯王某在其原籍河南省郸城县抓获归案。

脱逃经过：罪犯王某住在该监狱第二监区的二楼202房间靠门口位置的上铺。2011年9月7日左右，下了一场轻雾，9月11日凌晨，又下了一场大雾。因监舍的门没有上锁，王某翻下床走出监舍，走到监区大门，用自制的变压器芯上的小金属片磨制成的梯形工具打开监区的门。两名值班民警和两名值班罪犯都在睡觉。打开监区大门后，王某走到监区西侧的垃圾站，在垃圾站捡到一根聚乙烯管，把垃圾站的铁栅栏门拆下放在墙边头上，用聚乙烯管支开电网翻出小电网。之后王某继续走到西南侧大墙旁，在大墙内侧有一道隔离区，隔离区的铁栅栏上有一道滚网（螺旋状的铁丝网），王某在翻越滚网时划伤了左脚。在隔离区，有一个浇水用的水管，长约9米，王某用水管缠住监狱大墙照明灯支架，靠水管的帮助翻上大墙。在王某逃跑处，电网与围墙间的空隙较大，有35～40厘米，他个子矮小，便钻出电网，顺着水管滑下。在王某离地面还有不到2米时，被一名在墙外隔离区巡逻的武警发现，但他很快就钻进了附近的玉米地。武警追了一段，发现无法找到，便向领导汇报。监狱也开始组织人力抓捕。抓捕过程中，王某在包围圈里被困了3天但最终还是逃了出去，一路扒车，十几天后回到老家河南郸城即被抓获。

该监狱始建于1970年，年久失修，不符合现代监狱的管理要求。河北省监狱管理局从十几年前就一直准备对该监狱进行搬迁，但因征地等方面原因一直拖延，直到2010年初才决定在附近建设改造。为避免资金浪费，照明、通讯等设施多年来没有再投入，监控、报警设施甚至一片空白。该监狱是全省警囚比最低的监狱之一，距离司法部的规定有很大差距。警力严重不足导致民警长期处于超负荷状态，人防不到位。

监狱安全管理存在很多隐患漏洞。一是一些领导和民警安全防范意识不强，对安全工作存在侥幸心理，是该事件发生的主观原因。二是相关制度、责任落实不到位，给王某的越狱提供了可乘之机。三是监狱管理混乱，手机等违禁品没有得到控制。四是监狱重视生产而忽视了对罪犯的改造和规范化管理。

【训练目的】 通过训练，学生学会监狱围墙安全防控方法。

【训练提示】 分析该情境中监狱围墙存在的隐患漏洞，应如何进行整改？

考核与评价

【考核内容】

1. 某监狱加工车间罪犯陈某和王某，多次注意下雨天电网停电，但民警在安全排查中并未发现此隐患。一次，罪犯利用下雨天可乘之机，使用车间工具锤子和绳索，躲在工具房中，利用开门一瞬间，将多名罪犯打死、打伤，然后用绳索投至电网上，实施脱逃。结合此案例，分析监墙安全警戒设施排查中存在的漏洞。

2. 某年某月某日，教师带领学生到某实习基地进行监控系统操作训练。

3. 某监狱监控中心发现有一名罪犯三次到内隔离网附近单独活动，通知巡逻民警迅速到现场进行核实并处置。你作为巡逻民警应如何处置？

【考核评价】

1. 评价学生对围墙安全警戒设施隐患的排查能力。
2. 评价学生对监控系统操作技能的掌握情况。
3. 评价学生对事件所采取的处置措施是否恰当。

拓展训练

在见习实习中进行监狱总监控系统操作训练。

学习单元8 监舍楼安全防控

训练目标

● 通过训练，明确监舍楼安全防控的基本要求，学会监区（分监区）安全管理方法，能够处置突发情况。

训练内容

● 监舍楼安全隐患分析训练，监舍楼安全防控训练。

知识储备

监舍楼及罪犯生活场所的安全防控，既是构成监狱安全防控体系的重要组成部分，也是加强监狱基层基础建设，预防和遏制狱内各种监管安全事故发生的关键环节。因此，重视和加强监舍楼及罪犯生活场所的安全防控，坚持以人力防范为核心，不断健全和完善人防、物防、技防相结合的防控体系建设，对于确保监狱的持续安全稳定具有极其重要的意义。

一、监舍楼安全防控的物防要求

监舍楼主要包括：民警办公用房、罪犯生活用房和文体活动用房。民警办公用房包括：民警值班室、个别谈话室、监区或楼层分监控室。罪犯生活用房包括：罪犯的寝室、盥洗室、厕所、浴室、晾衣间、物品储藏室和心理咨询室。文体活动用房包括：图书阅览室、文体活动室等。

监舍楼及其罪犯生活场所的安全监管设施，主要包括：安全警戒设施、隔离设施、防护设施、照明设施和报警设施等。

根据《监狱建设标准》和司法部相关规定的要求：监狱监管设施耐久年限不应少于50年；房屋建筑的耐火等级不应低于二级；抗震设防的基本烈度，则应高于本地区基本烈度一度。

监舍楼内的民警值班室、个别谈话室、监区或楼层分监控室，应位于监区的出入口附近，并用铁栅栏门与罪犯用房隔离。民警值班室、个别谈话室、监区或楼层分监控室的门窗，应安装牢固的防护设施，并设有线或无线通讯、报警装置。

监舍楼的楼层、楼门，应安装警戒设施和隔离设施，有条件的监狱可安装遥控门，实施封闭式安全管理；监舍楼的室外疏散通道、楼梯周围，应安装防护铁栅栏；监舍楼内通往楼顶的消防爬梯离地面高度不应低于3米，并且3米水平距离内不应设置门窗洞口。

监舍楼内各监区（分监区）的监舍、盥洗室、厕所、物品储藏室、图书阅览室、文体活动室、浴室、晾衣间等房间对外窗，应安装牢固的防护设施。防护栅栏一般使用钢筋或不锈钢材料进行焊接，并与墙体钉接牢固；钢筋直径不小于0.8毫米，不锈钢管材厚度不小于1.2毫米，使用不锈钢空心管材的护栏，钢管内部按一定间距（不小于30毫米）插入钢筋以加强支撑和防护作用；护栏与墙体钉接后，应用瓷砖贴面或用水泥抹平。

监舍楼内的心理咨询室，应安装物理隔离设施、安全防护设施，并安排责任民警专门负责对咨询人员的安全保护及咨询现场外围的警戒管理。

监舍内各房间及走廊的管线，均应暗装，出口及插座均应设带锁的铁箱封闭管理；监舍内各房间及走廊的照明开关，均应设置在民警值班室内进行控制，且应在每个监舍内设一组夜间照明应急灯具；监舍楼内配电箱应设在每层的民警值班室内。

监区所有通往监外的暖气检查口、排水管道检查窑井等，均应设置安全防护装置；盥洗室、卫生间、监舍内的各种管道均应包裹起来。

二、监舍楼安全防控的技防要求

根据《监狱建设标准》和司法部相关规定的要求：监舍楼内应设楼层（监区）分监控系统及其监控操作平台。楼层分监控系统是监狱总监控系统的子系统，既能够相对独立运行，也能够与监狱总监控系统实施联动。

监舍楼内各监区（分监区）的楼道、楼门、监舍、盥洗室、厕所、物品储藏室、图书阅览室、文体活动室、浴室、晾衣间等部位或场所，均应安装视频监控系统前端设备——摄像探头。楼层（监区）分控室值班民警，对上述部位或场所实施全方位、全天候监控管理，并要求分控室值班民警与监区（分监区）值班民警协同进行定时、不定时的现场巡查和巡视，及时掌握管辖区域内的安全状况和监管动态。现场巡查和巡视，一般不少于两名民警，严禁民警单独进行。

监舍楼内各监区（分监区）民警值班室、个别谈话室，均应安装固定触发式报警装置（微动开关）或配备遥控报警器，一旦发现紧急情况或发生突发事件，能够迅速发出报警信号，及时向楼层（监区）分监控室、监控指挥中心和武警监控室报警，以便监狱与武警快速反应，及时处置。

监区（分监区）的罪犯监舍，应安装监听对讲广播系统的对讲分机和拾音器。监听对讲系统具有双向呼叫功能、单向监听功能和广播等功能。监听对讲系统可以实现监控民警与罪犯间的信息交流，既可对罪犯进行思想教育，也可对罪犯的特殊或异常行为进行适当跟踪管理。拾音器能够实时监听并录制罪犯语言交流信息，便于监管民警准确掌握罪犯中的动态信息，及时发现罪犯的异常表现、违纪行为及犯罪预谋活动。

监舍楼及其罪犯学习、生活、劳动等监管改造场所，应当安装手机屏蔽系统设备，防止罪犯利用手机或其他移动通讯工具与外界联系，从事非法活动。

三、监舍楼安全防控的人防要求

监舍楼既是监区（分监区）关押改造罪犯的重要生活场所，也是监狱安全防控的重点关键部位。监区（分监区）民警及其楼层（监区）分监控值班民警，作为该区域人力防控的基础和核心，应牢固树立“安全重如泰山，稳定压倒一切”的责任意识，切实加强日常安全管理，严格履行岗位职责，确保各项监管制度落实到位。

（一）民警安全管理职责

监区（分监区）民警负责本监区（分监区）的日常安全管理，维护辖区正常的监管改造秩序。具体安全管理职责包括：负责检查监督罪犯按时作习；负责罪犯出入监区（分监区）的审查、带领和人身、物品的检查；负责对罪犯生活场所、学习场所的定时巡查、不定时检查和其他重点部位场所的监督管理；负责监区（分监区）罪犯的定时点名与定时收封启封；负责对罪犯进行集体教育、辅助教育和个别谈话教育；负责对罪犯生活、学习、活动场所的安全检查、隐患排查和违禁品清查；负责分析排查具有潜在危险倾向或现实危害行为的重点罪犯，并制定实施包夹控制和教育转化措施。

（二）民警值班管理制度

监区（分监区）值班，分为工作日夜间值班、补空值班和休息日、法定节假日全天候值班，值班民警负责处理值班期间管辖区域内发生的监管事务。楼层（监区）分监控值班，则实行全天候双人双岗值班制度，值班民警负责严密监控辖区内的监管安全状况，及时掌握管辖区域内的监管改造动态，发现异常情况及时报告，并妥善处理。监区（分监区）值班民警和楼层（监区）分监控值班民警，均应当定时向监狱监控指挥中心和监狱中层领导报告本管辖区域的情况，报告内容：领班和值班民警姓名及到岗、在岗情况；押犯基本情况，具体为监区（分监区）在册、出工、禁闭、住院、实押的人数；本管辖区域监管秩序情况，以及发现的可疑情况或管辖区内发生的监管安全事件。

（三）工作纪律和责任

监区（分监区）民警及其楼层（监区）分监控值班民警，应按时上下班，到岗到位，恪尽职守，严禁误岗、脱岗、串岗、睡岗，擅离职守；严禁在工作时间或值班期间打扑克、下象棋、玩游戏、看影碟或从事其他与工作无关的活动。

监区（分监区）民警及其楼层（监区）分监控值班民警，不得允许罪犯进入分控室、值班室；非因紧急情况，夜间值班民警严禁找罪犯单独谈话。

监区（分监区）民警及其楼层（监区）分监控值班民警，对辖区内的异常情况，应按规定和要求做好登记记录，对发生的非正常情况应按规定逐级报告，重大情况须立即上报。

监区（分监区）一把手为本监区（分监区）监管安全第一责任人，值班民警为当班责任范围内监管安全直接责任人，发生监管事故分别承担主要责任和直接责任。监区（分监区）民警及其楼层（监区）分监控值班民警，因玩忽职守、不负责任、不履行职责，造成罪犯脱逃、狱内重特大案件、罪犯非正常死亡及其他重大监管事件发生的，按有关规定严肃处理；构成犯罪的，依法追究其刑事责任。

训练任务

监舍楼安全防控训练包括：监舍楼安全隐患分析训练，监舍楼安全防控训练。

训练任务5　监舍楼安全隐患分析

一、监舍楼设施隐患

1. 居住条件及安全状况，是否存在监狱人满为患的现象。有的旧监狱押犯爆满，不得不采取各种措施和非常手段，扩大关押容量，在原有的监舍内添置三层铺、打地铺、睡平铺，除了临时启用破旧房外，在特殊时期甚至把大礼堂、活动室、阅览室改作临时监舍，在这种在押犯不断增加的生活环境里，极易引发传染病，爆发群体性事件。国外某监狱关押4000名罪犯，是原定容纳人数的5倍，由于两派敌对的罪犯斗殴，引起暴动，导致16名罪犯死亡。

2. 警戒、隔离、防护设施状况是否存在安全隐患。常见的隐患有门、锁出现故障，防护栏年久锈蚀坚固性差，报警、监控、监听对讲设备出现故障，照明设施、管线防护装置存在隐患、各种管道外露等。

3. 学习生活设施是否存在隐患。

二、监舍楼管理中存在问题

我国许多监狱在管理模式上形成了一种固定的、低层次的、粗放式的模式，部分民警有章不循，凭经验管理罪犯，工作中责任心不强，警惕性不高；一些民警和领导满足现状，对存在的问题习以为常、熟视无睹，存在着表面化、形式化的问题。尤其是一些基础性管理制度执行不力的状况严重，在日常管理、考核中也时常出现执法不严等问题。

基于上述原因，在监舍楼的安全管理中，常发生以下问题：

1. 罪犯破坏防护设施脱逃。研究发现，遇到下列情形，罪犯容易产生脱逃动机：罪犯不能适应劳动或劳动强度增大时；受伤和患重病久治不愈时；家庭突然变故如至爱亲人的亡故、病重，遭遇天灾人祸，父母无人赡养，子女无人照顾，家庭经济困难，配偶提出离婚等，都可能使罪犯焦躁不安、思家心切；罪犯之间有“恃强凌弱”现象，牢头狱霸克扣、刁难、体罚、勒索其他罪犯而且得不到民警的理解，问题得不到公正的解决，罪犯不堪忍受时；有余罪害怕公安机关进一步调查时。当有上述情形出现，民警又未能及时进行心理疏导和公正的解决问题时，罪犯会选择利用监狱管理中时间上的漏洞（如节假日、出收工、晚上休息时间、恶劣天气及监管警戒设施出现故障等）和空间上的漏洞（如值班民警和监督岗罪犯睡岗、无人巡查、其他罪犯熟睡等），破坏监舍防护设施实施脱逃.

2. 罪犯自杀。在罪犯自杀危险性评估中，出现下列情形：

（1）罪犯情况：长刑期；被害人是罪犯的亲属；有自杀未遂史；家庭成员中有人自杀过；有精神病；有吸毒史；有酗酒史。

（2）关键事件：受到处理；有余罪被发现；遭受家庭变故；长期患病；患了重病；长期完不成生产任务；与其他罪犯发生了冲突；与民警发生了冲突；重大希望破灭（如减刑）；有违规或不道德行为被发现（如偷窃）；受到其他罪犯的威胁；有人（如在逃的同案犯）威胁其家人；周围有其他罪犯自杀。

（3）异常表现：沉默不语或特别活跃；精神恍惚；对人对事反应冷淡；卧床不起或白天黑夜颠倒；不吃不喝；拒绝听从民警命令；故意不完成生产任务；多次提出某种要求；对其他罪犯有攻击言行；自伤自残；有关于生死的言论；公开表示对政府和民警的不满或气愤；暴力袭击民警；长时间给家人写信或看家人照片；把自己的东西寄回家里或送给其他罪犯；写遗嘱；产生被害或自杀妄想。当出现上述情形，民警未及时地进行个别教育，或者及时进行心理干预，罪犯会利用私藏的绳索、刀片，避开民警的监管实施自杀。

3. 藏匿违禁品。恶习较深的罪犯、炫耀自己能耐大的罪犯、事务犯、从事特种劳动岗位的罪犯，有的为了物质享受和炫耀本事，有的为了谋取私利，有的甚至为了实施又犯罪和准备自杀，绞尽脑汁私藏现金、酒、手机以及私制刀具、私藏剪刀、锤斧、绳索和布条等。在监舍楼的安全管理中，清查不彻底、防控不到位、教育不深入，会放纵罪犯私藏违禁品而威胁到监管安全，会引发罪犯脱逃、暴力袭警、打架斗殴、非正常死亡等重大监管安全事故。曾发生一起罪犯在监狱内使用笔记本电脑通过上网和外界联系，对国家安全造成威胁，被国家安全部门及时发现并查处的案件。

4. 袭警。自监狱系统推行狱务公开、实行依法治监、实施人文关怀、保护罪犯合法权益等措施以来，少数罪犯身份意识淡化，抗改意识抬头，不能接受严格监规纪律的约束和监狱民警的管教，经常表现出抗改行为，甚至袭警。也有一些素质不高的民警面对罪犯抗改造或违规违纪行为，不敢理直气壮地大胆管理，怕罪犯诬告，出现不敢管或不作为的现象，使部分罪犯产生一种错觉，有恃无恐，气焰嚣张。特别是近年来监狱以维护安全稳定为首要目标，监管措施不断强化，但因罪犯数量的激增、犯罪构成的变化、社会矛盾的累积等原因，罪犯中仇视国家、政府、专政机关的人大有人在。其中相当一部分罪犯把对法律、社会的不满和对拘押、起诉、审判过程的不服转化为对监狱民警的仇视。他们无视监狱民警的依法管理和正常教育，在以脱逃、自杀等方式逃避法律制裁不能轻易实现的情况下，进而发展到以侵害监狱民警的人身安全为其发泄目标。

训练情境

训练情境 11

某监狱八监区三楼管教室，民警朱某对罪犯邓某进行个别谈话教育（邓某，男，28 岁，2003 年 12 月 21 日因盗窃罪被判处有期徒刑 10 年，此前曾被处劳动教养 1 年，判处有期徒刑 3 年）。谈话过程中，邓某趁朱某不备，用一根方木猛击朱某的后脑，致使朱某当场倒地，昏迷不醒。邓某脱下朱某的警服穿在自己身上，拿走了朱某的警官证、监狱花名册、两部手机、2000 元现金及一串钥匙。为避开可能遇到的检查盘问，朱某卸下了一台电脑主机，扛在肩上遮挡别人的视线。当晚 9 时 31 分，邓某从监狱大门值班室民警专用通道脱逃。

【训练目的】通过训练，学生应掌握个别谈话室安防设施的基本要求，懂得作为监狱民警牢固树立安全防范意识和提高自身安全防范能力的重要性。

【训练提示】分析该情境中民警与罪犯个别谈话存在哪些隐患与漏洞，并提出整改措施。

训练情境 12

某监狱四监区教导员程某和值班民警支某、李某在组织罪犯车间生产劳动期间，罪犯周某向支某报告，有一部手机藏在监舍库房，支某立即带领周某到监舍库房搜查。

到监舍库房后，支某从值班室取来监舍库房钥匙并打开了库房门。周某告诉支某，手机藏在储物架最上边的一个包裹内。支某从库房外拿来门口坐班员用的木凳，站在凳子上取下包裹，可包裹内未发现手机。周某又说，手机可能藏在被褥内。就在支某弯腰检查被褥缝隙的时候，周某突然从背后拿起木凳狠狠砸向支某的头部，支某头部被木凳击伤。支某与罪犯展开激烈搏斗，但终因伤势过重，经医院抢救无效而牺牲。

【训练目的】 通过训练，学生应树立自我安全防范意识，掌握民警值班相关规定。

【训练提示】 分析该情境中民警的行为存在哪些隐患漏洞，应吸取哪些教训？如何加强民警自我防范意识和提高自我防范能力？

训练情境 13

罪犯徐某，男，汉族，初中文化，1972 年 11 月 24 日出生，被逮捕前无业，未婚，无子女。1991 年因犯抢劫罪被判处有期徒刑 4 年；2010 年 10 月因犯盗窃罪被判处有期徒刑 11 年（刑期自 2010 年 4 月 30 日起至 2021 年 4 月 29 日止），于 2010 年 11 月 25 日调入山西省 A 监狱服刑改造，2014 年 5 月减刑 1 年 3 个月（刑期截止日变更为 2020 年 1 月 29 日）。2016 年 5 月 6 日该犯从 A 监狱调入 B 监狱服刑。现余刑 3 年 8 个月。

2016 年 5 月 16 日凌晨 5 时 18 分许，B 监狱三监区八组罪犯贾某起床准备上厕所时，发现罪犯徐某在监舍内其上铺护栏位置用床单自缢。罪犯贾某立即上前解救并通过呼叫楼道夜巡犯向值班民警进行报告，同时，贾某与同监舍其他罪犯一道对罪犯徐某进行按压心脏等先期急救处置。值班民警周某、刘某、高某接到报告后随即组织人员将徐某送往监内卫生所进行抢救；5 时 54 分，120 救护车赶到将徐某送往县人民医院继续抢救；6 时 28 分，县医院医生宣告徐某抢救无效死亡。

事故发生后，B 监狱侦查科第一时间介入展开现场勘查和调查取证工作。主要包括拍摄现场照片、绘制现场示意图、提取自杀所使用的床单等物证、整理固定徐某个人全部生活物品、尸体照相等。期间获取了重要书证：徐某在自杀前书写的遗书。

省局调查组对监狱侦查科上述取证工作进行了确认和复制，并在此基础上完成了视频录像查看、前期调犯工作资料查阅、徐某近期就诊情况核查以及对事发当日带班监狱领导、值班科长、当班民警、部分罪犯的询问谈话等工作。

经查，罪犯徐某从 A 监狱调入仅 10 天时间，在 A 监狱服刑后期已患有焦虑症，徐某在调入B监狱第二天撰写的“思想汇报”中曾写道“我在以往的服刑中，精神不振，心理压力大，主要是身体原因，我很悲观。我曾经是有过希望，有抱负的人，可是命运坎坷，我很失望，在改造中十分不顺利……”。同组罪犯贾某反映称：调入B监狱这些天来，他已经有两三次一早起床就看到徐某一个人呆坐在床边，一副心事重重的样子。尽管监狱每天安排徐某服用治疗焦虑症的药物，但还是感觉徐某睡眠较少，心理压力较大。

在罪犯徐某留给姐姐、姐夫等人的遗书中写道：当你见到这封信时，你的弟弟已不在世了，我确实是活不下去了，心里面跟上鬼了，天天折磨我，让我痛不欲生。不是我不想活，实在是活不下去了，我的精神严重错乱，每天有千万种坏思想折磨着我，都是对你们的伤害，一会儿是这一会儿是那，太伤害我了。

尽管对罪犯徐某非正常死亡事故的定性为悲观厌世、自缢身亡，但从有效防范和及时制止罪犯自杀的角度出发，调查组在调查中也发现了B监狱在日常管理中存在的一些问题。

一是技防投入缺口较大，监控摄像头未覆盖全部监舍。二是监狱夜间值班制度落实不好，后半夜有值班睡岗现象，巡查任务完全交由两名下夜罪犯代替。三是对信息情报的利用意识缺乏。罪犯徐某患有焦虑症，但B监狱没有在第一时间主动出击、及时应对，而且在徐某随后多次主动要求到监内医院就诊并提到自己患有焦虑症的情况下，B监狱有关民警仍然对这一信息情报反应迟钝，一直没有将徐某列为重点罪犯并采取好包夹控制措施，又一次错失了提前介入并可能会避免罪犯自杀后果的有利时机。四是监控指挥中心值班民警履职不力。在调取事发前半个小时的监控录像中发现，B监狱监控指挥中心当时仅有一名民警在岗，且该民警一直趴在操作台前睡觉，未能有效履行监控巡查任务，也未尽到督查各监区值班民警工作纪律的职责。五是罪犯调遣任务结束后的后续接续工作存在一定瑕疵。在5月6日开展的集中调犯行动中，A监狱调往B监狱罪犯共计200名，因移交工作繁忙，该罪犯一直使用的药品名称和服药说明等详细内容被双方监狱所忽视，导致徐某是在调入B监第六天起才接续起之前的口服治疗药物的，病情控制可能会因此受到一定程度的影响。

【训练目的】 通过训练，学生应学会分析罪犯自杀的原因及防控措施。

【训练提示】 分小组讨论，查阅资料从罪犯自杀的原因及对策进行分析训练。

训练任务6　监舍楼安全防控实务

监舍楼安全防控实务，主要包括：实体防控、技术防控、监区（分监区）

安全管理与异常情况处置。

一、实体防控

（一）监舍楼建筑及其安防设施隐患排查

监舍楼建筑及其安防设施隐患排查，一般采取日常检查、定期巡查和专项检查相结合的方式进行，以日常检查为主。具体排查要求如下：

1. 现场检查监舍楼建筑是否符合《监狱建设标准》的要求，是否存在建筑质量安全隐患。

2. 现场检查监舍楼及其罪犯生活场所的警戒设施、隔离设施、防护设施等监管安全设施是否完善，是否存在自然损坏或人为破坏的迹象。

3. 现场检查照明设施是否完好，管线安装是否符合要求，有无人为破坏的迹象，有无私接乱用电源的现象。

4. 现场检查或测试通讯设施和报警设施是否运行正常，检查民警值班室、谈话室是否设置防护装置进行物理隔离。

5. 现场检查心理咨询室的隔离设施、防护设施和安全监控设施是否完好，是否存在无责任民警负责实时监控管理的安全漏洞。

6. 现场检查监区所有通往监外的暖气检查口、排水管道检查窑井等，是否按要求设置安全防护装置，有无自然损坏或人为破坏的迹象。

7. 现场检查楼层（监区）分监控系统运行是否正常，系统设施、前端装置、报警装置（微动开关）或遥控报警器是否完好；监听对讲系统运行是否正常，对讲分机和拾音器是否完好；手机屏蔽系统运行是否正常，有无自然损坏或人为破坏的迹象。

（二）监舍楼建筑及其安防设施隐患或故障的处置程序

监舍楼建筑及其安防设施隐患或故障，分两种情形：一种是由于自然因素导致的隐患或故障，如年久失修，设施老化，坚固性差，生锈腐蚀，接口松动等隐患或故障；另一种是由于人为因素导致的隐患或故障，即罪犯出于某种原因，有意破坏监管安全设施导致的设施隐患或故障。

1. 自然因素导致的隐患或故障。对于自然因素导致的隐患或故障，应遵循以下程序进行处置：

（1）提交书面报告：排查责任单位发现由于自然因素导致的监舍楼建筑及其安防设施隐患或故障时，应以书面报告的形式，及时向狱政管理部门报告。

（2）维修或维护：狱政管理部门接到报告后，应当及时组织相关单位或人员进行设施维修或维护，排除隐患或故障；提交报告的单位，应配合维修单位做好设施维修或维护期间的安全警戒和现场管理工作。

（3）现场管制：重大安全设施隐患或故障，险情严重，不能在短时间内排除隐患或故障的，狱政管理部门应组织警力，加强对隐患或故障现场的安全警戒和封锁管制。

2. 人为因素导致的隐患或故障。对于人为因素导致的隐患或故障，应遵循以下程序进行处置：

（1）提交书面报告：排查责任单位发现由于人为因素导致的监舍楼建筑及其安防设施存在隐患或故障时，应以书面报告的形式，及时向狱政管理部门报告。作为监管安全事件，应同时向狱内侦查部门报告，由狱内侦查部门介入调查处理。

（2）设施维修与事件调查：凡因人为因素导致的隐患或故障，应坚持设施维修与事件调查同步进行。一方面，提交报告的单位，应配合维修单位做好设施维修或维护期间的安全警戒和现场管理工作；另一方面，提交报告的单位，应配合狱内侦查部门开展人员排查和事件调查工作。

（3）事件处理：经过人员排查、事件调查，确认破坏监管安全设施的罪犯，视情节作出相应的行政纪律处罚，构成犯罪的追究其刑事责任。

二、技术防控

1. 楼层（监区）分监控系统的操作与发现问题的处理。楼层（监区）分监控系统属于监狱监控系统的二级管理平台，主要用于实时监控和观察该楼层（监区）的监管安全状况。楼层（监区）监控室值班民警，应具备熟练操作该监控系统的技能。具体操作要求如下：

（1）实时监控：楼层（监区）分监控值班民警应当坚守岗位，恪尽职守，认真监控和观察该楼层（监区）监控系统监控的目标，随时切换监视屏幕，对重点区域、场所、人员进行跟踪监控和观察。

（2）调取图像：楼层（监区）分监控值班民警通过操作系统平台上的控制设备，可随时调取监控图像。图像调取范围仅限于该楼层（监区）分控系统所监控的图像，调取的方法同总监控图像调取方法相同。

（3）录像查询：楼层（监区）分监控值班民警通过操作系统平台上的控制设备，可进行录像查询。录像查询必须经监狱领导或直接负责楼层（监区）分监控系统管理的监区领导批准。查询方法与总监控录像查询方法相同。

（4）重点人员可疑行为跟踪：楼层（监区）分监控值班民警应对重点罪犯及其可疑行为，进行视频图像的人工切换跟踪，对该重点罪犯行为进行秘密监控，及早发现犯罪预谋，及时制止犯罪活动。

发现问题的处理：楼层（监区）分监控值班民警发现异常情况，应及时进行现场查核，对一般违规违纪行为，应立即制止；重大警情或特别紧急状况，应协同监区（分监区）值班民警，快速反应，先行控制局面，并及时报告监狱值班领导、监控指挥中心；必要时，采取报警措施，联合防暴民警进行现场处置。

2. 监舍监听对讲系统的操作与发现问题的处理。

（1）监听操作：监舍监听对讲系统平台值班民警，应对罪犯监舍的安全状况实施实时监听监控，并配合视频监控图像的切换，掌握重点区域、场所和人员活动情况，及时发现隐患。如遇罪犯不按时就寝，值班民警可通过监听对讲系统对罪犯发出警示，督促罪犯按时休息；如遇罪犯在监舍内有违规行为，值班民警可通过监听对讲系统对罪犯进行警告，并通知监区（分监区）值班民警进行现场处理。

（2）接警操作：监舍监听对讲系统平台值班民警，接到罪犯监舍发出的报警信号时，应按下该监舍相应按钮，观察该监舍视频图像，对监舍内发生的情况，进行甄别判断，并快速反应，作出警情处理。如罪犯突发疾病，接警后，立即通知监区（分监区）值班民警前往处置，确保发病罪犯能够得到及时救治。如遇罪犯之间发生斗殴，接警后，立即通知监区（分监区）值班民警及时处置，防止事态扩大。如遇特别重大监管事件，及时报告监控指挥中心，启动应急预案，调度值班民警、防暴民警和武警进行联合应急处置。

（3）语音监听与录制：监听子系统可以实现管理人员对罪犯的实时监听，拾音器既可以监听罪犯语音信息，同时还能自动传回硬盘录像机进行声音录制和保存，及时发现罪犯的密谋活动，迅速处置，将隐患消除在萌芽状态。

三、监区（分监区）安全管理与异常情况处置

（一）监区（分监区）安全管理的基本要求

监区（分监区）安全管理是监狱安全防控的基础环节，加强民警对监区（分监区）的日常安全管理，是确保监狱持续安全稳定的重要保障。因此，必须重视监区（分监区）监管改造各环节、各细节的把握与控制，切实把各项安全管理制度落到实处。

1. 严格落实集中管理制度。罪犯生活现场管理实行集中管理模式，罪犯日常活动最基本的组织单元为互监小组，监区（分监区）民警负责编制、检查、监督罪犯的互监小组，并组织罪犯统一作息、统一学习、统一活动，严禁罪犯脱离互监组单独行动。

2. 严格落实门卫管理制度。罪犯出入监区（分监区）应严格履行审批和登记手续，并由责任民警亲自带领；严禁罪犯未经监区（分监区）民警批准或没有责任民警带领，擅自出入监区（分监区）；罪犯出入监区（分监区）应进行严格的查验身检查，防止将违禁品、危险品或生产工具带入监舍。

3. 严格落实直接管理制度。监区（分监区）民警应加强对罪犯生活、学习和劳动现场的直接管理，切实做到“岗位有人在，事情有人管，现场有人查，情

况有人知”，确保三大现场不脱管，24 小时不失控；监区（分监区）民警应熟知本监区（分监区）罪犯的基本情况，坚持定时亲自清点人数，不得交由罪犯小组长或罪犯监督岗代为清点人数；罪犯监舍以及其他重要部位的钥匙，必须由民警保管和使用，不准交由罪犯保管和使用。

4. 严格落实巡查检查制度。监区（分监区）值班民警实行双人双岗值班制度，值班期间应恪尽职守，定时或不定时对监区（分监区）的押犯状况进行巡查和检查，及时掌握监区（分监区）区域内的监管安全状况；应认真监控管辖区域内的监管情况，进行不定时巡查和巡视，及时掌握管辖区域内的监管动态情况。监区（分监区）封门后或罪犯就寝期间，值班民警应定时查铺，或通过监控系统监视罪犯就寝情况，严禁罪犯擅自串换铺位或从事其他影响他犯休息的活动；每小时检查一次楼层情况，发现异常情况，及时处理，并作好记录；遇有紧急情况或突发事件，值班民警应按照应急预案，迅速作出处置，并及时报告。

5. 严格落实收封启封和定时点名制度。夜间收封时，监区值班民警应认真核对清点人数，并在《夜间收封登记簿》上签字，对人数不清的，值班民警不得收封，应立即报告监狱监控指挥中心；收封后，无特殊情况或上级领导指示，不得随意开启。

6. 严格落实监管安全隐患排查制度。监区（分监区）民警应深入分析、准确掌握犯情和思想动态，对有潜在危险性和现实危害性的罪犯，进行分析摸排、监控管理、谈话教育、心理疏导和个别矫治；必要时，通过采取安插耳目或实施包夹控制措施掌握其思想动态、控制其异常行为活动。同时，监区（分监区）民警应定期或不定期开展监管安全检查和隐患排查活动，夯实安全管理的基础，及时清查各种违禁品、危险品，最大限度化解和消除各种不安全、不稳定因素，堵塞各种安全隐患和管理漏洞，有效预防和遏制各种监管安全事故的发生。

7. 严格落实“十必谈”个别教育制度。即遇有下列情形之一，民警必须对罪犯进行个别谈话教育：罪犯新入监或者服刑监狱、监区变更时；罪犯处遇变更或者劳动岗位调换时；罪犯受到奖励或者惩处时；罪犯之间产生矛盾或者发生冲突时；罪犯离监探亲前后或者家庭出现变故时；罪犯无人会见或者家人长时间不与其联络时；罪犯行为反常、情绪异常时；罪犯主动要求谈话时；罪犯暂予监外执行、假释或者刑满释放出监前；其他需要进行个别谈话教育的。

8. 严格落实视频监控管理制度。楼层（监区）分监控值班室应配备专职民警值班，实行 24 小时双人双岗早、午、夜三班值班工作制。主要任务包括：认真监控本楼层（监区）分监控系统管辖区域内的监管情况，进行不定时巡查和巡视，及时掌握管辖区域内的监管动态情况，维护管辖区域内的监管秩序；每小时用电话或对讲机向监控指挥中心报告一次值班情况，并作好记录；发现异常或可疑情况，应及时妥善处置；发生监管安全事件或遇突发事件等重大情况，应先行处置和控制局面，并立即报告监控指挥中心。

9. 严格落实值班报告制度。监狱安全管理实行“监狱总值班、管教中层值班、监控指挥中心值班、监区（分监区）值班和重点部位值班”责任制。监区（分监区）值班民警，应按时交接班，严禁误岗、脱岗、串岗，擅离职守；民警接班时，应当签字，履行交接班手续。

10. 严格落实其他安全管理制度。严禁单独行动，严禁罪犯进入分控室、民警值班室；严禁民警单独带罪犯前往库房、储藏室等地点；非因紧急情况，严禁民警夜间找罪犯单独谈话，确保自身安全。

（二）监区（分监区）安全管理中发生异常情况的应急处置

1. 罪犯违规、相互争吵或打架斗殴应急处置。罪犯发生违规、相互争吵、打架斗殴等情况时，监区（分监区）民警要积极作为，及时处置，不能推诿拖延。调查处理问题，应坚持实事求是的原则，认真全面了解事情的真相，查明原因，分清责任，并注意“热平息，冷处理”，针对性与灵活性相结合，做到客观公平公正，有理有据有节，防止偏听偏信，感情用事，激化矛盾。遇有突发事件，要沉着冷静，机智应对，按预案和程序妥善处置。

2. 夜间突然停电应急处置。夜间突遇停电时，值班民警应迅速反应，并把握两个基本原则：①保持罪犯秩序稳定；②确保自身安全。处置措施如下：

（1）及时控制罪犯活动：命令所有罪犯保持原地不动，打开应急灯、手电筒或点亮蜡烛等其他临时照明措施。

（2）维护现场监管秩序：关闭所有进出监区（分监区）的门，根据需要设立或增设罪犯监督岗；对夜餐、洗刷、就寝等生活场所，加强巡视和管理，并注意行走路线和站立方位的安全性，以防不测。

（3）组织罪犯有序就寝：中止夜间一切活动，监督所有罪犯就寝，并安排表现好的罪犯加强对楼道、厕所、监舍的巡查检查和监视监督，严防罪犯凶杀、自杀等案件的发生。整个夜间停电期间应发挥好表现积极的罪犯的协助管理与互相监督作用。

3. 罪犯突发疾病应急处置。罪犯突发疾病时，监区（分监区）民警或值班民警，应首先认真分析，快速判断真伪，防止罪犯借机袭警或实施脱逃。确认是突发疾病，立即报告上级部门，并快速送往监内医院救治。如遇特别严重的疾病，不能及时送往监内医院救治，应快速通知监内医院派人前来抢救；抢救人员未到达前，应采取紧急救护措施，实施救护，防止发生意外。

4. 罪犯自杀的预防与应急处置。随着监狱安防技术设施的不断完善，罪犯通过监狱大门和围墙脱逃的可能性减小。特别是《刑法修正案（八）》《刑法修正案（九）》的实施，一些罪犯在监狱服刑时间加长，罪犯自杀的概率在上升。因此，应从基础工作做起，做好罪犯自杀的预防。作为监区民警，应做好以下几方面工作：

（1）法理教育。帮助罪犯正确认识自己的罪行和服刑意义。使罪犯认罪悔罪是行刑的目标之一，但过度的悔罪容易导致自杀。让那些伤害了自己亲属的罪犯正确认识服刑意义尤其重要。一方面，要让罪犯认识到自己的罪责；另一方面，也要让罪犯知道服刑可以重获政府、家人的信任和被害人的宽恕。

（2）人情感化。关注弱势处境的罪犯，即保障法律所赋予罪犯的权利，如申诉控告权利、减刑假释权利、休息等权利的实现；公正、文明地开展执法与监管活动。据研究调查，罪犯有幼儿心理：在权利关系中罪犯把民警视为政府权威的化身，在情感关系中罪犯视民警为父兄。因此，民警对罪犯的褒贬亲疏都需慎重，尤其对那些在狱外没有亲属朋友，在狱内没有威信地位的弱势罪犯更是如此。

（3）情景预防。锁闭废弃的房间，封闭可能高坠的出口，给冲压机、卷扬机等危险设备安装隔离网，对危险工具加锁固定，用钢化玻璃代替普通玻璃，查禁监舍里的绳索或类似物品等方法可以增加罪犯自杀的困难。在生产区域、生活区域安装全封闭的防护栏，阻断通往楼顶和其他高处的通道，有效防止跳楼式自杀；改善生产、生活设施，减少碰撞式自杀的条件。

（4）监控与治疗。对自杀危险性低的罪犯，可以利用骨干犯秘密监控；对自杀危险性为中度的罪犯，应采用公开监控，必要时可以通过规定其劳动场所、活动范围、夜间关押地点来限制其自由；对于高度自杀危险的罪犯，应采取强制物理措施，直至危险削弱或消除。

突出抓好重点罪犯的思想工作，帮助他们尽快完成心理转换。重刑犯、入狱前后反差特别大的罪犯、严重自我封闭等有一定心理障碍的罪犯、认识能力和承受能力较低的罪犯、不服判决深感“冤枉”的罪犯、有严重疾病和长期无亲友探视的罪犯，往往对监管改造具有强烈的抵触情绪，很难接受入狱的现实，容易对未来失望、绝望，从而产生偏激心理，并采取偏激行为来逃避或抗拒。这些人，无疑是监管部门防止自杀的重点。

有针对性地开展心理疏导、劝慰、安抚工作，引导他们尽快完成心理、地位、角色转换，适应监狱生活，采取合法、合理、合情的办法解决自己和家庭的一些具体问题，树立生活的信心和勇气。同时，要注意及时掌握罪犯的心理动态，在出现反复、异常、剧烈波动时及时采取有效的工作措施，尽量使他们保持相对健康、正常的心理，消除失望、绝望心理，打消自杀念头。如罪犯自杀因特殊的心理原因所致，则应进行专门的药物或心理治疗。

（5）应急计划。如果罪犯已经实施了自杀或正在实施自杀，应采取及时果断的干预行动：制止、报告、急救。①制止。即以强力终止自杀行动。②报告。即将事件迅速告知医护人员、值班民警和值班领导。③急救。即由第一时间发现自杀的民警（或罪犯）和即刻到达的医护人员所实施的快速救护。应急计划应考虑所有的可能，有时计划需要延伸到设在监狱之外的司法机关的专门医院或地方医院。应急计划应进行必要的演习。

训练情境

训练情境 14

2010年2月28日晚20时30分许，某监狱一监区罪犯王某（男，1986年2月出生，因破坏电力设备罪，获刑7年，2006年8月入监，于2009年8月获减刑9个月，余刑2年2个月，刑期至2012年4月5日止），近期生产方面频频出现质量问题，一天晚上，值班民警将其叫到监区值班室进行个别教育，指出不足的方面，帮其分析原因，并进行了批评，也提出了明确要求。22时许，王某回到监舍，在床前的小板凳上呆坐了约半小时，才上床睡觉。23时8分该犯以上厕所为借口，抓住值班罪犯去走廊另一头巡更打卡无人监控的间隙，把事先准备好原扎棉絮袋口的布条挂在晾衣架上实施上吊自缢，后被监控民警发现，立即进行解救，经监狱医院和监狱外医院检查，身体状况正常。目前，该犯情绪比较稳定，并被列为重点防控对象。经调查与分析，该罪犯自杀的原因：一是逆反心理强烈，亲情观念淡薄；二是善于伪装，思想难以掌握；三是情绪起伏不定，改造表现反复性大；四是追求减刑思想迫切。

4月15日据耳目反映，王某可能私藏违禁品，经民警清查，在该犯的机台箩筐内发现一根磨尖的铜棒（针车配件）。经调查，王某2月28日自杀未遂后，自述身体状况越来越差，担心连累家人，且减刑又受影响，对改造没有信心。在3月初的时候，王某利用一次上厕所的机会，将附件维修机台上的铜制配件棒偷走，并利用以后上厕所的机会在过道墙上磨尖铜棒，以备日后减刑无望时以自伤来要挟民警。

【训练目的】通过训练，学生应学会罪犯自杀的预防与处置。

【训练提示】这是一起预防罪犯自杀的成功案例。成功之处在于民警认真落实值班制度和直接管理制度；值班民警认真负责，按照规定进行夜间巡查，及时发现王某自杀行为，第一时间解救，并及时送往监狱及监外医院进行身体检查，充分体现了监狱民警对罪犯生命和健康的关注和重视。

此案例给我们的启示是，80后罪犯在人格和心理特征方面存在一定问题：逆反心理强、善于伪装、情绪波动比较大；责任意识不强，对自己行为的自控能力差，做事不计后果；面对现实的能力差；等等。因此，作为监狱民警，应认真研究80后、90后罪犯的心理、行为特点规律，给予针对性的教育与疏导，才能避免事故的发生。

训练情境15

警察程某从警官学院毕业后分配到未成年犯管教所工作。一天罪犯常某将尿撒到同组罪犯小组长的杯子中，程某闻讯前来处理。

“常某，你怎么在监舍里撒尿?”程某指着放在墙根的杯子问道。

“没有，这是我刚倒的开水。”常某答道。

“这是开水？你敢喝吗?”程某追问。

“你不相信是开水，我喝给你看。”常某竟当着众人的面将杯子的尿喝下肚。事后，常某写了控告信，控告程某对他进行人身迫害，强迫他当众喝尿。检察院为此立案调查。结合该事例，谈谈程某的处置有无不当之处。你遇到这种情况如何处理?

【训练目的】通过训练，学生应学会处理违纪问题的程序和方法。

【训练提示】从证据的调查、保全，针对少年犯的处理问题的方法，文明执法、公正执法及少年犯的教育等方面进行分析训练。

训练情境16

罪犯陈某，1983年8月19日出生，盗窃罪，刑期2年，刑期自2004年8月4日至2006年8月3日，2005年3月11日送某监狱服刑。2005年4月27日参加新犯心理测试。陈某犯罪基本事实：2003年10月至2004年6月，陈某5次伙同他人盗窃企业钢球、纱包线、废铁卖给废品站，价值7451元。陈某自述：我小时候成长在一个幸福的小家庭，父母亲是靠修自行车和卖玻璃为生，日子还算过的红火。2岁时，母亲生下一个弟弟，于是父母亲把我送给外婆抚养。6岁时就上学前班，那是在外婆那里。读完学前班就回到铜山口矿子弟学校读小学，1996年小学毕业。上初中时，家庭状况开始不行了。父母亲迷上了赌博，生意也耽误了。父亲因做开矿生意一年内亏损七八万，从此就背了一身的债，每年过年的时候讨债的不离门。父母亲在这种情况下开始做黑生意（收购赃物），也算可以。可好景不长，1998年8月父母亲双双被抓判刑。从那以后，就丢下一个刚上初中的弟弟和一个刚满5岁的妹妹。那时，陈某不能继续读书了，只好去做点小生意供弟弟读书、糊口，可生意不是很好，每天收入两三块钱，就只好靠“偷”过日子，供弟弟读书。从那以后就一去不回头，而且还将自己的弟弟带坏（其弟弟是同案犯）……

陈某想到正在服刑的弟弟和无人照顾的妹妹，感觉生活的无奈和无望，遂产生了自杀的念头。

【训练目的】 通过训练，学生应掌握作为民警如何对罪犯自杀进行干预，预防自杀事件的发生。

【训练提示】 作为基层民警，除具备基本的对罪犯管理教育的能力，还应该学会一定的心理干预的方法。站在自杀者的角度，以自杀者的眼光来看待其周围的人和事，学会换位思考，发现罪犯自杀的真正原因。具体来说，一要学会倾听；二要采取监控措施予以包夹控管，杜绝给罪犯自杀的任何机会；三要给予支持，如环境支持：提供帮助的最佳资源，让自杀者知道有哪些人现在或过去能关心自己；四要帮助解决问题，这是危机干预中提倡的最有效手段之一。

考核与评价

【考核内容】

1. 某监区民警在值班巡查过程中，发现罪犯李某和赵某因生活琐事争吵，你作为监区民警，应如何处理？

2. 国庆节前，某监狱组织一次监区安全隐患大排查，你作为监区民警，应如何进行排查？

3. 某监狱监区值班民警张某，在值班巡查时发现罪犯文某行动诡异，在监控室重点监控该罪犯情况，发现一个细节，罪犯文某在楼道的墙上磨牙刷柄。你作为监区值班民警，应如何处理？

【考核评价】

1. 评价学生对罪犯违纪事件的处理方法是否正确。

2. 评价此次监区安全隐患排查的内容、部位和方法是否正确。

3. 评价学生对监舍楼罪犯发生问题的处理方法是否妥当。

拓展学习

邀请某监狱有丰富经验的管教民警做监区安全防控专题讲座。

学习单元9　禁闭室安全防控

训练目标

● 通过训练，明确禁闭室安全防控的基本要求，学会禁闭室安全防控方法，能够处置禁闭室安全管理中的突发情况。

训练内容

● 禁闭室安全隐患分析训练，禁闭室安全防控训练。

知识储备

禁闭室，作为依法对罪犯进行惩戒、防范、反省、教育和隔离审查的特殊监管场所，既具有维护监狱安全稳定的独特作用，也是监狱安全防范的重点部位和重点区域。

一、禁闭室安全防控的物防要求

根据《监狱法》《监狱建设标准》以及司法部《关于加强监狱安全管理工作的若干规定》的相关要求，禁闭室安全防控的物防设施，应具备以下要求：

监狱设立禁闭室应集中设置于监区内，自成一区，离监舍距离宜大于20米，并设民警值班室及预审室，单间禁闭室室内净高不应低于3米，单间使用面积不宜小于6平方米，放风区域不小于3～4平方米/人。

禁闭室外门应为铁门，门上设置网状窗口，窗口不小于0.8平方米，以便随时观察禁闭室内的情况。门、窗、灯要安装防护装置。禁闭室的门锁必须牢固可靠，统一型号，钥匙由民警直接掌管。禁闭室如有暖气及其他管道，应用海绵进行包裹或用木板进行封闭。禁闭室应防潮保暖，清洁卫生，通风透光，经常消毒。室外要有放风场地，无安全死角。

禁闭室内不应设电器开关及插座，应采用低压照明（宜采用24伏电压），照明控制应由民警值班室统一管理。

禁闭犯实行单独关押，对有自杀和自伤自残倾向、精神类罪犯等高危险犯的禁闭应在高危禁闭室关押。监狱应配设一定数量的高危禁闭室，并设防撞墙和拘束椅，防止罪犯在禁闭室内自伤自残甚至自杀。

二、禁闭室安全防控的技防要求

根据《监狱建设标准》以及司法部关于监狱信息化建设的相关要求，禁闭室安全防控的技防设施，应具备以下要求：

1. 监狱应设置禁闭室视频监控系统及系统操作平台。禁闭室视频监控系统，既应具备独立运行的功能，也应具备与监狱总控系统联动的功能。

2. 禁闭室的民警值班室、教育谈话室、预审室应安装固定触发式报警装置或遥控报警装置及有线、无线通讯设施，并应配备全套的安保警戒具及单警装备。

3. 禁闭室内、放风场地、盥洗室、厕所等场所应安装视频监控前端设备——摄像机，对禁闭罪犯实施全方位、全天候、无死角、高清化的监控管理。

4. 每个禁闭室应安装监听对讲广播系统的对讲分机和拾音器。监听对讲系统具有双向呼叫功能、单向监听功能和广播等功能。监听对讲系统可以实现监控民警与罪犯间的信息交流，既可对罪犯进行思想教育，也可对罪犯的特殊或异常行为进行适当跟踪管理。拾音器能够实时监听并录制罪犯语言交流信息，便于监管民警准确掌握罪犯中的动态信息，及时发现罪犯的异常表现、违纪行为及犯罪预谋活动。

三、禁闭室安全防控的人防要求

禁闭室安全管理由专职民警负责，实行早、午、夜三班双人双岗执勤制，其安全管理的职责与要求，主要包括以下内容：

1. 在收押罪犯时，值班民警必须严格审查禁闭审批手续，确保关押禁闭符合法定条件和法定程序；对禁闭罪犯进行全面的人身和物品检查，防止违禁品或危险品被带入禁闭室；详细填写《罪犯禁闭登记簿》，填写内容包括：禁闭罪犯所在的监区（分监区）、姓名、年龄、罪名、刑期、禁闭事由、禁闭期限、送押民警、收押民警等。

2. 在日常管理中，值班民警应亲自掌管和使用禁闭室钥匙，亲自负责启封落锁；亲自负责组织指挥，监督管理禁闭罪犯起床、就寝、就餐、整理卫生、洗漱、放风等日常活动，严禁使用服务犯代行民警管理职权。

3. 在巡查检查中，值班民警应严密注意禁闭室内及禁闭犯的活动情况。对禁闭罪犯的情绪变化、反常表现及其他重大情况，及时汇报监控指挥中心或分管领导；对不思悔改、无理取闹、不按照要求进行反省、放风或有严重自杀倾向及其他危险行为的禁闭罪犯，应及时请示监狱分管领导批准，加带警戒具，以有效惩戒和防止自杀、破坏、袭警等监管安全事件的发生。

4. 在放风活动时，值班民警应严格控制放风活动的区域和时间；严禁相互交流，严禁与外界人员接触，严防串通、串供、传递信件和私送物品等问题的发生；未经批准的人员，不准接近禁闭室和禁闭罪犯；严禁值班民警同禁闭室隔离审查的罪犯谈论涉及案情的话题。

5. 在谈话教育时，值班民警应将罪犯提出禁闭室，交由监区（分监区）民警在谈话室或预审室进行谈话教育，并登记和签字。一般情况下不允许在禁闭号室内进行谈话教育；特殊情况需要在禁闭号室内谈话教育的，应经监狱分管领导批准。对禁闭罪犯的谈话教育，在场民警不能少于2名，严禁单独与禁闭罪犯谈话。

6. 在交班接班时，值班民警应对警戒设施、隔离设施、监控设施、照明设施及门窗防护设施进行全面的安全检查；对禁闭号室、盥洗室、厕所、放风场所等部位进行彻底的隐患排查，并对禁闭罪犯的表现情况进行交接，以确保禁闭室安全管理工作的连续性。

7. 值班民警应认真规范地填写值班记录，详细记载罪犯在禁闭期间每班的活动、反省、遵守纪律、民警谈话情况以及其他重大情况。

训练任务

禁闭室安全防控训练包括：禁闭室安全隐患分析训练，禁闭室安全防控训练。

训练任务7　禁闭室安全隐患分析

一、禁闭室安全设施是否存在隐患

禁闭室警戒设施、隔离设施、防护设施，门、窗、锁，照明及管道，放风场地、生活设施等是否存在安全隐患，是否有规定要求的高危禁闭室。

二、危险品、违禁品检查是否仔细彻底

禁闭犯身上是否有腰带、绳索，是否对隐蔽部位仔细检查，是否有锐器等违禁品被带入禁闭室。

三、禁闭室安全管理中是否存在漏洞

禁闭审批手续是否完备、用具是否去金属化、是否有其他人员接近禁闭室、民警是否按规定巡视、是否注意观察禁闭犯的异常言行、是否进行有效的个别教育等。

四、突发情况的应对与处置

1. 绝食。禁闭期间，罪犯情绪不稳定，抗改思想顽固，不能反省自己的违纪行为，常以绝食来抵抗民警对其进行的管理和教育。民警是否有应对罪犯绝食的相应措施、是否能按照程序妥善处理罪犯绝食问题，避免罪犯死亡事件的发生。

2. 自杀、自伤自残。罪犯由于家境的困难，对改造生活失去信心，出现自杀情况；有的罪犯以自伤自残方式企图逃避禁闭的惩罚。当罪犯出现这些情况时，如不能及时采取有效措施阻止这些行为的继续发展，不能及时地进行心理干预，既达不到禁闭的惩戒作用，也会导致罪犯的死亡。

3. 袭警。民警安全防范意识不强，意识不到罪犯用心所在，让罪犯寻找到有利袭警的条件，导致袭警事件的发生。

训练情境

训练情境 17

某监狱罪犯刘某在隔离审查期间，发现禁闭室厕所的天窗口没有安全防护设施，便产生脱逃念头。一天，罪犯刘某见禁闭室只有一名民警值班，便以口渴为由，诱使禁闭室值班民警打开号门，将其带入值班室喝水。在回禁闭室时，又跟值班民警说，自己想上厕所方便，民警便让刘某单独进入厕所。刘某单独进入厕所后，爬出天窗，造成一起脱逃未遂的监管安全事件。

【训练目的】通过训练，学生应牢固树立安全防范意识，掌握禁闭室安全防控设施排查的要求。

【训练提示】该事件的发生，固然有罪犯狡诈性的原因，但同时也暴露出民警思想麻痹，防范意识淡薄，在安全防控与排查中存在重大隐患和漏洞的问题。结合此情境，你认为应吸取哪些教训？如何进行整改？

训练情境 18

罪犯谢某企图越狱，被监狱民警及时发现制止。为防止意外，民警将其关入禁闭室。一次趁放风之机，谢某通过他犯得到铁钉一根，夜间在禁闭室内拨开手铐，搬掉禁闭室窗户的2根钢筋，爬出禁闭室，企图逃跑。此事件发生后，该监狱分析认为，在禁闭室安全防控与管理中，主要存在三方面的隐患和漏洞：①禁闭室值班民警安全防范意识淡薄，在岗不履职、不巡查，后半夜睡觉；②交接班时不进禁闭室清点人数、检查戒具；③值班民警很少进禁闭室内进行安全检查，连罪犯在墙上写的“走向自由”等话语都未曾发现。

【训练目的】通过训练，学生应明确禁闭室安全管理及隐患排查的重要性。

【训练提示】结合该事件，谈如何加强禁闭室的安全防控与管理。

训练情境 19

罪犯王某（盗窃罪，被判 3 年有期徒刑）因殴打同犯对其进行为期 15 天的禁闭处理，该犯平时改造表现极差，身份意识淡薄，经常因私藏违禁品和偷拿同犯物品被民警批评教育。进入禁闭室之前，2 名值班民警按照要求对其进行搜身并对随身物品进行检查，在对王某身体重点部位检查时，发现肛门处藏匿螺丝刀一把。

【训练目的】 通过训练，学生应掌握对禁闭罪犯查验身的方法及要求。

【训练提示】 结合本情境，你作为禁闭室值班民警，应该如何对新收禁闭罪犯进行人身、物品检查？

训练任务 8　禁闭室安全防控实务

禁闭室安全防控实务包括：禁闭室实体防控、技术防控及禁闭室安全管理。

一、实体防控

1. 禁闭室安全设施隐患排查。对禁闭室的安全排查，由值班民警负责，每日实施。排查内容如下：现场排查禁闭室面积、结构是否符合监狱建设标准的规定；查看监管安全警戒设施、隔离设施、防护设施是否完善；门、窗、锁是否完好，有无人为破坏痕迹；监控系统、报警系统运行是否正常，报警、通讯设施是否完好；照明及线路安装是否符合要求；在禁闭室出现的暖气及其他管道，有无用海绵进行包裹或用木板进行封闭；高危禁闭室有无规定的防撞墙和拘束椅；排查有无危险物品、违禁物品；放风场地有无异常现象；生活设施是否正常，有无破坏痕迹；填写检查工作记录。

2. 禁闭室安全设施隐患或故障的处理程序。

（1）提交报告：禁闭室值班民警一旦发现禁闭室警戒设施、隔离设施、防护设施、照明设施、通讯设施、报警设施存在安全隐患或故障，应以书面报告的形式，及时向狱政管理部门报告。

（2）设施维修或维护：狱政管理部门接到报告后，应当及时组织相关单位或人员进行设施维修或维护，排除隐患或故障；禁闭室值班民警，应配合维修单位做好设施维修维护和故障排除期间的安全警戒和现场防控工作。

（3）加强管制：重大安全设施隐患或故障，险情严重，不能在短时间内排除隐患或故障的，狱政管理部门应组织警力，加强对禁闭室的安全警戒和管制。

二、技术防控

禁闭室监控报警系统由值班民警负责管理和操作。具体操作要求如下：

1. 实时监控：监控值班民警应当坚守岗位，恪尽职守，认真监控和观察禁闭罪犯活动情况，随时切换监视屏幕，对情绪异常、不服管教及有危险倾向的罪犯进行重点跟踪监控和观察。

2. 调取图像：监控值班民警通过操作系统平台上的控制设备，可随时调取监控图像，调取范围仅限于禁闭室范围内的监控图像。调取的方法：通过控制键盘调取，选择禁闭室所对应的键盘序号，确定。

3. 录像查询：禁闭室监控值班民警通过操作系统平台上的控制设备，可进行录像查询。录像查询必须经监狱领导或直接负责禁闭室监控系统管理的监区领导批准。查询方法与总监控录像查询方法相同。

4. 高危禁闭罪犯的行为跟踪：监控值班民警应对高危禁闭罪犯的行为进行视频图像的人工切换跟踪，对该罪犯进行秘密监控，预防意外发生。

5. 危机报警：禁闭室或禁闭罪犯发生重大紧急情况，需要报警时，按下触发式报警按钮或采用遥控报警。

三、禁闭室安全管理

（一）禁闭室安全管理的内容

1. 严格查验禁闭审批手续。禁闭既是一项严厉的行政处罚措施，也是一项严肃的执法活动。关押禁闭罪犯，必须严格依据法定条件和法定程序，办理禁闭手续，确保执法安全。根据《监狱法》规定，罪犯有聚众哄闹监狱，扰乱正常秩序的；辱骂或者殴打人民警察的；欺压其他罪犯的；偷窃、赌博、打架斗殴、寻衅滋事的；有劳动能力拒不参加劳动或者消极怠工，经教育不改的；以自伤、自残手段逃避劳动的；在生产劳动中故意违反操作规程，或者有意损坏生产工具的；有违反监规纪律及其他破坏监管秩序行为的，可以给予禁闭。另外，罪犯在服刑期间，涉嫌又犯罪正在接受审理或者有严重违纪接受调查的，可以进行禁闭或者隔离审查；罪犯报处死刑待批的，可以进行禁闭关押。

禁闭室收押禁闭罪犯，值班民警必须认真核对并严格查验禁闭审批手续，戴戒具禁闭的，应同时附《使用戒具审批表》，审批手续不齐全或有错误的，禁闭室应拒绝收押。

一般情况，凡禁闭罪犯应由分监区集体研究，填写《罪犯禁闭审批表》，监区审查，侦查科审核后，报监狱分管领导批准生效。如遇到紧急情况，可由侦查科决定先行禁闭后，及时补办手续。

属于监狱侦查部门直接立案调查或侦查的案件，需对罪犯进行禁闭或隔离审查，由监狱侦查部门提出，并填写《罪犯禁闭审批表》或者《罪犯隔离审查审批表》，报分管监狱领导批准生效。

《罪犯禁闭审批表》《罪犯隔离审查审批表》《使用戒具审批表》，均应一式两份。一份由分监区存入罪犯副档，一份由禁闭室留存。

2. 严格落实收押查验身制度。根据禁闭室安全管理要求，被关押禁闭的罪犯，只允许其携带毛巾、香皂、牙刷、牙膏等必要的洗漱用品；被褥、衣服、餐具、脸盆等由禁闭室统一配置。禁闭室收押罪犯时，值班民警应对罪犯进行全面的安全检查。

检查重点之一：严防违禁品或危险品被带入禁闭室。收押时，必须除去罪犯身上的腰带、鞋带等绳索类物品，收缴各种锐器类物品及其他可能造成监管事故或安全隐患的物品。

检查重点之二：检查罪犯身上是否有伤情，是否患有严重疾病。对有伤情的或患有严重疾病的，应查明原因，并认真作好记录。不适合关押的，应拒绝收押，采取其他措施。

检查重点之三：检查是否需要加戴戒具。禁闭罪犯在禁闭期间一般不得使用戒具，如确实需要加戴戒具的，需附《使用戒具审批表》，并经狱政科审核，分管监狱领导批准。

3. 严格落实安全隐患排查制度。安全隐患排查是确保禁闭室监管安全的基本要求和重要保障。其排查的内容和方法，主要包括以下几方面：

（1）定期或不定期现场排查警戒设施、隔离设施、监控设施、照明设施及门窗防护设施是否存在安全防控的设施隐患或故障。

（2）定时或不定时巡查检查禁闭号室、盥洗室、厕所、放风场所等部位是否存在安全管理漏洞。

（3）实时监控或现场观察禁闭罪犯的行为举止是否存在反常、异常现象；是否存在值班民警脱管、失控现象。

4. 严格落实罪犯日常管理规范。禁闭室作为特殊的监管场所，对罪犯的日常管理、行为约束和纪律要求有着更加严密的安全管理标准和更加严格的纪律规范标准。

罪犯在禁闭期间，一律着监狱统一制作的禁闭服。禁闭服应印有“禁闭”字样。禁闭服一律使用粘扣，不得使用裤带、纽扣等。

罪犯在禁闭期间，罪犯使用的餐饮、洗漱用具一律为塑料制品，不得使用筷子、瓷器及玻璃和金属制品的餐饮、洗漱等用具；餐饮具、洗漱用品、被褥由民警集中管理，集中清洗，用时统一发放，用完统一收回；禁闭罪犯每天洗漱一次，洗漱时，由值班民警逐个安排，一般不得集中洗漱。

罪犯在禁闭期间，食物定量定标准，按不参加劳动罪犯的标准供应，并保证开水供应。就餐、饮水地点应在禁闭室内，由值班民警统一配送，不得由其他罪犯配送，也不得集中就餐。

罪犯在禁闭期间，每天应保持8小时睡眠，每天放风两次，一般上午一次，下午一次，每次放风不得超过1小时。放风时，在指定区域活动，不准超越警戒区域。

罪犯在禁闭期间，应严格遵守监管纪律，不准高声喧哗，寻衅滋事；不准故意损坏公共财物；不准同其他禁闭犯交谈；未经批准不准与外来人员谈话；主动要求与民警谈话时，应事先报告。

罪犯在禁闭期间，一律停止亲属会见、帮教活动，并限制其通信自由。

5. 严格落实谈话教育制度。罪犯在禁闭期间，应加强教育，促其反省。一般情况下，关押期限在7天以内的，所属监区（分监区）民警谈话教育次数应不少于2次；关押期限在7天以上的，民警谈话教育次数应多于2次；另外，负责管理禁闭室的侦查部门，谈话教育次数不少于1次。民警对禁闭罪犯的教育谈话记录，应存入该罪犯的个别矫治档案。

6. 严格落实心理干预制度。罪犯在禁闭期间，监狱心理矫治部门一般应对禁闭罪犯进行心理测试、心理咨询和危险性评估，并运用心理矫治技术手段进行心理干预与个别矫治。遇有下列情形之一，应当主动介入进行心理干预：①有自杀、自伤、自残行为或倾向的；②有破坏、报复、行凶、袭警等行为或倾向的；③心理障碍、精神异常、情绪极度亢奋或极度压抑的；④拒绝进食、拒绝谈话、不服从管理无理取闹的；⑤其他高危罪犯。

对禁闭罪犯进行心理测试、心理咨询、危险性评估的记录和报告，应存入该罪犯的个别矫治档案；必要时，由监狱取得心理咨询师资质的民警，定期对罪犯进行心理干预，配合监区（分监区）民警做好罪犯禁闭期间及其解除禁闭后的心理疏导和针对性个别矫治工作，化解矛盾冲突，消除危险因素，维护监狱安全稳定。

（二）禁闭室安全管理中发现问题的处理

1. 禁闭室安全管理中发现问题的一般处理措施。禁闭室值班民警发现禁闭罪犯情绪不稳定，表现反常或其他重大情况，应及时汇报监控指挥中心或分管领导；对不思悔改、无理取闹、不按照要求进行反省、放风或有严重自杀倾向及其他危险行为的禁闭罪犯，应及时请示监狱分管领导批准，加戴警戒具，并关押到高危禁闭室，以有效惩戒和防止自杀、破坏、袭警等监管安全事件的发生。

2. 禁闭室安全管理中发现问题的特殊处理措施。

（1）罪犯在禁闭期间绝食的处理措施。禁闭室值班民警发现罪犯绝食时，应在报告的同时通知所属监区（分监区）加强教育转化工作。监区（分监区）

民警应认真分析，并查明绝食的动机或原因，采取针对性的规劝教育措施，逐步消除罪犯与民警的对立情绪，说服其进食；禁闭室值班民警应密切关注和监控绝食态势的发展状况，并积极配合监区（分监区）民警做好规劝教育工作。如果规劝教育没有取得突破性效果，罪犯仍然连续几日拒绝进食时，禁闭室值班民警应请示分管监狱领导批准，在继续开展教育的同时，采取强制喂食措施；强制喂食应由民警医生实施。同时，应对该罪犯的身体健康状况，进行实时的监测、检查和必要的治疗，防止发生意外。

（2）罪犯在禁闭期间突发疾病的处理措施。禁闭室值班民警发现罪犯突发疾病时，原则上由民警医生在禁闭室现场诊疗；确需外诊或住院治疗的，应经分管监狱领导批准。禁闭罪犯在住院治疗期间的安全管理，由所属监区（分监区）负责。

（3）罪犯在禁闭期间出现自杀倾向或行为的处理措施。禁闭室值班民警发现罪犯有自杀倾向或行为时，应采取必要的控制措施，控制事态的发展，并及时报经监狱分管领导批准，加戴警戒具，关押到高危禁闭室。要进一步查明自杀的原因，加强对有自杀倾向或行为罪犯的心理疏导与教育。监狱心理矫治部门介入，及时进行心理干预，开展针对性的心理矫治。

训练情境

训练情境 20

罪犯王某（贩毒罪，被判 6 年有期徒刑）入狱前患有尿毒症，因缺乏治疗费用铤而走险进行贩毒犯罪活动，利用高额的利润进行治疗。入狱后，因其病情特殊，其不抱生的希望。因此，王某破罐子破摔，常常因一些琐碎小事与同犯发生冲突。一次该犯因琐事对同犯大打出手，对民警的批评教育也不予理睬，后对该犯进行 15 天的禁闭处理。禁闭期间不能很好地进行反省，借故与民警大吵大闹；放风时伺机袭击民警，2 次冲击禁闭室大门。通过对该犯的分析，该犯存在以下心理问题和危险倾向：该犯病情特殊，家庭条件较差，后续治疗难以维持，不抱希望，存在严重的自暴自弃倾向，同时该犯不甘心白白死在监狱，有一种鱼死网破、易走极端的危险倾向。

【训练目的】 通过训练，学生应掌握危险犯在禁闭期间的安全防控措施。

【训练提示】 根据上述材料提供的情况，制定安全防控措施和教育转化方案。

训练情境 21

罪犯陈某（抢劫罪，被判 7 年有期徒刑）经历较为复杂，入狱前曾从事过乡村教师、会计，入狱后因文化程度较高，字体工整美观，所从事工种较为轻松。自全国监狱系统取消勤务犯，加强民警直接管理的规定下发后，该犯由以前“统计”变为和其他罪犯一样正常从事劳动生产。该犯的心理产生了较大的落差，改造表现变得消极，加之入狱前的经历，有一定的自视清高心理，与其他罪犯交流较少，性格孤僻。因顶撞民警被进行禁闭处理。自第一次禁闭后，民警与其谈话时问什么问题，该犯都避而不答，而且不参加任何生产劳动、不整理内务卫生，有意破坏监管改造秩序，为此又对其进行禁闭处理。该犯在禁闭室期间，采用软抵抗，进行绝食。禁闭室民警为此采用多种方式方法进行引导教育：考虑到该犯与民警之间的对立情绪，安排该犯老乡进行谈话开导；按时将食物、水摆放到该犯面前；绝食两三天后带领该犯到监内医务所进行检查、输液，对该犯的身体状况详细观察记录，并经请示领导做好应急准备，到一定时间段采取强制喂食等方法化解危机。同时，监狱领导安排有经验的民警加强对该犯的谈话教育和心理干预。当时正值汶川大地震，该犯为川籍罪犯，民警积极帮助其联系，了解家中近况，并破例让该犯与家人电话取得联系。在民警的亲切关怀下，终于触动了该犯脆弱的神经。该犯开始进食，并表示在剩余的刑期中遵规守纪，服从管教，好好改造。

【训练目的】 通过训练，学生应认识到禁闭室安全防控中人防的关键作用。

【训练提示】 从禁闭对象的特定性、禁闭室物防、技防、人防等方面进行分析训练。

训练情境22

罪犯侯某（抢劫罪，被判3年有期徒刑），此前曾因故意伤害被判处有期徒刑10年，在A监狱服刑改造。服刑期间，前后被关禁闭、严管十余次。出狱半年后，又因抢劫被判处有期徒刑3年，分配到B监狱服刑。在B监狱服刑期间，又因违纪对其进行禁闭处理后调入C监狱服刑改造。在C监狱服刑改造的两年半中又因违纪关押禁闭4次，严管1次。在和此罪犯较长时间接触中，发现该犯有较强的暴力倾向和报复意识。侯某现年36岁，从小无父无母，上有一姐姐，形成该犯性格孤僻、报复心极强的特点。在平时的改造中，侯某好吃懒做，因家中常年无人会见，常偷拿同犯物品，在同犯中引起公愤。侯某对他犯的报复，一般是在几个月后寻找机会进行报复。以第一次违纪为例，李某同其他3名罪犯因侯某偷拿物品对其进行了“辱骂”，侯某在1个多月后用捡到的利器，将李犯的颈部划伤。侯某前后被进行过十余次禁闭处理，第1次禁闭表现较为稳定，基本能按照要求进行反省和放风。在后来几次的禁闭过程中，侯某出现了自杀自残行为，表现在放风过程中用头撞报刊架，在禁闭室用指甲将自己的手腕部抠破，并在墙上不断摩擦。民警通过请示后，对该犯加戴警戒具，并停止放风，还将伤口进行及时的处理。后民警问其为何要自伤自残时，他说："B监狱有一罪犯进行自伤自残，民警就停止对其处罚，所以我也要采取此方法逃避处罚。"在第4次禁闭时，侯某有喝尿、趁人不备殴打同放风的禁闭人员的表现。对此民警进行了大量的谈话、思想引导、心理干预，取得了明显的效果，避免了自伤自残和报复行为的再次发生。

【训练目的】通过训练，掌握对禁闭犯管理和教育防控的能力。

【训练提示】禁闭罪犯均是不服从管教，违规违纪，抗拒改造的重点人员。在对禁闭犯的防控中，除了对禁闭犯严格地查验身、严密地监督和控制、严格排查禁闭场所的安全隐患外，对禁闭犯的引导教育是一项非常艰巨的任务，同时对民警的教育、疏导，心理干预等业务能力要求比较高。

基层民警面对的对象十分复杂，监内改造与反改造斗争十分尖锐和激烈，监狱安全稳定形势依然严峻。在此现实情况下，实现司法部提出的降低刑释人员重新违法犯罪率，必须提高基层民警的政治、业务等方面的素质，培养锻炼一批矫治型民警能手，以应对顽固不化、抗拒改造的罪犯。通过有效的教育矫治，真正感化和挽救他们的心灵，使他们在回归社会以后能融入社会，自食其力，不再危害社会。

考核与评价

【考核内容】

1. 据报道，某国某监狱2013年3月19日上午发生暴动。19日上午10时30分，放过风的囚犯们不肯回牢房，因为早晨一名囚犯死在牢里，医生说死因是动脉瘤破裂，可囚犯们对这个诊断有争议。囚犯们先是不肯回牢房，后来就大闹起来，闯进监狱一处地方乱打乱砸一气。该国有关部门派遣了地区干预及安全队40多名成员到监狱增援，14时局面开始得到控制。40多名囚犯身份已查明并被转到其他监狱。结合所学内容，谈谈你的看法。

2. 南方某监狱，禁闭室值班民警年龄较大，且单岗值班。一天凌晨1点，罪犯借口上厕所，从号房出来，对看管老民警拳打脚踢，致使老民警深度昏迷。该监狱禁闭室管理中存在哪些漏洞？如何整改？

3. 某监狱禁闭罪犯在关禁闭期间，不能认真反省，对民警的教育置之不理，有时还将头在墙上撞及来回摩擦，你作为禁闭室值班民警，应如何处理？

【考核评价】

1. 评价学生对禁闭犯安全管理及发生问题的处置是否妥当。

2. 评价学生对禁闭室安全管理隐患的分析是否准确，整改措施是否恰当。
3. 评价学生对高危禁闭罪犯的跟踪监控技能的掌握情况。

拓展学习

邀请有经验的民警传授禁闭室安全防控的知识、技能与经验。

学习单元10　会见室安全防控

训练目标

● 通过训练，明确会见室安全防控的基本要求，学会会见室安全防控方法，能够处置会见过程中的突发情况。

训练内容

● 会见室安全隐患分析训练，会见室安全防控训练。

知识储备

会见室是为罪犯亲属、监护人提供帮教、规劝的活动场所，也是监狱安全防控的重点部位。

一、会见室安全防控的物防要求

按照《监狱建设标准》和司法部相关规定的要求，罪犯家属会见室应设在监内，但要与监舍分开，并有前、后门，分别连接监外道路和监区，使罪犯和探视人各行其道。会见室靠监区内一侧的窗户应设坚固的铁栅栏，靠监区一侧的门应为铁门。为适应分级管理的需要，监狱可分别建立从严、常规和优惠接见的会见室，例如亲情会见室、夫妻同居室。

会见室包括候见厅、接待窗口、物品供应站、会见区（亲属会见区、罪犯会见区）。上述区域或部位均应安装隔离、防护设施，会见区、会见通道及物品供应站应全封闭相对隔离；亲属会见区和罪犯会见区及物品供应站应安装隔离防护设施，隔离设施和防护设施应当坚固，不易破坏。罪犯会见所有座椅均应固定于地面，防止被罪犯用来破坏防护设施，甚至伤害民警和他人。

会见室内应保持卫生清洁，通风透光，经常消毒，防止疾病传染。

二、会见室安全防控的技防要求

根据《监狱建设标准》和司法部相关规定的要求：会见室作为监狱重要部位应设置视频监控系统和语音监听及报警系统，并建立系统操作平台。

会见室视频监控系统是监狱总监控系统的子系统。既能独立运行，又能和总控实现联动，发生警情通过有线或无线报警向监狱总监控和狱内防暴队进行报警。会见室包括候见厅、接待窗口、物品供应站、会见区（亲属会见区、罪犯会见区）等场所和部位均应安装视频监控系统前端设备——摄像探头，对接待处、会见人及会见过程进行全方位、无死角、高清化监控；会见接待窗口应安装固定触发式报警装置（微动开关）或配备遥控报警器，如发生社会人员冲击会见室破坏会见设施、劫持罪犯时，迅速按下报警器，报告监控指挥中心，启动劫狱应急预案，快速反应，及时处置。罪犯会见区应安装触发式报警装置（微动开关）或配备遥控报警器，配合视频监控系统，会见值班民警、监区民警对会见全过程进行监听、监视和监督管理。

三、会见室安全防控的人防要求

会见室由狱政科专职民警负责管理。罪犯会见由监区（分监区）责任民警带领，从监区（分监区）带出、带入罪犯应进行查验身，确保会见的罪犯未携带任何违禁品。监区（分监区）民警对罪犯会见进行全程监听、监视、监督管理。对涉黑、涉枪、涉暴、涉毒类及邪教类等重点罪犯的会见，应由两名责任民警带一名罪犯，重点监听、监视、监督管理，并由会见室语音系统进行录音。

会见室值班民警应坚守本职岗位，严格履行岗位职责，维护好候见厅、接待窗口及会见现场的秩序，发现可疑情况，应及时处理；发生重大警情，应迅速报警，并控制好现场局面。

训练任务

会见室安全防控训练包括会见室安全隐患分析训练，会见室安全防控训练。

训练任务9　会见室安全隐患分析

会见室分隔离会见室和亲情会见室两种类型。针对个体帮教的安排在亲情会见室。

一、会见室安全设施是否存在隐患

有的监狱没有会见室，罪犯一般在礼堂或者办公室会见，家属和罪犯手拉手，因为人多，听不到他们交流的内容。会见存在很大隐患：一是现金、毒品、刀刃具等违禁品很轻易就能传递到罪犯手里；二是有关于罪犯家中的一些重要信息我们掌握不到，罪犯不会如实汇报会见时都说了什么，如果里应外合预谋脱逃，可能性很大。

会见室警戒设施、隔离设施、防护设施、照明设施 、通讯设施、语音监听、报警、监控系统存在隐患，导致罪犯在会见过程中传递违禁品或伺机脱逃。有物理隔离设施的监狱未实行隔离会见，还可能发生袭警。

二、违禁品检查是否仔细彻底

物品检查不细致，未配备物品检查所需的金属探测仪，导致会见人携带刀具、酒类、易燃、易爆、毒品等违禁品进入监狱；检查不彻底，导致会见人在食品、水果、香烟、洗涤用品、牙膏、药品等物品中藏匿违禁品或有毒物或毒品进入监狱；导致黄色、淫秽、反动、宣传暴力的书籍、印刷品、音像制品流入罪犯手中。亲情会见、共餐、同居后，会见室民警对罪犯进行搜身和物品检查不细致可导致违禁品流人监狱。

三、会见室安全管理是否存在隐患

1. 会见人身份不符合要求。为达到一定目的，开具假身份证明，假冒会见人的亲属，如假借未婚妻身份，为罪犯脱逃提供工具或重要信息等。

2. 会见程序上存在隐患。狱政科会见管理民警、会见室全体民警、监区（分监区）负责会见的民警存在下列情况：在岗期间未能认真履行验证、登记、监听、监视、检查职责；在岗期间做与工作无关的事；在会见室以外的地方安排会见；对会见人、被会见人态度粗暴、口吐脏言；违反规定，私自增加会见频次或延长会见时间；私自为罪犯代收代存物品或存款；带领或允许与会见无关人员进入会见室；接受会见人或利害关系人的馈赠或吃请；其他违反会见制度的行为。

3. 会见过程监督管理薄弱。因情绪激动导致疾病复发，或突发某种疾病；泄露监狱机关的秘密；使用民警听不懂的方言或隐语；私捎口信，托家属传递违禁品；对政府及监狱改造工作不满情绪的流露等。如民警监听、监控和帮教不及时，可能导致罪犯死亡、罪犯与外界联系里应外合预谋脱逃或共同实施犯罪活动。对长时间不接见的罪犯、家庭有变故罪犯、职务犯会见的准备工作不周到，导致罪犯会见时情绪异常激动，造成其更大的思想波动和可能发生其他意外情况。

4. 亲情会见中存在隐患。亲情共餐不在规定的亲情餐厅进行，或亲情餐厅未配置厕所和热水，罪犯在用餐中利用上厕所或打开水的时间伺机脱逃。

亲情同居室未设民警值班室，导致不能及时发现会见过程中罪犯与亲属之间发生的矛盾冲突，进而发生杀人或伤害亲属的行为。

5. 对亲情会见中发生的情况处置不力。亲情会见中，罪犯可能因自己过度的自责发生自伤自残的行为，或因亲情之间不能原谅导致严重的肢体冲突，在场民警如不及时稳定情绪，则达不到亲情会见应有的效果，使个体帮教成效甚微，潜在隐患没有得到排除。

训练情境

训练情境23

李某（因故意伤害罪、抢劫罪被判处无期徒刑，剥夺政治权利终身）、张某（因抢劫罪、故意伤害罪被判处无期徒刑，剥夺政治权利终身）在某监狱服刑期间，曾多次密谋脱逃。一天晚上，李某拨通了刘某（李某的女友）的电话，要求她开个证明（并带上假发套，称演出用）到某监狱来会见他。刘某利用职务（某县派出所协警员）之便以李某未婚妻的身份开具了会见证明，并获得了监狱有关部门的批准。在李某的再三请求下，李某、张某一起会见刘某，会见地点在林某办公室。林某刚一进办公室，张某就拿出事先准备好的绳子，张某、李某共同将林某杀害。之后，李某戴上假发、换上林某的衣服，张某换上便服，驾驶林某的雪佛莱轿车实施脱逃。

【训练目的】通过训练，学生应掌握罪犯会见的基本要求。

【训练提示】结合该事件分析罪犯会见环节存在的隐患漏洞，如何整改？

训练情境24

某监狱某监区罪犯李某（因故意杀人被判处无期徒刑），自2007年入监5年以来，父母一直没有来会见。李某内心非常沉重，思想情绪波动很大。民警张某亲自赴家中做其父母的工作，为李某安排了一次特殊的亲情会见。

李某，自幼受父母溺爱，早年辍学，走入社会，走进网络游戏世界。因需要钱，在朋友宋某的指使下，于某日深夜潜入奶奶家盗窃钱财，因怕被奶奶发觉，拿菜刀砍向奶奶后逃跑，后被公安机关抓获归案。父母伤心至极，是儿子毁了一个原本幸福的家，因此，一直不能原谅儿子……父母的不宽恕和对奶奶的愧疚，在李某心中成了解不开的结。

在亲情会见室里，李某深深的自责、悔恨之情终于打动了父亲冰冷的心，父子冰释前嫌。民警给李某看了父母去祭奠奶奶的情景，让李某在此祭奠奶奶，以了心愿。

亲情会见之后，李某如释重负。在亲情的温暖下，李某表示认罪悔罪，积极改造，争取早日出狱，报答父母，回报社会。

民警通过安排这次特殊的亲情会见，稳定了李某情绪，成功转化了李某思想，使监狱多了一份平安，少了一份危险。

【训练目的】通过训练，学生理解亲情会见在个体帮教和转化顽危犯方面的重要性。

【训练提示】结合所学内容，你认为亲情会见可能存在哪些安全隐患？可以采取哪些措施避免安全事故的发生？

训练情境25

某监狱某监区罪犯何某（因故意杀人被判无期徒刑）在丽江监狱服刑。妻子张某（因故意杀人被判死缓）在丽江女子监狱服刑。入监3年来，何某从未给妻子写过一封信，少言寡语，情绪低落，表现出内疚、自责与焦虑。民警在与其谈话中了解到，何某夫妻入狱不久，两个孩子辍学在家，80岁老母亲生病卧床不起。为此，监狱给何某两个孩子安排到当地民族孤儿院读书，并派民警经常去看望两个孩子，给何某生病的老母亲送去关怀和温暖。为了稳定何某的情绪，帮助其化解与妻子的隔阂，丽江监狱为何某安排了一次特殊的会见。

何某的妻子在民警的安排下已经来到了会见室，何某见到妻子，心情很平静，言语之间仍流露出对妻子的不解与怨恨（3年前，因妻子与宋某有染，何某一气之下与妻子张某杀害了宋某）。为了消除夫妻间的隔阂，民警还安排两个孩子与父母相见，一家人在会见室里团聚，传递着亲情的温暖。夫妻间隔阂慢慢开始融化，重建一个温馨的家园。

这次会见之后，何某和张某表现良好，都获得了减刑。何某终于能放下偏执与狭隘，重新迎接美好的明天。

【训练目的】通过训练，学生能理解亲情会见在改造罪犯中的重要性。

【训练提示】结合所学内容，分析在此次会见中应做好哪些安全防控工作。

训练任务10　会见室安全防控实务

会见室安全防控实务包括：会见室实体防控、技术防控和会见室安全管理。

一、实体防控

1. 会见室安全设施隐患排查。会见室安全防控设施隐患排查由会见室值班民警负责，每日实施，排查内容如下：现场排查会见室结构、设施是否符合《监狱建设标准》的规定，会见室是否分设罪犯与会见人通道；查看会见室安全警戒设施、隔离设施、防护设施是否完善；门、窗、锁是否完好，有无人为破坏痕迹；视频监控系统、语音监听系统运行是否正常，报警、通讯设施是否完好；排查会见室内外是否存在安全隐患；填写排查工作记录。

2. 会见室安全设施隐患或故障的处理程序。

（1）提交报告：警戒设施、隔离设施、防护设施、照明设施、通讯设施、报警设施存在安全隐患或故障，会见室值班民警应以书面报告的形式及时向狱政管理部门报告。

（2）设施维修或维护：狱政管理部门接到报告后，应当及时组织相关单位或人员进行设施维修或维护，排除隐患或故障；会见室值班民警，应配合维修单位做好设施维修维护和故障排除期间的安全警戒和现场管理工作。

（3）加强管制：重大安全设施隐患或故障，险情严重，不能在短时间内排除隐患或故障的，狱政管理部门应组织警力，加强对会见室的现场防控或暂停会见。

二、技术防控

1. 会见室语音监听系统操作。会见值班室将电话通过音频采集卡与电脑连接，建立会见语音监听系统。会见语音监听系统功能如下：①负责开通或关闭会见通话电话；②设定会见通话时间；③监听会见通话内容；④对通话内容进行录音，然后下载刻录成盘，保存通话资料，以便备查。会见值班室民警通过调用会见窗口电话编码，可以随时监听任一个会见窗口罪犯与会见人通话的内容。

会见室语音监听系统操作要求：系统操作平台值班民警要求会操作语音监听系统软件，能开通任意一路电话；会进行通话时间设定；能对任意一路电话进行监听；会下载音频资料及刻录操作。

监区（分监区）民警只监听本监区（分监区）会见罪犯的通话，一次只能监听一部电话。如监区（分监区）一次会见超过一人，监区（分监区）民警只能进行有重点的监听或轮流监听。

2. 会见室视频监控系统操作。视频监控系统主要由系统平台值班民警负责对会见现场的视频监控；主要用于实时监控和观察会见接待窗口、候见厅、会见通道、会见区等部位和场所的情况。会见室监控值班民警，应具备熟练操作该监控系统的技能。具体操作要求如下：

（1）实时监控：会见室监控值班民警应当坚守岗位，恪尽职守，认真监控和观察会见室监控系统监控的目标，随时切换监视屏幕，对会见接待窗口、候见厅、会见通道、会见区等部位和场所进行跟踪监控和观察。

（2）调取图像：会见室监控值班民警通过操作系统平台上的控制设备，可随时调取监控图像。图像调取范围仅限于该会见室监控系统所监控的图像，调取的方法同总监控图像调取方法相同。

（3）录像查询：会见室监控值班民警通过操作系统平台上的控制设备，可进行录像查询。录像查询必须经监狱领导或直接负责会见室监控系统管理的科室领导批准。查询方法与总监控录像查询方法相同。

（4）监控跟踪：会见室监控值班民警应对重点区域、场所、部位人员的可疑情况，进行视频图像的人工切换，跟踪观察，防止各种监管安全事故发生。

3. 会见室报警系统操作。监区（分监区）值班民警及会见室值班民警在发现罪犯有不服管理或发生一些意外情况如疾病、情绪不稳定等情况时，可按下触发式报警按钮向监控指挥中心和狱内防暴队进行报警。

会见室民警及监区（分监区）民警如遇危险情形时，可通过无线报警、对讲机、电话等向监控中心和防暴队报警，保障民警安全。

三、会见室安全管理

会见室安全管理是监狱安全管理的重要组成部分，也是监狱安全防控的重要环节和场所。为防止会见中发生意外事件或监管安全事故，罪犯会见时，监狱民警必须严格履行会见审批手续，切实加强对会见现场的安全管理和对会见全过程的监听、监视和监督管理。

（一）严格审核会见人身份

罪犯在服刑期间可以会见亲属、监护人；其他需要会见罪犯的，由分管监狱领导批准。

罪犯亲属、监护人会见罪犯，需持身份证或其他可以证明身份的有效证件和证明与罪犯关系的介绍信。符合会见条件的，由狱政管理部门审核批准，按规定时间、地点会见。

罪犯亲属、监护人持由公安机关出具的本人与罪犯系亲属、监护人关系的证明材料，可以办理《会见证》。

罪犯亲属、监护人持《会见证》会见罪犯时，应当出示身份证等可证明身份的有效证件。

罪犯因严管、禁闭、隔离审查、患有传染病以及处在入监集训期间的罪犯暂停会见。特殊情况需会见的，应经分管监狱领导批准。

会见人或被会见人系外国人或港、澳、台籍的，会见时应向省监狱管理局提出书面申请。申请应说明：会见人的姓名和身份证件名称、证件号码，与被会见人的关系，被会见人的姓名、罪名、刑期、服刑地点，申请会见的日期，会见所用语言，并应同时提交与被会见人关系的证明材料，由省监狱管理局审核批准。

会见时值班民警应认真核对罪犯亲属、监护人的有效证件及相关证明，确认符合会见条件、相关证明齐全有效，方可办理会见手续；不符合会见条件、相关证明不符合要求，不予办理会见手续。

（二）严格检查会见物品

会见人送给罪犯的物品应经监狱民警严格检查。对罪犯会见人送来的现金（人民币），应在存款处办理存款手续。会见人给罪犯的物品原则上从监狱罪犯生活物资供应站（点）购买，生活必需品、学习用书籍和少量农副产品应由监管民警严格检查，从严控制。药品原则上不允许在会见窗口传递，确需家属送来药品的，应交民警经监狱医院检验确认后，由民警按时发给罪犯并监督服用。

严禁会见人将危险品、违禁品以及不符合规定的物品、现金私下送交罪犯，一经发现，监管民警可中止会见，并按有关规定处理。来监会见人员不得携带手机、照相机、摄像机、录音机等进入会见室，这些物品在会见时应交监狱暂为保管，会见结束时发还。罪犯交由家属带回的物品，也应由监管民警严格检查，方可带出监狱。

（三）严格监督管理会见过程

现场监管民警应加强对会见现场的监督管理，发现下列情况，中止会见：会见人不符合会见范围的；会见人或罪犯违反监狱有关规定，经制止拒不改正的；会见时使用隐语或暗语的；谈论案件内容或传递案情及串供的；谈论国家、监狱工作秘密的；谈话内容可能引起罪犯思想波动的；传递违禁品的；未经监狱和罪犯同意对会见进行录音、录像和拍照；其他违反法律、法规、规章以及妨碍监狱管理秩序的行为；其他需要中止会见的。对中止会见的，应作好记录，及时报告狱政科。

会见室和监区（分监区）民警应分别作好对罪犯会见相关情况的登记或记录，内容包括：罪犯姓名、会见人姓名、人数、与罪犯关系、会见谈话主要内容、会见留存物品、上账现金情况等。

（四）会见监听及发现问题的处理

1. 会见监听的内容。会见监听是指监狱民警依法获取罪犯与会见人谈话信息的一种狱内防范制度。重要的监听由负有狱内侦查职责的监狱民警进行。一般的监听由监区（分监区）民警负责。监听的内容如下：①有否泄露监狱机关的秘密，包括监狱的地形及规模、监狱关押罪犯的数量、押犯的构成及地域分布、监狱的警力配备、监狱的基本设施、押犯的调遣、监狱的经济秘密，以及其他秘密。②有否使用禁止的隐语或外国语谈话。③有否使用旁人不懂的方言。④有否含有碍罪犯改造的谈话内容，包括有否攻击人民民主专政和社会主义制度；有否攻击党的政策，特别是有否攻击党的改造罪犯的政策；有否不满党和政府的其他言论；罪犯及家属有无对司法机关的不满言论；罪犯的家庭变故；家属的忧虑及罪犯的心理包袱；有否内外勾结的犯罪预谋和罪犯又犯罪思想的流露；有否罪犯私捎口信，托家属传递违禁物品；其他有碍罪犯改造的谈话内容。

2. 会见监听中发现问题的处理。发现罪犯与会见人内外勾结预谋犯罪，以及泄露监狱机关的重要秘密时，应立即中止会见，回监区（分监区）后作进一步调查处理。必要时，报告狱侦部门介入侦查处理。

发现会见人向罪犯传递有碍改造的言论或信息，民警应立即予以制止，给予口头警告，批评指正；必要时，也可立即中止会见。对于有错不改的罪犯与会见人，应在严肃批评的同时中止会见，并可对罪犯及会见人作出停止会见3~6个月的处理。

发现罪犯家庭变故时应插话加以开导，防止罪犯走向极端，回监区（分监区）后作进一步教育或控制。

对违反会见制度，私传违禁品的，立即中止会见，带回监区（分监区）后作进一步的处理；必要时，予以警告、记过或禁闭处罚，并在下次会见时，重点监听、监管，从严检查。

训练情境

训练情境26

某监狱某监区罪犯赵某，入监之前患有慢性哮喘疾病，家属来监会见时，带了赵某服用的药品，经民警检查后，转给罪犯服用。一天，民警通过信息员搜集到一条信息，称赵某有吸食毒品嫌疑，民警随后对赵某实行重点控制，并通过对赵某的预审，得知少量毒品是通过会见时家属将毒品装入胶囊中，混为药品，蒙蔽民警，带入监内的。

【训练目的】通过训练，学生应掌握会见物品检查的要求与技能。

【训练提示】分析该情境中会见物品检查中存在的隐患漏洞，你作为监区民警，应吸取哪些教训？

训练情境27

2018年某月某日下午15时30分时许，罪犯罗某在会见室接受家属会见，会见到时以后，监管民警翟某让所有会见人员放下电话结束会见，其他罪犯都放下电话停止会见，罗某没有停止，继续与其家属通话。翟某两次到其身后用文件轻拍罗某后背提醒其停止会见，罗某仍没有放下电话，当翟某再次提醒时，罗某站起来质问并谩骂翟某，为制止该犯，翟某反手猛拉罗某一下，罗某随即朝翟某头部、脸部进行击打，会见室其他罪犯见状上前制止。在此过程中罗某与罪犯张某发生争执，其冲出制止人群朝张某头部、脸部进行击打。翟某为了制止罗某继续攻击他人，拽住罗某衣服想将其带离会见室，反被罗某拽至会见台前，此时罗某家属让其接电话，想劝阻罗某，罗某非但没听劝阻反而抡起会见室内一摞塑料凳子砸向罪犯贾某，第一下砸在贾某头上、手上，第二下砸在地上。被制止后，罗某又一次冲过去用拳头击打张某，后被其他罪犯拉出会见室。在会见室门口，其他会见罪犯正在列队，罗某看见正在列队的张某，其从背后绕过去再次殴打张某，朝张某脸部猛击一拳，蹦起来朝其腰部踹了一脚，致使张某后退四、五步后栽倒在地。

罪犯罗某社会恶习深，身份意识差，监规纪律观念严重缺失；且性格暴躁，易冲动。罗某在服刑期间故意犯罪，应依法从重处罚。因罗某当庭认罪态度较好，确有悔罪表现，可酌情从轻处罚。本案罗某犯破坏监管秩序罪，判处有期徒刑九个月，与前罪尚未执行完毕的余刑数罪并罚，决定执行有期徒刑10个月。

【训练目的】通过训练，学生学会会见过程中发生突发情况的处置方法。

【训练提示】分析该情境中民警翟某在处置会见过程中发生的突发情况有何不当之处，你作为监狱民警，应如何处置？

训练情境28

罪犯陈某利用同乡刘某会见会见人之机，让刘某托其会见人私发信件一封。事后，刘某感到不安，将此事报告给了民警。民警立即采取措施截回陈某私发的信件，发现陈某向妻子索要地图、现金等钱物，并交代了具体的传递方法。

【训练目的】通过训练，学生应掌握民警对会见监听、监视及物品检查等全过程的防控措施。

【训练提示】结合此案例，分析会见现场民警对会见过程监听、监视和监督管理中存在的隐患漏洞、产生原因及整改措施。

考核与评价

【考核内容】

1. 某罪犯会见人来监会见时，携带了牙膏、香皂、布鞋、香烟及少量袋装食品。你作为监区民警，对会见物品应如何进行检查？

2. 你作为监区民警，对长时间不接见的罪犯、家庭有变故的罪犯以及职务犯会见时，如何做好会见的安全防控工作？

3. 某罪犯在会见过程中，妻子提出离婚，该罪犯十分气愤、情绪非常激动，大骂妻子忘恩负义，并摔下电话，意欲离开，刚一站起，就突然倒地昏厥。你作为会见室民警应如何处置？

【考核评价】

1. 评价学生对会见物品的检查技能。

2. 评价学生对特殊情况罪犯会见的防控措施。

3. 评价学生对会见现场发生情况的处置是否正确。

拓展学习

到监狱见习，参观罪犯会见过程。

学习单元11　生产场所安全防控

训练目标

● 通过训练，明确生产场所安全防控的基本要求，学会生产场所安全防控方法，能够处置生产场所突发情况。

训练内容

● 监狱生产场所安全隐患分析训练，监狱生产场所安全防控训练。

知识储备

监狱的生产安全防控是监狱安全防控的重要组成部分，生产安全防控与监管场所安全防控并称为监狱安全防控的两大主体。特别是随着罪犯外役劳动已全部退出监狱发展的历史舞台，代之以狱内劳务加工生产的蓬勃发展，劳务加工生产车间的安全管理，越来越成为监狱安全防控的重要领域。

根据《监狱法》《监狱建设标准》《监管改造环境规范》和司法部关于监狱安全生产管理的有关规定，监狱生产或加工车间应具备以下安全防控要求：

一、监狱生产场所安全防控的物防要求

监狱生产劳动场所与监管改造场所应分开设置，相对独立封闭，各自成区管理，有完善的物理隔离设施、监管警戒设施、视频监控设施、安全防护设施、通讯广播报警设施及安全生产管理与指挥调度系统设施。狱内劳务加工生产区域设置，也应在监管区域内，独立封闭，且离开监狱围墙至少20米。

生产区与监管区之间需穿越监外区域的，应建筑专门的安全通道或设置专用警戒栏杆；工业企业监狱的生产区、生产厂房、加工车间不得与社会企业厂房或车间混杂在一起或只有一墙之隔，应当比照监管区的安全监管警戒标准进行设防和隔离；采矿企业监狱的地面、井口、井下等罪犯生产劳动区域，应当设定安全警戒标志，完善其他安防设施，并严格规定和限制罪犯从事生产劳动的行进路线与活动区域。

监狱生产区大门，应当安装监管警戒设施及防撞桩、破胎阻车器等防冲撞装置；生产区应当道路通畅，应有齐全完好的防火、防爆、防毒和照明设施及其他

防护设施；生产设备应合理布局，有序摆放，有完备的安全防护装置；易燃、易爆或有毒物品，应分类隔离存放，有坚固的安防设施，并指定责任民警或工人专门管理。

监狱生产区内，应当设置民警办公室、值班室和谈话室，并安装隔离、防护设施和通讯、报警装置。

二、监狱生产场所安全防控的技防要求

根据司法部《关于加强监狱安全管理工作的若干规定》和监狱安全生产法律法规有关规定的要求，监狱生产技术防控系统主要包括视频监控系统、应急报警系统、门禁安检系统和手机屏蔽系统。

1. 视频监控系统。监狱应设置安全生产调度指挥与视频监控系统及操作平台，对生产区域各场所、各部位、各网点的现场生产情况和监管安全状况进行实时的视频观察、调度指挥和安全监控管理。生产区各车间、仓库、楼层、通道等生产场所、部位、网点均应安装视频监控系统前端设备——摄像机及其附属设备，可以弥补生产劳动现场警力不足带来的监控盲区。

2. 应急广播报警系统。生产区民警办公室、值班室、谈话室和生产作业场所，应安装触发式报警按钮，配备无线报警器。生产厂房或车间应安装感烟探测器。感烟探测器是对探测区域内某一点或某一连续线路周围的烟参数敏感响应的触发装置。由于烟感探测器能够及时探测到火灾初期所产生的烟雾，可以实现火灾的早期报警，对火灾的初期灭火和早期安全疏散、避难十分有利。

3. 门禁安检系统。监狱生产区通道口或门控区应安装门禁安检设施——安检门。所有罪犯进出生产劳动的区域，必须通过安检门，接受安全检查，提高检查效率和准确性，降低民警可能遭受到的人身危险性。

4. 手机屏蔽系统。监狱生产区域应安装手机屏蔽系统设施，防止罪犯在生产劳动场所使用手机或其他移动通讯工具。

三、监狱生产安全防控的管理制度

根据《安全生产法》《安全生产许可证条例》等法律法规和司法部有关加强监狱安全生产的规定，监狱在组织罪犯劳动改造的过程中，应当认真贯彻“安全第一，预防为主，综合治理”方针，强化安全生产管理，严格落实各项安全生产管理制度，切实将生产的安全管理与安全防控工作纳入法制化、规范化、程序化、科学化建设的轨道。

1. 安全生产责任制度。年初由监狱长（政委）与各监区安全生产第一责任人签订年度《生产安全责任书》。根据责任书的具体要求，年终由考核部门进行考核与奖罚。各监区根据监狱安全生产考核指标的要求与下属单位签订安全生产责任书，分监区、车间组织班组、个人制定安全规划，做到一级保一级，层层签订责任书，落实安全目标责任制，保证全监安全目标的实现。

2. 安全生产例会制度。监狱每月召开安全办公会议和安全生产领导小组会议，每周召开生产安全调度会议，传达上级指示和文件要求，分析安全生产形势，总结和布置安全生产工作。监区（分监区）每周召开一次安全情况分析会，并坚持班前、班后会，及时部署和落实监狱安全生产工作安排与要求；班前、班后会主要是下达生产任务及交代班中安全注意事项，贯彻学习安全生产规章制度；检查、总结当天的任务完成情况和安全情况。对发生的人身或设备事故及时进行分析，按“四不放过”的原则，找出原因，明确责任，吸取教训，并做好登记。

3. 事故隐患排查与整改制度。监狱将排查出的事故隐患分级分类，进行事故隐患整改的责任划分，确定事故隐患排查整改程序，实行事故隐患排查与整改报告和公示公告制度，落实安全生产事故责任追究的奖励与处罚制度等。

4. 安全生产教育培训制度。监狱定期组织对生产管理人员和作业人员进行安全教育与技能培训，建立各类人员安全生产教育培训台账和档案，取得相应资质证书才能上岗。对从事特殊工种人员，严格按照《特种作业人员培训办法》规定组织培训、考核，取得操作资格证书后方可上岗作业。

5. 安全生产监督检查制度。为了加大安全监督检查力度，督促各级各类人员安全生产责任制度的落实，及时发现和解决安全生产管理方面存在的事故隐患和问题，采用省局集中统一组织领导与系统分工监督检查、服务、指导相结合的形式，对各监狱、监狱企业执行国家安全法规、安全质量标准化开展情况、事故隐患排查整改落实情况、安全培训情况、安全事故的处理情况等进行督查。

6. 重大危险源监督管理制度。根据《国家标准重大危险源辨识》，对易燃、易爆、有毒物质的贮罐区，易燃、易爆、有毒物质的库区，具有火灾、爆炸、中毒危险的生产场所，压力管道，锅炉，压力容器，危险建筑物等属于重大危险源的，应当进行登记，并建立重大危险源安全管理档案。存在重大危险源的监狱、监狱企业应当制定重大危险源应急救援预案，省局安全生产监督部门应当定期对重大危险源进行专项监督检查。

7. 事故统计报告制度。发生安全生产事故时，当事人或知情人必须保护现场，抢救伤者，防止事故扩大，并立即逐级上报（节假日及时报监狱值班领导），报告要说明事故的时间、地点、单位、简要经过、伤亡情况、初步原因推断和报告人等内容，调度室必须做好记录，并通知有关部门和领导。若抢救伤者需移动现场的，必须做好明显标记。事故的调查必须查清事故发生的经过，找出事故的原因，分清事故的责任，提出预防措施、防止事故的重复发生，做好文字记录。事故处理本着“事故原因分析不清不放过，事故责任者没有查处不放过，群众没有受到教育不放过，没有防范措施不放过”的“四不放过”原则，按照监狱安全生产责任书考核办法和有关规定进行处理。

训练任务

监狱生产场所安全防控训练包括：监狱生产场所安全隐患分析训练，监狱生产场所安全防控训练。

训练任务11　生产场所安全隐患分析

1. 违禁品管理状况，是否存在罪犯私藏或自制违禁品的安全隐患。一是生产场所空间大，物料多，小角落多，易于罪犯藏匿违禁品；二是违禁品主要来源之一是外协人员带入，罪犯与外协人员接触获得违禁品并藏匿；三是罪犯利用生产废料和一些半成品私自加工成小刀、刨子、攀高物等违禁品。

2. 劳动工具与物料管理状况，是否存在罪犯利用劳动之便就地取材对民警或外协人员实施伤害的安全隐患。因工具管理不善、固定不牢，民警管理中对危险罪犯排查不准，危险犯接触危险工具很容易发生伤害案件，后果较为严重。

3. 生产事故预防与管控状况。全国监狱系统安全生产形势不容乐观。在普遍重生产效益，轻教育改造的情况下，监狱系统预防与管控安全生产事故的问题尤其任重道远。

（1）监狱生产的特殊性。一是监狱领导对安全生产工作的重要性、严峻性、艰巨性、长期性和复杂性缺乏足够的认识。二是监狱经济基础比较薄弱，生产条件简陋、工艺落后、厂房破旧，特别是一些监狱的一些新发展的加工业项目，其作业环境恶劣，难以避免事故的发生。有的监狱连起码的消防设施都未按规定配置，难以应对突发事件的发生。三是人员素质问题。近年来，一些监狱的外省籍罪犯数量增加，这些罪犯文化素质低，恶习难以改造，导致安全生产意识差，事故不断；罪犯流动性大，难以培养一支技术稳定的骨干生产队伍；有些罪犯技术不高胆子却很大，盲目操作；劳动力的不可选择性，造成岗位技术要求与实际脱节，导致有些重要岗位没有相应素质人员配置；罪犯思想波动，在不少心理素质较差的罪犯中，直接表现在安全生产上的波动。四是劳动者大多为被限制自由的特殊群体，特殊的劳动者受严格的管理，特殊的身份使之内心受到压抑，如果民警不把罪犯当人看，就可能潜伏很多很大的隐患。

（2）生产安全制度落实不到位，导致生产事故发生。如工具管理制度、危险品管理制度、消防安全制度、安全排查制度等。

（3）一些罪犯劳动过程中不遵守操作规程，导致伤害事故发生。

4. 监狱消防安全是否存在隐患。

（1）消防设施简陋。一是除个别新建监狱外，大多数监狱常见的消防设施就是消火栓（俗称水枪），火灾自动报警系统、自动灭火系统、防烟排烟系统等先进消防系统根本没有，应急照明设施、安全疏散设施等也不健全。二是监狱一般都配置了干粉灭火器，但很多灭火器都未进行维护和年检，有的缺少气压，有的干粉过期。三是为防止罪犯将消火栓中的“水带”（较长、绝缘、有韧性）作为狱内犯罪的工具，有的监狱将“水带”卸下，有的将消火栓加锁。四是一些监狱连仅有的消防栓也形同虚设，要么是管道没有水源，要么是未经常维护导致阀门生锈而无法打开。

（2）消防通道不畅。一是监狱的监舍、车间等生产、生活、学习场所虽然都设有消防应急通道，但基于集中关押和现场管理的需要，安全通道一般都是“铁将军把门”，时常处于关闭状态，偶尔在开展疏散演练或其他工作需要时才打开。二是监舍和车间等重要场所的门窗都装上了坚实的防护网。三是有的监狱民警因缺乏工作责任心，仍然存在使用“拐杖”的情况，将钥匙放在罪犯手中，或是一些民警因业务技能差或管理的钥匙太多，对钥匙不熟，不能在最快时间准确找到对应的钥匙。这些都成为导致监狱“生命之门”不畅的重要原因。

（3）电源线路老化。一是除少数监狱外，多数监狱始建于很多年前，电源线路从未更换过，多数的插座、开关、电线等处于老化状态。二是一些生产车间的电器设备使用年限过长，一些生产项目的电器设备多、用电负荷重，必然存在很多安全隐患。

（4）疏散演练欠缺。疏散是在处置突发事故中避免发生人员伤害的有效方式，演练是提升处突能力的有效途径。但一些监狱在实际工作中，要么制定的疏散演练预案不科学、不合理；要么没有在民警中加强处突预案的学习，民警的现场指挥能力差；要么没有经常开展针对性的疏散演练或对演练应付了事，民警欠缺应急处突的实战能力；有的没有在罪犯中全面普及消防安全知识，罪犯有序疏散和自救逃身能力差。

训练情境

训练情境 29

某监狱罪犯刘某因盗窃入狱，服刑期间曾因脱逃而加刑，目前刑期为20年。罪犯刘某是在生产区作业时，翻越生产区与生活区的围墙，进入生活区逃走。

该监狱与当地某机械公司两个单位在一个大院里，该监狱的侧门挂有两块牌子，其中一块是监狱的牌子，另一块是某机械公司的牌子。该机械公司工人的主体是某监狱的服刑罪犯。

整个区域分为生产区、生活区和监狱管理三块，到生产的时候，民警和工人从生活区，罪犯从监狱管理区，都进入生产区作业，两边都有高大的铁门并严格进行出入门检查，对罪犯管理较为严格，有多名监狱民警负责监督。生产期间，平均每10分钟就要点一次名，以防有罪犯脱逃。

【训练目的】 通过训练，学生应掌握生产安全防控设施隐患排查的要求。

【训练提示】 分析该情境中生产区设置存在哪些隐患漏洞，应如何整改？

训练情境30

某监狱罪犯张某（因盗窃罪和非法制造、买卖枪支罪于2007年5月被判处有期徒刑18年）曾在监狱菜窖劳动，后因张某多次违反监规，对其调整了监区，更换了劳动岗位。由于张某对监狱的处罚不满，再加上感到重获自由“遥遥无期”，张某想到自己曾经劳动的菜窖在管理上比较松懈，计划从菜窖实施脱逃。

一个星期天的晚上，张某趁罪犯自由活动的机会伺机从监区的电控门溜出了监区，沿着监狱北围墙、西围墙一路逃窜到罪犯澡堂院内，又翻过栅栏进入工地，并在工地捡来一根钢筋和一只废弃油漆桶佯装在施工，溜到工地南墙下的菜窖。从菜窖门上方的缝隙进入菜窖。在菜窖里，张某轻而易举地找到了凳子、铁锹、耙子等挖洞工具。随后，张某撬下菜窖通风洞口的防护栏，用铁锹、耙子顺着通风洞向墙外打洞。因冬天地层坚硬等原因，洞口未挖成而放弃了脱逃，原路返回监舍。在民警对罪犯脱逃事件的排查中，张某投案自首。

【训练目的】 通过训练，学生应掌握生产安全防控设施隐患排查的方法。

【训练提示】 分析该事例中生产场所安全防控设施存在的隐患漏洞，应如何进行整改？

训练情境31

某监狱四监区根据耳目的举报，组织民警对十监区车间按顺序进行了全面的清查。共查获现金300元、香烟46包以及零食、药品、机针、刀片、不锈钢杯等违禁品若干。狱侦科立即介入，组织对违禁品的来源进行深入的倒查。经预审，战果不断扩大，查出罪犯洪某私藏现金1200元、罪犯李某私藏现金200元、罪犯陈某私藏现金100元，所有的现金均用于通过外协人员购买香烟。该监狱即对责任外协人员进行罚款和清退，对责任罪犯进行严厉打击和惩处，有效地震慑了全体罪犯。

【训练目的】通过训练，学生应掌握生产现场违禁品防控措施及对外协人员的管理措施。

【训练提示】分析该情境中生产场所违禁品防控及外协人员管理中存在的隐患漏洞，应如何整改？

训练任务12 生产场所安全防控实务

监狱生产场所安全防控实务，主要包括：监狱生产区建筑物及其安防设施的隐患排查、生产现场安全管理、生产事故隐患排查与处置。

一、监狱生产区建筑物及其安防设施隐患排查

1. 监狱生产区建筑物及其安防设施的隐患排查。监狱生产区建筑物及其安防设施的隐患排查一般采用日常检查、定期检查和专项检查相结合的方式进行，以日常检查为主。具体排查内容包括：现场检查生产区物理隔离设施、监管警戒设施、视频监控设施、安全防护设施、通讯报警设施、照明设施是否正常，有无损坏的安全隐患或漏洞；现场检查围墙、通道、厂房、库房、值班室等建筑物有无渗漏、倒塌的危险；通风、透光、除尘设备是否正常运转；查看门窗、机器设备的安全防护装置是否完好；检查通讯、防火、防爆、防毒设备是否完备，功能是否正常；检查供电线路是否存在老化、短路和漏电等故障；查看警戒标志是否醒目；注意发现建筑物及其设备有无人为破坏的痕迹。

检查时要注意现场死角和隐蔽位置；对检查中发现的问题要及时处理；发现重大隐患，要及时上报，并按规范填写检查记录。

2. 监狱生产区建筑物及其安防设施安全隐患或故障的处置。

（1）及时报告。排查单位或值班民警在现场检查、运行操作中，发现或发生监狱生产区建筑物及其安全防控设施存在安全隐患或故障时，应当及时向狱政管理部门和安全监察部门报告。

（2）现场布控。排查单位或值班民警在报告的同时，应当立即采取现场布控措施，加强对隐患或故障现场的安全警戒和监控管理，并对生产劳动现场的罪犯实施严格的管制。

（3）应急处理。对于一般性安全隐患或生产现场值班民警能够处理的一般性故障，在报告和布控的同时，应当及时处理，排除隐患或故障。对于重大安全隐患或生产现场值班民警不能处理的故障，在报告和布控的同时，应将生产劳动现场的罪犯集中管理或收监。

（4）启动应急预案。狱政管理部门和安全监察部门接到报告后，应当及时启动应急预案，组织部署警力对重大安全隐患或故障现场实施布控，并协调武警部门加强武装警戒；提高生产区内的警戒级别，加强对生产区的警戒巡逻，严格对各押犯监区（分监区）罪犯实施出入管制与安全管理，确实杜绝罪犯接近隐患或故障现场。同时，组织实施隐患或故障排除工作。

二、生产现场安全管理

（一）严格实施安全教育与技能培训

教育培训是深入开展安全生产工作的基础。监狱应成立三级安全教育培训机构，定期组织对生产管理人员和从业人员进行安全教育与技能培训。

1. 监狱安全教育培训的主要内容：对新招职工、转岗职工和新入监罪犯进行岗前技术培训；特种作业人员资质培训及继续培训；其他工种从业人员的安全教育与技能培训；开展经常性的安全宣传教育活动和全员安全技术知识考试或竞赛。

2. 监区安全教育培训的主要内容：本监区生产性质、特点及基本安全要求；生产工艺流程、危险部位及有关防灾救护知识；监区安全管理制度和劳动纪律；监区间典型事故案例介绍，吸取教训。新犯应进行岗位安全生产教育和安全技术操作规程教育，劳动纪律、监规纪律教育才能分到岗位。

3. 分监区安全教育培训主要内容有：分监区工作任务、性质及基本安全要求；有关设备、设施的性能、安全特点及防护装置的作用与完好要求；岗位安全生产责任制和安全操作规程；事故苗头出现或发生事故时的紧急处置措施；同类岗位的事故介绍；有关个体防护用品的使用要求及保管知识；工场场所清洁卫生要求；其他应知应会的安全内容。

各种岗位安全教育可以通过演讲、板报、宣传册、影像资料播放、“安全生产月”活动、安全生产知识竞赛、安全技术培训、安全操作规程培训、事故应急预案演练等方式，开展形式多样的安全生产宣传教育活动，营造人人讲安全、事事讲安全、时时讲安全的良好安全文化氛围。

（二）严格管理劳动工具与危险品

罪犯从事生产使用的铁锹、镐头、棍棒、绳索等劳动工具；斧、锤、钻、锯、钳、锥、扳手等维修工具，以及其他焊接、切割工具；菜刀、铲、炉具等炊事器具；梯、电线、电器等电工维修工具；垃圾清运车、铲车、三轮车、电瓶送餐车等狱内日常生活、生产使用车辆；雷管、炸药、油脂类等易燃易爆日常工业用品；剧毒、酒精、麻醉药品、强酸、放射物等医疗、工业用品；等等。对危险品防控应注意以下几点：

1. 劳动工具由民警直接管理。罪犯领用刀刃利器、工具，需向责任民警签字领用，做到“即用即领，用毕交回”。对已经固定在设备上的或定置放在车间内的刀刃利器，做到“每日定期检查，收工时清查”，并由负责检查的责任民警登记签字，检查记录要长期保存。

2. 对丢失的刀刃利器、工具，生产单位要在发现丢失的当日上报生产科室，并与管教科室联合追查，积极追踪、调查搜寻，直至追回，视情况由监狱企业追究相关人员的责任。对报废的刀刃利器、工具，由监区（分监区）及时登记造册，上交有关科室入库，统一销毁。

3. 危险物品由民警直接管理，专人专管，责任到人，必要时实行双人双锁管理制度；健全危险物品的领发、使用、保管、回收和损毁制度，使用危险物品应当记载无误，账目清楚，并经常开展自查活动，堵塞漏洞，消除隐患。

4. 对接触和使用危险物品的罪犯，必须严格审查，经常进行安全教育和考察，发现不适宜接触和使用危险物品的罪犯，应及时调整。

5. 对接触和使用危险物品的特殊工种岗位的罪犯，必须持证上岗。

6. 罪犯使用危险物品时，责任民警应现场监督、巡视监控，使罪犯自觉遵守劳动纪律，遵守操作规程。如有突发事件发生，民警应及时控制处理；民警不得在生产车间出现打瞌睡、看书、看报、聊天、打牌、洗衣、干私活等影响监管安全的行为。

（三）严格对生产现场进行定置管理

生产现场定置管理是促进监狱生产标准化、规范化建设和管理，实现文明生产、安全生产的重要手段。

定置管理的原则：定置管理要起到调整生产现场的人、物、信息处于最佳状态的作用，以满足工艺流程的需要；定置管理要以安全为前提，做到操作安全、物放稳妥、防护得当、道路畅通、消防方便；定置管理要符合环境保护和劳动保护的规定及标准；定置管理要坚持因地制宜、动态管理的原则，定置物及场所要随着生产、经营的变化而变化。

定置管理的基本要求：根据生产区地表平面图合理设计生产区总体定置图，划清定置管理范围，对各场所、建筑、设施、物件进行全面定置，并实行定置管理责任制，切实做到物料存放有序，物品摆放定位；与生产、工作无关的物品，一律不得摆放在生产、工作现场；定置物品有完整规范的标签、设置醒目标志。原料、成品、半成品分别定区、定点、定位；机台、工序、工位、班组定置；设备、设施、工具箱定置。所有物品、机具、设备、班组等所在位置，必须与定置图内容一致，并统一设标志牌，做到物各有位，物在其位。机台、班组要有机台说明牌、包机责任牌和操作规程牌。按规定设置工艺流程牌，保证机台清洁无油污，保持润滑，工作场地干净、整洁，无积水、油污、积秽及铁屑垃圾等杂物，定期清理无关物品及废品。不常用的工具、模器具要分类定点存放；常用工具有序放在作业区内。不得在通道上作业，不得在通道上堆放杂物。保持地面清洁、设备整洁、门窗无破损。

生产作业场所定置管理：生产作业现场采取挂牌与目视管理，做到一目了然，心中有数，取用方便，简洁高效。生产作业现场主要机电、运输设备型号、规格、用途进行定置；生产作业现场主要操作设备的检修维护实行责任定置；生产作业现场作业人员劳动编制进行定置；生产作业工艺、工序流程进行定置；生产作业现场小班作业安全生产、质量验收责任进行定置；生产作业现场各类避灾路线进行定置；使用火工品及其他危险品的进行定置；保持工业卫生，定期清理无关物品。

库房定置管理：对固定资产、设备、设施、备品、备件及常用材料进行分类定置，定置地点要根据使用频率大小确定，符合取用方便原则。对消防器材、通风窗口进行定置。分类存放物品，统一建卡管理，载明名称、规格、型号、产地、数量等内容。账、卡、物相符，出入库登记齐全，管理规范。定置图标识清晰，内容准确，一目了然。防火、防盗、防损、卫生等项目责任定置。定期按规定处置过期无用物品。地面门窗清洁，物品码放整齐，通风照明良好，物流规范有序。

事故救援物品定置管理：事故救援物品要进行特殊定置，不得与一般物品混放，并有明确标志。

（四）严格对生产现场进行消防管理

生产配置防火物资和消防器材，设置消防安全标准，定期组织检查、维护、更换和增补，确保消防设施和器材完好有效。

监狱企业所有劳务加工项目属服装、毛编等易燃物品的，应在生产区入口设置“火种存放盒”，所有进入生产区的人员须留下火种，入口必须悬挂国家标准禁止烟火标志牌，以明示生产区全部禁烟、禁火。监狱企业部分加工项目属易燃品的，须在易燃品车间大门口设置“火种存放盒”，所有进入车间的人员须留下火种，车间门口悬挂国家标准禁止烟火标志牌，并在车间内标示禁烟、禁火标志。监狱企业加工项目不属易燃品的，须在车间大门口悬挂国家标准禁止烟火标志牌，加工生产现场禁止烟火。

易燃易爆剧毒物品要有专用仓库存放，易燃易爆品仓库内必须安装防爆型照明灯、抽风机，否则不得安装电线，易燃易爆品仓库与车间须按国家有关规定隔离，由民警直接管理。落实消防管理制度和措施，明确消防设施器械管理使用责任人，保持消防通道畅通。

监狱企业和监区须定期组织相应层次的应急演练，演练须有包括计划、目的、意义、方法、步骤、人员分工、措施等在内的实施方案，演练后监狱企业、监区领导须进行讲评，须详细记录整个演练过程。

（五）严格对外协人员和外协车辆进行管理

劳务加工单位的外协人员和外协车辆需进入监内，须办理外协人员进监出入证及车辆临时进监出入证；外协人员需提供的证明材料包括：本人身份证复印件，所在单位介绍信，户籍所在地公安机关的证明材料，车辆行驶证复印件及司机姓名；外协人员必须在规定的区域内活动，业务单位民警对外协人员在监内的活动全过程、全时段、全方位掌控；长期外协人员在监内必须着迷彩服；严禁外协人员将手机及照相机、摄影、摄像器材等违禁物品带入监内，一经发现，没收并不得再次进入；外协车辆必须落实专人专车管理，在规定的时间内出入，禁止中途停车或驶入与其业务无关的区域，严禁罪犯搭车或驾驶车辆，禁止与装卸货物无关的罪犯靠近。装卸完毕民警应清点人数确定无误后在检查卡上签字才能放行；严禁外协人员为罪犯捎、买、带，一经发现除取消进监资格外，还要进行严肃处理。

三、生产事故隐患排查

生产事故隐患排查是严格落实各级安全生产责任制、强化现场管理、及时消除各类事故隐患、防止事故发生、保证安全生产有序进行的重要手段和必要措施。

（一）生产事故隐患排查的职责

生产事故隐患排查：一般以各生产监区和职能科室定期排查、不定期突查、随机抽查的方式进行。

各生产监区和职能科室主要负责人负责分管业务范围内的事故隐患排查工作。每月至少组织进行一次定期事故隐患排查，每周组织进行一次不定期的事故隐患突查，并坚持每天随机进行有重点的抽查。月初，应将本单位及业务保安范围内存在的各类事故隐患上报监狱安全监察部门。

监狱安全监察部门负责对排查出的事故隐患进行整理、筛选、分级和上报并对事故隐患排查、整改工作进行监督检查和实时通报。

（二）事故隐患排查例会

监狱每月召开一次由监狱长主持、相关单位主要领导参加的事故隐患排查会议。各单位汇报上月事故隐患排查情况，制定事故隐患排查的方法和措施，对新发现的事故隐患确定等级，制定整改措施，落实项目资金、解决时间及责任人。对A级隐患，未处理前要制定临时安全防范措施。

安全监察部门负责会议组织、资料准备、会议记录；对已整改完成的事故隐患进行消项，将新发现的事故隐患及其排查情况上报省局。

（三）事故隐患分级与分类标准

监狱各生产单位的事故隐患主要包括作业现场、技术管理以及装备设施上所存在的可能导致事故发生的隐患。事故隐患按严重程度、解决难易程度分为A级、B级、C级三种类型。A级：难度大，监狱难以解决，需要上级单位配合解决的；B级：难度大，监区（科室）解决不了，需要监狱配合解决的；C级：监区（科室）或由外协业务单位能够自身解决的。

（四）生产事故隐患排查与处置程序

生产事故隐患的排查与收集。其主要来源有：各级安全管理人员的日常检查及监狱、监区（科室）组织的各类检查所发现的隐患汇报；监狱组织安全大检查和各专业组织进行的专业检查；各级管理民警、职工、其他从业人员或罪犯汇报、举报；事故隐患排查例会上各单位的汇报。

生产事故隐患的分级分类与处置。对收集的各类生产事故隐患，由监狱安全监察部门负责进行整理、筛选、汇总，进行分级分类，并明确整改的责任、措施和时限：C级事故隐患与监区（科室）进行"三定"，限期解决；B级事故隐患，报送分管监狱领导，由分管监狱领导负责召集有关单位研究解决，并上报省局；A级事故隐患，上报省局，并由隐患排查领导组研究制定临时性预防措施。

（五）生产事故隐患整改责任

生产事故隐患整改的责任贯彻"分级负责、责任落实"的原则，各单位负责人负责管辖范围内的隐患整改，分管领导负责管辖范围内的事故隐患整改，整改期间必须做到项目落实、资金落实、人员落实、措施落实，隐患整改情况在规定时间内反馈监狱安全监察部门，安全监察部门负责检查验收。

各生产单位、各级管理人员和业务保安单位必须认真组织开展生产安全隐患排查活动，对排查出的事故隐患和问题严格执行"三不生产"（不安全不生产；安全隐患不排除不生产；安全防护措施不落实不生产）的原则，制定整改措施，对作业场所和环境中存在的事故隐患及时进行处理，杜绝各种生产安全事故的发生。凡因事故隐患排查不认真，整改措施不落实或者由于扯皮、推诿，顶着不办导致事故发生的，要追究主要负责人和直接责任人的责任，并严肃处理，构成犯罪的追究刑事责任。

训练情境

训练情境32

某监狱编织藤椅生产车间，罪犯谭某在编织藤椅的劳动过程中，发现有一颗枪钉没有钉好，于是试图用剪刀的一侧刀尖挑出钉头，由于用力过猛，剪刀受惯性作用，刀尖不小心划到谭犯的左眼上，刺伤了眼睛。

罪犯曾某在编织藤椅的劳动过程中，使用尖嘴钳夹住加工产品的松动部位试图拉紧，由于其没有按规定佩戴劳动防护眼镜，未夹紧藤条且用力过猛，尖嘴钳子受惯性作用，钳尖顺势划到其左眼上，刺伤了左眼。

事件发生后，现场值班民警马上向监区值班领导报告，监区值班领导又迅速向监狱分管安全生产的领导及生产安全办报告。监狱随即启动事故应急救援方案，监区应急小组迅速赶赴现场，在维护现场秩序的同时，将受伤罪犯送到监狱医院进行初始救治，随后送到某区区人民医院治疗。

事后，监狱生产科马上组织相关人员进行现场走访调查，查找事故原因，并于24小时内向上级领导和上级部门报告。

罪犯谭某经过某区区人民医院的救治后，伤情治愈，视力恢复。为了避免类似事故再次发生，业务部门专门给织藤罪犯配发劳动防护眼镜，并强制要求佩戴。

罪犯曾某经某区区人民医院的全力救治后，虽治愈出院，但视力受到一定的影响。为此，监狱成立了罪犯工伤认定工作小组，并根据《罪犯工伤补偿办法(试行)》(司发［2001］013号)的有关规定妥善进行了善后处理：按照有关程序对该事故作出了“不予认定为工伤”的决定，并传达给罪犯及其家属；由于曾某的家庭实际困难，在该犯出监时给予一次性的经济补助。

【训练目的】 通过训练，学生应明确遵守安全操作规程的重要性，掌握生产事故隐患排查与处置的基本要求。

【训练提示】 结合该生产事故，分析发生该事故的主客观原因以及给我们的警示。

训练情境33

2017年某月某日下午15时40分许，某监狱三监区罪犯郭某与罪犯韩某在车间参加劳动时，互相投掷缝纫线空线圈打闹，打闹过程中，韩某与郭某情绪逐渐失控，二人均离开自己机位走向对方，开始互相殴打，随后韩某先用铅笔将郭某左侧头部扎伤，郭某在被其他罪犯制止拉开后，发现自己头部有鲜血继而暴怒，郭某感觉自己的头部外伤是被韩某用剪刀扎伤的，所以自己也回到机位一把拽下其生产用劳动工具小剪刀，冲向韩某。在此过程中，当班民警和三监区罪犯均有制止郭某的行为，但郭某一意孤行，不听劝阻，顶撞民警，以极快的速度冲至罪犯韩某身前朝其脸部、头部、腹部扎了数下，导致韩某身体多处受伤。经鉴定：韩某左胸壁侧前方4.5厘米瘢痕及颈部有点状瘢痕，右肩后3.5厘米瘢痕构成轻微伤；左耳前长约8厘米瘢痕构成轻伤二级。2018年6月，某市某区人民法院判决郭某犯故意伤害罪判处有期徒刑1年2个月，与前罪尚未执行完毕的余刑数罪并罚，决定执行有期徒刑6年9个月。

【训练目的】 通过训练，学生应学会对生产现场突发事件的处置方法。

【训练提示】 分析该情境中民警处置突发事件有何不当？你作为监区民警，应如何处置？

训练情境 34

罪犯叶某，男，初中文化，曾因流氓罪被判刑3年，又因非法制造左轮手枪进行抢劫被判处无期徒刑，剥夺政治权利终身，系累犯。

罪犯于某，男，初中文化，因犯抢劫罪被判处无期徒刑。

罪犯顾某，男，小学文化，曾因犯盗窃罪被判处有期徒刑3年6个月，又因犯盗窃抢夺罪被判处有期徒刑19年，剥夺政治权利4年，系第二次进入监狱服刑。

罪犯许某，男，因犯故意杀人罪被判处无期徒刑，剥夺政治权利终身。

叶某等4名罪犯自投入监狱改造以来，表现一直较差，接触频繁，行为可疑。这一异常情况引起了民警的注意，在通过耳目了解情况后，经过集体研究认为这种频繁的接触蕴藏着潜在的危险，为了不影响生产，监区决定：一是调入新犯进行跟学，一旦新犯能够顶岗，即将叶、顾二犯从机修、车工的岗位上撤下来，这一安排给他们的活动带来了不便。二是根据4名罪犯行动诡秘，骨干犯不易接近的情况，将另一名现役军人犯罪的罪犯从生产调度的岗位上撤下来，安排扫地拉铁刨花，充当临时"专案耳目"。这一情况引起了四犯的注意，认为该犯一下子从那么好的岗位上被民警撤下来肯定会有强烈的不满情绪，可以考虑对其进行拉拢。于是叶某等四犯马上积极行动起来主动向该耳目咨询有关步枪、冲锋枪、手枪的弹道以及有效射程等方面的枪械知识。该耳目得到这些情况以后，分别于4月1日，4月8日两次向民警报告叶某等人的异常情况，耳目提供的这一情报引起了监区民警的高度重视。4月8日，监区教导员王某在劳动现场巡查时，发现罪犯陈某在机床上加工一支扁铁（后经查实系制作三节可拆装式匕首），追问中得知是叶某要他制作的，当讯问叶某时，叶某谎称系用于转机上的塞铁，拒不承认是匕首。民警当即对叶某进行搜身，并对叶某活动、居住场所进行搜查，结果并无所获。为了进一步查明事实真相，对叶某除了进行严密布控以外，监区还决定在17日晚找叶某进行一次个别谈话，以进一步了解真实情况，想从叶某身上找到突破口。17日晚上的谈话虽然未有结果，但叶某的态度有所动摇，经过3天的思想斗争，叶某在20日向民警提交了一份所谓的坦白检举材料。监区领导看过材料后，当即向狱内侦查科汇报。侦查科获悉这一情况，当晚立即采取措施，对4名罪犯分别进行突击审讯。四犯知道事件的严重性，一旦暴露就有更严重的后果，于是审讯中采取沉默方式，试图进行对抗。侦查工作遇到了阻碍。为了及时排除阻碍获得详细情况，监狱及时调整了审讯策略，集中优势兵力各个击破，经过努力，4名罪犯在强大的政策攻势及高压态势下，终于交代了狱内于某非法制造枪支，预谋劫持民警，暴力越狱脱逃的犯罪经过。

经查明，罪犯叶某等人非法制造枪支、预谋劫持干部结伙实施暴力越狱蓄谋已久。叶某从入监起就主动与许某接触，了解到许某存有脱逃思想，某年3月，叶某将自己所画的制枪部件图交于许某，许某按图制好两支枪管，叶某再次叫许某加工其他部件时，许某感到有些害怕，就没有再帮其加工，并把加工好的两支枪管也扔掉了。7月，叶某因病住院期间企图自配炸药，由于多方面的原因，未获成功。之后，叶某又多次向医护犯讨要火柴达30余盒，用来制造子弹。出院后，叶某通过自己的观察，以及与顾某的接触，得知顾某与于某也有脱逃动机，叶某就想方设法进行拉拢。春节后，叶某首先将顾某吸收了进来，然后通过顾某把于某也拉了过来，就这样形成了四人团伙。

在具体策划狱内重新犯罪过程中，叶某首先提出"要想逃跑成功就要制造枪支武器"，其他三人均表示赞同。四人经长期密谋策划决意在狱内生产区制造枪支弹药，试图持枪劫持民警，实施暴力越狱。四人从3月开始制作枪、弹，于4月5日左右制作完工，共制成土制手枪3支，子弹5发，经省军区枪械所鉴定，枪、弹在50米~100米范围内具有杀伤力，足以致人死亡。为了有效地实施这一计划，他们设计了两套方案：第一套方案是从劳动现场着手实施逃跑，即采取切断车间电源、火烧配电房、驾驶电瓶车（装上氧气、乙炔，用于引爆，万一被抓可以与民警同归于尽）冲出车间，然后再将车间大门反扣，锁住民警与罪犯，阻止追捕，继而冲向中心门楼，以暴力制服值班民警，上楼砸开保卫科办公室的门，获取枪支。第二套方案是从生活现场着手实施脱逃，即将做好的枪支、凶器等带入监舍内，利用夜晚将民警与护监同时制服，施以捆绑，并用布塞住他们的嘴巴。然后通过对讲电话报告看守值班民警，谎称监内出事了，将看守民警（一般晚上处理监内事情时由两位民警担任）骗至现场后采取相同手段以暴力加以制服，剥下警服，剃下头发。四人用胶水将剃下的头发粘上进行伪装，并穿上警服实施脱逃。同时还交待了曾预谋选择在4月13日、14日、15日中的某一天，实施劫持民警暴力越狱的计划。由于4月8日扁铁事件的发生，叶某担心脱逃事件暴露，因此决定在13日实施行动。于是4月13日上午叶某在上白班时故意将一台修理的机床拆开，收工后向民警请示要求晚上加班，被批准，于是叶某、许某晚上与顾某、余某汇合，四人到了车间以后，积极实施他们的预谋方案并进行内部分工，即顾某对付分监区长，于某和叶某对付另外的民警，许某负责切断电源，于某还负责切断电话线，再由叶某开电瓶车。任务明确后，于某乘机将放在工具箱里的一支自制手枪和一瓶汽油（1斤装的雪碧瓶）分两次交给了顾某，在

18 时左右，于某问许某："你干不干?"许某答："这样干很危险，没有意思，我有点怕，不想干。"此后于某将这一变故告诉了叶某，叶某认为四人中已有人不想干，加上 8 日因扁铁事件被民警抓获，自己的行迹可能已被察觉，整个计划有暴露的可能。同时叶某还发现晚上的值班民警增加了一名，进而预测外围可能也有了防范。因此，叶某就告诉另几名案犯说："今天算了，以后另选时间再行动。"

【训练目的】 通过训练，学生学会生产现场安全管理方法。

【训练提示】 从叶某等 4 名罪犯在监狱非法制造枪支的事实来看，监狱在劳动现场管理中存在什么问题？如何整改？

考核与评价

【考核内容】

1. 某监狱生产区围墙电网设施年久失修，腐蚀严重，存在铁丝网断裂现象，罪犯吴某利用围墙旁边堆放的建筑材料爬上围墙，实施脱逃。该生产场所安全防控设施存在哪些隐患和漏洞?

2. 罪犯杨某（经有关部门鉴定，为限制行为能力人）在某监狱服刑期间，违反监规，携带事先准备的一次性打火机，进入该监狱生产车间的危险品库房，将自己反锁在库房内，后将存放在库房的 30 余桶易燃化工用品中的两桶撬开，将易燃品洒在库房地上和自己身上。之后，手持打火机准备以自焚的方式威胁狱方。在劝说无效的情况下，监狱民警准备采取强制措施，杨某闻声后开始点火，监狱民警撞开库房门将其制服，杨某放火未成。分析该情境中危险品管理中存在的隐患漏洞、产生原因及整改措施。

3. 某监狱在生产事故隐患排查中发现某生产监区罪犯有违章攀爬运输皮带的行为，提出整改措施。但是，该监区民警疏于管理，没有落实整改措施，导致发生运输皮带将罪犯致伤致残事故。分析该生产事故隐患排查与整改措施存在哪些漏洞，应吸取哪些教训?

【考核评价】

1. 评价学生对生产场所设施安全隐患排查措施是否准确。

2. 评价学生对生产现场安全管理中存在的漏洞分析判断是否准确，整改措施是否得当。

3. 评价学生对生产事故隐患排查及整改措施的分析是否正确。

拓展学习

组织学生参观监狱生产车间，研讨未来监狱生产安全工作机制。

学习单元12　狱内又犯罪预防

训练目标

● 通过训练，学会狱内又犯罪的处置方法，掌握狱内常见又犯罪的预防措施。

训练内容

● 狱内脱逃案件的预防训练、狱内暴力袭警案件的预防训练、狱内故意杀人和伤害案件的预防训练及其他又犯罪案件的预防训练。

知识储备

一、狱内又犯罪预防的概念

狱内又犯罪，是指被判处刑罚的服刑罪犯在刑罚执行期间，在监狱场所内实施违反我国刑事法律并依法应受刑罚处罚的行为。狱内又犯罪具有以下特点：狱内又犯罪发案总体得到一定遏制，但有的案件近年来有增多趋势；预谋策划的隐蔽性、周详性和纠合性；实施的突发性、盲动性和时段性；作案手段的暴力性和疯狂性。常见狱内又犯罪案件类型包括脱逃案件、暴力袭警案件、故意杀人和伤害案件、破坏监管秩序案件、投毒案件以及放火案件等。

狱内又犯罪预防，是指监狱对罪犯在狱内实施的又犯罪行为进行超前防范与控制的系统性活动。狱内又犯罪预防是以控制和防范罪犯在狱内实施又犯罪活动为目的，它是监狱安全防范工作的重点内容，是一项系统性非常强的监狱安全工作。

预防狱内又犯罪，监狱应建立健全安全防范工作体系和长效机制；明确安全防范责任，强化安全防范意识；强化安全业务培训，提高安全防范能力；加强执法检查与监督，严格执行安全操作规程；建立快速反应体系，适时采取果断措施。

把握狱内又犯罪活动的规律和特点，采取有针对性的措施，力争早发现、早布控、早处置，控制又犯罪的产生，尽可能将狱内又犯罪控制在萌芽状态，减少狱内又犯罪的危害，保证监狱安全。

二、狱内又犯罪的处置程序

发生狱内又犯罪案件，民警应做好现场处置工作。一般步骤如下：

（一）判断案情，实施预案

监狱指挥人员获得发生案件的信息后，首先要核实案件信息来源，分析案件的情况。案件核实的内容包括：最先提供情报的人的所见所闻及其基本情况；案件目前的状况；案件的主体、规模、类型、人员、情绪和行为状态；有无危害结果等。案件信息核实的方法：派出侦查人员到现场实地观察了解；详细询问提供信息的部门和个人；现场在技术监控的范围内，可以通过监控系统观察等。其次，快速准备。指挥员在获得有关案件的信息后，在按照规定对信息进行核实并上报、下达、横向沟通的同时，一是召开紧急会议，部署处置方案；二是组织警力，安排交通通讯工具、警械武器和饮食、医药、弹药、燃料等后勤保障。最后，实施预案。监狱指挥人员按照案件的种类、规模、范围等情况，综合分析，确定实施何种预案，并合理部署警力。处置警力包括：现场处置警力、外围控制警力、狱内秩序稳定警力、案件侦查警力、机动警力。案件侦查人员主要从事案件的现场勘查、现场保护及调查询问、讯问等任务。

（二）控制现场，制止犯罪

1. 建立现场指挥部。指挥部应选在能够通观全局，视野开阔，便于指挥作战，便于展开工作和机动，利于警力的集中、疏散、转移、隐蔽、稳定和安全的地点，以充分体现有利地形，形成对案件处置的主动、机动、灵活、多变的有利地位。

2. 控制现场。①设置警戒线，封锁现场；②开展政治攻势，警告和疏导；③进行威慑和震慑，防止事态扩大；④命令解散或强制驱散，对个人引发的案件，将又犯罪嫌疑人带离现场进行隔离；⑤及时解救被劫持、围攻的人员。

3. 制止犯罪。有些狱内案件如暴狱案件，应集中优势警力，采取楔入、包抄、分割、直接抓获等战术，接触和控制实施犯罪的罪犯；对不听制止，继续进行犯罪活动的，按规定使用警械武器；对实施犯罪后逃跑的，要组织追捕，并报告上级，请求援助。

4. 采取现场急救及其他紧急措施。不能确定受害者已死亡，要对受害人实施现场急救或送医院实施急救；对现场进行保护，对于遇上雨、雪、刮风天气，要对室外现场上的痕迹、物品、尸体实施特殊保护等。

（三）维持秩序，调查案件，逐步平息案件

1. 维持秩序，保障监狱各种正常活动的进行。狱内发生案件后，其危害往往很快波及现场以外地区，造成连锁性消极反应。特别是暴狱案件，有时会向更大规模发展，造成监狱局部乃至全部秩序的混乱。因此，现场处置队伍有效控制

现场后，要分出一部分警力及时转入维护监狱的秩序。一般由普通民警执行维持秩序的任务，防暴民警执行控制现场的任务。

2. 开展调查，摸清案件的全貌。开展调查是为了全面掌握与案件有关的情况，取得证据。现场调查与外部调查密切结合，互相沟通、印证。调查，主要从以下几个方面进行：起因，引起案件的直接因素和潜在因素；案件的规模、类型和犯罪的手段、方式；案件的性质；案件的危害；等等。调查的方法可以通过现场勘查和调查询问两个渠道入手。通过现场勘查对现场痕迹物证进行提取和固定，如现场拍照等。对足迹、指纹、DNA 等微量物证的提取等技术勘验，应聘请有专门知识和技能的专家和技术人员进行。通过调查询问的方法了解案件发生、发现的经过；听取知情者、目睹人的反映；重点放在与危害相关的人、事和造成危害的手段、后果等方面，并制作调查访问的笔录。调查和取证紧密结合，不要遗漏。同时，要注意发挥监控技术等现代化科技的作用。

3. 逐步平息制止案件。狱内案件的平息制止，应具备三个条件：①引发案件的混乱状态已被消除。现场处置突发案件的主要作用是通过实施教育劝降、强行驱散和抓获罪犯的措施，迫使罪犯放弃犯罪。②案件的犯罪人已被抓获。犯罪人被警方抓获，从而制止危害行为，使案件的主体处于可控制的状态。③案件现场完全置于警方控制之下。

（四）积极做好善后工作

1. 严格执行法律、政策，做好对人的处理工作。有的狱内案件，参与的罪犯多，涉及的面广，特别是暴力型的案件的犯罪主体，实施暴力和没有实施暴力的，前期主动参与的和随后卷入以及围观的，成员情况极其复杂，处理难度较大。现场处置人员应根据实际情况和上级命令，挑选政治素质好、熟悉法律政策和办案业务的监狱民警，会同有关部门，对参与或卷入事件的罪犯严肃而谨慎地分清不同层次的责任，区别对待，依法处理。切忌就事论事，简单粗糙。要使处理成为一次对罪犯深刻的法制教育，防止类似的案件发生。在查清突发案件情况的基础上，对案件的责任人进行严肃处理。在罪犯方面，构成犯罪的，按照规定依法移送人民检察院审查起诉，追究其刑事责任；对其他人应视情节轻重，分别给予不同的处罚。在监狱民警方面，要确定案件责任者应负的责任，依照有关的规定作出恰当的处理。

2. 消除危害后果，恢复正常秩序。监狱发生案件，特别是重大的暴狱案件，往往会造成监狱部分工作、生产、生活等方面的秩序混乱。因此，现场处置指挥员在处置案件后期，应充分利用占据现场、熟悉情况的优势，在不违背上级总的指挥意图的前提下，积极会同有关部门，抓住一切机会，消除和减少各种危害后果，也可以边控制局势，边平息、消除危害后果和恢复正常秩序。具体方法有：

（1）各部门及时配合，尽快恢复正常秩序。恢复的重点应是直接危及和影响广大罪犯和监狱民警等切身利益和正常生活的秩序，要向罪犯讲明道理，取得罪犯的理解和支持，防止引起新的混乱。在工作中，还应加强各个部门之间的配合，齐心协力地把监狱秩序恢复正常。

（2）对案件中造成的伤亡进行处理。在处置案件过程中，要结合对案件的调查进行必要的取证，向本人或周围的人群了解伤亡的原因、经过等情况，逐人进行记录。要严格区分因实施犯罪行为受伤或致死与无辜受伤、致死的界限。对负有法律责任的伤者，应加强监护工作。尸体在查明情况作出结论前，要按照规定妥善保存。

（3）利用传播媒介加强宣传，稳定罪犯情绪。现场处置人员应在上级统一指挥下，协同电台、电视台等有关部门，利用现代化的宣传工具及监狱内的宣传设备，做好正面宣传教育工作，公布案件的真相和调查处理情况，宣传国家的法律、政策，正面引导罪犯应当怎样做，稳定罪犯的情绪。

3. 研究狱内案件发生的规律，加强防范。发生突发案件后，监狱要进行登记，及时报告主管领导和上级业务部门。重大的突发案件要写出专题报告，逐级上报。登记要将突发案件发生的时间、地点，案件的责任情况，案件的主要经过、原因及处理情况如实详细填报。突发案件登记报告的目的是：使领导和上级业务主管部门了解案件发生的情况，积累材料，以便综合分析，找出突发案件发生的规律，制定突发案件的防范措施和对策，预防和减少突发案件的再次发生。

监狱发生突发案件往往是由于对潜在的案件隐患没有及时发现和排除而转化为事实的。案件隐患包含两方面的内容：①在押犯的危险因素；②监管工作的缺陷和漏洞。所谓在押犯的危险因素，是指在押犯在羁押后所必然产生的潜在的抗拒、逃跑、行凶、自杀等心理障碍及存在可能实施这些行为的危险性。所谓监管工作中的缺陷和漏洞，主要是指监管人员的思想麻痹大意，工作不负责任，作风粗枝大叶，不严格执行监管法规，以及监狱设施条件、各项规章制度存在缺陷等。在押犯的危险因素是发生案件的内在因素，而监管工作中的缺陷和漏洞则是发生案件的外在因素。

事实证明，监管工作漏洞存在越多，激发案件隐患的次数就越多，发生突发案件的次数也就越多；监管工作漏洞存在的时间越长，激发案件隐患的可能性就越大，发生突发案件的可能性就越大，这就是案件隐患转化为案件的规律。掌握案件发生的规律，就抓住了预防案件的根本。监狱民警应根据监狱实际情况，结合以往的突发案件的经验，运用案件隐患转化的规律来预防突发案件的发生。

训练任务

狱内又犯罪预防训练包括：狱内脱逃案件的预防训练、狱内暴力袭警案件的预防训练、狱内故意杀人和伤害案件的预防训练及其他又犯罪案件的预防训练。

训练任务13　狱内脱逃案件的预防

一、认识狱内脱逃案件

狱内脱逃案件是指依法被关押的罪犯从监管羁押或改造场所实施脱逃的重新犯罪行为。狱内脱逃案件包括预谋型脱逃、突发型脱逃、结伙型脱逃、机会型脱逃等类型。罪犯脱逃的主观原因主要体现在有逃避惩罚的欲念、对强制劳动的畏惧、家庭责任的驱使以及存在报复心理和侥幸心理等方面；客观上存在监管设施缺陷、安全管理漏洞、责任措施不到位以及对罪犯的不公平待遇等不良的监管改造环境。罪犯脱逃案件的发生，一般经历动意阶段、准备阶段和实施阶段。防止罪犯脱逃作为监狱安防工作的重点，必须坚持“打防结合、堵疏并重、标本兼治”的原则，切实形成“人防、物防、技防”相结合的安全防控体系和长效机制。

二、狱内脱逃案件的预防

（一）加强罪犯内部防控

除罪犯最基础的活动组织单元——罪犯互监小组（罪犯联号小组）制度以外，主要包括在罪犯群体中构筑“六个控制网络”：①重点防范网络，即对危险分子、顽固犯实施的“两明一暗三包夹”控制管理网络。②老带新管理控制网络，即对新入监罪犯实施的“以老带新”把新犯夹在表现积极的罪犯中间的控制管理网络。③耳目防控网络，即按照4%的比例，在罪犯改造的不同层次，分别物色布建耳目进行控制的耳目防控网络。④区域防范网络，即在罪犯劳动生产活动的每个小区域周界都设定警戒区，安置小哨或监督岗，对罪犯出入进行监控管理，设置区域防范网络。⑤人头清点网络，即在特定管辖区域内，由执勤民警、监督岗罪犯、小组长等定时对辖区罪犯进行层层清查点名管理的人头清点控制网络。⑥定位管理监控网络，即对罪犯生活的床位、劳动的岗位、学习的座位、列队的队位实行“四固定”管理的监控网络。另外，还有罪犯出收工“手拉手、前堵后截”等防控管理制度。总的要求，就是通过严格落实这些制度确保罪犯没有单独自由活动的时间和空间。

（二）民警日常管理制度

除民警岗位责任制和执勤制度以外，主要包括：罪犯出入门管理制度、会见管理制度、就医管理制度、个别谈话制度、日常考核制度、定时清监查号制度、收封点名制度、封门落锁制度、带工制度、“双零”管理制度等。总的要求就是通过严格落实这些制度，使“犯不离警”，真正做到“三大现场不离人，24小时不脱管”。

（三）安全防范管理制度

主要包括：思想动态分析和狱情研判制度；安全检查和隐患排查制度；“四类罪犯”排查制度；危险犯、顽劣危、抗改犯、重要罪犯包夹控制与转化制度；危险物品、违禁物品、刀刃器具或劳动工具管理制度；耳目与信息员管理制度、狱内巡逻与狱内侦查制度等。总的要求就是通过严格落实这些管理制度，准确掌控罪犯思想和行为倾向，力争做到“敌想我知，敌动我制”。

（四）重点区域管理制度

主要包括：监狱大门、其他出入通道、周界围墙、禁闭室、会见室、监控室、值班室、谈话室、心理咨询室、物资库房、下水道、暖气沟、施工现场和劳动场所等重点区域的管理制度。总的要求就是通过严格落实这些制度，消除重点区域管理上的隐患和漏洞，防患于未然。

（五）监狱安防系统及设施管理制度

主要包括：视频监控系统管理制度；监狱门禁系统管理制度；报警系统管理制度；应急处置系统管理制度；其他安全防护设施管理制度；“三共”建设与应急处突演练制度等。总的要求就是通过严格落实这些系统管理制度，及时发现监狱安全危机信息，准确发出预警信息和报警信号，提高监狱与武警的快速反应能力和应急处置能力。

训练案例

训练案例1

王某，因犯抢劫罪，被判刑10年5个月，于2004年1月投入某监狱服刑。服刑期间，王某不思悔改，多次与多名罪犯提及脱逃之事。

2006年3月至7月间，罪犯王某在一监区监房晒衣间、车间等处多次要求罪犯陈某（已于2006年7月11日刑满）刑满释放后为其提供枪支、匕首、安眠药等作案工具，预谋越狱，并对陈某许诺，待事成之后，到社会上赚到钱，与他三七开或四六开分成。罪犯陈某意识到事态的严重性，于7月7日中午将此事向民警汇报。7月8日左右，王某又把陈某叫到监房晒衣间，要求其在7月15日之前设法把作案工具弄进来。陈某根据民警部署，假意答应其要求，并要求罪犯王某15日与其联系。7月15日晚，罪犯王某利用私藏的手机在一监区六楼604号房卫生间与7月11日刑满释放的陈某联系，询问枪支等作案工具的准备情况，预谋于7月18日上午趁收工之机，由陈某从车间围墙外将枪支、匕首、安眠药等作案工具扔进监内，罪犯王某再将这些作案工具带回号房，当晚实施越狱。

经侦查，罪犯王某还采取单线联系方式，分别单独与多名罪犯提及脱逃，罪犯文某积极参与，并于2006年4月至7月间多次与罪犯王某策划枪支等作案工具的进监方式及脱逃路线。罪犯王某与罪犯文某共策划了四套脱逃方案。

方案一：枪支到手后，利用吃晚饭的机会，罪犯王某召集他犯偷偷打开中队消防门，窜至一楼，溜到监房监区值班室，挟持值班民警，用枪威逼值班民警到一监区车间，然后把民警捆绑，拆下车间检验台的木板，从生产区四号楼的一监区六楼车间窜至生产区二号楼的三监区二楼车间，将木板架在南面二楼车间的冷却机与围墙之间，形成一个天桥，实施脱逃。

方案二：枪支到手后，利用外诊到新建医院看病的机会半路在车上挟持驾驶员和民警，实施脱逃。

方案三：枪支到手后，佯装生病，利用晚上民警带领他们到监狱医院看病之机，用枪挟持民警，然后以第一套方案脱逃。

方案四：罪犯王某穿着警服携带枪支在夜间从外面骗取武警值班民警开门，并用枪将民警制服后，电话通知罪犯文某，该犯再组织他犯打开监区消防门，窜至一楼，将值班罪犯制服，里应外合从大门强行越狱。

【分析点评】此案例为罪犯王某精心设计的预谋脱逃案件。作案工具的准备、作案人的选择、脱逃方案的设计等都很周密。

王某选择即将释放的罪犯陈某为其提供作案工具，作案工具的来源更为广泛；具有情报意识，与罪犯密谋犯罪采取单线联系方式，隐秘性强；寻找警力薄弱的环节作为作案时机，如收工、就医（外出就医）、就餐、夜间等时段实施犯罪；以暴力袭警或欺骗伪装民警方式实施脱逃，手段残忍，不计后果；脱逃方案设计多套，预谋已久，准备充分，只要作案工具拿到，立即实施脱逃。

此案例中成功之处在于，即将刑满释放的陈某没有被王某拉下水，而是及时向民警汇报了情况，并按照民警的指导进行工作，成功阻止了一起预谋脱逃的案件。

作为基层民警，在平时的又犯罪预防工作中，应充分考虑重点部位和重要场所、重点时段的防控；深入分析犯情和敌情，对危险分子加强防控。同时，在工作中时刻保持警惕，确保自身安全。

此案例给我们的警示：预防狱内又犯罪是一项系统工程，无论是规章制度的完善和落实，还是安全管理的各个环节；无论是人防、物防还是技防，只要某一个环节出现漏洞，就可能被罪犯利用从而实施犯罪。

训练案例2

2009年某月某日，某监区监舍楼道内，看厕所罪犯李某（小哨）趁民警上厕所之机，悄悄汇报了陈某最近有情况，可能在预谋脱逃。民警接到举报，立即组织力量，开展防控及调查。

首先，对陈某进行了控制审查，断绝其与外界的一切联系。其次，全面彻底地搜查陈某的所有及可能接触的物品，力求发现蛛丝马迹。最后，进行了两个排查：一是排查陈某的思想，追寻陈某脱逃的深层次的原因及思想动机；二是排查与陈某有接触的人员，特别是对与陈某有密切关系的人员进行排查，选出重点人员予以突破。

经过一系列的政策攻心，本监区内陈某的同乡终于交代了陈某与其合谋企图脱逃的事实。与此同时，在陈某所在的劳动现场——井下维修房内，于墙壁的夹缝中搜出一张纸，上面有陈某绘制好的脱逃路线图。人证、物证与陈某最后的交待完全一致，一起预谋脱逃案彻底告破。

【训练目的】 通过训练，学生应掌握狱内脱逃案件的防控措施。

【训练提示】 此案例为防控罪犯脱逃的成功案例。分小组讨论，运用所学内容进行综合分析，从耳目、重点防控、重点人员排查、重点部位安全排查等方面的成功经验进行分析训练。

训练案例3

2009年4月16日，某监狱医院监区（狱外单独关押点）发生一宗2名罪犯暴力行凶重伤1名值班民警并越狱脱逃的重大案件。

这是一起有预谋的故意杀人脱逃案。罪犯吴某（男，抢劫、盗窃罪，被判处死刑缓期二年执行，余刑12年），刘某（男，抢劫罪，被判处无期徒刑，余刑18年）。经查实，吴、刘两名案犯，因刑期长，思想悲观，不安心改造，曾多次产生逃跑念头，尤其是在案发前3个月，两犯因违反监规，分别受到扣分禁闭和调换劳动工种的处理后，逃跑欲望更为强烈。事件经过：

2009年4月5日下午3时左右，吴、刘两犯趁监舍无人之机，密谋近一个小时。在这次密谋中，吴某开门见山地问刘某是否真的想逃跑，刘某当即表示“是”。在商议如何逃跑时，吴某问刘某会不会驾驶摩托车，刘某表示“会”。在商议杀害人选时，吴某说：“某指导员身体比较单薄，没有多大力气，又有摩托车，到时，我可以准备一些血，用手捂住胸口，装成受了伤要到外诊室治疗的样子，由你扶我出监舍大门，然后设法把某指导员杀掉，开他的摩托车逃跑。”刘某听后，认为某指导员做事较稳重，不会轻易让他们走出监舍大门，把握性不大。过一会儿，吴某又对刘某说：“某队长就单纯一些，我也比较熟，但他当过兵，力气很大，怕搞不过他。”刘某说：“不怕，连我你都信不过。”吴某看到刘某态度坚决，就接着说：“你不怕，我也不怕，反正都是拿命来搏的。”经过一番密谋策划，最后，两犯一致商定：趁某队长中午值班时动手。

4月14日下午，吴、刘两犯就脱逃前的准备和分工又进行了进一步的密谋和策划。两犯商定：刘某负责借钱、箍脖子、抢摩托车钥匙；吴某负责准备凶器(剃头刀)、封箱胶纸（封口用）、香烟（作为诱饵）以及脱逃时穿的衣服等，并再次商定，在轮到某队长中午值班时动手。

4月16日，轮到某队长中午值班。中午11时30分左右，某队长到球场点完名返回值班室时，早有预谋的罪犯吴某尾追上说：“队长，罪犯刘某有事找你。”该队长不加思索地对吴某说：“把他叫出来。”随后，吴某和刘某一起走出了监舍大门，来到了民警值班室。刘某佯装与队长谈调队的事，而吴某则在值班室内四处窥视。当吴某确信周围没有其他民警，只有某队长一人值班时，便说：“队长，我回去监舍拿点东西来。”未等该队长回话，吴某便离开值班室独自一人回到监舍切纸房，把事先准备好的内装有4条香烟、1把剃头刀、1卷封箱胶纸的牛皮纸袋从藏匿的抽屉中取出来，然后骗大门监督岗说：“某队长叫我拿东西给他。”随即溜出监舍大门，并将大门反插。

11时45分左右，吴某趁该队长和刘某继续谈话之机，走到一个柜子旁边，故意指着未上锁的柜子说：“队长，柜子怎么未上锁?”当该队长从沙发上转身向柜子走去时，刘某趁其不备，猛扑上去，从背后死死箍住该队长的脖子，吴某则上前用拳头猛击该队长的头部，接着掏出一把剃头刀架在其脖子上，丧心病狂地威胁说：“放我们一条生路，让我们走，我们就不杀你!”吴某见该队长奋力反抗，又用封箱胶纸将嘴封住，并用剃头刀朝民警的脖子上、身上和手上猛割数刀。吴、刘两犯以为队长已经死亡，便将其钱包（内有身份证、警官证、驾驶证、电话磁卡）和摩托车钥匙掠走。然后两犯跑到车棚，企图驾车逃跑。可摩托车没有打着火，在慌乱中，吴某看到浑身是血的队长突然从民警值班室走了出来，急忙跳下摩托车冲到其前面，再次用拳头将其击倒在地，并拖回值班室。当吴某刚转身要走时，又见其爬了起来。这时，吴某顺手拿起一把裁刀朝该队长的后脑勺连击数下，见其实在不行了就将其铐在一张沙发的扶手上。当吴某走出值班室正准备与刘某一起驾车逃跑时，忽然听到有人大声呼喊：“出事了，有罪犯逃跑。”因刘某未能将摩托车发动，吴、刘两犯感到情况不妙，只好弃车冲到旁边的公路，强行拦停一辆中巴仓皇逃窜。接到报警的监狱民警和驻监武警经过近

4个小时的追捕，终于将藏匿在荆棘丛中的吴、刘两犯捉拿归案。

【训练目的】 通过训练，学生应学会狱内袭警脱逃案件的分析与防控。

【训练提示】 分析上述案例，你作为民警，应如何预防罪犯袭警脱逃？

训练任务14 狱内暴力袭警案件的预防

一、认识狱内暴力袭警案件

狱内暴力袭警案件是指在押罪犯为达到其特定目的，以暴力手段对监狱民警袭击，造成人身伤亡和其他危害后果的案件。狱内暴力袭警有脱逃袭警、报复袭警、激愤袭警及强奸袭警等类型；狱内袭警案件表现出数量逐年上升、预谋活动隐蔽、作案手段残忍、指向目标明确及结伙袭警等特点；袭警案件常发生在会见场所（无会见设施或隔离防护不完善的情况）、个别谈话过程中、心理咨询室、民警值班室、生产场所及仓库、储藏室等场所。掌握狱内袭警案件的规律和特点，通过提高民警自我安全防范意识和防范能力，创造相对安全的工作环境和携带安全保护设备等进行有针对性的预防工作，切实保障民警的人身安全和财产安全，树立民警的执法权威和执法地位，提高教育改造罪犯质量，确保监狱安全稳定。

二、狱内暴力袭警案件的防控

1. 从宏观决策上，及时调整和转移“三防”工作的重点。随着关押布局调整的逐步到位、监管警戒设施的不断完善，罪犯脱逃将会得到控制，但是，狱内重特大案件特别是以脱逃、报复为目的的袭警案件将呈上升趋势，为此，必须将安全防范工作的重点及时调整，转移到预防杀害民警等重特大案件上来。正确处理人防与物防、技防的关系，建立预防袭警案的责任保障机制。

2. 从侦防体系上，构建主动防御和被动防御相结合的安防系统。主动防御系统是指构建形成以监狱民警为主体、以狱情预测为核心、以狱内侦查为支撑的包括重点犯摸排、危险性甄别、个别化矫治、针对性防控等措施手段相结合的配套防御体系。狱情预测网络及其运行机制包括：普通犯情狱情分析、情报信息分析、重点罪犯和危险分子分析、敌情动态分析等网络。通过这些网络收集各种信息资料，并对这些信息资料进行整理、筛选、分析、判断，实现三个目的：①确定重点对象；②进行危险性甄别和危险级别预判；③发现和掌握敌情动态。然后制定相应的防控措施和教育转化策略。狱内侦查系统及其运行机制：主要通过耳目情报、信息管理、技术侦查和应急处置等系统手段支撑狱情预测工作实施和运行。

被动防御系统是指运用视频监控系统平台、监管警戒安防设施、应急报警及处置措施等物防技防手段，及时有效地预防、控制、处置袭警案件的配套性防御体系，它是主动防御系统的辅助、补救手段。

3. 从微观管理上，增强管理与教育改造的科学性和针对性。主要包括以下方面：①科学甄别罪犯的危险程度，强化对“重危”犯的摸排。②严格执行各项安全监管制度，加大对危险罪犯的管控力度。③加强对危险物品与劳动工具的管控。④强化心理矫治。着重运用心理、生理、病理等方面的知识和技术，矫正罪犯的心理缺陷、人格缺陷、行为缺陷，化解危险因素。⑤营造良好的改造环境。坚持公正执法，秉公办事；坚持文明管理，注意工作方法；建立狱内避免或减少危机的机制，即安全阀功能，使罪犯有讲理的地方，有提意见或反映的途径，有宣泄情绪甚至不满的渠道。罪犯通过正常渠道提意见、发泄不满情绪并不可怕，可怕之处在于有话不敢说，怨恨、不满情绪日积月累，矛盾不断激化，酿成袭警等重特大案件，这才是危险的、可悲的。

4. 从安全自保上，提高民警的防范意识和防范技能。主要包括以下方面：①提高自我防范意识。监狱民警必须牢固树立安全首位意识、职业风险意识、安全责任意识。②提高自我防范能力。监狱民警的自我防范能力，主要是指监狱民警应当具备的敏锐的观察力、灵敏的反应力和灵活的应变能力；提高自身警务技能，基层民警应具备的技能包括：队列指挥、防卫技术、射击（应用射击初级）、戒具使用、通讯联络、现场急救（初级）；能够对罪犯自残自伤事件、罪犯自杀事件、罪犯公开对抗事件、罪犯袭警事件、罪犯劫持人质事件进行处置。在遭遇危险情境时，在20分钟内不被罪犯制服。此外，还包括配备安全保护设备及创造相对安全的环境等。

5. 从具体措施上，增强克敌制胜的针对性和实效性。善于消除罪犯的敌对心理，防止矛盾冲突升级；善于化解罪犯与民警之间发生的冲突。①针对民警个人的矛盾冲突，应让其他民警或由领导出面做工作，对情况要认真了解、疏通，并反馈给相关民警本人。②确系民警工作不当等原因引起的敌对心理，应当有错必究，改进工作，转变作风。在澄清罪犯自身错误认识与做法后，待时机成熟时，可以安排沟通式的谈话。③对尚未明朗化或程度较轻的，应采取委婉的方法做好工作，使罪犯比较自然地转变态度。④属于周围罪犯消极因素影响等综合因素下产生的，应当通过深入的分析解剖，澄清事实和思想问题，通过提高罪犯思想认识，逐步消除其敌对心理。⑤确系难以调和、难以解决的对立与冲突，可以通过狱政部门调换单位，并交代清楚情况，做好善后工作。⑥属于罪犯自认为办案不公引起的敌对心理或与犯罪性质有关的反社会心理，较难找到切入点，因而教育难度也比较大，一般可以从关心其生活开始，从兴趣爱好入手，增加接触机会，逐步缩短心理距离，消除或减弱其心理防御，以便于沟通思想，求同存异，逐步深入，化解矛盾冲突。

训练案例

训练案例4

罪犯金某，男，1998年某月某日出生，朝鲜族，大专文化程度，群众，无业。因犯绑架罪被某市城区人民法院判处有期徒刑5年，于2018年某月某日送监狱服刑。

经查，2018年某月某日，六监区民警薛某与王某在监舍值班。12时30分左右组织封号午休后，民警薛某、王某与罪犯金某进行个别教育谈话。谈话中民警薛某一直在对金某进行正面教育、心理疏导，尽力安抚金某心态。12时40分许金某突然情绪激动，站立握拳向民警薛某脸部打去，民警薛某脸部受伤。民警王某与罪犯信息员曹某及时上前将金某制服。当日总值班领导和职能科室民警第一时间赶到现场。

侦查科接案后，依法进行了系列侦查工作后认为，又犯罪嫌疑人金某，在监狱服刑改造期间，无视法律、监规，殴打民警，其行为触犯了《中华人民共和国刑法》第315条第1款之规定，该案事实清楚，证据确实充分，于2018年3月立案。在与某市某区人民检察院进行案件移送沟通时，检察院要求对罪犯金某是否具有刑事责任能力进行司法鉴定。2018年6月，某省精神疾病司法鉴定中心作出鉴定意见：金某有刑事责任能力。按照鉴定结论，我们对案件移送检察院。

【分析点评】在犯情日趋复杂、执法环境越来越严峻的形势下，维护监狱民警执法权威和安全，严厉打击罪犯违规违纪和又犯罪，是监狱狱内侦查工作的重要职责。监狱对罪犯金某涉嫌破坏监管秩序罪予以立案，也是出于上述目的。对这一案件进行总结和反思，以下几点需要民警和职能部门汲取教训：

1. 执勤民警要切实提高自我保护意识。当前，监狱暴力犯罪的罪犯占比始终居高不下，监狱民警在执法时的人身安全时刻处于危险之中。在这种环境和形势下，我们必须要求民警做好自身安全防护。要严格执行个别谈话教育制度，严禁单独和在非安全场所与罪犯谈话，尤其是与顽危犯、患有精神疾病等类型的罪犯谈话、接触时，更要提高警惕。这一案件，就是民警没有在谈话室与罪犯谈话，缺乏物理隔离，给罪犯造成可乘之机。

2. 要切实做好特殊类罪犯的包夹控制。对罪犯进行犯情摸排后，要严格落实包控措施。对于这一案件的涉案罪犯，监区在前期的摸排中已经基本确认金某情绪波动较大，也正是因为这一原因，民警才与金某进行谈话教育。但是，在谈话和罪犯出入监舍时，没有落实包控措施。

3. 要进一步注重立案侦查程序工作。此次案件后，侦查部门需要注意，在依法展开侦查工作时，要根据案件性质的不同，做好司法鉴定，为案件顺利移送检察机关打好基础。

训练案例5

2013年3月18日，某监狱八监区罪犯武某突然持刀冲向正在进行跑步训练的内看守民警中间，实施袭警行为，被及时制服。

罪犯武某，男，1978年9月26日生，汉族，初中文化程度。1998年4月30日因犯盗窃罪被判处无期徒刑，剥夺政治权利终身，并处罚金1万元。1998年10月被送押A监狱服刑，2000年11月3日减为有期徒刑19年，剥夺政治权利改为8年。2004年7月9日减刑2年，2006年11月29日减刑2年。2008年4月26日调入B监狱服刑。2009年8月3日减刑2年。2011年5月30日调入C监狱服刑。2013年3月18日因涉嫌故意杀人罪（未遂）被关押禁闭。

2013年3月18日上午10时40分左右，犯罪嫌疑人武某在八监区车间门口休息期间，看见内看守民警在东围墙巡逻通道内跑步训练，误认为有内看守民警对其做了侮辱性的手势，于是从车间工具柜里拿上以前准备好的自制刀具（约33厘米×4厘米），进入巡逻通道的门口等候，看到训练民警跑来时，犯罪嫌疑人武某持刀冲进巡逻通道内，向跑在前面的第一个民警砍去，该民警及时躲闪没有被刺中；其继续持刀追砍第二个民警，砍向第二个民警背部肩三角中间的脊椎处，该民警及时躲闪，背部衣服被刺穿长达4厘米；后罪犯武某疯狂地继续持刀追砍其他内看守民警时，被合力制服。

案发后，经鉴定罪犯武某具有偏执型精神障碍，这是促其袭警犯罪的重要原因。2013年初，犯罪嫌疑人武某的表妹嫁给了某市公安局民警（该民警父亲系C监狱民警）。其误认为表妹是因为自己的原因而嫁给C监狱内看守民警的儿子（事实并非如此），因此极力反对并与家人发生矛盾。随后内看守队员在八监区正常查监，武某认为是对其的报复行为，遂产生了报复内看守民警的想法。3月18日，武某在车间门口休息期间，正好看见内看守民警在东围墙巡逻通道内跑步训练，于是便持刀冲向民警乱砍，砍中民警的背部致命部位，幸因民警及时躲闪没有造成严重后果。

在侦查过程中，监狱分管领导及侦查办案人员发现罪犯武某精神异常，决定对其有无精神病及刑事责任能力进行鉴定。2013年4月16日，C监狱委托山西省精神疾病司法鉴定中心对罪犯武某有无精神病及刑事责任能力进行鉴定，2013

年4月18日，山西省精神疾病司法鉴定中心对罪犯武某做出编号为4961精神疾病司法鉴定意见：轻微偏执型精神障碍；但具备刑事责任能力。为此，经监狱长办公会研究决定依法向检察院移送了该案。

【训练目的】通过训练，学生学会分析袭警的原因及防控。

【训练提示】从如何提高民警自身防范意识和防范能力进行分析。

训练案例6

2007年2月9日16时5分，某监狱罪犯邓某（盗窃罪，原判无期徒刑，1997年1月8日入监，刑期至2013年9月13日止）在车间劳动时，从第三生产组劳动岗位上拿起生产用的剪刀（铁制，长约18厘米，尖长约8厘米），趁车间出货铁门敞开之机，窜出车间隔离栏冲到民警执勤岗位。正在审阅材料的副监区长感觉有人过来，抬头看到已冲到台前的罪犯邓某，喝道："邓某，你干什么?"邓某便右手举起剪刀向监区长胸前猛扎过去，监区长见状急忙向后避退，同时一脚踢中邓某手臂。罪犯邓某仍不罢休，再次挥动手中剪刀猛扎，监区长在避退中被木凳绊倒在地。邓某企图再次冲上前时，另一名执勤民警转身发现后立即上前制止（该民警正在背对铁门倒开水），邓某又挥舞剪刀扎向其胸前，该民警用左手推挡，被剪刀刺中左臂上端，造成左臂长3厘米、宽0.8厘米、深4厘米的锐器伤。邓某后来被监区其他民警及罪犯制服。

随后，监区马上报告给狱政科、侦查科、总值班室。相关科室和监狱领导对这一事件及时作出反应，对现场进行控制和侦查，将受伤民警送医院治疗。

经调查，邓某因在服刑期间不服从民警教育、顶撞民警被副监区长2次扣分而怀恨在心。因此，当他发现副监区长坐在执勤台前时，便用剪刀扎过去以发泄怨气。

【训练目的】通过训练，学生应掌握劳动现场袭警案件的预防措施。

【训练提示】从清监、危险犯防控、警犯矛盾分析等方面对存在的隐患漏洞、产生原因及整改措施进行分析。

训练任务15　狱内故意杀人和伤害案件的预防

一、认识狱内故意杀人和伤害案件

狱内故意杀人案件是由狱内在押罪犯出于抗拒改造、报复、脱逃等动机，故意非法剥夺他人生命而构成的一种案件。狱内故意杀人案件起因于罪犯间发生了不可调和的严重冲突，为解决冲突报复杀人或在激情状态下杀人；从事杀人行为的凶犯，多为刑期长、年纪轻，原来属于暴力犯罪类型的罪犯；案件痕迹物证比较多；罪犯作案能力水平低，多利用一般凶器或劳动工具杀人；作案后有反常举动等特点。

狱内伤害案件是指狱内罪犯故意损害他人身体健康，触犯刑法的案件。狱内伤害案件具有频发性，常因琐事争吵、打斗而演化为伤害行为；伤害多为轻伤害；多为激情和义气伤害，常因受到批评或挫折迁怒于他人；因果关系明显，易于侦破；被害人很少主动报案等特点。

二、狱内故意杀人和伤害案件的预防

1. 排查可能实施暴力行为的罪犯。狱内的暴力案件的防范，重点和难点在于对可能实施暴力行为的罪犯的排查。排查一般从作案动机的角度入手，即重在排查导致罪犯采取暴力行为的内心起因。罪犯采取暴力行为，除了为逃跑创造条件外，多为报复、泄愤。罪犯报复、泄愤心理的形成，往往是产生于与他人发生矛盾、纠纷、摩擦之后。所以，监狱民警在排查中应当能够及时发现罪犯之间的矛盾、纠纷、摩擦，了解事情产生的原因、发生的过程和结果，特别是掌握罪犯对管理人员处理此事的反应，从中分析罪犯有无可能产生报复、泄愤的心理，有无可能采取暴力行为。

2. 及时化解纠纷，稳定罪犯情绪。狱内的矛盾、纠纷、摩擦往往是诱发暴力案件的导火索。对于狱内发生的罪犯之间的纠纷、摩擦，监狱民警要及时化解矛盾，查清事情的起因、过程和后果，实事求是、公正地处理，如果罪犯对于处理结果不服，应当允许他辩解，民警要做耐心的说服教育工作，使罪犯对处理结果口服心服，心里不留“疙瘩”。通过狱内纠纷及时、公正的化解，避免罪犯产生报复、泄愤的心理，从而减少暴力案件的发生。

3. 实施人身和工具控制。对于排查的可能采取暴力行为的罪犯和暴力倾向已经非常明显的罪犯，监狱要对其进行人身控制，可根据具体情况，采取加戴戒具、关押禁闭等控制措施。加强三大场所物品的固定，尽可能不让罪犯在准备袭击时找到可用的工具，同时对于那些可能被罪犯用作作案工具的非固定物品，要专人负责保管，严加控制。

4. 加强现场监控，强化直接管理。对重点控制罪犯监舍特别是危险罪犯监舍、监舍走廊和放风地域、罪犯餐厅和活动场所、监狱围墙及其周边环境、罪犯劳动场所、监狱审讯室、监狱武器库、指挥室等重点部位的监控要严密、到位；在罪犯三大场所尤其是劳动场所的管理中，一定要落实民警直接管理，严禁脱管或利用罪犯小组长进行管理等。

训练案例

训练案例7

罪犯廖某（1966年3月出生，汉族）因犯抢劫、故意杀人罪，被判处无期徒刑。入监后，该犯改造表现较差。廖某在生活中与另一新入监罪犯陈某产生了矛盾，为报复陈某，其于2000年8月29日中午，趁陈某在一楼七监区大厅睡觉，其他人不注意时，跑到大厅水房处拿了一块圆铁块（重约10公斤），悄悄走到陈某睡觉处，举起铁块就向其头部砸了两下，然后马上跑到大门口处喊民警。因事发突然，当时的值班民警发现后，陈某被及时送到监狱医院抢救，但伤势过重，又马上转送某医院进行抢救。当天下午3时10分，陈某因伤势过重抢救无效死亡。

案件发生后，监区立即向值班监狱领导、分管管教的监狱领导、狱政科、侦查科报告；在把该犯送某医院抢救的过程中，通知陈某家属尽快来监；同时保护现场，控制监区罪犯并做好教育稳定工作；将廖某带离现场，予以戴铐、上镣，随后将其送禁闭室隔离，实行24小时监控（直至法院对其判决死刑，交付执行）。

监狱立即报告省局、驻监检察室。值班监狱领导、分管管教的监狱领导马上赶到现场指挥，狱政科、侦查科、驻监检察人员立即赶到现场进行拍照、取证、调查和组织监区民警警戒，省局狱政处随即又派人前来调查。

监狱马上对此事故予以立案，并向省局上报立案报告。狱政科、侦查科、当事监区组成专案组，随即展开对廖某的提审，询问有关人员包括值班民警、在场罪犯等，第二天与当地市、区人民检察院一起对陈某尸体进行法医解剖、死因鉴定。

监狱在侦查终结后及时结案并起草起诉意见书，连同卷宗移交区人民检察院。由市人民检察院向市中级人民法院提起公诉。

市中级人民法院经审理后，一审作出刑事附带民事赔偿判决，判决廖某死刑。廖某不服，提出上诉，省高级人民法院二审维持原判。后市中级人民法院到监狱对廖某验明正身，将其提走，执行了死刑。

【分析点评】事故发生后，该监狱按照《监狱法》及其他法律的规定对廖某故意杀人一案进行了侦查、审讯、结案及起诉，整个过程置于驻监检察室的监督之下。对陈某家属做了认真、耐心的解释、引导、安抚工作，稳定其激动情绪，并对陈某家属予以一定金额的食宿、交通和困难补助，妥善处理了这起故意杀人案件。

此案也暴露出该监狱在安全工作中存在的隐患漏洞：

1. 对新入监罪犯的危险性认识不足，放松了对新投犯的严格管理，对入监监区各项管理制度的检查、督促及落实不到位，对省局及监狱的有关规定贯彻不力。

2. 对重点物品的管理不到位。罪犯用来行凶的凶器是一块很大的铁饼（直径大约20厘米，厚度6厘米，重约10公斤），铁饼放在新犯保管室（水房），监区没有把这块铁饼列为重点物品管理，而且清查不彻底，从而被罪犯作为凶器。

3. 民警直接管理不到位。水房钥匙由值班罪犯掌管，没有落实民警直接管理的规定；值班民警对大厅的巡查不力，出现了管理上的漏洞。

4. 对新入监罪犯的管理不到位。监舍容量小，住宿环境差，随着新入监罪犯的不断增多，活动范围缩小，碰撞增多，产生矛盾就多。

5. 对罪犯的思想摸查和教育不到位。在对新犯排查方面，没有认真对狱情和罪犯思想动态进行分析研究，导致对新投犯的思想动态掌握不具体、不细致，不能及时掌握情况。廖某和陈某产生矛盾已有几日，该监区民警虽也掌握了一些情况但没有引起足够的重视，未能及时采取对策化解罪犯的思想矛盾，从而导致了事故的发生。

训练案例8

罪犯刘某（男，1975年12月5日出生，1995年因犯盗窃罪、销售赃物罪被判处死刑缓期二年执行，同年10月30日被投入某监狱服刑）于2005年3月10日因在狱内参与私藏、倒卖手机被监狱隔离审查，3月17日，监狱对其作出集训70天的决定。送集训后，刘某常以身体弱为由，消极对抗训练。3月28日下午，刘某在进行体能训练时，擅自离开队列冲向民警值班岗位，随即被罗某、文某等值班罪犯按倒在地。由于刘某不断挣扎，罗某、文某在按倒刘某的过程中对其采用了脚踢等粗暴行为。3月29日，由于身体原因和对体能训练有抵触情绪，刘某不愿做规定的训练动作，引起罪犯罗某、文某的不满，遂对其进行多次殴打，还强迫刘某做动作强度大的上下蹲训练。3月31日上午11时集训结束后，刘某出现脸色发白、呼吸异常的症状，于当天中午12时18分送到监狱医院抢救，经抢救无效于13时25分死亡。某大学法医鉴定中心对刘某的尸体进行解剖检验，鉴定结论为：刘某符合钝性外力作用造成软组织广泛损伤，导致挤压综合征致急性肾功能衰竭而亡。

【训练目的】 通过训练，学生应掌握狱内故意杀人和伤害案件的预防措施。

【训练提示】 分析导致故意伤害致死案件的原因及应采取的预防措施。

训练案例9

罪犯陈某借口生病不出工，带班民警林某对罪犯小组长说："陈某连续2天装病不出工，该帮助帮助了。"罪犯小组长吴某、李某迅速跑到监舍，对陈某说："林警官叫我们来帮助你，平时我们说你，你还顶嘴。"随即二犯对陈某一顿猛打，后送医院抢救无效，陈某死亡。

【训练目的】 通过训练，学生应掌握狱内杀人和伤害案件的预防措施。

【训练提示】 对这起死亡事故，民警林某是否要承担责任？为什么？

训练任务16 狱内其他案件的预防

狱内常见其他案件包括：破坏监狱设施案件、放火案件、投毒案件、爆炸案件等。

一、破坏监狱设施案件

（一）认识破坏监狱设施案件

破坏监狱设施案件，是指在押罪犯故意破坏或毁坏监狱的监管、改造、生活、生产等设施，造成严重后果的案件。破坏监狱设施案件，破坏者往往是对民警心怀仇恨，实施报复，或者由于与其他罪犯有矛盾，通过破坏达到伤害其他罪犯发泄仇恨的目的；罪犯事先多有准备，为了达到其破坏监狱设施从而破坏生产、改造、监管和生活秩序的目的，事先都做了充分的准备，对犯罪目标、犯罪手段、方法、作案的时间、地点，以及如何逃避打击、反侦查、反讯问等都作了思想上和行为上的准备；侵犯目标和破坏手段多样；案件现场易遭破坏，变动较大，案件性质不易确定等特点。

（二）破坏监狱设施案件的预防

1. 关键要害设施须由民警或工人直接管理操作，在由罪犯操作时，必须在民警的监督监控下进行。

2. 强化生产现场管理，严禁值班民警脱岗或从事与工作无关的事务。

3. 对关键设施和危险性大的设备要定期或不定期地进行安全检查，如发现有人为破坏的迹象要立即采取措施和追查原因；加强对危险物品（有毒物品、爆炸物品等）的控制，在使用中也要专人专用。

4. 严格执行司法部制定的罪犯生活和生产规范，并结合本监狱生产实际进行细化。

5. 对破坏案件和由此可能造成的生产事故，既要有防范措施，也要有应急预案，并进行必要的演练。比如防范停电事故，应有随时可以开动或自动切换的预备电源。

二、狱内投毒案件

（一）认识狱内投毒案件

狱内投毒案件，是狱内罪犯故意投放毒物而造成人员伤亡，危害监狱安全的犯罪案件。狱内投毒案件的特点：①投毒的动机，多数是为了泄恨报复、扰乱改造秩序；②投毒的方式，多数是在食堂等公用设施中实施，往往会导致人员大面积中毒；③投毒案件的因果关系比较清晰，排除误用和变质的原因外，投毒者事前一般会有言语或行为的流露；④毒物的来源有限，便于控制。

（二）狱内投毒案件的预防

1. 加强对有毒物品的管理。对存在有毒物品的场所要严加控制。要严格限制对医用剧毒药物、工业用剧毒药物和农用剧毒物的使用，清除狱内有毒草本植物。要加强对食堂、水源等重点部门的控制，堵塞漏洞，以防出现集体中毒情况。另外，要加强秘密力量，对有预谋的投毒犯罪活动做到早发现、早控制，对其又犯罪目标、手段、方法，选择作案的时间、地点，准备犯罪工具等情况要早了解，把狱内投毒案件消灭在预谋阶段。

2. 对狱内投毒案件应实行预案管理。监狱应有完备的应对突发事件的管理制度，对狱内投毒案件应有详尽的应急预案。预案管理应包括：监狱医院解毒和治疗药品的准备、医院值班制度、与本地区定点医院的联系、交通工具的安排、护送中毒者去医院途中的警力安排和警戒措施、在医院治疗过程中的监控措施等。要特别注意极少数罪犯利用中毒造成的混乱和假装中毒在被送外出及治疗的过程中伺机脱逃。

三、狱内放火案件

（一）认识狱内放火案件

狱内放火案件，是指在押罪犯为了达到一定的目的，故意放火烧毁狱内财物，危害监狱安全的案件。狱内放火案件具有犯罪多有预谋，犯罪手段多样，现场易遭破坏、变动较大，以及往往不单纯是破坏活动，要警惕罪犯利用狱内放火制造混乱，实施脱逃等特点。

（二）狱内放火案件的预防

1. 严格火种管理，罪犯不该带的东西不准带，不该去的地方不能去。

2. 强化和落实包夹制度，尽量减少在押罪犯单独活动的机会。

3. 加强对易燃易爆物品及相关材料的管理。

4. 在存放易燃易爆物品及相关材料的仓库和其他场所要有专人看守。

5. 对有预谋的放火犯罪活动做到早发现、早控制，把狱内放火案件消灭在预谋阶段。

6. 遵守易燃易爆物品管理的有关规定和消防管理规定。

7. 设置必要的安全区、安全距离和隔离带，在发生火灾时，使火灾的破坏程度和混乱程度限制在可以控制的范围内。

训练案例

训练案例 10

2008 年某月某日，某监狱某监区缝纫车间作业现场。重要控制罪犯王某的包控人李某（兼职耳目）系小哨，利用民警准备收工，向其询问工具回收情况的机会向民警报告，机工王某可能私藏明火及易燃品，伺机进行破坏活动。民警接到举报，一方面加紧对王某的监控，使其难以继续接触到其他任何物品，另一方面安排现场民警加强查验身，同时通知监区领导和防暴队员，要求对该犯所有物品、床铺进行搜查。

监舍及车间防暴队员会同监区民警对王某所有物品进行了仔细的地毯式搜查，终于在王某机位旁小木桌桌面下找到一个打火机，在王某储物柜棉衣内找到一个打火机，在王某床下有一灌满汽油的矿泉水瓶被找到。

归队后，王某被隔离审查。监区开展政策攻心及教育转化，在大量的事实和证据面前王某不得不承认其蓄谋已久进行破坏活动的企图。并承认由于从小生活环境及犯罪的原因，对社会及监狱一直存有敌视心理，要借机报复，这次被查获，愿意接受任何处罚，绝不再犯。自此，这起私藏易燃品，企图制造放火事件的案件被全部破获。

【分析点评】 这是一起成功破获罪犯预谋实施放火的案件。成功经验可以总结以下几点：①耳目物建成功，包夹控制得力、信息传递及时、方法得当；②民警采取措施及时，对王某控制严密；③对王某人身、生活场所及其物品检查仔细彻底，发现明火及易燃品，及时排除危险；④对王某的审查证据确凿，教育得当，致使王某对又犯罪预谋供认不讳，成功破获预谋案件。

训练案例 11

2005 年 2 月 13 日早晨 6 时许，某监狱二监区罪犯谢某，趁少数罪犯提前出工做工前备料，尾随溜进十一监区生产车间尾部，用打火机点燃机台下的服装生产材料。该车间内有大量易燃原材料，附近监房还住着 800 多名罪犯。

做备料的人员及时发现，不到一分钟，火就被扑灭，只烧毁了价值 91 元的少量成品和半成品。

案件调查得知：谢某请求调换大队，但又怕被人阻止，就放火烧监狱的车间。

【训练目的】通过训练，学生应掌握放火案件的预防措施。

【训练提示】从落实包夹制度、危险犯排查及易燃易爆物品及仓库的防控等方面存在的隐患漏洞、产生原因及整改措施进行分析。

训练案例12

2001年5月21日，南美洲的智利共和国传出一条消息：该国北部一所监狱发生特大火灾，导致28名罪犯葬身火海，150多名罪犯受伤。起火的原因各方说法不一。智利司法部部长说，这场火灾可能是因为电路故障而引起的。但监狱看守称起火原因是罪犯有意破坏监管秩序，发泄不满，在监狱中的一个走廊放火引起的。如果是罪犯放火，破坏监管秩序，你认为监狱应当如何防范与处置？

【训练目的】通过训练，学生应掌握破坏监管秩序案件的预防。

【训练提示】从破坏监管秩序的性质、影响、危害及防范措施等方面进行分析训练。

考核与评价

【考核内容】

1. 罪犯孙某、杨某、李某接触频繁，行动诡秘。孙某经常和脱逃过的罪犯赵某在一起。杨某外出劳动时，在囚服内套穿自带的便装。李某多次借故到工具室寻找胶皮手套。根据上述情况，你将作出何种判断，同时将采取什么措施？

2. 某监狱在狱内发现一包危险品，经分析认为可能是罪犯企图用来搞破坏、行凶报复或自杀的，其中行凶报复、自杀的可能性最大。据此，应采取什么措施预防案件的发生？

3. 某监狱罪犯李某因多次违反监规，不服管教，被禁闭处理，李某对此怀恨在心，伺机报复民警。作为监区民警，应当采取什么样的防范和控制措施，避免袭警案件的发生？

【考核评价】

1. 评价学生对罪犯脱逃案件正确分析判断能力及采取的防控措施是否准确到位。

2. 评价学生对行凶性危险分子的防控能力。

3. 评价学生作为监区民警应当具备的自我防范意识和自我防范能力。

拓展学习

组织学生到监狱实地调研狱内又犯罪案件，研究当前狱内又犯罪状况及发展趋势。

学习单元13　监狱突发事件应急处置

训练目标

● 通过训练，掌握监狱常见的几种突发事件应急响应程序和方法。

训练内容

● 罪犯脱逃事件，罪犯暴狱、哄监闹事事件，劫狱、围攻或冲击监狱事件，行凶杀人、劫持人质事件，罪犯自杀，重大传染病流行疫情，地震、风暴、洪水等自然灾害事件、监狱舆情危机中的媒体应对的应急响应程序和方法。

知识储备

监狱突发事件是指在监狱内突然发生的，扰乱或破坏监管秩序的具有一定规模，危害后果严重并需要紧急处置的各种灾害、事故及犯罪活动的总称。

和其他突发事件一样，监狱突发事件具有发生的突然性、后果的危害性、事态的扩张性和处置的紧迫性的特点。但在具体表现上又有新的内涵：①由于监狱关押对象的特殊性，监狱突发事件，尤其是监管安全类突发事件大多数由狱内罪犯经长期预谋、策划，然后伺机爆发，其发生的突然性与社会上突发事件相比有过之而无不及。②因监狱所处特殊的社会地位，加之制造突发事件罪犯报复性强烈、手段残暴，一旦爆发势必会给监狱这一特定范围，甚至社会造成难以估量的后果。③监狱关押对象比较消极，关押区域集中，一旦发生突发事件，一些罪犯会借机兴风作浪或趁火打劫。因此，监狱突发事件一旦监控处置不及时，就会使事态恶性蔓延，造成更大的和新的危害。④由于监狱工作性质的要求，对于各种突发性事件的处置迫在眉睫、刻不容缓，必须争分夺秒，力争将事态尽早尽快控制并迅速处理，以免造成更加严重的后果。

根据监狱突发公共事件的发生过程、性质和机理，可将监狱突发事件分为监管安全突发事件、监狱生产安全突发事件、监狱公共卫生突发事件和监狱因自然灾害导致的突发事件。监管安全事件主要包括：罪犯暴狱、罪犯脱逃、罪犯自杀、罪犯斗殴、罪犯闹监骚乱和社会上不法分子或犯罪分子煽动群众围攻、冲击监狱；监狱生产安全事件：如监狱生产现场伤亡事故、火灾事故等；监狱公共卫生事件：如监狱罪犯食物中毒、传染病大面积流行等；监狱自然灾害事件：如风灾、水灾、泥石流、地震等自然灾害引发监狱内突发事件。

一、监狱突发事件处置应急体系

监狱突发事件处置的应急体系由组织体系、运作机制、法制基础和应急保障系统四部分构成。

监狱突发事件应急组织体是指监狱突发事件处置中领导、指挥群体以及处置力量的组成结构的状况。监狱应急处置的管理机构是指统筹协调和指挥处置对监狱安全造成重大影响的突发安全事件，研究制定监狱应对突发安全事件的重大决策，制定总体应急预案等重大应急规划，总结分析监狱突发事件应对工作的组织实施。在监狱突发事件应急处置实践中，由监狱的相关科室民警和驻监武警构成监狱应急响应力量，执行疏散、警戒、宣传、抓捕、解救等不同的应急行动。监狱应急指挥中心是指监狱系统为及时有效指挥而建立的功能齐备、网络健全、平战转换的突发事件应急指挥平台，在应急管理机构的协调和指挥下，负责处置严重和特别严重突发事件。现场指挥部，有时也称前线指挥部，是应急处置的实战部门。监狱突发事件应急现场指挥官一般由监狱（监区）正职领导担任，负责全面行使现场指挥权，如对总指挥行动决策的执行，应急人员的安排，与上级保持联络等。行动部门负责事件现场的战术行动，并保证所有的应急战术行动按照行动计划来完成。策划部门主要负责有关应急信息的收集、评价、发布和使用，对应急现场资源的使用和需求进行分析以及准备现场行动计划。实践中，行动部门负责人由监狱突发事件现场指挥部副指挥长和成员担任，下设警戒组、现场取证组、宣传报道组、行动突击组和机动组。后勤部门主要负责提供设施、服务和物资，并向现场指挥官报告。实践中，后勤部门负责人由一名监狱突发事件现场指挥部副指挥长担任。下设交通通讯组、医疗装备组。财政、行政部主要负责跟踪、评估事件处置费用、资金事项。所有部门负责人最终对应急总指挥部负责。

我国监狱法律体系中虽然没有专门针对监狱突发事件处置的法律法规，但在监狱部门法中有相关的规定，如《监狱法》第42条规定，监狱发现在押罪犯脱逃，应当即时将其抓获，不能即时抓获的，应当立即通知公安机关，由公安机关负责追捕，监狱密切配合。另外还有监狱警戒、警械具武器使用的条款同样适用于监狱突发事件处置。目前我国应急法律体系已初步形成，其中针对社会公共突发事件应急处置的法律法规，对监狱突发事件处置具有指导和监督意义，如《突发事件应对法》。同时，监狱突发事件的成功处置离不开财力、医疗、交通、通讯、科技等资源的应急保障。

监狱突发事件分级响应机制是指根据突发事件造成的人员伤亡、财产损失或者可能造成的社会影响程度，监狱突发事件一般分为特大突发事件（Ⅰ级响应）、重大突发事件（Ⅱ级响应）、较大突发事件（Ⅲ级响应）和一般性突发事件（Ⅳ

级响应）。

1. 特大突发事件（Ⅰ级）。特大突发事件指对监管安全产生严重危害，造成恶劣社会影响的事件；需要由省人民政府和司法部、武警总部应急总指挥部启动响应的事件。针对特大突发事件，监狱要启动Ⅰ级响应程序。

2. 重大突发事件（Ⅱ级）。重大突发事件指对监管安全产生重大危害，造成较大社会影响的事件；需要由省司法厅、武警省总队和省监狱管理局应急指挥部启动响应的事件。针对重大突发事件，监狱要启动Ⅱ级响应程序。

3. 较大突发事件（Ⅲ级）。较大突发事件指对监管安全产生较大危害，造成一定社会影响的事件；需要由监狱、驻监武警部队应急指挥部启动响应的事件。针对较大突发事件，监狱要启动Ⅲ级响应程序。

4. 一般性突发事件（Ⅳ级）。一般性突发事件主要包括监狱一般案件，对监管安全产生一般危害，造成较小影响的事件。一般由监狱或监区（分监区）直接指挥处置。针对一般性突发事件，监狱要启动Ⅳ级响应程序。

监狱发生突发事件后，监狱应争取在第一时间内作出反应，值班监狱长应在最短时间内赶到现场，组织力量对事件的性质、类别、危险程度、影响范围等进行评估，应急指挥机构应立即开始运作，先期处置，控制事态发展，同时立即向上级报告。

二、监狱突发事件应急预案

监狱突发事件应急预案，又称监狱突发事件应急计划，是针对监狱可能发生的突发事件，为保证迅速、有序、有效地开展应急与救援行动、减少伤亡、降低损失而预先制定的有关计划或方案。按预案适用范围和功能，可分为综合预案、专项预案和现场预案。基层民警应掌握现场预案。

现场预案，也称现场处置方案，是在专项预案的基础上，根据具体情况而编制的针对特定场所，通常是风险较大或重要防护区域等所制定的预案。例如，监狱安全生产事故专项预案下，编制的生产过程中的某作业区的应急预案等。现场预案具有更强的针对性和对现场具体救援活动更具体的操作性。

（一）应急预案的框架及内容

1. 总则。说明编制预案的目的、工作原则、编制依据和适用范围等内容。

2. 组织指挥体系及职责。明确各组织机构的职责、权利和义务。以突发事件应急响应全过程为主线，明确事件发生、报警、响应、结束、善后处理等环节的主管部门与协作部门；以应急准备及保障机构为支线，明确各参与部门的职责等内容。

3. 预警和预防机制。包括信息监测与报告，预警预防行动，预警支持系统和预警级别及发布（建议分为四级预警）等内容。

4. 应急响应。包括分级响应程序（原则上按一般、较大、重大、特别重大四级启动程序），信息共享和处理，指挥和协调，紧急处置，应急人员的安全防护，群众的安全防护，社会力量动员与参与，事件调查分析、检测与后果评估，新闻报道，应急结束等11个要素。

5. 后期处置。包括善后处置、社会救助、保险、事故调查报告和经验教训总结及改进建议等内容。

6. 保障措施。包括通讯与信息保障，应急支援与装备保障，技术储备与保障，宣传、培训、演习和监督检查等内容。

7. 附则。包括有关术语、定义，预案管理与更新，国际沟通与协作，奖励与责任，制定与解释部门，预案实施或生效时间等内容。

8. 附录。包括相关的应急预案处置。

（二）应急预案的编制

监狱突发事件应急预案的编制过程可分为以下五个步骤：①成立预案编制小组，②危险分析和应急能力评估，③编制应急预案，④应急预案的评审，⑤发布以及应急预案的实施。

（三）应急预案的演练

应急培训和演习是在加强基础、突出重点、边练边战、逐步提高的原则指导下，旨在锻炼和提高队伍在突发事故情况下的快速反应，及时排除危险，营救伤员，正确指导和帮助相关人员防护或撤离，开展现场急救和伤员转送等应急救援技能和应急反应综合素质，以便有效降低危害，减少损失。

应急培训的范围应包括：政府主管部门的培训，社区居民的培训，民警的培训，专业应急救援队伍（应急防暴队）的培训。

应急演习的基本步骤包括：

1. 演习准备阶段。主要内容包括：成立演习策划小组，确定演习日期，确定演习任务与范围，编写演习方案，情景设计，确定演习现场规则，确定应急演习的目标。

2. 演习实施阶段。应急演习实施阶段是指从宣布初始事件起到演习结束的整个过程。演习过程中参演应急组织和人员应尽可能按实际紧急事件发生时的响应要求进行演示，由参演应急组织和人员根据自己的理解，拿出最佳解决办法，对情景事件作出响应行动。策划小组或演习活动负责人的作用主要是宣布演习开始和结束，以及解决演习过程中的矛盾，并向演习人员传递消息，提醒演习人员采取必要行动以正确展示演习目标，终止演习人员不安全的行为。

3. 演习总结阶段。应急演习结束后应对演习的效果做出评价，并提交演练报告，详细说明演练过程中发现的问题，包括不足项、整改项和改进项。演习总结可以通过访谈、汇报、协商、自我评价、公开会议和通报等形式完成。

三、监狱突发事件应急响应的基本程序

1. 报警。监狱发生突发事件，事发现场民警应立即报告监狱应急指挥中心，指挥中心人员应立即报告当天值班监狱领导。遇到以下情形之一时须迅速报警：①罪犯发生打架斗殴或人身安全可能发生危险的；②发生突发事件，无法处置可能造成事故的；③发生罪犯闹事、逃跑等紧急危险的；④发生打群架或以劫持人质相威胁的；⑤罪犯袭击民警或民警自身安全可能发生危险的；⑥其他需要报警，请求指挥中心紧急支援的。

2. 报告与先期处置。值班监狱领导接到报警，能自行处置的，可先行处置；不能自行处置的，按规定向上级报告，同时，进行必要的先期处置和现场控制，并启动相应的应急预案。必须严格落实请示报告制度，只有在危机发生的第一时间做到请示报告，才能保证信息畅通和指挥顺畅，也为正确处理突发事件争取最宝贵的时间。

3. 启动预案。根据不同突发事件应急预案进行处置。政治事件、涉外事件由省监狱管理局直接指挥处置。

4. 集结警（兵）力。指挥中心根据警情的性质、事态规模、紧急程度，第一时间集结足够警（兵）力进行处置，由值班首长布置任务。

5. 封控现场。突发事件的发生必然引起恐慌甚至骚乱，特别是在人员高度密集、精神高度紧张的监狱，稍不留意就会一波未平一波又起，出现忙于应付的局面，甚至引起其他安全事件。因此警力到达现场后，首先要封锁现场和控制事态发展。

6. 应急处置结束。终止应急处置行动，宣布应急结束。

7. 提交处理报告。应急处置结束后，监狱应当向上级机关提交突发事件处理报告。

8. 新闻发布。需公开对外报道的监狱突发事件，应经上级主管部门审核。按照及时主动、准确把握、正确引导、讲究方式、注重效果、遵守纪律、严格把关的原则，根据有关规定，建立监狱突发事件新闻发布制度，组织、规范新闻媒体采访报道工作。

9. 后期处置。对监狱突发事件进行调查处理。应急结束以后，监狱应积极采取措施，在尽可能短的时间内，努力消除突发事件带来的不良影响，做好善后工作。监狱突发事件后期处置工作包括：现场清理、伤亡赔偿、原因调查和奖惩及责任追究。

训练任务

监狱突发事件应急处置训练，主要是针对罪犯脱逃事件，罪犯暴狱、哄监闹事事件，劫狱、围攻或冲击监狱事件，行凶杀人、劫持人质事件，罪犯自杀事件，重大传染病流行疫情，地震、风暴、洪水等自然灾害事件、监狱舆情危机中的媒体应对等突发事件的应急响应与处置训练。

训练任务17 罪犯脱逃事件应急处置

一、认识罪犯脱逃事件

罪犯脱逃是一种古老的监狱现象。自从监狱诞生之日起，便有了罪犯脱逃。随着时代的发展，当前罪犯脱逃又出现新的特点和规律。首先，作为一种狱内犯罪形态，脱逃犯罪预谋性强，罪犯为翻越监墙，逃避监管，绞尽脑汁设计脱逃方案，精心准备脱逃工具，往往抓住监管疏忽和漏洞，伺机逃跑。其次，脱逃方式、手段和场合的多样化、复杂化。罪犯通过翻越监墙、私挖地道、冲击监门、混出监门等多种手段，以趁人不备、暴力袭警、集体越狱和内外接应等多种方式脱逃。脱逃的场合也呈现多样性，如在劳动区趁机逃跑，在休息时逃跑，利用出监看病或进出监门的机会脱逃。最后，脱逃动机多样性。罪犯脱逃一是因为罪犯原来放荡不羁的生活习惯与严格的监管发生冲突。二是部分罪犯怀有强烈的抵触报复心理。如对判决结果的不服气，对受害人及其家属怀有仇恨心理。三是消极的意志品质。另外也有部分罪犯因对家庭纠纷发生的纠葛以及对亲人的思念而产生脱逃动机。总之，罪犯脱逃事件是一种危害极大，影响深远的恶性事件。

二、罪犯脱逃事件的应急处置

根据我国《监狱法》的相关规定，监狱发现在押罪犯脱逃，应当及时将其抓获。而从程序来看，罪犯脱逃后要及时开展紧急报案、启动预案、实施抓捕等应急响应程序。作为基层监狱民警，要依据监狱既定的脱逃应急预案和相关法律和制度，参与脱逃事件处置的应急行动。具体流程如下：

（一）报警及启动预案

发现罪犯脱逃时，现场民警应迅速报告监控指挥中心，监控指挥中心应立即报告监狱应急总指挥部。

监狱领导（应急总指挥部）接到报告后，应迅速进行危机预测和危机评估，对事件危机程度和危机性质发布不同等级的警报。监狱领导应立即下达指令，启动相应应急预案，并迅速向驻监武警和上级应急指挥部报告。

（二）先期处置

现场民警迅速对监区封门、封号，清点人数，并报告监控指挥中心；封闭出收工通道；各场所罪犯立即停止作业，原地集结；各应急分队迅速到指定地点集合。

（三）应急行动

监狱各职能部门和人员在接到行动指令后，按照相应级别应急预案采取应急处置行动。

秩序维护组迅速赶赴现场，监控现场其他罪犯，稳定情绪，防止意外发生。

信息搜集组接到报警后，应及时赶到事发地点，采取措施，保护现场，听取事发单位案情汇报，并迅速调取脱逃罪犯的个人详细信息。最后将以上信息及时上报指挥部。

制定追捕方案。监狱应急指挥部应协调狱政、侦查、教育、生活及案发单位等部门，综合各类信息，分析案件，判断罪犯逃跑动机、目的、可能的逃向等，制定追捕方案。

向上级部门报告。掌握基本信息后，监狱应立即填写《罪犯脱逃登记表》，将下列情况报告省监狱管理局：罪犯基本情况；逃跑时间、方式、手段；家庭住址和主要社会关系；实施追捕的方案和措施；罪犯影像资料；罪犯逃跑的其他相关情况。

扩大应急。监狱应急指挥部根据罪犯脱逃人数、案件性质可请求省局协调有关监狱配合抓捕，并请求武警部队支援。

紧急行动。①堵截。监狱根据罪犯脱逃人数、脱逃时间、可能逃向，确定设卡堵截的距离、范围和部位。设卡应选取由远及近，层层堵截的方式，设卡重点是：村口、路口、交通岔口；市区交通路口；省际高速公路出入口；其他需要重点设卡的部位。设卡堵截主要任务是盘查车辆，对乘车或驾车逃窜的罪犯进行拦截。设卡堵截时限一般为 3 ~7 日，基本确认罪犯外逃后，可下令撤岗。②搜索。罪犯脱逃时间较短的，应迅速在监狱周围形成合围，围堵罪犯。合围时应由外向内，对监狱周围区域内的山地、村庄进行地毯式拉网搜索，防止罪犯利用地形掩护进行藏匿、伺机逃窜或作案。③伏击。指挥部在分析相关信息的基础上，对罪犯可能逃窜藏匿的地方进行蹲点守候，重点是：火车站、汽车站、码头、机场；罪犯捕前住所或经常活动的场所；亲戚、朋友、同案犯住所；建筑工地、施工场所、工矿企业；劳务市场；罪犯可能逃窜或藏匿的其他地方。蹲点守候时，民警应告知罪犯亲戚、朋友或其他相关人员积极配合监狱机关的义务和故意隐藏罪犯或作伪证承担的法律责任。监狱在蹲点守候的同时，应依法对罪犯亲戚、朋友的电话进行重点控制，获取有价值的线索。④通缉。罪犯脱逃后，监狱应立即通过公安机关发出通缉令，并进行网上通缉追逃。监狱应充分利用社会力量全力追捕，向车站、码头、机场、电台、宾馆、饭店、工矿企业、社区发出协查通报，收集有价值的情报线索。监狱对提供有价值线索的单位和个人应当给予奖励；对有功人员应当给予重赏。⑤抓捕。监狱发现罪犯确切藏身线索后，应立即制定抓捕方案，实施抓捕行动。抓捕行动应秘密进行，并请求当地公安机关或武警部队密切配合。

（四）后期处置

罪犯脱逃被及时抓获的，应填写《罪犯脱逃捕回报告表》，并及时报告省监狱管理局。

罪犯脱逃后未能及时抓获的，监狱应立即通知监狱所在地公安机关，由狱内侦查科配合公安机关侦破、追捕。未能及时抓获罪犯的，监狱应经常通过各种途径收集、获取罪犯脱逃后的线索，每年定期或不定期到罪犯居住地实施搜捕，重大节假日应当进行重点监控和搜捕。

训练案例

训练案例 13

某年3月25日11时3分，某监狱周围突然响起警报，原来罪犯进行队列训练完毕后，在收操途中，走在最后的罪犯段某趁民警不注意时悄悄溜到大门口，当时清理卫生的车辆刚刚通过，监狱的大门敞开着。此时，正在监狱墙上执勤的武警哨兵刘某及时发现了段某，他立即拉响警报。听到报警后，监狱随即启动应急预案。监狱领导和驻监武警中队指导员带领民警和战士迅速赶赴现场。民警和官兵们分成三路，一路追赶逃犯，一路冲到监狱大门口防止其他罪犯趁机冲监，一路迅速到狱墙上加强警戒。罪犯段某在冲出监门大约50米后，被战士肖某和宋某追上并制服。

【分析点评】 这是一起成功处置混出监门脱逃事件的案例。本案例应急响应程序较为完整，成功处置得益于应急组织得力，应急行动有效，监狱与驻监武警协调一致，体现了突发事件处置快速有效、协调一致的处置原则，同时也反映出带队民警警惕性不高，管理疏忽的问题，监狱基层民警应从本案例举一反三，吸取教训。

训练案例 14

2014年3月28日晚8时许，某监狱第八监区和第十监区的死缓罪犯李某、洪某经长期的预谋，于当天下午趁监狱举行春季罪犯运动会管理松懈之机，混出各自监舍大门，进入育新学校。晚8时许，二犯利用巡逻武警换岗的机会，用自制的木板从狱内的育新学校三楼窗户搭上近3米外、5米多高的监狱围墙（围墙上靠狱内一面架有上万伏的电网），越出监狱，乘坐早已提前等候在监狱围墙外的汽车，扬长而去。

二犯脱逃后，监狱全力组织追捕，并发现死缓罪犯李某是“假罪犯”（所用名是假名，真名叫陈某），该犯与黑社会犯罪有牵连。后来，该监所在省公安厅成立专案小组，公安厅长亲任组长，集中多个市公安局的优势兵力，省监狱管理局也组织了三个监狱的追捕小组，经过2000多人次的警力，花费150多万元资金，采取多种手段，历经千辛万苦，分别于2015年3月13日和7月5日，终于将二犯抓获归案。

【训练目的】通过训练，学生应掌握罪犯脱逃防范要领及应急处置机制。

【训练提示】从该案例中二犯脱逃的动机、时机以及工具准备等方面分析基层民警日常监管工作失误，并从公安部门参与追捕分析脱逃事件应急处置的机制。

训练案例15

2008年4月17日下午6时5分，某监狱一生产车间在值班民警交接班点名时，民警发现该车间罪犯汪某失踪。据在场其他罪犯反映，该犯在约40分钟前去领料室领料后一直未归。民警在查看领料室后发现该犯并没有来此室。进一步搜索后，在车间外一废弃围墙内发现罪犯的囚服、攀爬用的绳索。20分钟后，有群众报警称在监墙外草丛中发现一伤员。指挥部迅速派人赶赴现场，发现此人正是脱逃罪犯汪某，遂一举擒获。

【训练目的】通过训练，学生应掌握脱逃事件处置流程和方法。

【训练提示】通过模拟演练，学生能组织实施罪犯脱逃事件（Ⅳ级）应急处置。

训练任务18　罪犯暴狱、哄监闹事事件应急处置

一、认识罪犯暴狱、哄监闹事事件

暴狱、哄监闹事，是罪犯企图摆脱被羁押管制的狱内生活，采取暴力或其他手段，有组织、有计划地对抗监管改造的突发事件，是一种性质恶劣、后果极其严重的狱内再犯罪行为。监狱暴狱事件发生前，罪犯一般要经过较长时间的密谋

策划，准备凶器、窥测地形，探查监管干部和哨兵的活动规律，同时勾结串联，相互遮掩，尽量隐蔽暴狱征兆，一旦时机成熟突然实施暴狱。同时，暴狱、哄监闹事事件具有纠合性。一般在暴狱策划者周密计划下，秘密笼络骨干，纠集同党，以改善监狱生活条件、减轻劳动强度等罪犯普遍关心的问题蛊惑人心，煽动其他罪犯参与暴狱事件，与监管民警正面对抗。此外，暴狱、哄监闹事事件中罪犯实施手段凶残，为所欲为。他们一般采取自取自制、盗窃、抢劫等方式获取凶（武）器，肆意进行打、砸、抢、烧、杀活动。

二、罪犯暴狱、哄监闹事事件应急处置

1. 报警及启动预案。当发现罪犯有暴狱或哄监闹事时，现场民警应立即向监狱应急指挥中心报警，由监狱应急指挥中心向监狱应急总指挥部报告。

监狱领导（应急总指挥部）接到报告后，应迅速进行危机预测和危机评估，对事件危机程度和危机性质发布不同等级的警报，并启动相应级别应急预案。

2. 先期处置。现场民警在未接到总指挥部指令前，应立即关闭监狱大门，封锁各出入通道。对出事区域先行控制，观察事态。作业区民警应立即收工，清点人数，并布置警戒。

3. 应急行动。监狱各职能部门和人员在接到行动指令后，按照相应级别的应急预案采取应急处置行动。

（1）应急分队队员应迅速赶往集结地集合待命。

（2）政治攻势组展开工作，实施政策攻心，争取多数、孤立首恶。

（3）应急分队利用防暴器材强行进入事发现场，就近占领有利地形，保护要害部位，打击首犯，平息暴乱，控制局势。

（4）后勤保障联络组要保证通讯畅通，交通工具和武器、药品、医疗器材等装备进入临战状态。

（5）警戒秩序组迅速组织力量做好监区外围各道路出口的安全警戒工作。

（6）全体民警在事件平息后，迅速入监，加强对闹事罪犯的控制，组织力量做好清监工作，稳定监管秩序。

训练案例

训练案例 16

一日凌晨，某监狱4名重刑犯，预谋集体暴狱。在打伤监舍罪犯组长王某，并把其他熟睡中的罪犯捆作一团后，开始撬砖打洞，准备“行动”。值班民警巡查时，发现了4人暴狱的举动，立即拉响警报，瞬间，尖厉的哨声划破了监狱，监狱随即启动暴狱应急预案，全副武装的反暴队员包围了该监舍。

然而，这伙暴徒立刻煽动其他囚徒参与暴狱，事态急剧恶化。在监狱领导喊话不奏效的情况下，监狱反暴队一支“10人突击队”飞身冲进监舍，制服了暴徒，无路可逃的死囚又企图畏罪自杀，将刀片吞进嘴里，被反暴队员们迅速抢救过来。

【分析点评】这是一起成功处置监狱暴狱事件的案例。该事件遵循了狱内恶性事件“控制—劝降—武攻”的应急处置流程，监狱应急预案启动及时有效。

训练案例17

某监狱处置罪犯暴狱事件实战演习纪实。

“铃——”

2012年12月29日上午10时，某监狱监狱长办公桌上铃声大作。监狱长刚刚拿起话筒，一个急促的声音传出：“报告，我是二监区。我监区劳动现场有23名罪犯手持劳动工具暴狱……”听到报告，监狱长迅速向监狱总值班室下达命令：“我监二监区发生暴狱事件。全监进入一级戒备！”立时，监狱警报拉响，一场监狱“平暴”战斗开始了。

监狱封闭了各要害通道，禁止外来车辆进入；各监区封闭罪犯劳动和生活现场。不到5分钟，监狱应急指挥中心成员按照监狱长指令要求，组织调集武警、防暴队赶到事发现场。百余警力将现场团团包围，2名狙击手控制了临近的制高点。

现场看到，暴动地点是一个封闭小院，东靠监狱大墙，中隔百余米洼地。这时，已经有2名“罪犯”爬上院里屋顶，其他暴狱的“罪犯”聚集在院门叫喊：“给我们准备好车辆！放我们出监狱！”暴狱的“罪犯”还将1名罪犯作为人质，并扬言，1小时内不满足要求就杀死人质，放火烧毁车间。

监狱民警对“罪犯”进行政策攻心，这些人却不听劝阻。为控制事态，总指挥果断命令：“按一号方案行动！”“砰——”狙击手鸣枪示警后，伺机“击伤”劫持人质的2名“罪犯”。与此同时，监狱防暴民警和武警突击队员向院内投掷烟幕弹，紧跟着冲入院内抢出被劫持人质，制服暴狱“罪犯”，大多数“罪犯”举手就擒，可仍有5个“罪犯”负隅顽抗，几名武警和防暴狱警与他们展开格斗，三下五除二便将其拿下。看到一个个“罪犯”被戴上了手铐，人们刚要舒口气，就听二监区民警报告，经清点人数，少3个“罪犯”。这下大墙里的警犬派上了用场。在驯犬员的引导下，没出几分钟，3个藏匿的“罪犯”就被发现并抓获。

从案发到成功“平暴”，前后只用了半个小时。当总指挥宣布“警备解除，监狱秩序恢复正常”时，现场响起热烈的掌声。一场“处置罪犯暴狱事件实战演习”结束了。

【训练目的】通过训练，学生应掌握罪犯暴狱事件应急处置机制。

【训练提示】上述暴狱事件演习有哪些成功之处？如果从完善的角度出发，你认为本次演习有哪些地方需要改进？

训练案例18

罪犯黄某借口监区民警工作方法不妥，组织多名罪犯哄监闹事，辱骂民警，甚至拆散床铺，堵住监舍大门，手持木棍、砖块抵抗，并扬言：“谁要再靠近就打死谁。”在这种情况下，应如何迅速平息事态？

【训练目的】通过训练，学生应掌握罪犯哄监闹事应急处置机制。

【训练提示】从哄监闹事处置流程和方法进行分析训练。

训练任务19 劫狱、围攻或冲击监狱事件应急处置

一、认识劫狱、围攻或冲击监狱事件

劫狱、围攻或冲击监狱事件是监狱外部人员使用暴力或其他手段突然攻击看押目标、监狱民警和武警执勤人员或劫夺罪犯、抢夺财产的恶性事件。

劫狱、围攻或冲击监狱事件的实施主体是监狱外部人员，以劫夺罪犯、攻击监狱机关和监狱民警为目的，主观上具有明显的破坏监狱监管秩序的故意，往往具有预谋性、组织性和暴力性。

二、劫狱、围攻或冲击监狱事件应急处置

（一）报警及启动预案

当发生外部人员围攻、冲击监狱事件时，武警哨兵立即鸣枪报警，监狱大门值班民警迅速封闭大门，立即向监狱应急指挥中心报警，由监狱应急指挥中心向监狱应急总指挥部报告。

监狱领导（应急总指挥部）接到报告后，应迅速进行危机预测和危机评估，对事件危机程度和危机性质发布不同等级的警报，并启动相应级别应急预案。同时通知驻监武装警察部队请求支援。

（二）先期处置

现场民警在未接到总指挥部指令前，作业区民警应立即收工，清点人数，并布置警戒。迅速将全监罪犯收监入号，封锁监区。

（三）应急行动

监狱各职能部门和人员在接到行动指令后，按照相应级别应急预案采取应急

处置行动。

在监内的应急分队队员应迅速到达监狱大门，占领有利位置，控制要害部位，配合外围作战，维护监管秩序。

外围应急队员应迅速采取强制措施，驱散人群，制服首恶，平息骚乱。

秩序维护组要迅速组织力量，封锁道口，维持现场秩序，并配合武警部队和监区民警制服歹徒，平息事件。

后勤保障联络组要保证通讯畅通，交通工具和武器、药品、医疗器材等装备进入临战状态。

全体民警在事件平息后，迅速入监，加强对闹事罪犯的控制，组织力量做好清监工作，稳定监管秩序。

训练案例

训练案例 19

某女子监狱三监区三号习艺楼车间有2名男外来送货人员张某、王某借进监狱送货之机，驾驶一辆卡车进入狱内，进入监狱时两人把刀具私藏在车厢内，门卫仔细检查但未发现。在监狱三监区车间装货时，2名男子突然凶相毕露，伙同该监区罪犯许某（张某的情人），持刀具劫持另外1名罪犯范某，准备从车间开车朝监狱大门方向行驶，企图冲出监狱。

处置过程：

第一步，报告。三监区值班民警立即向监狱应急指挥中心报警，监狱应急指挥中心向监狱长（总指挥部）报告："三监区三号习艺楼车间2名男外来送货人员协同1名女犯劫持另1名罪犯做人质，企图开车冲出监狱。事态正在恶化，请指示！"

第二步，启动预案。监狱长迅速命令："内监管立即拉响警报！各组注意，我是指挥长，现在启动劫持人质应急预案。内监管监区立即加强大门警戒。其他各监区立即集合罪犯，清点人数，严加控制。"

第三步，集结警力。各组立即到达指定位置，突击组包围现场，听候命令。监区和劳动车间在保证足够警力后，其余民警到事发现场集合。

第四步，应急行动。现场管理民警耐心地与劫持人质者周旋，控制其情绪，尽力保护人质，以争取更多的时间，另一名民警趁机将卡车轮胎气放掉。

与此同时，监狱女子防暴队、武警防暴队、检察院人员、派出所人员迅速到达现场。狙击手、防暴枪手分别选定位置，严阵以待。各路人员将劫持人质者团团包围。

劫持人质者将人质劫持到卡车上，但卡车不能驾驶，于是气急败坏地下车要求赶紧派车辆来。监狱长假意答应劫持人质者提出的条件，命令警力预备组调来一辆车，并悄悄命令狙击手、防暴枪手做好准备，寻找战机，解救人质。为防止出现意外，救护车到达现场。

劫持人质者要的车开来了，司机在下车之前，故意将车辆的点火装置破坏，劫持人质者张某上车后打不着火，下车查看。千钧一发之时，只听“砰——”的一声枪响，埋伏好的狙击手果断地扣响扳机，张某应声倒下，一枪毙命。人质范某趁机挣脱劫持，逃到安全地带。

另一名劫持人质者王某见势不妙，仓皇跳车准备逃跑，没想到正落入包围圈中。急红了眼的他挥舞着凶器负隅顽抗，最终被制服。

【分析点评】这是一起成功处置外来人员劫夺罪犯事件的案例。该事件遵循了劫狱事件“控制—劝降—武攻”的应急处置流程，监狱应急预案启动及时有效，监狱民警运用智慧，给劫狱冲监的外来人员设置障碍，寻找时机、把握战机，成功处置了一起劫狱事件。

训练案例20

2009年的一天，某监狱接到匿名电话，称近期释放的一名刘姓罪犯准备用炸药对该监狱进行报复。监狱在接到匿名电话后，监狱领导高度重视，迅速组织驻地公安机关、驻监武警部队、监狱周边村镇及监狱职能科室的相关负责人，召开紧急会议，研究预防这起预谋对监狱实施爆炸报复事件发生的具体侦破、防控与应急处置方案。制定部署的具体措施如下：

1. 由监狱派出侦查民警配合驻地公安机关，查明匿名电话的区域，重点对该区域范围内近期释放的刘姓罪犯和爆炸物进行认真细致的摸排，锁定犯罪嫌疑人。

2. 监狱其他各职能科室抽调民警，分4个小组实施安全防控。第一组，由狱政科科长负责，抽调20名民警，配合武警对监狱周边的交通要道，进行24小时全天候设卡检查；第二组，由刑罚执行科负责，教育科、生活科协助抽调20名民警，对监狱外围实施24小时全天候巡逻；第三组，由保卫科负责，组织20名应急防暴民警，加强对监狱重点部位和重要设施的安全保卫；第四组，由侦查科负责，各监区配合，对近期释放的刘姓罪犯进行全面细致的摸排分析，并严格落实各项监管制度，确保监管改造秩序的安全稳定。

3. 监狱周边村镇、社区及其他组织和团体，动员群众，积极配合监狱开展安全防控工作，发现可疑人员或可疑情况，及时与监狱联系。

4. 按照劫狱、围攻或冲击监狱事件应急预案，做好处置突发事件的其他准备工作。

紧急会议后，驻地公安机关、驻监武警部队、监狱周边村镇及监狱各职能科室根据会议精神和部署，快速展开行动。特别是驻地公安机关和监狱派出侦查民警，在相关公安机关的大力坚持和积极配合下，经过三天两夜紧张而有效的工作，终于取得了决定性的战果：不仅锁定了犯罪嫌疑人刘某，而且查获了2包炸药。至此，一起预谋爆炸报复监狱的非常事件成功告破。

【训练目的】对上述案例的分析训练，学生能深刻认识监狱安全面临的严峻形势和复杂局面，掌握监狱应对和处置各种危害因素、危机局势、突发事件的方法措施以及基层民警应尽的职责。

【训练提示】以此案例为借鉴，分析“疆独”“藏独”“东突”“法轮功”等国际、国内敌对分子和极端仇视党、仇视祖国、仇视社会等不法分子对监狱安全构成的威胁，一旦发生劫狱、围攻或冲击、破坏监狱等事件，应当如何处置？

训练任务20　行凶杀人、劫持人质事件应急处置

一、认识行凶杀人、劫持人质事件

罪犯行凶事件一般包括故意杀人或故意伤害案件，对象包括监狱民警、进监工人、其他罪犯或其他公民。狱内劫持人质是指监狱内个别顽固抗拒改造的罪犯用暴力手段来挟制他人并以被劫持人的生命安全相威胁以期实现逃走、暴狱等违法目的的犯罪活动。这两类事件都有其共同的特点：①动机较为明显。这些罪犯悔罪意识非常淡漠、反社会心理强烈，常常公开抗拒改造，报复社会和他人。其动机往往是脱逃、报复等。②手段非常残忍。这些罪犯为达到他们所谓的目的，采取杀害他人、威胁人质等疯狂行为，不计后果，给监狱监管改造秩序带来严重的威胁和破坏。

二、行凶杀人、劫持人质事件应急处置

（一）报警及启动预案

发生罪犯劫持人质事件后，事发单位迅速向监狱总监控值班室报警，总监控值班人员将情况立即报告主管监狱领导，主管监狱领导应立即赶赴现场，评估事态，启动相应级别预案，并通知驻监武警和上级应急指挥部。

（二）先期处置

武警加强监墙、监门警戒，实施武装封锁，增强威慑，防止监内罪犯暴乱和骚乱，冲击监墙和监门。

现场民警迅速对监区实行封门、封号，清点人数，并报告监控指挥中心；监

内作业场所罪犯应立即停止作业，原地集结。

（三）应急行动

监狱各职能部门和人员在接到行动指令后，按照相应应急预案采取应急处置行动。

秩序维护组迅速赶赴现场，疏散现场其他罪犯，控制事态。

信息收集组进入事发现场，利用狱侦设备跟踪监视现场人质、罪犯情况。绘制现场图，调取罪犯资料，并将掌握的信息及时报告指挥部。

现场谈判组及时和罪犯进行谈判对话，了解罪犯劫持人质的目的，使用手段，人质安危状况；以政策攻心，缓解对立情绪，进行心理疏导，争取以和平的方式解决危机。

防暴突击组应在谈判开展的同时，制定解救人质方案，寻找抓住战机，适时制服劫持罪犯，紧急情况下可使用武器（按人民警察武器警械使用有关规定操作）。

现场救护组在制服罪犯后要及时将人质、受伤人员送往医院抢救。对受惊吓人质要给予心理疏导。

训练案例

训练案例21

某年某月某日上午10时，罪犯陈某（男，23岁，无期徒刑）向值班民警甲报告，说要到公司办公室（与生产车间不在同一幢楼）交报表和拿生产单，取完生产单后，该犯以询问生产质量为由去车库找厂方师傅，当时现场有1名女师傅和2名男师傅在清理货物。陈某在和师傅们对话时，突然冲到女师傅和某（24岁）的面前，从腰间掏出一把单刃尖刀顶住其咽喉，并将其挟持至仓库的小房内。民警甲见状立即报警，3分钟后，正在监舍检查工作的副监狱长赶到事发地点，并及时向监狱长、政委汇报。在外地出差的监狱长接电后随即指示：①立即启动监狱防暴应急预案，稳住罪犯情绪，确保人质安全；②迅速向省监狱管理局报告；③向地方公安、武警部门求援。随即动身火速从外地赶回。

陈某劫持人质退居到小房子内后，关上铁闸门和玻璃门，拉上窗帘，向站在铁闸门前的监区长说："我只有两个要求：提供笔、信纸和手提电话给我，写完信，打几个电话后，就放掉女师傅，然后自杀；如果你们强行冲入，我就先杀掉人质，再自杀。"为稳定陈某的情绪，指挥部指示按陈某的要求，将纸、笔和手机从门缝中递给了陈某。紧接着，监区长按照指挥部的指令，通过电话对该犯进行政策教育。

中午12时许，省司法厅副厅长、省监狱局局长、政委、副局长等厅、局领导和武警总队的一个参谋长带领有关人员先后赶到现场，坐镇指挥。厅、局和武警总队领导迅速作出指示：在确保人质人身安全的前提下，按照两个方案进行：①最好通过政策攻心，说服教育，尽量瓦解罪犯，平息事件；②强行突破，解救人质。

经过长达5小时的谈话教育和劝解说服，最终使该犯放出人质，交出凶器，自行走出了仓库小房。

【分析点评】这是一起成功的反人质劫持行动，人质安全、罪犯安全、参战人员无一伤亡，而且是以谈判的方式解除危机，这是人质劫持案件中最理想的处置结果。纵观全案，几点应急经验值得总结：①报警及时，启动预案迅速；②分级响应机制灵敏，扩大应急行动快捷；③现场说服（现场谈判）效果好。狱内人质劫持案件的处置的一个相对有利的条件就是能够迅速知晓劫持者（罪犯）个人信息，如罪名、刑期、个人性格、家庭情况等等。这对于现场通过说服教育，迅速瓦解劫持者心理防线，消除犯罪意念大有帮助。另外，本案也反映出监狱在危险品管理、清监检查以及外协人员管理中存在一定的问题。

训练案例22

2008年3月22日下午5时许，某监狱罪犯李某在心理矫治室接受民警崔某心理治疗时，一时情绪激动，趁民警崔某弯腰拣地面的纸时，掏出随身携带自制匕首顶住民警崔某颈部，并将心理矫治室门反锁。值班民警迅速将案情报告监狱应急指挥中心。监狱领导立即赶赴现场，启动应急预案。通过现场喊话，谈判专家与罪犯对话，甚至找来罪犯女友说服，但罪犯李某态度恶劣，提出无理条件，拒不放下匕首，还认为对他的事情小题大做，判得太重了，扬言杀死民警后自杀。指挥部在观察罪犯情绪变化后，为避免人质受到进一步伤害，遂决定现场武力解救。突击组利用罪犯要喝水之机，抓住罪犯右手，另一路队员破门而入，控制罪犯左手，瞬间制服罪犯。

【训练目的】通过训练，学生能掌握罪犯劫持人质事件处置流程和方法。

【训练提示】通过模拟演练，学生能参与罪犯劫持人质事件的应急处置。

训练案例23

某监狱民警正在生产车间组织罪犯劳动，3名罪犯借上卫生间之际，将民警劫持，并夺过了警械。监狱接到报警后，立即行动起来，并启动了处置突发事件预案。武警官兵飞速到达现场，特警和狙击手们迅速包围了生产车间。

3名罪犯十分嚣张，并提出条件，要1辆加满油的汽车，3身便装及10万元现金。为了稳住罪犯，警方答应了条件，同时指挥特警队员到达指定场所，狙击手也占领了最佳位置。很快，一辆加满油的黑色奥迪轿车开进了场地，就在一个罪犯扑向驾驶室的时候，那名被劫持的民警，突然间挣脱了另外2名罪犯的束缚。狙击手抓住时机一枪将罪犯毙命。现场救护车立即将民警送往医院救治。

【训练目的】 通过训练，学生能掌握罪劫持人质事件处置流程和方法。

【训练提示】 通过模拟训练，学生能参与罪犯劫持人质事件的应急处置。

训练任务21 罪犯自杀应急处置

一、认识罪犯自杀事件

人们通常认为，罪犯自杀多是监狱不当的管理和窘迫的改造环境所致，但是，在当前“打造文明监狱，服务和谐社会”的执法理念指导下，监狱已经完全摈弃了过去落后的违背司法理念的管理模式，罪犯服刑完全在规范化的司法环境中，监狱民警的执法和管理被严格限制在政策、法律和制度的框架内，罪犯的改造、生产、生活环境也得到了与时俱进的显著改善。尽管如此，罪犯自杀现象并没有持续减少，有时呈上升态势，罪犯自杀的原因复杂，动机多样，真伪难辨，表现出区别于过去的新动向。

有资料显示，在监狱罪犯中的自杀风险是其他普通人口的3~4倍。在监狱中关押的罪犯，是属于具有高度自杀风险的人。监狱是一个特殊的场所，监狱关押的罪犯也是一个特殊的群体，特殊环境中的特殊群体，与正常社会相隔离，虽然对外的攻击受到了遏制，但对自己的攻击性增强。在隔离状态之下，抑郁、绝望等不良情绪也会增强，所有这些情绪烦恼和心理危机如果遇到不恰当的干预，就会使罪犯从内心深处体验到无助和绝望。这些是罪犯自杀的心理根源。除此以外，家庭变故、文化差异、身体健康因素也是罪犯自杀的动因之一。

二、罪犯自杀事件的应急处置

（一）报警及启动预案

发生罪犯自杀事件时，发现民警应立即向监狱应急指挥部汇报，指挥部发布处置指令，启动应急预案。

（二）先期处置

现场民警发现罪犯正在实施自杀时，要观察事态，控制局面，劝阻自杀。若自杀已经发生，要判定伤亡情况，设法抢救，并保护好现场。

（三）应急行动

监狱各职能部门和人员在接到行动指令后，按照相应应急预案采取应急处置行动。

1. 自杀行为正在实施中的处置：秩序维护组应立即封锁现场，疏散人群，防止自杀变成行凶或劫持人质；心理疏导组对自杀者进行规劝、疏导，通过心理疏导使其消除自杀念头；现场解救组在心理疏导过程中，确定解救方案，寻找时机，适时开展解救，必要时可使用控制武器（强力麻醉枪、防爆网罩等）；医疗救护组现场待命，随时准备参与现场急救。

2. 自杀实施后的处置：医疗救护组首先进入现场，实施现场急救，并及时转送伤员到监狱医院或驻地医院；秩序维护组应同时保护现场，对现场要进行封锁，并立即通知驻监检察部门；事故调查组应开展现场调查工作，通过对该人员的物品检查、对其外围人员谈话了解等，查明自杀的原因和全过程。

（四）情况汇报

应急指挥部应在初步了解情况后，及时向省监狱管理局电话汇报事故发生情况，待查明原因后在12小时内将书面《紧急信息上报单》上报省局。

（五）做好善后处理工作

对自杀既遂的，监狱应当通知自杀人员家属，在驻监检察室的协调下按法律程序处理善后事宜，安抚好家属。对自杀未遂的，应当追究当事人的责任，给予严惩。

训练案例

训练案例24

2005年4月29日凌晨4时20分左右，某监狱罪犯鲁某（男，汉族，1957年4月出生，抢劫犯，被判处有期徒刑12年，2005年3月15日入监）起床到厕所蹲下，并一直开着水龙头。约三四分钟后，鲁某还未回到床上，同室罪犯吴某感觉情况异常，遂站在床上向厕所张望，看到鲁某蹲靠在墙上，随即下床走近察看，发现鲁某用塑料细线自缢在冲厕所的自来水管上。吴某立即叫醒同监室其他罪犯，并通过值班罪犯向值班民警报警。值班民警储某立即赶到现场并组织抢救，同时拨打120，凌晨5时20分许，鲁某经医院抢救无效死亡。

【分析点评】本案是一起自杀既遂案例。虽然鲁某失去监控时间很短，监狱方面也采取了应急抢救措施，但仍发生了意外。本案中鲁某实施自杀前有过准备阶段，如隐藏自缢用的塑料细线，但管理民警没有发现。从本案看切实执行清监制度和加强高危犯监管是基层监狱民警基本工作任务之一。

训练案例25

2007年9月，某监狱罪犯陈某因患慢性胃病在监狱医院长期治疗，但一直没有好转，该犯对自己的病情十分恐惧，认为得了不治之症。于是该犯认为自己没有希望了，在一天凌晨2时许实施自杀，经抢救无效死亡。

【训练目的】 通过小组讨论，学生应知道自杀高危犯心理干预的重要性和方法。

【训练提示】 从心理干预的种类和方法方面进行分析训练。

训练案例26

2007年6月，某监狱罪犯朱某因对民警的处理不满，趁联号罪犯不备爬到车间浆塔之上，拨开上衣叫嚣“你们扣我分就是不给我路走”，以跳塔自杀方式威胁民警，还掏出修坯刀划头皮自伤自残。

【训练目的】 通过小组讨论，学生应掌握罪犯自杀动机的影响因素。

【训练提示】 与罪犯因心理或健康等传统自杀因素相比，本案自杀动因有什么变化?

训练任务22　重大传染病流行疫情应急处置

一、认识重大传染病流行疫情

监狱公共卫生事件是威胁监狱安全的主要因素之一。监狱作为人口高度集中的地方，人员构成特殊，医疗保障条件有限，做好公共卫生安全对于稳定监管秩序，维护社会平安具有十分重要的意义。重大传染病流行疫情是监狱公共卫生事件的种类之一。重大传染病流行疫情具有流行性广、传染性强、季节性和区域性明显等特征，一旦社会上传染病大爆发，持续时间长，危害程度深，影响深远，监狱一般也在所难免。如2003年我国爆发的“非典”疫情大流行。

二、重大传染病流行疫情应急处置

（一）报警及启动预案

监狱发生传染病流行疫情后，发现民警应及时向监狱应急指挥部报告。监狱应急指挥部应结合社会上的疫情，综合评估狱内疫情，启动相应级别应急预案，并向监狱驻地疾病控制中心通报和上级主管部门报告。

（二）先期处置

监狱发现甲类或按甲类管理的传染病时，应当立即采取下列措施：

1. 对病人、病原携带者，予以隔离治疗（暂时隔离在医院的特定病房）。

2. 对疑似病人，确诊前由医院在指定场所单独隔离治疗。

3. 对病犯、疑似病人的密切接触者，在监狱应急指挥部的指定场所进行医学观察和采取其他必要的措施。

监狱发现乙类或丙类传染病病人，应当根据病情采取必要的治疗和控制措施。

（三）应急行动

1. 疫情发生后，事故调查组应立即开展流行病调查，分析评估结果，为应急指挥部确定疫情处置等级提供依据。

2. 发现疑似病人，应急抢救组应立即将其单独隔离在指定场所，并监控病人病情，与驻地疾控中心保持联络，一旦病人病情危重，应及时转运到指定监狱外医院，并对规定区域及物资进行全面消毒。

3. 秩序维护组应立即采取保护疫情发现现场、撤离疏散有关人员、组织清洗污染物等措施。

4. 疫情发生后，宣传教育组应向监狱民警和罪犯宣传疫情的预防知识，提高民警职工、罪犯的健康意识和自我防护能力，消除心理障碍，心理咨询员积极开展心理危机干预工作。

训练案例

训练案例 27

2011 年 9 月 4 日下午 3 时，某监狱发现有 41 名罪犯出现腹痛、腹泻等现象。9 月 5 日病犯逐渐增多，该监区增加到 86 人，同时其他两个监区也有罪犯出现腹痛、腹泻等现象，共发病 257 例。其共同临床特征是腹痛、腹泻，大便水样状、黏液血便，里急后重，每天均达 5 次以上，同时出现高烧达 39 度以上的有 50 人，其中 2 名罪犯持续高烧在 40 度以上，病情比较严重。经过省卫生局装备处和全监上下的共同努力，病情得到有效控制，全部病犯于 9 月 16 日被治愈。

处置过程：

1. 监狱迅速成立控制重点传染病应急指挥部，部署开展治疗和控制防范工作。

2. 查明病情，及时向省局报告。

3. 开展积极治疗和防控工作。如严格报告制度，每日下午 5 时各监区汇报病情；与驻地防疫站联系，查明病因，指导治疗；对病犯实行隔离治疗；发放预防性药物，由各监区分管管教领导监督罪犯服药，保证落实到位。

【分析点评】 这是一起监狱内部大肠杆菌感染事件，监狱应急及时、措施有力、协调有度，使得疫情没有在更大范围内扩展。但也暴露出该监狱在饮食卫生管理和防疫敏感意识上的缺陷。

训练案例28

内容同训练案例27

【训练目的】通过案例分析，学生应知道基层民警在监狱公共卫生事件中的职责。

【训练提示】上述案例中应急处置措施，哪些是由一线基层民警去执行的？与日常管理相比有哪些不同？

训练案例29

2005年6月，某监狱一关押点出现了流感疫情，在前后1个月的时间里，疫情蔓延至整个监狱，前后感染流感的罪犯有600余人。

某监狱一关押点共有3个分监区，2005年6月23日，其中一个分监区发现数名罪犯发热，伴有畏寒、全身肌肉酸痛、咽痛、咳嗽等症状。在随后数天时间里陆续有发热病人出现。由于平时有散发发热病人，因此医护人员并没有高度重视，而是按一般感冒进行处理。数天后，其他2个分监区相继出现发热病人，医护人员才怀疑是流感，进而采取隔离措施和预防措施。同时请当地疾控中心进行流行病学调查，确认系A型流感。由于有2名病人出现肺炎，该关押点无治疗条件，遂将其送监狱医院住院治疗。在2名病人住院的第三天，监狱医院所在关押点与医院相邻的监区也开始出现发热病人。由于罪犯比较密集，虽然采取了相应措施，疫情仍相继蔓延到整个监狱，疫情持续1个月，到7月23日疫情才得到完全控制。感染流感的罪犯达到600余人。

监狱医院采取了以下措施：把其中一个分监区的监舍作为隔离点，对所有发热的病人进行隔离治疗，症状消失后一周病犯才可以离开隔离点；把医院作为隔离点，将所有发热病人收入医院隔离治疗；全监未发热罪犯每天3次口服抗感冒药，每天按抗流感处方煲中药凉茶分发给罪犯饮用；每天2次空气和物品消毒；加装大功率排气扇以利于空气流通；加装大功率风扇进行室内降温，请当地疾控中心进行流行病学调查，抽取病犯血样进行化验分析，确认为何种流感；对发热病人进行积极治疗，防止因流感出现死亡。

【训练目的】通过训练，学生应学会监狱突发公共卫生事件应急处置程序。

【训练提示】从监狱突发公共卫生事件应急处置程序和方法方面进行分析训练。

训练任务23　地震、风暴、洪水等自然灾害应急处置

一、认识监狱中发生的自然灾害

自然灾害是指给人类生存带来危害或损害人类生活环境的自然现象，包括洪涝、干旱灾害，台风、冰雹、雪、沙尘暴等气象灾害，火山、地震灾害，山体崩塌、滑坡、泥石流等地质灾害，风暴潮、海啸等海洋灾害，森林草原火灾和重大生物灾害等灾害形态。

我国是世界上自然灾害最频繁的国家之一，自然灾害造成的损失惨重。我国70%以上的大城市、半数以上人口、75%的工农业产值分布在气象、地震、地质和海洋等灾害严重的地区，自然灾害对社会经济发展的影响非常大。

几乎所有的自然灾害均可能在监狱这一特殊领域中发生。由于监狱的特殊环境，偏僻的地理位置，自然灾害发生时监狱自救能力十分有限，政府、社会救助力量一时难以供给，监狱遭受的损失往往较社会一般区域要严重得多。

二、监狱中发生自然灾害的应急处置

（一）报警及启动预案

监狱发生地震、风暴、洪水等自然灾害后，民警应及时向监狱应急指挥部报告。监狱应急指挥部应综合评估狱内灾情，启动相应级别应急预案。并向上级主管部门报告。

（二）应急行动

加强安全警戒，维护秩序。监狱防暴民警，监区值班民警和外围武警要坚守岗位，防止脱逃。

应急队员迅速赶赴监内，占领有利地形，控制要害部位，严密监视犯情。

宣传教育组及时通告灾情，稳定罪犯情绪。

抢险救助组迅速开展抢险救灾工作，转移罪犯到安全区域，以防次生灾害。

后勤保障联络组要及时进行物资救援，医护人员立即投入对伤员的救治。

抢险救助组在转移罪犯到安全地带后，要开展安全排查工作，排查正在发生或潜在的一切危险、不安全因素和隐患。

训练案例

训练案例30

2006年7月15日5时，某监狱第四、五监区遭洪水围困，1663名罪犯和59

名民警人身安全受到严重威胁。

15日5时30分启动预案，紧急集合，被困监区罪犯向高地转移；清点人数，1663名罪犯，59名民警。

15日8时该监狱中人员被困已经2个多小时，饥寒交迫，而且全监区只有6部手机与外界保持联系。

15日12时省监狱局领导赶到该监狱狱部，成立临时救援指挥部，决定由十一监区民警急送食品，并准备用冲锋舟送物资和增援警力，但失败；此时高地手机受潮不能用，没有信号。

15日16时30分十一监区送食品的20名民警到达高地，罪犯每20人1瓶矿泉水，1人2块饼干；民警也是如此。

15日17时被困监区收拾废旧车间，准备当晚在此休息。但由于空间有限，仍有200余名罪犯只能在屋檐下。

15日22时被困监区民警手机电池全部耗尽，与外界失去联系，而指挥部得知次日晚上游还要下大雨的信息，被迫做出转移至十一监区的决定，但因为信息不能沟通，只能等到天亮到现场去执行。

16日8时指挥部决定由监狱局和武警总队领导带领40名狱警和100名武警，弯道前往高地，协助转移受困高地的罪犯。

16日12时50分增援的40名狱警和100名武警赶到被困高地；此时已经受困26小时30分了。

16日14时25分押犯开始转移。

16日17时25分全部罪犯安全转移至十一监区，历时3小时5分钟，其中两个多小时走了3.5公里的山路，近一个小时走了1.5公里的公路。

16日20时洪峰淹没高地。

【分析点评】这是创造新中国监狱史奇迹的徒步无铐罪犯大转移事件。本次抗洪转移事件的成功处置得益于领导的高度重视与科学决策、以人为本的处置理念以及无私奉献的民警队伍。

训练案例31

内容同训练案例30

【训练目的】通过案例分析，学生应知道基层民警在监狱自然灾害事件中的职责。

【训练提示】上述案例中应急处置措施与日常管理措施有哪些不同？为什么？

训练案例 32

2008 年 5 月 12 日 14 时 28 分，四川省汶川发生 8.0 级地震。某监狱地处成都西北，距离震中不到 60 公里，现有山上和山下 2 个罪犯关押点，山上为监狱老监舍，在地震中，山体滑坡，道路中断，舍房断裂倾斜，已被破坏的监舍在余震的冲击下随时都可能倒塌，704 名罪犯和近 150 余名民警生命受到威胁。

当地震发生后，监狱长第一时间赶到监管区，并组织召开党委会，立即研究抗震救灾措施。决定成立抗震救灾领导小组，由副监狱长牵头，分别负责山上片区和山下片区；机关各职能科室按分工做好警力调配、后勤保障、监管教育、交通通讯、医疗、物资供应和信息上报等工作；宣布全狱进入一级紧急状态，启动灾情应急预案，所有监区民警迅速到岗，机关男民警到狱部报到听从指挥部统一安排。决定将狱部的 704 名罪犯以及近 400 余名的民警职工、武警官兵和家属搬迁下山，罪犯集中关押到新监区，确保所有人员的人身安全。

5 月 13 日凌晨 5 时 30 分，山下接到转运任务的 40 余名民警冒着大雨准时赶到新狱部集合，监狱长在雨中作了简短的动员讲话，强调这次“大转移”行动必须确保“三个安全”，即监管安全、罪犯生命安全、自身安全。天下大雨、坡陡路滑、地有余震、罪犯与下撤的当地受灾群众混杂，押解难度极大。

5 月 13 日下午，省司法厅领导冒雨赶到该监狱，与省监狱局、该监狱和驻监武警部队领导组成现场指挥部，一道研究部署抗震救灾工作。指挥部在听取了相关汇报后，实地察看了灾情，看望了坚守岗位的民警和武警官兵。指挥部通过研究，做出四点指示：所有的罪犯必须全部转移；武警狱警两警协作，实行责任制；分批撤离，先步行将罪犯转移至尖尖山路口，转乘运输车；确实不能走的老弱病残犯，用越野车接运。指挥部当机立断，立即将山上监区 704 名罪犯紧急转移至该监狱新狱部。

省厅局领导一行分别编入三个转移押解组，与监狱民警一道冒雨押解着罪犯踏着崎岖泥泞的山路向山下转移……

17 时 32 分，全部罪犯抵达尖尖山路口集中地；18 时 46 分，新监狱安置、接收和关押准备工作全面展开；由于前期准备工作充分，对押解过程中各种突发情形考虑周全，预见性强，在民警与武警官兵们的共同努力下，21 时 36 分，704 名罪犯安全顺利地进入了新监狱关押点。

【训练目的】 通过训练，学生应学会基层民警应对监狱自然灾害的处置方法。

【训练提示】 从基层民警如何稳定罪犯情绪、确保押解过程安全等方面进行分析训练。

训练任务24 监狱舆情危机中的媒体应对

一、认识监狱舆情危机

监狱舆情危机是相对于监狱突发事件而言的，是指面对监狱突发事件，特别是负面事件，公众通过媒介表达集体或个人的态度、意见和情绪，当这些态度、意见和情绪汇聚起来后，产生巨大的舆论讨伐效果，给监狱或监狱人民警察带来巨大危机感的现象。在迈入信息化、网络化社会的今天，人人都是记者，加之监狱相对封闭的环境，监狱一旦发生实体危机，极易在以报纸、广播、电视等传统媒体为主的“主流舆论场”和以互联网传播为主的“民间舆论场”产生舆论大爆发，给监狱执法公信力和监狱警察形象带来极大的破坏影响。

二、监狱舆情危机的应对

（一）启动预案

监狱舆情危机应急预案的启动源自于两种情形：一是自己发现的。主要是监狱或相关舆情监测机构在网络媒体上发现的针对监狱的负面报道或评论；二是评估预测的。主要是监狱已发生脱逃、自杀或生产事故等内源性实体危机，监狱预估会发生监狱舆情危机。无论哪种情形，监狱均应启动监狱舆情危机应急预案或应对措施。

（二）舆情研判

监狱舆情危机指挥小组要通过各种渠道收集大众、网络媒体对监狱危机事件的评价和议论，分析舆情关注的焦点，分析舆情发展走势。及时跟踪舆情发生发展的潜伏期、扩散期、爆发期、衰退期的变化，主动灵活地把握舆情应急措施。以一起监狱脱逃事件为例，舆情关注的焦点大致要经过以下历程：事件是怎样发生的（如罪犯如何获取犯罪工具，如何躲避监管的）——事件发生后监狱方是如何处置的（在脱逃事件中公众最关心何时抓获逃犯）——事件发生的直接原因是什么（此涉及事件定性问题，警察玩忽职守？还是设施陈旧？责任人是谁？如何处置？）——事件发生的深层次原因是什么（是偶发性还是必然性事件？是少数情况还是普遍情况？）。

（三）及时应对网上舆情

如今社会化媒体异军突起，微博、微信等社会化媒体成为人们第一时间获取最新消息的阵地。网络舆论的草根化和多元化、多极化和匿名化的交织作用，使网络舆论更加具有不确定性、易爆发性和偏激性。在公布消息时要将网络媒体放在第一位，要开设官方微博，在一些热门网络论坛、社区注册官方账号。对不良信息特别是造谣、诬蔑、中伤的信息，及时予以删除、封堵；对反映情况的信息和善意的批评，认真倾听，虚心接受，及时制定有针对性的整改措施，并及时向媒体公布或在互联网上回帖；对公众关切质疑的焦点问题要正面回应，不可消极回避，积极展示监狱“依法、公正、严格、文明”的正面形象。

（四）主动对接引导舆论

司法部《关于进一步加强司法行政系统新闻宣传工作的意见》中针对司法行政机关突发事件的宣传报道提出“及时主动，准确把握，正确引导舆论，控制舆情，注重社会效果”的要求。

为此，监狱应当建立新闻发言人制度。适时向媒体和公众通报监狱的举措，积极引导社会舆论，取得广大群众的理解和支持，提升监狱发言的主动地位。监狱新闻发言人发布信息时，应注意坚持主动说话，统一口径；注意用语，掌握技巧；态度诚恳，灵活机敏等原则和技巧。监狱固然要学会应对媒体，但是，应首先学会与媒体进行合作。既然不可能改变已经突然发生的事实，但是，可以通过与媒体卓有成效的沟通，改变媒体和公众对已经发生事实的看法。

（五）配套措施要及时跟进

在监狱及时公布事件处置进度、回应网民关切的同时，还要制定严密的配套措施，消除突发事件给公众生产生活带来的影响。如对监狱脱逃事件起因及责任回应的同时，要加紧事件原因的调查，及时处罚相关责任人以及监狱防范整改措施。危机过后，还应当认真回顾危机的处置过程，及时总结经验教训，不断完善相关制度。从中发现存在的问题，找出应急处置时的薄弱环节，有针对性地开展形象修复工作，以正面舆论宣传来冲淡危机影响，包括正面宣传监狱好人好事，监狱新推出的自查自纠措施，及时通报查处监狱警察违法违纪的情况等，改变公众和媒体对监狱的印象，增加其对监狱的信心，积极塑造监狱崭新形象。

训练案例

训练案例 33

2009 年 10 月，某省第二监狱发生罪犯脱逃事件，4 名罪犯在劳动间隙杀害 1 名直接带领他们劳动并对他们进行日常管理的监狱警察，殴打并捆绑另一警察，脱下警察制服，连续闯过 4 道铁门并在最后一道大门与值班民警发生打斗，成功越狱。

越狱事件引起了多家媒体关注。据公安机关统计，共有 30 多家媒体关注越狱事件。事后第三天，相关部门举行了媒体发布会。在发布会现场公安机关介绍了抓捕过程，并表扬媒体在抓捕过程中的宣传导向作用。而发布会现场监狱机关面对记者的提问犹豫不决，怕担责任。对于脱逃细节以调查未结束为由，拒绝透露，这显然不能满足媒体胃口。而在此前，记者去监狱相关部门的采访要求，均未得到满足，媒体怨气陡起。

正面信息获取不到，记者便开始了零星采访，并将公众视线带进管理疏漏的焦点问题上。如某报采访的民警甲：监狱有4道门，国庆节前才安装的鹰眼，而且进行了应急演练，只能说“太巧了”“不可思议”。民警乙：过去也有过逃犯，只是媒体不知道而已。尤其在某卫视越狱视频播出后，更激起观众的好奇心：原来是这样逃出来的！监管漏洞显而易见。

同时社会谣言四起，反响强烈：传言越狱犯切狱警手指开门，4名逃犯杀害狱警抢夺了枪支，出租车司机不敢开夜班车。

【分析点评】这是一起监狱实体危机引发的监狱舆情危机事件。这里既有预案准备不足，舆情分析不足，也有新闻发言机制不健全等原因。

训练案例34

内容同训练案例33

【训练目的】通过案例分析，学生应掌握针对监狱舆情危机中的焦点问题进行研判分析。

【训练提示】按照事件发展态势总结梳理媒体关注该事件的焦点问题。

训练案例35

内容同训练案例33

【训练目的】通过案例分析，学生应知道突发事件信息发布的基本原则。

【训练提示】作为基层民警，面对记者对此事件的采访要求，应如何应对？

训练案例36

2013年4月9日，某北方报纸报道一篇《“冰毒”交易疑现某监狱》的文章，进而引发一次重大监狱舆情危机事件，相关话题舆情热度开始出现爆发性增长。4月9日的相关网络新闻就超过590篇，相关微博超过6000条，形成了一次较为显著的舆情热点。后某著名网站在4月16日、17日，连续刊发《某监狱乱象：狱警高价贩白酒，为罪犯私带物品》《某监狱乱象之二：罪犯监内遥控赌球，“夫妻房”曾被乱用》两篇文章，随后该文被各类媒体广泛转载，并触发相关舆情热度大幅度增长，相关话题舆情热度再次出现爆发性增长。15日的网络新闻数量超过640篇。16日猛增到850篇以上。4月15日、16日两天的单日相关微博数量均超过9000条，形成了较为明显的第二轮舆论关注热潮。

【训练目的】 通过案例分析，学生应学会分析网络舆情危机的特点以及应对的措施。

【训练提示】 与传统媒体相比，网络舆情危机发展态势有何不同？在应对措施和技巧上又有哪些不同？

考核与评价

【考核内容】

2018年10月4日，某监狱发生两名罪犯（王某，因绑架罪被判处死刑缓期两年执行；张某，因抢劫罪被判处无期徒刑）脱逃事件。

越狱事件引起了多家媒体关注。微博、新闻APP和微信公众号等成为网民热议平台，某监狱越狱案的影响范围几乎遍及全国。10月5日9时许，舆论关注点在于某省监狱管理局紧急行动、抓捕逃犯，舆情热度出现峰值，越狱细节也引发公众的讨论；10月7日8时许，舆论聚焦两名逃犯如何落网以及对某市第三监狱罪犯脱逃事故问责，舆情热度再次出现峰值。

网民情绪以负面为主，两名辅警牺牲、某监狱失职、逃犯可恶成为负面情绪的主要来源。10月6日，越狱逃犯在河北省某市某镇落网；10月7日，某市第三监狱监狱长因越狱事件被免职，带动了少量的正面情绪，某监狱处于舆情危机事件中。

1. 根据上述案例，如何针对舆情危机中的焦点问题进行研判分析？
2. 你认为监狱应该如何应对舆情危机？

【考核评价】

1. 评价学生对焦点问题的总结梳理是否符合事件发展态势，研判是否准确。
2. 评价学生对监狱舆情危机的应对措施是否准确。

实训项目

实训项目7　监狱脱逃事件应急处置模拟演练

【实训目的】 监狱罪犯脱逃事件是监狱监管改造中性质恶劣、后果最严重的突发事件之一。通过本项目的教学，学生应掌握罪犯脱逃事件的应急处置流程和方法。具体目标如下：

能力目标：能组织实施罪犯脱逃事件（Ⅳ级）应急处置。

知识目标：掌握脱逃事件处置的方法要领，熟悉应急状态下的法律要求。

素质目标：养成合法、合作、科学、镇静的应急处置品质。

【实训实施】

（一）项目引入

模拟案情：2008年4月17日下午6时5分，某监狱一生产车间在值班民警交接班点名时，民警发现该车间罪犯汪某失踪。据在场其他罪犯反映，该犯在约40分钟前去领料室领料后一直未归。民警在查看领料室后发现该犯并没有来此室。进一步搜索后，发现在车间外一废弃围墙内发现罪犯的囚服、攀爬用的绳索。20分钟后，有群众报警称在监墙外草丛中发现一伤员。指挥部迅速派人赶赴现场，发现此人正是脱逃罪犯汪某，遂一举擒获。

（二）任务分析

这是一起罪犯脱逃突发事件。监狱应启动相应级别预案，组织人力实施搜索和抓捕。

（三）任务布置

1. 人员分工。

（1）警力安排。

指挥组：3人，总指挥1人，副指挥2人，负责现场危机的评估、分析，启动脱逃应急预案，履行现场应急决策，实施现场应急行动。与上级应急指挥部和驻地公安保持联络。要求口令规范、决策果断、程序到位。

秩序维护组：5人，负责现场警戒，控制犯情，稳定罪犯情绪，协助指挥组工作。要求行动迅速，心理沉稳。

信息情报组：3人，负责现场访问，勘查脱逃现场，了解案情，调取脱逃罪犯个人信息，制作图片，并及时反馈指挥部。要求行动迅速，证据意识强，与指挥部及时沟通。

现场搜索组：5人，负责对监狱内罪犯可能隐藏场所的搜索，抓获罪犯。要求行动快捷，搜索细致。

狱外抓捕组：5人，负责对监狱外罪犯逃跑路线的拦截、设卡和抓捕。要求行动快捷，擒敌动作规范。

医疗救护组：2人，负责对现场受伤人员的现场急救，并将危重伤员转送驻地医院。要求行动快捷，急救技能全面，具有人文关怀精神。

后勤保障组：2人，负责现场处置人员警械工具、车辆、通讯工具的保障。要求保障及时、有效。

应急机动组：3人，负责处置中突发情况的紧急增援。要求原地待命，服从指挥，做好行动准备。

（2）其他参演角色。

现场民警：2人，负责现场报警，监控现场罪犯情绪变化情况。要求原地管理，服从指挥。

模拟罪犯：脱逃罪犯 1 人，要求着便装；车间罪犯 10 人，要求着囚服。

2. 器材准备。

罪犯点名册 2 份，囚服 10 套，对讲机 3 台，电警棍 3 只，手铐 1 只，照相机 1 部，摄像机 1 部，现场急救箱 1 只，喊话器 1 只，绳索 1 根。

3. 场地安排。模拟监狱或相应布置场所。

4. 实训课时。4 个课时。

【实训步骤】

现场民警迅速向监狱指挥中心报警，并将罪犯收工，原地集合。

监狱指挥中心向应急指挥部（总指挥）报告，并指令监狱封门，同时报告驻监武警，要求加强监墙警戒，注意异常动向。

指挥组接报后迅速赶赴现场，立即启动监狱脱逃突发事件应急预案，并下达集合令。

接指挥部指令后，秩序维护组进入监区，协助现场民警各作业区收工，观察犯情，稳定情绪，防止其他罪犯出现异常情况。

接指挥部指令后，信息情报组进入事发现场，勘验和保护现场，了解案情，并迅速调取脱逃罪犯信息，及时反馈给指挥部。

指挥部迅速向外发出协查通报，并组织人员在监外张贴。

接指挥部指令后，现场搜索组在监狱内以事发车间为起点，呈扇形向监墙方向搜索，注意地形地物和可能隐藏的处所。

接指挥部指令后，狱外抓捕组按照预案，在监狱外围实施道路卡口、拦截。

接群众报警后，指挥部迅速组织突击机动组赶往现场，控制周围空间，通过喊话震慑罪犯，在罪犯拒不投降时，将其现场抓获。

接指挥部指令后，现场医护人员对罪犯伤情实施紧急处理。抓捕组将罪犯送禁闭室羁押。

在信息情报组现场勘查完毕后，指挥部下令集结队伍，演习结束。

【实训要求】

实训以小组为单位，一组为 40 人，角色可互换，至少开展 2 次实训。

所有实训人员（演习人员）服从指挥，态度端正，角色意识强，讲究协同作战。

实训前要求学生制作演习方案，实训后要求学生相互点评、总结，并以小组为单位撰写一份实验报告。演习方案和实验报告一并上交老师。

【实训考评】

实验评分标准：组织指挥，25 分；执行效率，20 分；纪律作风，20 分；演习方案质量，20 分；实验报告，15 分。

实训项目 8 罪犯劫持人质应急处置模拟演练

【实训目的】监狱罪犯劫持人质是监狱监管改造中性质恶劣、影响极坏的突发事件之一。通过本项目的教学，学生应掌握罪犯劫持人质事件的应急处置流程和方法。具体目标如下：

能力目标：能组织实施罪犯劫持人质事件（Ⅳ级）应急处置。

知识目标：掌握罪犯劫持人质处置的方法要领，熟悉应急状态下的法律要求。

素质目标：养成合法、合作、科学、镇静的应急处置品质。

【实训实施】

（一）项目引入

模拟案情：2008 年 3 月 22 日下午 5 时许，某监狱罪犯李某在心理矫治室接受民警崔某心理治疗时，一时情绪激动，趁民警崔某弯腰拣地面的纸时，掏出随身携带自制匕首顶住民警崔某颈部，并将心理矫治室门反锁。值班民警迅速将案情报告监狱应急指挥中心。监狱领导立即赶赴现场，启动应急预案。通过现场喊话，谈判专家与罪犯对话，甚至找来罪犯女友说服，但罪犯李某态度恶劣，提出无理条件，拒不放下匕首，还认为对他的事情小题大做，判得太重了，扬言杀死民警后自杀。指挥部在观察罪犯情绪变化后，为避免人质受到进一步伤害，遂决定现场武力解救。突击组利用罪犯要喝水之机，抓住罪犯右手，另一路队员破门而入，控制罪犯左手，瞬间制服罪犯。

（二）任务分析

这是一起罪犯劫持人质突发事件。监狱应启动相应级别预案，组织人力实施搜索和抓捕。

（三）任务布置

1. 人员分工。

（1）警力安排。

指挥组：3 人，总指挥 1 人，副指挥 2 人，负责现场危机的评估、分析，启动人质劫持事件应急预案，实施现场应急决策，组织现场应急行动。与上级应急指挥部和驻地公安保持联络。要求口令规范、决策果断、程序到位。

秩序维护组：5 人，负责现场警戒，控制犯情，稳定罪犯情绪，协助指挥组工作。要求行动迅速，心理沉稳。

信息情报组：3 人，负责侦查现场，了解案情，摸清方位，绘制现场图，调取罪犯个人信息，并及时反馈指挥部。要求行动迅速，证据意识强，与指挥部及时沟通。

现场宣教组：5 人，负责对罪犯实施政策、法律宣讲，晓以利害，必要时组织亲人现场教育。要求声音洪亮，宣教能晓之以理，动之以情。

现场谈判组：2 人，负责与现场罪犯实施对话，适时满足罪犯条件。要求洞察罪犯心理，自控能力强，及时汇报。

医疗救护组：2 人，负责对现场受伤人员的现场急救，并将危重伤员转送驻地医院。要求行动快捷，急救技能全面，具有人文关怀精神。

后勤保障组：2 人，负责现场处置人员警械工具、车辆、通讯工具的保障。要求保障及时、有效。

应急机动组：3 人，负责处置中突发情况的紧急增援。要求原地待命，服从指挥，做好行动准备。

（2）其他参演角色。

被劫持民警：1 人，要求角色到位，表现镇静，态度不卑不亢。

劫持罪犯：1 人，要求角色到位，着囚服。

2. 器材准备。

罪犯点名册 2 份，囚服 1 套，对讲机 3 台，电警棍 3 只，手铐 1 只，照相机 1 部，摄像机 1 部，现场急救箱 1 只，喊话器 1 只，橡皮匕首 1 把。

3. 场地安排。模拟监狱或相应布置场所。

4. 实训课时。4 个课时。

【实训步骤】

现场民警迅速向监狱指挥中心报警，并将其他罪犯收工收监。

监狱指挥中心向应急指挥部（总指挥）报告，并指令监狱封门，同时报告驻监武警，要求加强监墙警戒，注意异常动向。

指挥组接报后迅速赶赴现场，立即启动罪犯劫持人质突发事件应急预案，并下达集合令。

接指挥部指令后，秩序维护组进入监区，协助现场民警在各作业区收工，观察犯情，稳定情绪，防止其他罪犯出现异常情况。

接指挥部指令后，现场宣教组在现场外围宣讲政策、法律，晓以利害。根据现场情况联系罪犯亲友来现场开展亲情教育。

接指挥部指令后，现场谈判组进入现场与罪犯实施对话，稳定罪犯情绪，观察罪犯心理变化，适时满足提出的条件，及时与指挥部联络。

接指挥部指令后，信息情报组迅速调取劫持罪犯信息，及时反馈给指挥部。

应急突击组占据有利地形，做好武力解救人质准备。在谈判、宣教等措施无效时，接指挥部指令后，实施武力解救。

接指挥部指令后，现场医护人员对现场伤员实施紧急处理。

抓捕组将罪犯送禁闭室羁押。

指挥部下令集结队伍，演习结束。

【实训要求】

实训以小组为单位，一组为30人，角色可互换，至少开展2次实训。

所有实训人员（演习人员）服从指挥，态度端正，角色意识强，讲究协同作战。

实训前要求学生制作演习方案，实训后要求学生相互点评、总结，并以小组为单位撰写一份实验报告。演习方案和实验报告一并上交老师。

【实训考评】

实验评分标准：组织指挥，25分；执行效率，20分；纪律作风，20分；演习方案质量，20分；实验报告，15分。

拓展训练

组织学生进行突发事件综合（模拟）演练。

参考文献

1. 张维成主编:《安全防范技术》,中国人民公安大学出版社 2002 年版。
2. 监狱突发事件防范、应对、处置研究小组编著:《监狱突发事件防范、应对、处置与案例解析》,法律出版社 2009 年版。
3. 腰明亮编著:《监狱安全生产管理》,中国政法大学出版社 2006 年版。
4. 应朝雄编著:《监狱分监区工作实务》,中国政法大学出版社 2006 年版。
5. 黄绍华、孙平主编:《监狱现场管理实训教程》,中国政法大学出版社 2006 年版。
6. 浙江省监狱管理局编:《依法治监实务手册》,2001 年版。
7. 徐天合主编:《安全保卫实务》,中国政法大学出版社 2008 年版。
8. 马德东编著:《监狱安全防范实务》,华中科技大学出版社 2012 年版。
9. 陈鹏忠编著:《劳动教养与强制隔离戒毒场所安全防范实务》,华中科技大学出版社 2011 年版。
10. 于荣中:《监狱安全论》,东南大学出版社 2017 年版。
11. 宋洪庆、张庆斌:《监狱安全总论》,法律出版社 2013 年版。

图书在版编目（CIP）数据

监狱安全防范/王金仙主编. —3版. —北京：中国政法大学出版社，2019.1（2024.1重印）
ISBN 978-7-5620-8775-5

Ⅰ. ①监…　Ⅱ. ①王…　Ⅲ. ①监狱—安全管理—中国　Ⅳ. ①D926.7

中国版本图书馆CIP数据核字(2019)第002182号

出版者　中国政法大学出版社
地　址　北京市海淀区西土城路25号
邮　箱　fadapress@163.com
网　址　http://www.cuplpress.com (网络实名：中国政法大学出版社)
电　话　010-58908435(第一编辑部) 58908334(邮购部)
承　印　北京鑫海金澳胶印有限公司
开　本　720mm×960mm　1/16
印　张　19.25
字　数　366千字
版　次　2019年1月第3版
印　次　2024年1月第4次印刷
印　数　18001～23000册
定　价　49.00元